T0326793

(Urban Potentials)

Herausgeber/-innen / *Editors*
Jolanta Bielańska, Torsten Birne, Frank Eckhardt,
Hildegard Fraueneder, Rita Kálmán, Christiane Mennicke,
Thomas Meijer zu Schlochtern

Konzepte und Handlungen.
Ideas and Practice.

Rotterdam
Salzburg
Wrocław
Budapest
Dresden

(Urban Potentials)

jovis

Inhalt / *Contents*

Inhalt / *Contents*

Über die Städte, die Künste und das Öffentliche
About Cities, the Arts, and the Public Sphere

Über Bilder – Imageproduktion und Selbstbetrachtung
About Images—Corporate Identities and Self-reflection

Über Hoheiten – Kommunales Vermögen vs. privatwirtschaftlicher Zugriff
About Sovereignty—Municipal Property vs. Private Sector Access

Über Pläne – Vom Nutzen des Gemeinsinns
About Plans—The Benefit of Public Spirit

(12)
Urban Potentials
VORWORT / PREFACE

Dieses Buch bildet einen zweijährigen Arbeitsprozess ab: zwei Jahre mit Ausstellungen, Interventionen, Diskussionen, Vorträgen und Workshops in Städten in Europa, mit Künstlern/-innen, Architekten/-innen, Soziologen/-innen, Kulturwissenschaftlern/-innen. Sie verband ein ebenso emphatisches wie kritisches Verhältnis zu ‚der Stadt' und zu den Städten, in denen sie leben, die Reflexion über Optionen künstlerischen und politischen Handelns und die attraktive Gelegenheit, eigene Erfahrungen und Konzepte mit denen anderer in Beziehung zu setzen. Die Aktivitäten pendelten fortwährend zwischen Orten und Diskursen der eigenen Stadt und dem Hinaustreten in einen europäischen Städteverbund, dessen Verfassung sich als widersprüchlich erwies. Entgegen jeder harmonisierenden Rhetorik des wieder vereinigten ‚Europa' ist jede Stadt ihren eigenen lokalen Traditionen und Repräsentationsmodellen gefolgt und hat ihre eigenen Charaktere widerstandsfähiger Praktiken entwickelt.

Gruppenbasierte Aktivitäten wurden erprobt und realisiert als mögliche Entgegnung auf eine ökonomisch dominierte Stadtentwicklung, Pluralität missachtende Außendarstellungen und ‚Raum' verschließende Anmaßungen von Planung und Codierung. Die Rolle der Künstlerinnen und Künstler fächerte sich auf zwischen dem Beharren auf einer eigenständigen Methodik und der Bereitschaft zu Disziplinen überschreitendem Handeln. Stadtpläne wurden umgeschrieben, buchstäblich und symbolisch, neue Akteure in die Stadtpolitik eingeschleust und freie Flächen dem Nutzungsterror abgewonnen.

Dies alles vor dem Hintergrund gänzlich unterschiedlicher Stadtgeschichten und schwer fassbarer ‚Lebensgefühle': das Abtragen des Gerölls mythisierter Schlüsselreize in Salzburg und Dresden stand neben schon gebrochenen Aufbruchstimmungen in Wrocław und Budapest und dem vermeintlich ewig fortschrittlichen Rotterdam. ‚Kultur' schließlich wird allerorten großgeschrieben, doch auch dieser Überschrift folgen unterschiedliche Erzählungen.

Unser Dank gilt allen Teilnehmern/-innen, aus deren Beiträgen das Projekt überhaupt erst entstehen konnte. Wir danken der Europäischen Union mit ihrem Programm ‚Kultur 2000' und allen anderen Förderern und Sponsoren für ihre großzügige Unterstützung.

This publication maps a two-year working process: two years of exhibitions, interventions, discussions, lectures, and workshops in European cities, with artists, architects, sociologists, and cultural workers. All of the participants shared both an emphatic and critical relationship to 'the city' and the cities in which they live, reflecting on the options of artistic and political activities and the attractive opportunity to share one's own experiences and concepts with those of others. The activities oscillated between the sites and discourses of the participants' own cities and a network of European cities, in which a variety of conflicting conditions can be observed. Despite the rhetoric of harmonization within a re-united 'Europe', every city followed its own local traditions and models of representation, leading to unique practices of resistance.

Group-based activities were tested and realized as a feasible reply to a form of urban development dominated by economics; to corporate identities that disregard diversity; and to the hubris of planning and the codification of space. The roles of the artists ranged from an insistence on their own specific methods and the disposition to engage in cross-border actions. City maps were rewritten, literally and symbolically; new players infiltrated city politics; and open spaces were reclaimed from the terror of utilization.

The backdrop to all of this was formed by very different city histories, by feelings and views on life that are difficult to capture in words. Debunking myths and worn-out ideals in Salzburg and Dresden took place alongside analyzes of the ebbing euphoria in Wrocław and Budapest and a clearer look at the ostensibly always forward-looking city of Rotterdam. Everywhere, high value is placed on Culture with a capital C, but below this standardized headline different narratives begin to appear.

We would like to thank all of the participants. This project would not have been possible without their ideas and contributions. We are also grateful to the European Union and its 'Kultur 2000' program, as well as to all other sponsors and contributors, for their generous support.

(14)

Urban Potentials
PERSPEKTIVEN EUROPÄISCHER STADTRÄUME IN GEGENWÄRTIGER KUNST
Frank Eckhardt

———

English Text Page 257

Einen wichtigen Impuls zur Entwicklung von *Urban Potentials* gab in Dresden das Spannungsverhältnis zwischen einem permanenten Mangel an Setzungen aktueller Kunst im Stadtraum und der wiederholt zu erlebenden Ablehnung von temporären und permanenten Vorhaben durch große Teile der Bevölkerung.

Aus dieser Konstellation entstand die Idee eines international orientierten Projektes zeitgenössischer Kunst, das sich mit Situationen der Kommune selbst befasst, das künstlerische Arbeiten als Ideen, Anregungen, Kommentare oder Entwürfe zu möglichen Entwicklungen des urbanen Gemeinwesens als sinnlich erfahrbare Anstöße in zentrale städtische Räume einbringt.

Aus der Reflexion von Projekten, die in Dresden, aber auch anderenorts den Entwicklungsraum Stadt umrissen haben, ging die Einladung an die beteiligten Kuratoren/-innen und Künstler/-innen hervor, über eine nur kritische Bestandsaufnahme hinaus mit ihren Interventionen Themen zu setzen, die durch ihre Wahrnehmung und Diskussion auch außerhalb der kunstfeldinternen Mikro-Strukturen öffentliche Handlungsräume schaffen könnten.

Die mit *Urban Potentials* verbundenen künstlerischen und theoretischen Aktivitäten sollten sich demzufolge als sinnlich erlebbare und vermittelbare temporäre Situationen oder Prozesse an unterschiedlichen Orten und mit verschiedenen Medien einbringen, um sozialräumliche Strukturen zu nutzen oder auf bislang nicht oder wenig beachtete, aber entwicklungsträchtige soziale, physische oder sonstige Räume hinzuweisen. Nicht der traditionelle öffentliche Raum oder dessen Verquickung mit partikularen Interessen, sondern die öffentlichen Belange des Lebensraums Stadt standen im Zentrum des Projekts.

Nach ersten Diskussionen in der Stadt Dresden erschien eine Umsetzung des Vorhabens wegen der prekären Finanzlage der Kommune chancenlos. Über einige Zeit geradezu verpuppt, konnte die Realisierung von *Urban Potentials* im Zuge der Vorbereitung des Stadtjubiläums 2006 durch die Einbeziehung des Projekts in die sogenannte ZukunftsWerk Stadt und die damit verbundene Übernahme der Trägerschaft durch die Stadtverwaltung Dresden gesichert werden. Damit war zusätzlich nicht nur die Chance einer deutlicheren Multiplikation gegeben, sondern gleichzeitig bestand die Möglichkeit, eben diesen erweiterten Rahmen in den Diskurs einzubeziehen.

Als Kooperationspartner wurden vom Dresdner Organisationsbüro neben dem *Kunsthaus Dresden* das *Studio Junger Bildender Künstler* aus Budapest, *TENT.* aus Rotterdam, die Salzburger *galerie5020* sowie die *Galeria Awangarda* aus Wrocław eingeladen, aus Städten also, die partiell vergleichbare, teilweise zeitversetzt durchlebte Erfahrungen verbinden: Rotterdam und Wrocław wurden wie Dresden im Krieg stark zerstört, die Auswirkungen sind dort heute in völlig unterschiedlicher Art erfahrbar: Rotterdam, das Kunst und Künstler gezielt für einen erwünschten Imagewandel einzubeziehen suchte; Budapest als ein boomendes Zentrum im Osten und geradezu überquellend von Denkmälern und Gedenktafeln; dort wie auch in Wrocław nahezu keine Tradition einer situationsspezifischen Kunst im Stadtraum; Salzburg indessen als Kulturstadt in ihren Sinn- und Finanznöten wiederum Dresden vergleichbar.

Andererseits sind auch die Unterschiede gerade in der Entwicklung während der letzten Jahrzehnte deutlich: die Zugehörigkeit zu unterschiedlichen Blöcken oder Positionen, die Ausprägung der gesellschaftlichen Rahmenbedingungen, abrupte Wandlungen versus relativ konstante Entwicklung, die Verschiedenheit der Wege bei der Bewältigung von Umbau- und Entwicklungsprozessen, bei Umstrukturierungen und Transformationen.

Die von den eingeladenen Partnerinstitutionen benannten Kuratoren/-innen waren von Beginn der Planungen an in die Konkretisierung des Programms und seiner Elemente einbezogen. Bereits in einem frühen Stadium waren sie, später auch die Künstler/-innen, zu vorbereitenden Workshops nach Dresden eingeladen, um, bei aller Autonomie der Beteiligten, innerhalb des

Konzepts eine größtmögliche gemeinsame Informationsbasis und einen möglichst weit gehenden Konsens zu Inhalt und Rahmen des Projekts herzustellen.

Auf die Etablierung einer zentralen kuratorischen Instanz wurde verzichtet, da die Idee von *Urban Potentials* gerade darauf basierte, dass die unterschiedlichen Ideen und Ansätze lokal in den beteiligten Städten entwickelt und realisiert werden und dort auch darüber zu entscheiden war, welche davon sinnvollerweise auch in anderen Städten thematisiert werden sollten. Somit lag es in der Hand der Kuratoren/-innen und letztendlich an den Künstlern/-innen, welche der Problem- oder Möglichkeitsfelder einbezogen oder ausgeklammert würden.

In der Durchführung fungierte Dresden als der für die inhaltliche Fokussierung und die äußere Wahrnehmung des Projekts notwendige zentrale Ort, an dem sich exemplarisch Fragestellungen, Problemlagen oder Konfliktlinien bündelten, sich aber auch Ansätze, Konzepte oder Utopien zu bürgerschaftlichen Entwicklungsfeldern fokussieren ließen. Die Stadt liegt nicht nur geografisch, sondern auch mit ihren Erfahrungen aus einem rasanten, wenngleich ‚innerdeutsch‘ abgefederten Transformationsprozess zwischen denen von Rotterdam und Salzburg einerseits und Wrocław und Budapest andererseits.

Mit der Zusammenarbeit bei *Urban Potentials* sind von den Künstlern/-innen, Kuratoren/-innen und Institutionen die Entwürfe, Perspektiven und Visionen als konkrete Entwicklungschancen betrachtet worden. Es ging nicht darum, Topoi des möglichen Verlusts von Bild und Begriff des Zentrums einer europäischen Stadt zu bedienen, sondern darum, Experimente hin auf eine produktive Transformation dieser Vorstellungen zu unternehmen, die Stadt als Laboratorium, als Ort kontinuierlicher Prozesse zu reflektieren. Durch die Beteiligten aus fünf europäischen Städten konnten unterschiedliche Erfahrungen, Reflexionsebenen und Denkanstöße in diesen Diskurs eingebracht werden.

Anheimelnde Orte sozialer Wärme-Erzeugung waren und sind große Städte nicht, eher sind es im Sinne von *Urban Potentials* Räume, innerhalb derer soziale und politische Konflikte besonders deutlich hervortreten, Orte der streitigen Auseinandersetzung viel mehr denn solche des Ausgleichs; vielleicht Sphären der Toleranz, wohl aber eher der Gleichgültigkeit gegenüber partikularen Lebensweisen. Und Städte sind Konzentrationspunkte von Kapital. Dabei umfasst der Begriff des Kapitals hier nicht nur das Monetäre, sondern gerade auch das Kulturelle, das Soziale oder das Besondere der subversiv-evolutionären Möglichkeiten.

Daher sollten als Ausgangspunkte für *Urban Potentials* in den beteiligten Kommunen vor allem wichtige, aber nicht realisierte Chancen fokussiert werden. Die teilnehmenden Künstler/-innen waren eingeladen, diese zu benennen, sie auf ihre Bedeutung für konkrete oder wünschenswerte Entwicklungen hin zu untersuchen und als Denk- und Diskursanstöße in zentrale Stadträume einzubringen.

Diese konnten sich auf potenzielle Entwicklungen, Ideen oder Aktivitäten von Bürgern, Gruppen, Initiativen etc. konzentrieren, sich mit dem Selbstverhältnis oder der Selbstdarstellung einer Stadt und ihrer Bürger auseinandersetzen oder um nutz- und bebaubare Flächen, Orte und Gebäude kreisen.

Die künstlerische Recherche nach anderen Varianten der Ausformung gesellschaftlicher Räume sollte gezielt auf diese Problemstellungen eingehen und Vorschläge an die Bürgerschaft wie auch die Akteure im städtischen Umfeld entwerfen. *Urban Potentials* war in den beteiligten Städten angetreten, eine gemeinhin eher rationalistisch und technokratisch geprägte Idee heutiger Stadtplanung um Ansätze einer diskursiven und vor allem perspektivische Offenheit anregenden und Visionen hervorbringenden Idee der Stadtgestaltung zu erweitern. Kurz gesagt, es sollte der Versuch unternommen werden, Bilder und Ideen zu setzen, die, ohne sich aufzudrängen, Präsenz im Raum zeigen würden.

Dieser Ansatz wurde in den beteiligten Städten in sehr unterschiedlichen Formen unternommen. Während in Wrocław und Rotterdam kleinere Formate gewählt wurden, vereinten die Präsentationen in Budapest, Salzburg und Dresden eine Vielzahl an Ideen, Perspektiven und Ansätzen.

Unter dieser Prämisse war die Realisierung von *Urban Potentials* in Dresden während des Stadtjubiläums geradezu ein Glücksfall. Die große Chance bestand darin, diesen sicher nicht unproblematischen Rahmen zu nutzen, ein Projekt durchzuführen, das zeitgenössische Kunst über die ihr heute oft zugeschriebene Rolle bloßer Kritik hinaus mit Ansetzungen, Ideen und Entwürfen zum städtischen Gemeinwesen in einen Bezug zu bürgerschaftlicher Selbstbesinnung und damit auch in einen Fokus potenzieller Aufmerksamkeit und öffentlicher Diskussion stellt.

Natürlich ist damit auch ein inhärenter Widerspruch verknüpft. Damit heutige Kunst überhaupt in der Lage ist, aus sich heraus Aufbruchsymbole zu postulieren oder emanzipatorische Handlungsmöglichkeiten zu betonen und zu verhandeln, bedient sie sich ihrer spezifischen Sprache, die wohl international im Kunstkontext, nicht aber unbedingt innerhalb einer regionalen Bewohnerschaft Allgemeingut ist. Dabei könnten gerade Anstöße aus den weitgehend autonomen Diskursräumen gegenwärtiger Kunst ein wichtiges befruchtendes Element sein, wenn sie nicht als geschlossenes und zudem hochgradig ideologisiertes System ritualisiert werden.

Kann aber überhaupt der Anspruch zeitgenössischer Kunst eingelöst werden, über das unmittelbare Milieu hinaus als Katalysator bei Formulierungen heutigen urbanen Lebens in den Gemeinwesen oder bei der nachhaltigen Entwicklung von Antworten auf übergreifende Fragestellungen zu wirken? Wäre überhaupt die Realisierung einer solchen impliziten Hegemonie künstlerischer Artikulation zu wünschen? Oder sollte im künstlerischen Diskurs der traditionell politische eher durch einen konstruktiv pragmatischen Begriff von Öffentlichkeit ergänzt und erweitert werden?

Der Entwicklung von *Urban Potentials* waren solche Fragen als Rückkopplungen auf das gerade umzusetzende Projekt zwar immanent, doch standen sie nicht als künstlerische Fragestellungen im Fokus. Die sehr deutliche Verschiedenheit der Annäherungen an imaginierte Chancen des Sozialkörpers Stadt, die sehr unterschiedliche Art der Vermittlung dieser Bilder haben diese impliziten Fragen aber wiederum sehr deutlich hervortreten lassen.

(19)
Über die Städte,
die Künste und das
Öffentliche
*About Cities, the Arts,
and the Public Sphere*

(21)

Rotterdam

FORMEN, PERSPEKTIVEN UND REZEPTIONEN ZEITGENÖSSISCHER KUNST ALS BEITRAG ZUR BILDUNG URBANER IDENTITÄTEN

Thomas Meijer zu Schlochtern

——

English Text Page 259

Keine Stadt der Niederlande musste ihre Identität im Laufe des vergangenen Jahrhunderts so bewusst wiederentdecken wie Rotterdam. 1945 stand die Stadt vor dem Nichts. Dennoch gelang es Rotterdam, sich eine neue Seele zu erbauen. Zeitgenössische Architekten/-innen und Stadtplaner/-innen verwandelten das Brachland, das der Krieg hinterlassen hatte, in eine moderne, funktional ausgerichtete Metropole mit 600.000 Einwohnern. Geschäftsleute und einfache Bürger/-innen entwickelten eine neue ökonomische Infrastruktur. Es entstand eine Kultur, die geradezu dazu gezwungen war, nach vorn zu blicken. Schließlich musste man die alten Trümmer hinter sich lassen und sich vollkommen neu erfinden. Bauliche, wirtschaftliche und kulturelle Sanierung liefen stets Hand in Hand. Städtische Verwaltung, Architekten/-innen, Geschäftsleute und Künstler/-innen fanden zu einer wahrhaft kreativen Einheit zusammen. Inzwischen ist der Wiederaufbau so gut wie abgeschlossen, und die Stadt blickt jetzt mit Stolz auf die Bauten des neuen Jahrhunderts, die derzeit errichtet werden.

Seit Ende der 1970er Jahre verfolgt die Stadtverwaltung eine international ausgerichtete Kulturpolitik. Innerhalb kurzer Zeit wurden die *KunstHal*, das *Nederlands Architectuurinstituut* (Niederländisches Architekturinstitut, NAI), das *Nederlands Fotomuseum* (Niederländisches Fotomuseum) und das *Centrum voor Hedendaagse Kunst Witte de With* (Zentrum für zeitgenössische Kunst Witte de With) gegründet. Hierdurch gewann die Stadt ein unverwechselbares Profil und zog renommierte Architekten/-innen und Designer/-innen aus aller Welt an. So gründete 1978 Rem Koolhaas das *Office for Metropolitan Architecture*, OMA.

Heute bietet der zweitgrößte Hafen der Welt mit seinen Museen, Kunstzentren, Künstlerinitiativen und Kunsthochschulen eine kulturelle Infrastruktur, die ihresgleichen sucht. Rotterdam verfügt mit der *Internationale Beelden Collectie* (Internationale Skulpturensammlung, IBC) und dank des langjährigen Engagements des *Centrum Beeldende Kunst* (Zentrum für Bildende Kunst, CBK)[1] über unangefochtene Kompetenzen und einen hervorragenden Ruf im Hinblick auf Kunst im öffentlichen Raum. Dies macht die Stadt zu einem interessanten Vorbild für andere Städte. Gerade in einer Zeit, in der sich weltweit Stadtentwicklung auf die Gestaltung des öffentlichen Raumes fokussiert, ist Rotterdam von maßgeblichem Interesse.

Vom (Kriegs-)Mahnmal zum urbanen Symbol

Die IBC ist eine Sammlung von Skulpturen, die sich zum Teil schon sehr lange Zeit im Besitz der Stadt befindet. Die älteste Skulptur des berühmtesten Rotterdamer Bürgers Desiderius Erasmus stammt aus dem Jahre 1622 und überstand religiöse Konflikte, Kriege und Besatzungszeiten. Die Sammlung ist von überragender internationaler Bedeutung und einzigartig in den Niederlanden.

Nach dem Zweiten Weltkrieg wurden in Rotterdam zahlreiche Skulpturen aufgestellt. Einer der wichtigsten Gründe dafür war, inmitten der leeren Brachflächen nach der Bombardierung vom 14. Mai 1940 und dem Wiederaufbau in der Innenstadt für visuelle Abwechslung zu sorgen. Ausgangspunkt war eine Privatinitiative des damaligen Direktors des *Bijenkorf* (dem größten Kaufhaus am Platz): Eine Schenkung der Skulptur *De Verwoeste Stad* (Die zerstörte Stadt) von Ossip Zadkine. Sie bildete den Anfang zu einer Reihe von Denkmälern und Skulpturen, die dem Andenken an den Zweiten Weltkrieg gewidmet sind.

Seit den 1960er Jahren wurden dann an prominenten Stellen der Stadt Werke international renommierter Bildhauer/-innen aufgestellt. Neben dekorativen Zwecken sollten sie vor allem der Schärfung des öffentlichen Bewusstseins für Kunst und Kultur dienen. In einem Bericht der Stadtverwaltung aus dem Jahr 1957 heißt es: „Skulpturen unter freiem Himmel erleichtern den spontanen Zugang zu bildender Kunst, gerade für diejenigen, die keine Museen besuchen." Es sollte dabei ein Niveau erreicht werden, das qualitativ demjenigen eines Museums nahekam. Nicht nur das wieder errichtete Stadtzentrum, sondern auch die neu entstandenen Vororte dienten als Standort für die Plastiken. Die für den Ankauf zuständige Kommission erwarb zunehmend Werke von zeitgenössischen Künstlern/-innen, die mit Skulpturen für moderne, urbane und öffentliche Räume bereits Erfahrungen gesammelt hatten. Diese Werke zeigten sich in vielerlei Hinsicht bedarfsgerechter als die vorangehenden ‚retrospektiven' Erwerbungen.

Beim Ankauf von Kunstwerken für den öffentlichen Raum hatte der Ausschuss *Beelden in de Stad* (Skulptur in der Stadt) bis zum Anfang der 1980er Jahre beratende Funktion. Die finanziellen Mittel hierfür stammten aus dem Budget für Stadtgestaltung. Darüber hinaus bestand eine öffentliche Anteilsregelung, wonach ein Prozent der Baukosten öffentlicher Gebäude auf den Erwerb von Kunstobjekten verwendet werden musste.

1982 wurde die beratende Funktion der beiden genannten Ausschüsse der Abteilung *Beelden de Kunst in de Openbare Ruimte* (BKOR) am CBK übertragen. Diese Einrichtung fungiert als sachverständige und federführende Stelle bei der Verwirklichung und dem Management öffentlicher Kunstprojekte. 1999 richtete der Bürgermeister und Ratsvorsitzende eine neue internationale Kommission für Bildende Kunst ein, die zwar unabhängig arbeitet, organisatorisch jedoch dem CBK untergeordnet ist. Diese Umstrukturierung war eine der ersten Maßnahmen, um Rotterdam auf seine Rolle als ‚Kulturhauptstadt Europas 2001' vorzubereiten.

Das Jahr 2001 erwies sich als gänzlich neuer Denkanstoß im Hinblick auf die Funktion von Skulpturen im städtischen Raum. Die willkürliche Platzierung von Skulpturen im Stadtraum sollte ab sofort ein Ende haben. Zugleich äußerte die CBK die Absicht, sich für „ausdrucksstarke, autonome Skulpturen von renommierten internationalen Künstlern [zu entscheiden], die einen positiven Beitrag zu einem veränderten Stadtbild leisten". Die Befürworter der „experimentellen Auslotung der Grenzen künstlerischer Konzepte" mussten den Befürwortern autonomer Kunstwerke weichen. Damit wurde – ob nun beabsichtigt oder nicht – ein Keil zwischen die beiden Ausschüsse IBC und BKOR getrieben. Denn schließlich widerspricht ein überwiegend museal und städteplanerisch orientiertes Verständnis von öffentlichem Raum und öffentlicher Kunst diametral einem primär an Bedarf, öffentlicher Partizipation und kultureller Vielfalt ausgerichteten Ansatz.

Das CBK ist der Auffassung, dass Kunst im öffentlichen Raum breiter Zustimmung bedarf und insoweit eine eher fördernde als beherrschende Rolle zu spielen hat. Letztendlich sind es die Künstlerin und der Künstler selbst, die den Schaffensprozess in der Hand haben und die künstlerische Verantwortung tragen. Kunst als gesellschaftliche Intervention macht nur dann Sinn, wenn sie ihre Unabhängigkeit bewahrt und die Interventionen tatsächlich sozial-künstlerisch sind. Kunst spricht eine eigene Sprache und setzt eigene Akzente – es kann nicht Aufgabe der Künstler/-innen sein, Politik zu betreiben, so nobel das auch sein mag. Gesamteuropäisch betrachtet ist ein solches Kunstverständnis keinesfalls ungewöhnlich. Im Gegenteil: Die Niederlande sind mit ihrer Vielzahl von gesetzlichen Bestimmungen, politischer Einflussnahme und einem monopolartigen System von Beamten und Verwaltungsbediensteten im Bereich der Kunst eher eine Ausnahme. Unter einer zunehmend zurückhaltenderen Regierung kann sich Kunst in den Niederlanden zunehmend genauso frei entfalten wie in anderen Ländern.

Public Art: Die Kunst der Stadterneuerung

Zahlreiche Rotterdamer Künstler/-innen identifizieren sich mit dem Schicksal ihrer Stadt. Immer wieder stellen sie sich mit großer Anteilnahme an die Seite von Bewohnern/-innen, die zu Leidtragenden städtebaulicher Erneuerungen geworden sind. Es gibt keine Stadt in den Niederlanden, in der so viele Organisationen, Vereine und Künstler/-innen ihr besonderes Augenmerk auf die Gestaltung öffentlicher Räume richten und sich so lebhaft an einschlägigen Diskussionen beteiligen. Doch was ist ‚der öffentliche Raum'? Stein gewordene Demokratie, Verkehrsraum, Raum für alles, für jeden und jede? Und was bleibt vom öffentlichen Raum ohne die Öffentlichkeit, die Menschen? Diese Fragen bieten in jeder Hinsicht ausreichend Diskussionsstoff und Anlass zu intensiven Debatten über Zugänglichkeit, Sicherheit und Lebensqualität, die alle berühren.

Die vergangenen zehn Jahre haben den Niederlanden einen grundlegenden Wandel im Hinblick auf Formen politischer Einflussnahme beschert und schließlich auch, wie bereits erwähnt, einen Rückzug der Verwaltung aus bestimmten Bereichen. Allerdings kommt es in zunehmendem Maße zu Kompetenzstreitigkeiten zwischen Bürgern/-innen und Verwaltung – mit Konsequenzen für die Gestaltung öffentlicher Räume. Und dies ist wahrscheinlich auch der Grund, weshalb Künstler/-innen, die im öffentlichen Raum arbeiten, Anwohner/-innen und Öffentlichkeit gern in ihren Gestaltungsprozess mit einbinden. Einige Künstler/-innen billigen der Öffentlichkeit sogar die entscheidende Rolle in diesem Prozess zu. Doch zugleich fällt auf, dass eine zunehmende Anzahl von Bürgern/-innen die Gestaltung öffentlicher Räume ignoriert, weil sie sich nicht mit ihr identifizieren kann.

Der Rotterdamer Philosoph Henk Oosterling formuliert dies pointiert; er differenziert zwischen der Unterordnung eines Kunstwerks unter das Umfeld, in dem es sich befindet und der Einflussnahme des Kunstwerks auf seine Umgebung. Er entwickelte ein dynamisches Verständnis vom öffentlichen Raum, der ihm zufolge unter dem Einfluss von Kunst schrumpft, sich ausdehnt oder gar aus dem Nichts heraus entsteht. Oosterlings These basiert auf der Beobachtung, dass die Grenze zwischen öffentlichem und privatem Raum an Schärfe verliert. Privates und Öffentliches beginnen miteinander zu verschmelzen. Jedes in der Öffentlichkeit geführte private Gespräch ist zugleich öffentliches Eigentum und reproduzierbar. Jedoch gibt es in einer Zeit, in der jeder seinen Kopfhörer und das Handy stets griffbereit hat, Anzeichen einer zunehmenden Privatisierung öffentlicher Räume. Der öffentliche Raum wandelte sich von einem Ort, an dem man lebt, zu einem Ort des Transits, der reinen Durchreise. Ist in einer solchen Umgebung noch Platz für Kunst?

Vor diesem Hintergrund sieht Oosterling in mehrfacher Hinsicht ein Wechselspiel zwischen Kunst und öffentlichen Räumen. In manchen Fällen wird Kunst durch ihr Umfeld verwandelt, in manchen wandelt sich das Umfeld durch die Kunst und in manchen wird das Umfeld erst durch die Kunst geschaffen. Er unterscheidet vier Spielarten der Kunst in ihrem Verhältnis zum öffentlichen Raum (in aufsteigender Rangfolge je nach Grad ihres Einflusses auf das Umfeld oder ihrer Adaption als Objekt der Veränderung).

1. Kunst, die im öffentlichen Raum **entsteht**.
2. Kunst, die den öffentlichen Raum **definiert**.
3. Kunst, die den öffentlichen Raum **ergänzt**.
4. Öffentlicher Raum *als* Kunst, also Raum, der durch die künstlerische Perspektive **bestimmt wird**.

In der Praxis
Durch attraktive öffentliche Bereiche erwacht die Stadt zum Leben – neue, unerwartete Begegnungen werden möglich. Dies schafft zugleich verbesserte Rahmenbedingungen für unternehmerische Entwicklungen und somit wirtschaftliche Vorteile. Gerade in einer Stadt wie Rotterdam mit einem Ausländeranteil von 47 Prozent und über 160 Nationalitäten ist der öffentliche Raum ein Ort der Begegnung und des Austauschs von Bräuchen und Traditionen. Effektiv gestaltete öffentliche Räume tragen zu größerer Verbundenheit mit der Stadt bei und vermitteln nicht zuletzt Geborgenheit, Sicherheit und selbstbewusste Identitäten innerhalb von Nachbarschaften oder Stadtbezirken. Dies führt zu einer Aufwertung vernachlässigter und regelloser öffentlicher Bereiche.

Ein aktuelles Beispiel für das Zusammenspiel von bildender Kunst und Stadterneuerung ist die Sanierung verschiedener Wohnbezirke am linken Ufer der Stadt, die zwischen 1910 und 1940 erbaut wurden. Der sogenannte *Pact op Zuid* umfasst die Stadtbezirke Feijenoord, Charlois und IJsselmonde. Das Projekt entstand als umfassende Maßnahme gegen die Vernachlässigung, die das Viertel Zuid jahrelang erfahren musste. Bei Zuid handelt es sich um einen relativ einkommensschwachen Teil der Stadt[2], der durch hohe Arbeitslosigkeit und bauliche Tristesse geprägt ist. Die einzelnen Gegenden unterscheiden sich kaum voneinander, das Bildungsniveau der Einwohner/-innen ist vergleichsweise niedrig. Die ausgeprägt einseitige Bevölkerungsstruktur, die in einigen Bereichen zu 70 bis 90 Prozent aus meist benachteiligten ethnischen Minderheiten besteht, droht einige Gebiete in Ghettos zu verwandeln. Trotz der Sanierungsbemühungen der vergangenen Jahre ziehen viele junge Familien fort. Zuid hat aber auch Vorteile, wie zum Beispiel eine junge Bevölkerung, ausgedehnte Grünflächen und Parks, eine intakte Infrastruktur, gute verkehrstechnische Anbindung, gemeinnützige Wirtschaftsverbände und eine günstige Lage unweit der Häfen, des Flusses und der zahlreichen Zufahrtsstraßen.

Der *Pact op Zuid* ist ein Revitalisierungsprogramm der Rotterdamer Stadtverwaltung, welches den Einsatz von bildender Kunst bewusst mit einbezieht. Im letzten Jahr arbeiteten die Stadtbezirke, Wohnungsbaugesellschaften, Unternehmen und Künstler/-innen gemeinsam am sozialen, wirtschaftlichen und technischen Aufschwung von Zuid. Ziel ist es, den Zugang zu Bildung und bezahlten Arbeitsplätzen zu erleichtern, mittlere Einkommensschichten zu erhalten sowie Impulse für mehr Beschäftigung und Konjunkturwachstum zu geben. Initiativen zur Umgestaltung des baulichen Umfelds sind hierbei ein entscheidender Faktor. Für die kommenden zehn Jahre wurde hierfür eine Milliarde Euro bereitgestellt.

Arbeitsgemeinschaften

Jeder Ort erfordert eine individuelle Herangehensweise. Um die sich stellenden Aufgaben zu bewältigen, bedarf es der Zusammenarbeit aller Beteiligten. Das ausschließlich durch die Verwaltung erfolgende Gestalten öffentlicher Bereiche gehört der Vergangenheit an. Verwaltung, öffentliche Einrichtungen und Unternehmen sind aufeinander angewiesen. Künstler/-innen, Architekten/-innen, Kulturbetriebe und insbesondere Unternehmen, die an der Schnittstelle zwischen Verwaltung und Markt operieren, begeistern sich zunehmend für die Idee, selbst Verantwortung zu übernehmen und eigene Visionen und Strategien in die Gestaltung ihrer Stadtbezirke einzubringen. Die Bildung von Arbeitsgemeinschaften ist dabei notwendig, um alle Beteiligten an einen Tisch zu bringen. Die städtische Verwaltung wird sich dazu durchringen müssen, Kontrollfunktionen abzugeben und sich auf eine Vermittlerrolle einzulassen. Für diese Strategie hat man sich in Rotterdam entschieden.

[1] Das *Centrum Beeldende Kunst* wurde 1982 als kommunale Behörde gegründet und am 1. Januar 2006 privatisiert. Aufgabe des CBK ist die Interessenvertretung der bildenden Künste und Künstler in Rotterdam. Seine Kernaufgaben umfassen: Information und Öffentlichkeitsarbeit, Vermarktung, Verleih und Verkauf von Kunst, Interessenvertretung und Auftragsvergabe. Aufgabe der Sammlung ist, der Stadt Zugang zu hochkarätigen Kunstwerken zu ermöglichen, die den neuesten Entwicklungen im Bereich der bildenden Künste entsprechen. Das Augenmerk richtet sich hierbei auf die Kunst der vergangenen 60 Jahre. In den letzten Jahrzehnten entstand eine Sammlung, die 38 Werke von einigen der wichtigsten Künstler/-innen des 20. Jahrhunderts umfasst, darunter Rodin, Picasso, Gabo, Zadkine, Moore und De Kooning. In letzter Zeit wurden auch Werke von jungen Künstlern/-innen (McCarthy) in Auftrag gegeben oder erworben, welche zuvor noch keine Skulpturen geschaffen hatten.

[2] Von den vier größten Städten der Niederlande (Amsterdam, Den Haag, Rotterdam und Utrecht) liegt nur in Rotterdam das Durchschnittseinkommen unter dem nationalen Durchschnitt. Im Jahr 2005 lag es in Rotterdam mit 13.400 Euro fast 1.000 Euro unter dem mittleren Einkommen der Niederlande.

(27)

Salzburg

*«... EIN AUF DER OBERFLÄCHE SCHÖNER, ABER UNTER DIESER OBERFLÄCHE TATSÄCHLICH FÜRCHTERLICHER FRIEDHOF DER PHANTASIEN UND WÜNSCHE ...»**

Hildegard Fraueneder

English Text Page 261

* Thomas Bernhard

Salzburg, so heißt es, ist eine außergewöhnlich schöne Stadt. Von den zentralen Brücken aus betrachtet, kann der Blick über eine zumeist gemächlich fließende Salzach die wichtigsten baulichen Sehenswürdigkeiten erahnen, entlang einer Silhouette aus vielen Türmen und Kuppeln wandern, unter der sich die geschlossenen Fassaden der Bürgerhäuser reihen, eine Bilderbuchkulisse genießen, die, von der Festung Hohensalzburg gekrönt und von den Stadtbergen gleichsam eingerahmt, vor einem liegt. Salzburg ist eine einzigartige Stadt; zumindest in ihrem Kern, in ihrer Mitte. Hier sind die Fassaden aufpoliert, die Märkte inszeniert und die Plätze befreit von den Mühen der Arbeit und den Lüsten des Lebens, die Funktionen und Lebensräume weitestgehend ausdifferenziert.

Salzburg ist eine Stadt, von der sich Schriftsteller zu poetischen Texten inspirieren ließen und Maler vom 19. Jahrhundert bis weit ins 20. Jahrhundert ihre ‚Naturschönheit' rühmten und mit ihren Werken den Mythos der ‚schönen Stadt' mit geschaffen haben; es finden sich aber auch sarkastische Abrechnungen und kritische Auseinandersetzungen unter den vielen literarischen und künstlerischen Arbeiten, vor allem in der jüngeren Vergangenheit. Wie wir Stadt im Allgemeinen oder auch eine bestimmte Stadt erfahren, ist immer schon symbolisiert und metaphorisiert, schreibt der Kulturwissenschaftler James Donald (vgl. Donald 2005, 35). In erster Linie sind es auch heute Bilder, die uns vorführen, was eine Stadt zu bieten hat, was wir von ihr erwarten können oder auch erfahren wollen, selbst Wahrnehmungs- und Thematisierungsmuster gründen in diesen oftmals verinnerlichten Bildern. Denn im Idealfall steht eine Stadt für etwas Bestimmtes: für Kultur, für Fortschritt, für urbane Vielfalt etc. Erst damit kann die so wichtig gewordene Repräsentation geformt werden, aus der heraus und mit der vor allem im Wettbewerb der Städte die Einzigartigkeit nachgezeichnet wird. So gilt das vergleichsweise kleine Salzburg nicht bloß als ‚schöne Stadt', sondern weitaus mehr als höchst attraktive Kulturstadt.

Was bedeutet aber diese Behauptung, eine Kulturstadt zu sein? Genau betrachtet, ist es eine fragwürdige Aussage, der nur insofern Berechtigung zukommt, als Salzburg über ein relativ großes Kulturangebot verfügt und vor allem die international renommierten Salzburger Festspiele hervorgebracht hat. Obgleich ihre Gründung in den 1920er Jahren antigroßstädtischen Tendenzen folgte, ist das Image des ‚Weltstädtischen' seit damals mit dieser Institution verbunden, und die Einschätzung, dass Salzburg einzig während der Festspielzeit eine ‚Weltstadt' sei, teilen heute überraschend viele Bewohner/-innen mit den Besuchern/-innen. Eine Verortung dieser Einschätzung könnte jedoch lediglich auf die Altstadt bezogen werden, die sich zu einem großen Teil als ‚ausgestellte Stadt' darbietet, als ein geschlossenes Ensemble von Bauten, Plätzen und Anlagen, die als immer schon so da gewesen gelesen werden. Während die Salzburger Altstadt viele Jahre lang zu den Verlierern des wirtschaftlichen Strukturwandels gezählt wurde, der vor allem an der Peripherie neue Wirtschafts- wie auch Wohnareale entstehen ließ, hat sie dennoch immer auch Gewinn, wenn auch keinen urbanistischen Anforderungen entsprechenden, aus diesen Prozessen gezogen, indem sie nicht nur der Aufenthaltsraum für die Touristen/-innen schlechthin ist, vielmehr auch einen wesentlichen Identifikationsbereich für die Bewohner/-innen darstellt: Gerhard Vinken hat für die Identifikation den Begriff „Sonderzone Heimat" eingeführt, mit dem die ‚Konstruktion Altstadt' in Hinsicht auf ein behauptetes Eigenes, das der Gedächtnisstiftung und der Selbstvergewisserung dient, gefasst werden kann.[1]

Die Salzburger Altstadt ist weder von einer urbanen Lebenswelt charakterisiert, noch besitzt sie in einem größeren Ausmaß vernachlässigte, dem Verfall preisgegebene Areale. Salzburg verfügt über eines der frühesten Altstadterhaltungsgesetze[2] – und aktuell wird seitens der Stadtverwaltung eine Verankerung sowohl des Altstadtschutzes als auch der Grünlanddeklaration[3] im Stadtrecht vorbereitet; seitens der Politik wie auch seitens der Bewohner/-innen werden beiden Gesetzeswerken weitaus mehr Aufmerksamkeit und Bedeutung zuerkannt als dem 1997 der Altstadt verliehenen Weltkulturerbestatus. Die überwiegende Beschäftigung der Planer mit der Innenstadt hat allerdings in den 1960er und 1970er Jahren zu einer planerisch-städtebaulichen Vernachlässigung der übrigen Stadtregionen geführt, deren ‚Wildwuchs' erst durch den 1983 ins Leben gerufenen Gestaltungsbeirat [4] gestoppt werden konnte. Sein Zuständigkeitsbereich endet jedoch an den Grenzen der Innenstadt, für die aufgrund der oben genannten Gesetze die Altstadtkommission zuständig ist, was immer wieder zu Querelen führt, deren Beweggründe zumeist im grundlegend divergierenden Selbstverständnis zu finden sind: Liegt der Altstadtkommission ein (vor neuen Einflüssen) bewahrender und erhaltender Gedanke, also eine konservierende Haltung, zugrunde, forciert der Gestaltungsbeirat eine fördernde, progressivere Handhabung der Aufgabenstellungen. Hierdurch manifestiert und verfestigt sich die Separierung und Zonierung der Stadt im Besonderen in eine tourismus- und publikumsorientierte und eine bewohner- und unternehmerorientierte Gestaltung und Bespielung. Unter diesen Gesichtspunkten wird aber auch deutlich, wem der oben erwähnte „Gewinn" in der Altstadt zukommt.

Die intensive touristische Erschließung Salzburgs reicht bis ins 19. Jahrhundert zurück und damit einhergehend auch die internationale Bewerbung der Stadt unter unterschiedlichen Dachmarken und in diversen Kooperationen. So trat Salzburg 2003 gemeinsam mit Berlin, Budapest, Dresden, München, Prag und Wien unter dem Namen „Seven Stars of Central Europe" im amerikanischen Markt auf, im vergangenen Jahr wurde eine gemeinsame Dachmarke mit dem Land Salzburg unter dem Slogan „SALZBURG feel the inspiration!" kreiert.

Seit Jahrzehnten und trotz aller Dachmarken wird die Stadt Salzburg aber als „Bühne der Welt" beworben, nachdem der ehemalige Slogan „Eine Stadt bewahrt ihr Gesicht" auch den Professionalisten der Tourismusindustrie doch zu wenig dynamisch erschienen war. Und dennoch ist es gerade die Vergangenheit, die hier geschätzt wird, seitens der Touristen/-innen ebenso wie seitens der Bewohner/-innen. Doch ist es dieselbe Geschichte? Während für die Touristiker und für viele Touristen/-innen *The Sound of Music* eine bedeutende Rolle einnimmt [5], kennen viele Salzburger/-innen weder die Verfilmungen noch die Geschichte der Familie Trapp. Seit Jahren wird ein passender Standort für ein Sound-of-Music-Museum gesucht, der aktuell im Mirabellgarten gefunden scheint [6]. Wie weit aber damit der Mythos ‚Trapp Family' – aus medialer Fiktion kommend und stetig medial unterstützt – auf der Suche nach neuen mythisierbaren Details noch getrieben wird, ähnlich wie es bei den „Sound-of-Music-Tours" zu den Originalfilmschauplätzen geschieht, oder inwieweit auch den Salzburgern/-innen ein Ort geöffnet wird, an dem sich eine Geschichte wird spiegeln können, obliegt einer politischen Entscheidung.

Die thematisierte und die bespielte Stadt

Urban Potentials war nicht das erste künstlerische Projekt, das sich mit der Stadt abseits des Mythos, der weltweit als ‚Salzburg' vermarktet wird, auseinandergesetzt hat. Zu nennen sind vor allem *Public Space / Öffentlicher Raum / Lehen* (1997/98), *Trichtlinnburg* (2005) oder auch das Festival *kontracom* (2006), die alle mit der vagen Bezeichnung ‚Kunst im öffentlichen Raum' charakterisiert werden können. Jedes dieser Projekte war auf einen bestimmten Stadtraum konzentriert: das erste auf den Stadtteil Lehen [7], das zweite mit dem Themenfokus Massentourismus und Stadtentwicklung auf die rechts der Salzach liegende Altstadt (vgl. www.tricht-linn-burg.org) und *kontracom* auf die gesamte Altstadt. Eine Auseinandersetzung mit urbanen Potenzialen, so schien es uns am Beginn des Projektes, sollte jedoch die gesamte Stadt mit einbeziehen: die gebaute Stadt ebenso wie die Stadt der Menschen; das Leben in dieser Stadt und die sozialräumlichen Prozesse, die Konstellationen, die diese befördern oder behindern. Es ging uns darum, die vorherrschenden Kräfteverhältnisse nicht nur zu benennen, sondern auch Wege aus diesen heraus zu skizzieren, Momente anzudeuten, die potenziell ein urbanes, das heißt auch ein vielgestaltiges Gemeinwesen bezeichnen könnten.

Für das Symposium *Amadeus steht Kopf. Kunst und Öffentlichkeit*, das wir in Kooperation mit dem Museum der Moderne konzipiert und organisiert hatten und das Anfang Juli 2006 im Museum stattfand, stand die Frage im Zentrum, was Kunst im Stadtraum kann, und vor allem, was sie dort (noch) wollen kann. Anlass waren in erster Linie die Kunstprojekte der Salzburg Foundation[8] und das temporäre, von Max Hollein kuratierte und bereits erwähnte Festival *kontracom*, weil beide Kampagnen eine Reihe von Problematiken einer ‚Kunst im öffentlichen Raum‘ beinhalten, wenn auch in sehr differenter Weise. So sieht das auf zehn Jahre angelegte Kunstprojekt der Salzburg Foundation vor, die Innenstadt in einen international beachteten Skulpturenpark zu verwandeln; Jahr für Jahr werden Werke bekannter Künstler/-innen, wie Markus Lüpertz, Anselm Kiefer oder zuletzt Stephan Balkenhol, an markanten Orten der Innenstadt aufgestellt, die über ein privates Investment finanziert werden. Und wie die Festspiele auch formt die Salzburg Foundation einen ‚Ort‘ in und explizit mit dieser Stadt, der Aufmerksamkeit garantiert, an dem die ‚mäzenatische Gabe‘ zelebriert werden kann; mithin einen Ort, an dem ein Prestige befriedigt werden kann. In Ansprachen und Veröffentlichungen werden die Beweggründe für die Investition in Salzburg mit der Schönheit der Stadt, ihrer Geschichte des Mäzenatentums und – etwas zugespitzt formuliert – mit der vorsorglichen Abwehr der Gefahr einer kulturellen ‚Verwahrlosung‘ argumentiert. Doch Versäumnisse der ‚öffentlichen Hand‘ auffangen zu wollen und dabei den steten Rückbau kommunaler Agenden nicht nur zu verschleiern, vielmehr für sich produktiv zu wenden, trägt wenig zu einer Diskursivierung von städtischen Räumen und ihren Potenzialen für eine Bildung von Öffentlichkeiten abseits von kommerziellen Interessen bei, sondern wird immer auch als Besitznahme verstanden werden. Es ist die Stadt auch kein ‚Kunstwerk‘, das erhalten und weiterentwickelt werden will, wie es in den Prospekten und Aussagen der Foundation formuliert wurde – aber sie ist und bleibt ein Fokus von Begierden, von höchst diversen Interessen, die Antagonismen und Konflikte zwangsläufig erzeugen.

Auch die Kunstprojekte, die im Rahmen von *kontracom* in der Innenstadt realisiert worden waren, stießen bei vielen Salzburger/-innen auf heftige Ablehnung, im Besonderen ein auf den Rotorblättern liegender Hubschrauber auf dem Residenzplatz von Paola Pivi und das höchst kontrovers diskutierte Projekt *Salzburg bleib frei* von Christoph Büchel, eine Unterschriftensammlung für ein Bürgerbegehren mit dem Ziel, die öffentlichen Räume der Altstadt für fünf Jahre frei von Gegenwartskunst zu halten. Da genügend Unterschriften geleistet worden waren, war die Stadt verpflichtet, die Bürgerbefragung auch durchzuführen, jedoch nicht gewillt, die Kosten dafür zu übernehmen. Von einem peinlichen Missverstehen spricht weniger das Ergebnis – nicht einmal zwei Prozent der Stimmberechtigten nahmen teil, von denen jedoch 90 Prozent für das Moratorium votierten – als vielmehr die Abwälzung der Kosten auf den Veranstalter des Festivals. Ein im Eigentlichen demokratiepolitisches Instrumentarium konnte somit in eine ironische und auch unernste Kunstaktion gewendet und politisch entschärft werden.

Auch das zentrale kuratorische Ziel, Stadträume anders wahrnehmbar und neu erlebbar zu machen, wurde seitens der meisten künstlerischen Arbeiten kaum eingelöst, ausgenommen ein vor dem Eingang in die barocke Gartenanlage des Schlosses Mirabell aufgestellter Bauzaun von Hans Schabus. Den Künstler/-innen hielt man ein mangelndes Wissen über die von ihnen gewählten Orte vor, dem Gesamtprojekt Disneyland-Charakter und harmlose Unterhaltungsqualitäten, aber vor allem auch die Verschwendung von öffentlichen Mitteln. Eine differenzierende Diskussion und Argumentation wurde durch die im Vorfeld geführte massenmediale Skandalisierung und die dadurch geschürte Aufgebrachtheit und Vehemenz der Ablehnungen zumeist verhindert; mit dem Abbau der Werke verstummten auch die Diskussionen.

Auffallend an beiden Projekten ist jedoch ein tendenziell konventionell-skulptural anmutendes Verständnis von künstlerischen Möglichkeiten, auf städtische Situationen und Räume zu reagieren oder in diesen zu agieren, und ein zumeist den Erlebnischarakter von Stadträumen unterstützendes Moment. Im Zusammenhang mit der Frage, wessen Interessen hier mittels Kunst repräsentiert werden, wird deutlich, dass zum einen der Beitrag zur Ästhetisierung und/oder kulturellen Aufladung des Stadtbildes als vermarktbare Größe und zum anderen ein Ergreifen ‚exklusiver Umgebungen‘ für die jeweiligen Kunstwerke für beide Seiten, die Stadt und die Künstler/ -innen, Vorteile verspricht.

Erprobungen, temporär und ephemer

Die Auseinandersetzung mit beiden Projekten hat grundlegend das Konzept und die Planungen für *Urban Potentials* konturiert. Des Weiteren war es aufgrund der thematischen Ausrichtung auf urbane Potenziale geboten, sich nicht nur mit ‚Kunst im öffentlichen Raum‘-Diskursen, vielmehr auch mit den konkreten Stadtentwicklungskonzepten, mit Gemeinschaft bildenden Maßnahmen etc. auseinanderzusetzen. Wie anderswo auch, sind in Salzburg unterschiedliche Institutionen und Professionen mit den Fragen und Perspektiven einer Stadtentwicklung beschäftigt; mit ihren je eigenen Strukturen arbeitend, gelingen zumeist nur selten eine Durchlässigkeit und ein Aufeinanderzugehen beziehungsweise ein Zuhören über den Anlass hinaus. Uns schien es zumindest den Versuch wert, auszuloten, wie ein Zusammenführen von ansonsten kaum sich gegenseitig austauschenden Personen und Institutionen produktiv (oder auch nicht) werden kann. Die Foren dafür waren unterschiedlich gewählt: Stadtspaziergänge, Symposien, Workshops, Vorträge und Diskussionsrunden, ein Zeitungsprojekt und ein Magazin bildeten letztendlich die Erarbeitungsfelder und lieferten Denkanstöße für künstlerische Projekte. Temporäre Kollaborationen von Akteuren/ -innen und Künstlern/-innen konnten sich hier ebenso bilden wie auch über einen informellen Austausch hinausgehende Konstellationen von temporärer Zusammenarbeit. Wesentlich war uns, dass dieses zweijährige Projekt weniger singuläre künstlerische Produkte liefern sollte, die im Stadtraum zur allgemeinen Besichtigung aufgestellt werden könnten, sondern vielmehr ein vernetztes Arbeiten daran, die unterschiedlichen Entwicklungen in der Stadt mit einem Diskurs über Urbanität zu begleiten. Das meint einen Diskurs, der von der Vielfalt unterschiedlicher Positionen, Perspektiven und Sichtweisen getragen sein muss, will er im Verständnis von Urbanität ein vielfältiges Einbringen überhaupt erst möglich machen. Es ging auch weniger darum, die nach wie vor hoch im Kurs stehende Interdisziplinarität oder Hybridität zu bedienen, als darum, Räume (Denkräume ebenso wie Artikulationsräume) als Begegnungsräume und als Orte der Auseinandersetzung zu verstehen, an denen antagonistische und konfliktuelle Interessen verhandelbar werden, ohne zugleich nivelliert oder harmonisiert zu werden. Andererseits bot uns der künstlerische Kontext des Projektes Raum für Experimente, die innerhalb der regulären Stadtverwaltung oder auch im Rahmen eines institutionellen Programms nicht durchführbar gewesen wären. Der Großteil der Aktionen diente weniger einer Darstellung von Situationen als vielmehr der Herstellung von Situationen als spezifische öffentliche Räume, die wiederum einen ganz spezifischen Personenkreis ansprechen konnten, der, in Teilen von einem Projekt zum anderen mitgenommen, sich somit auch ständig neu formiert hat. Im Nachhinein betrachtet, erscheint mir ein wesentliches Moment die im Vergleich zu den anderen Städten oder künstlerischen Projekten relativ große Zahl der beteiligten Künstler/-innen, Akteure/-innen, Wissenschaftler/-innen und anderweitig Beitragenden gewesen zu sein. Und jede Teilnahme setzte ein über das Alltägliche hinausgehendes ‚Sich-in-ein-Verhältnis-zur-Stadt-Bringen‘ und dessen Artikulierung und Reflexion voraus. Die Aktivitäten und durchgeführten Projekte setzten ihrerseits den Prozess des Artikulierens und auch Reflektierens seitens der Besucher/-innen in Gang, die jedoch bei keiner Aktion in einem partizipativ-erzieherischen Modus angesprochen worden waren, etwa mit der Absicht, sie mit Kunst in Kontakt zu bringen. Das eigentliche Potenzial der Aktionen lag in der Anstiftung und Anregung (ein offener Ausgang nach wie vor), im Aufzeigen von Möglichkeiten, in urbane Zusammenhänge zu intervenieren und den sich permanent vollziehenden ökonomischen und politischen Prozessen kritisch zu begegnen. Einige der im Rahmen von *Urban Potentials Salzburg* durchgeführten Projekte können in diesem Katalog nicht oder nur indirekt wiedergegeben werden, wie die beiden Symposien *Amadeus steht Kopf. Kunst und Öffentlichkeit* und *Stadtspaziergang. Geschichten über das Verschwinden öffentlicher Räume* und auch der Vortrag von Gerhard Vinken „Sonderzone Heimat. Altstadt und moderner Städtebau". Die beiden Workshops *YOUR HOME MUST BE DESTROYED IN ORDER TO SAVE IT* mit Robert Jelinek und *Nicht einmal Hundescheiße. Instrumente zur theatralen Erprobung von Stadträumen* von und mit Ed Hauswirth und Peter Haas, die wesentlich die künstlerischen Projekte angestiftet und befördert haben, können hier nur erwähnt, aber nicht sinnvoll als künstlerische Beiträge dokumentiert werden; die eintägige Performance *RÜCKGÄNGIG* von Sylvia Winkler und Stephan Köperl kann wiederum aus rechtlichen Gründen nicht in diesen Katalog aufgenommen werden. Dagegen konnten aus einigen Veranstaltungen neue Katalogbeiträge gewonnen werden: Der Vortrag von Michael Zinganel hier in der *galerie5020* wurde zu einem neuen Textbeitrag weitergeschrieben, und auch der Textbeitrag von Gregor Langenbrinck, der für unser Zeitungsprojekt verfasst worden war, konnte für einen Wiederabdruck zur Verfügung gestellt werden. Die Wiedergabe der Texte und Diskussionsbeiträge aller Referenten/-innen, die ich für das Symposion Anfang Juni 2007 in Dresden ausgewählt hatte, bereichert nicht nur dieses Katalogbuch, dies ist auch Ausdruck der Notwendigkeit, städtische Konfliktlagen wie auch ihre Potenziale, von unterschiedlichen Standpunkten, Interessen und Motivationen heraus betrachtet, zusammenzuführen – nicht um Lösungen zu geben oder ein „gemeinsames Bestes" zu formulieren, vielmehr um dem Sichtbaren ein Denkbares dazuzustellen und in immer wieder neuen Konfigurationen Räume der Auseinandersetzung zu schaffen.

So ist auch in Salzburg viel passiert, und dennoch soll hinzugefügt sein, dass im Grunde nichts geschehen ist, da alle wirklichen Probleme unberührt blieben; das bedeutet wiederum nicht, dass *Urban Potentials* in Salzburg keine Effekte gezeitigt hätte. Diese aufzuzählen wäre nicht bloß ‚vermessen', es folgte vielmehr einer Darstellungsweise, die das Projekt auf die Ökonomie und ihre Bedingungen reduzieren würde; ob die anvisierte Vernetzung künstlerischer, aktivistischer und theoretischer Gruppen erfolgreich war, wird an anderer Stelle zu untersuchen sein. Geblieben ist eine Menge Erfahrung.

[1] Gerhard Vinken hatte im Dezember 2006 zu dieser Thematik im Rahmen von *Urban Potentials* einen Vortrag hier in Salzburg gehalten.

[2] Von Bedeutung ist im Besonderen die 1980 erfolgte Novellierung des 1967 beschlossenen Gesetzes, das ursprünglich lediglich den Fassaden galt und von da an auch das Innere der Gebäude mit einbezog; 1983 wurde die Arbeit dieses Gremiums mit dem Europapreis für Denkmalpflege ausgezeichnet.

[3] 1985 in einer ersten Fassung beschlossen und in diesem Jahr neu verhandelt, mit der bestimmte Landstriche und Grünflächen der Stadt unter Schutz gestellt sind.

[4] Beirat für Stadtgestaltung, dessen Mitglieder alle ein bis zwei Jahre neu gewählt werden und der sich aus international renommierten Architekten/-innen und Stadtplanern/-innen zusammensetzt.

[5] Für 70 Prozent aller Touristen/-innen aus dem anglo-amerikanischen und asiatischen Raum ist dieses Filmmusical Hauptbeweggrund für einen Salzburgbesuch und in vielen Salzburger Hotels läuft nonstop der Film *The Sound of Music* aus dem Jahr 1964/65 unter der Regie von Robert Wise mit Julie Andrews und Christopher Plummer.

[6] In den Räumen des Barockmuseums, das übersiedelt werden soll.

[7] vgl. gleichnamigen Katalog
[8] http://www.salzburgfoundation.at/

Literatur:
Amanshauser, Hildegund/Pedanik, Mare/Sachs, Hinrich (Hg.) (2005):
   Trichtlinnburg. Ein städtisches Abenteuer. Salzburg-Maastricht. www.tricht-linn-burg.org
Bernhard, Thomas (1975): *Die Ursache. Eine Andeutung.* Salzburg.
Donald, James (2005): *Vorstellungswelten moderner Urbanität.* Wien: Löcker.
Fraueneder, Hildegard/Stooss, Toni (Hg.) (2007):
   Amadeus steht Kopf. Kunst und Öffentlichkeit. Salzburg.
Galerie Fotohof, *galerie5020*, Initiative Architektur und Salzburger Kunstverein (Hg.) (1998):
   Öffentlicher Raum Salzburg Lehen. Salzburg: Pustet.
Hoffmann, Robert (2002): *Mythos Salzburg, Bilder einer Stadt.* Salzburg: Pustet.
Raunig, Gerald/Wuggenig, Ulf (Hg.) (2005): *Publicum. Theorien der Öffentlichkeit.*
   Wien: Turia + Kant.

(35)

Wrocław

LEBENDIGKEIT DER KULTUR

Jolanta Bielańska

———

English Text Page 265

Das Projekt *Urban Potentials* ermöglichte es Tomasz Bajer, Andrzej Dudek-Dürer und Jerzy Kosałka, den Dialog mit der unabhängigen Kunst der 1970er und 1980er Jahre aufzunehmen, die als eine Art Rebellion gegen die Staatsform galt und häufig im öffentlichen Raum aktiv gewesen war.

Als Folge politischen Wandels hatte sich das Milieu in Wrocław (Breslau) in der ersten Hälfte der achtziger Jahre stark zersplittert und konnte die Verschwörungsphase nicht hinter sich lassen. Gegenkulturen und Formen zielgerichteter Widersprüche sind keine gesellschaftlichen Aberrationen – seit Jahren wird versucht, Alternativlösungen für die bestehende Ordnung zu finden, als Reaktion auf Hierarchien und Privilegien und als Ausdruck des Misstrauens gegenüber Bürokratie und Institutionen.[1] Nach 1989 erfolgte ein doppelter Umschwung: vom Sozialismus zum Kapitalismus und gleichzeitig von der postsowjetischen zur postmodernen Epoche. Dies geschah nicht stufenweise, evolutionistisch, sondern konvulsivisch.[2]

Der öffentliche Raum im sozialistischen Polen wurde bis 1989 vom Typus der monumentalen Denkmalskulptur dominiert, die das damals einzig legitime System pries. Es gab aber auch Ausnahmen, zu denen die Aktionen der *Sensibilisten* in den 1950er Jahren sowie die ersten polnischen Happenings von Tadeusz Kantor aus dem Jahre 1965 zählten. Das Gros der Projekte von Konzeptkünstlern wurde im öffentlichen Raum nie umgesetzt. Zbigniew Gostomski hat während des berühmten *Wrocław '70 Symposium*s, dessen Ziel die Schaffung einer neuen städtebaulichen Raumstruktur war, ein Projekt vorgeschlagen, das mit der einheitlichen Form und dem geschlossenen Kompositionsaufbau brechen sollte. *Es fängt in Wrocław an, aber (…) es könnte wo auch immer anfangen. / Es fängt in einem bestimmten Gebiet an, / muss aber nicht dort enden. / Es ist eine potenzielle Unendlichkeit (…).* Eines der wenigen Zeugnisse dieses Symposiums ist ein in den 1990er Jahren auf der Sandinsel installiertes *Lebendes Denkmal* (auch *Die Arena*) von Jerzy Bereś – ein mit den Wurzeln nach oben gerichteter Baum. Die Absicht des Künstlers sah vor, dass die Wurzeln des abgestorbenen Baumes jeden Frühling neu mit grüner Farbe angestrichen werden sollten und dass sich in seiner Nähe eine Bank für Zuschauer befinden sollte. Realisiert wurde ebenfalls Henryk Stażewskis Lichtkomposition – *9 Lichtstrahlen am Himmel*.

Das *Studio der emotionalen Komposition*, das in den Jahren 1970–1981 unter der Leitung von Jerzy Ryba, Wojciech Sztukowski, Grzegorz Kolasiński, Zbigniew Jeż und Jerzy Mańkowski stand, konzentrierte seine Tätigkeit vor allem auf den städtischen Raum. Einen starken Einfluss auf das Wrocławer Umfeld übte ebenfalls das *Theater der 13 Reihen* von Jerzy Grotowski aus. In den Anfangsjahren ihrer Karriere war auch Ewa Benesz mit diesem Theater verbunden, im Laufe der Zeit aber legte sie den *schauspielerischen Imperialismus* ab, da sie sich ihren Zuhörern nicht aufzwingen wollte. Ihre Arbeit präsentierte sie in Dörfern, Häusern, Gemeinschaftszentren, Großstädten, Kirchen und auf Wiesen. Sie las aus den Werken von Goethe und Rilke – manchmal für viele Menschen, manchmal nur für einen einzigen Zuschauer.

Die Schablonen der Künstler rund um die LUXUS-Gruppe wie auch die Happenings der *Orangenen Alternative* in den achtziger Jahren leiteten einen breiteren Prozess ein, in dem die Kunst aus den Galerien heraustrat und mit dem Rhythmus der Stadt und dem Leben der Bewohner verschmolz. Der sogenannte ‚zweite und dritte Umlauf‘ bildete den Ursprung für die Alternativkultur in Polen, die als Verneinung der patriotisch-religiösen, mit der *Solidarność* verbundenen Strömung entstand. Die Künstler aus Wrocław unterhielten in den achtziger Jahren sehr enge Kontakte zu Westberlin. Die freundschaftlichen Verbindungen zum alternativen Milieu in Deutschland ermöglichten es, Wochenendausflüge zu Vernissage- und Konzertbesuchen zu unternehmen. Dank des regen Austauschs entstanden unter anderem die ersten polnischen *Fanzine*-Ausgaben. Zu den bekanntesten gehörte der von Hand präparierte LUXUS, geschaffen von der LUXUS-Gruppe, sowie auch der *Xuxem*[3], der die Idee des *Hybridaismus* und das gleichzeitige Ende der Avantgardekunst propagierte. Viele der Künstler entschieden sich aufgrund mangelnder Lebensperspektiven dafür, zu emigrieren oder eine bezahlte Arbeit auszuüben, die es ihnen jedoch unmöglich machte, weiterhin künstlerisch tätig zu sein. Diese Vorgänge hätten in den neunziger Jahren beinahe zur Vernichtung der künstlerischen Bühne in Wrocław geführt. Einer Gesellschaft, welche die Lebensweise ihrer Mitglieder an die Prozesse technischer Effizienz und nicht an die individuellen Wünsche und Ambitionen anpasst, wohnt etwas Irrationales inne – und diese Situation dauert in Polen bis heute an.

Konfrontation von Wünschen und kollektiver Wirklichkeit

Die zum *Urban Potentials*-Projekt eingeladenen Künstler wurden von verschiedenen Milieus und Erfahrungen geprägt und hatten bis dahin nie miteinander gearbeitet. Dank gemeinsamer Absprache entschieden sie über die Form des künstlerischen Vorhabens, das die Synthese aus Individualismus und Pro-Sozialem wiedergeben sollte.

Jerzy Kosałka erwähnte seinen Wunschtraum, einen künstlerischen Hydepark zu gründen, in dessen Rahmen Künstler/-innen unterschiedlichster Standpunkte ihre Ansichten über die Kunst und die Welt äußern könnten – leider wurde seine Idee abgelehnt und der freie Platz von jemand anderem eingenommen, der keine enge Beziehung zu der Stadt und deren Kontext besaß. Dank der Vorlesungen an der Universität Wrocław kann Kosałka aber dennoch seine Mission fortsetzen und den Studierenden die Sprache zeitgenössischer Kunst näherbringen.

Andrzej Dudek-Dürer realisiert seit 1969 *Life Performances* und präsentiert die *Kunst der Schuhe,* die *Kunst der Hose*, die *Lebende Skulptur* im öffentlichen Raum, der für sein Wirken ein natürliches Umfeld bildet. Viele Jahre lang wurde das Werk Dürers nicht verstanden, da es nicht in die allgemein geltende Konvention der Konzeptkunst der siebziger Jahre passte und in keiner Weise vom Galerieraum oder den Konzepten der Kuratoren abhängig war. Man sollte sich auch vor Augen halten, dass er erst seit Kurzem zur Teilnahme an Landesausstellungen eingeladen wird, obwohl er sich außerhalb der Grenzen Polens langjähriger Anerkennung erfreut. Andrzej Dudek-Dürer war der erste Künstler, der seine Filme in der mobilen Galerie YAPPER unter dem Titel: *Meta…Yapper I, II,* und *III* vorstellte.

Tomasz Bajer gab sich bereits beim Geppert-Wettbewerb[4] im Jahre 1998 als kompromissloser Künstler zu erkennen. Durch die Vorstellung seiner Objekte – der Kunstbomben – sprengte er die klassische Konvention dieses Wettbewerbs, der bis dahin ausschließlich der Malerei vorbehalten gewesen war, und spaltete die Jury genau zur Hälfte in zwei Lager, was zur Folge hatte, dass der ihm zuerkannte Preis blockiert wurde. Einige Jahre lang hatte er keine Möglichkeit mehr, seine Arbeit in Wrocław zu präsentieren, deshalb unterstützte er die Idee einer unabhängigen Galerie, die ohne überflüssigen Ballast, lokale Animositäten, Bedingungen und politische Abkommen tätig sein könnte – in Wrocław sind derartige Orte Mangelware.

Das YAPPER-Projekt stammt aus der Feder von Tomasz Bajer, das Objekt selbst wurde in Zusammenarbeit mit allen drei Künstlern realisiert. Es ist eine mobile Multimedia-Galerie mit eigener Energieversorgung – die Form erinnert an einen riesigen Lautsprecher, der zu Zeiten totalitärer Propaganda als *Bellrohr* („szczekaczka") bezeichnet wurde. Während der Wrocław-Edition der *Urban Potentials*, im Rahmen des *Wrocław Non Stop Festivals,* diente YAPPER als Plattform für den Austausch von Ideen und Gedanken, für die Konfrontation unterschiedlicher künstlerischer Einstellungen. Eine Nacht lang erfüllte es die Funktion eines sommerlichen Wanderkinos. Über 20 Künstler meldeten ihre Teilnahme an diesem Projekt an, darunter: Anna Adamczyk, Przemysław Chodań, Children of Aurora, Andrzej Dudek-Dürer, Tomasz Domański, Dziecięca Wytwórnia Filmowa Alicji Jodko, Maja Godlewska i Marek Ranis, Monika Golisz, Regine Hempel, Kamil Kuskowski, Małgorzata Kazimierczak, Mniamek, Aki Nakazawa, Agnieszka Paszkiewicz,

Anna Płotnicka, Rafał Piekarz, Adam Stefaniak, Jan Verbeek, Kalina Wińska, Wojciech Wilczyk, Kathrin Maria Wolkowicz, Jacek Zachodny, Tadeusz Złotorzycki, Maria Zuba, Dorota Zyguła.

V3 in Dresden [5]

Bei der Präsentation des YAPPER-Projekts im öffentlichen Raum in Dresden versuchten die Künstler mit Hilfe von Humor und multimedialen Vorführungen Kontakt zu deutschen Passanten aufzunehmen. Während zahlreicher Gespräche konnte man den Eindruck gewinnen, dass sie eine Seelenverwandtschaft mit Oskar Matzerath, dem Helden aus Günter Grass' *Blechtrommel*, verbindet, der gleich nach seiner Geburt feststellte: „diese Welt hat mir auf Anhieb nicht gefallen" – ‚Ossis' können die neue Realität weiterhin nicht akzeptieren. Die Mehrheit der höhergestellten Beamten kommt aus Westdeutschland und setzt sich über die lokalen historisch-kulturellen Bedingtheiten hinweg. Bis heute dauert der Exodus der Bevölkerung aus der ehemaligen DDR nach Bayern und Baden-Württemberg an, wo sie Arbeit und bessere Lebensbedingungen finden. Die ostdeutschen Städte und deren Bewohner haben sich stark verändert – derartige Erschütterungen haben ‚Wessis', bei denen ja alles gleich blieb, nicht erfahren: Sie mussten sich keine neuen Gesetze, die Regeln der Marktwirtschaft oder ein anderes Lebensmodell aneignen. Seit dem Tag der Wiedervereinigung Deutschlands verging kein Tag ohne Klagen, viele Chancen verstrichen ungenutzt, viele Fehler wurden begangen (Mahlzahn 2005).

Ohne sich dieser starken Spannungen und Animositäten innerhalb Deutschlands bewusst zu sein, brachte Jerzy Kosałka die *Polnische Galle* [6] mit nach Dresden – in Form von mit gelber Farbe gefüllten Fässern und nachgebildeten V3-Raketen, die ihn überallhin begleiteten. Am Eingang der Motorenhalle brachte er ein Foto an, auf dem eine Gestalt zu sehen war, die auf einem Rasen lag, Pfeife rauchte und eine gelbe Bluse mit der Aufschrift „*do you like grass?*" trug. Man kann daraus einige Bedeutungen ableiten, die lebendigste aber bezog sich damals auf den historischen Kontext, Günter Grass betreffend, der sich nach Jahren dazu entschlossen hatte, sein Gewissen zu erleichtern, und zugab, bei der Waffen-SS gedient zu haben, was einen riesigen Skandal und Mediensturm entfesselte. Die konservative polnische Regierung konzentrierte sich auf die Vergangenheit, und die politischen Beziehungen zum westlichen Nachbarn kühlten deutlich ab. Die Frustration und der aufgekommene Überdruss wegen der ‚Kartoffelaffäre', hervorgerufen durch die Veröffentlichung eines satirischen Artikels über die Kaczynski-Brüder in der *Tageszeitung* (26.06.2006), die Wahlniederlage der Bürgerplattform (PO) [7] aufgrund einer Nachricht über den Großvater des Parteichefs Donald Tusk, der zur Wehrmacht eingezogen worden war, gewannen mit der Frohnatur des Künstlers, der es gewohnt war, mit Konsumaccessoires zu spielen. Kosałka hatte sich bis dahin mit seinen Arbeiten nie so stark politisch engagiert.

Während der Vernissage in der Motorenhalle kam es zur Interaktion zwischen Andrzej Dudek-Dürer, Tomasz Bajer und Jerzy Kosałka – gekleidet in dunkle Uniformen, ausgerüstet mit Kalaschnikow-Attrappen, beschützten sie Andrzej Dudek-Dürers *Lebende Skulptur*, die auf groteske Weise von ihnen selbst dargestellt wurde. Die *Sponsoren-Vitrine* mit Einzelexemplaren von *Cosal-Cola* und *Bajer's Remedium*-Flaschen[8], eine zweiseitige Light Box mit dem Logo dieser Künstler koexistierten im selben Raum mit stilistisch unterschiedlichen digitalen Fotocollagen von Andrzej Dudek-Dürer: mit dem Porträt Albrecht Dürers, der Gestalt des Künstlers, die sich über den Platz an der Frauenkirche erhebt, und den Schuhen eines Künstlers, der auf einem metallenen Kanaldeckel in Dresden steht.

Bei Dudek-Dürer macht sich eine kontinuierliche Identitätsalteration unter dem Einfluss von Meditation und religiösen Praktiken bemerkbar, die es dem Künstler möglich machte, seine früheren Verkörperungen kennenzulernen. Jerzy Kosałka berührt in seinem Dialog mit der Pop-Art die Probleme der ‚kulturellen Identität', die dadurch entstehen, dass die verschiedenartigen

Einflüsse, denen das Individuum ausgesetzt ist, vermischt werden. Wenn die Identifikation des Menschen mit der Kultur unvollständig ist, führt dies zur ‚kulturellen Dissonanz‘, die sich wiederum inspirierend auf die Arbeit von Tomasz Bajer auswirkt, der sich mit der ‚Krise des Individuums und der nationalen Identität‘ auseinandersetzt.

Festung Wrocław – Überlebenskunst

Die zeitgenössische Kunst ist der am wenigsten geförderte Sektor und bildet das Schlusslicht in städtischen Investitionsplänen. Ein weiteres Paradox des öffentlichen Lebens ist die Tatsache, dass ein schlechter Politiker öfter von den Medien gezeigt wird als ein interessanter Künstler. In einem Land, das von Technokraten und Populisten regiert wird, ist es schon eine nicht zu verkennende Leistung, Künstler zu sein, deshalb ist die konsequente Arbeit und Leidenschaft, die Andrzej Dudek-Dürer, Jerzy Kosałka und Tomasz Bajer auszeichnet, bewundernswert.

Wrocław hat sich auf Musik- und Theaterfestivals spezialisiert. Das *Wrocław Non Stop Festival* ist eine relativ junge Veranstaltung mit bislang nicht herauskristallisierter Formel, daher konnte das *Urban Potentials*-Projekt ins Festivalprogramm mit aufgenommen werden. Parallel dazu verlief das Projekt *Archicooking* unter der Leitung von Marcin Szczelina, das die Voraussetzung dafür schuf, sich mit solchen Künstlern wie Mirosław Bałka, Ania Kuczyńska, Artur Rojek, Fat Architecture, Kurt Fleckenstein, Laurent Perbos, Medusa Group, Sand Box, Via Grafik sowie Aaron Betsky, dem Direktor des Kunstmuseums in Cincinnati, zu treffen und zu vergleichen. Dieses Ereignis führte ebenfalls dazu, dass ‚meine‘ Kollegen zur *Industrial Art*, im Rahmen des Off Festivals, nach Mysłowice in Górny Śląsk (Oberschlesien) eingeladen wurden. Das hohe Niveau dieser Events garantiert den Städten ein reiches kulturelles Leben sowie das Interesse der Medien und bietet den Künstlern nicht zuletzt die Möglichkeit zur Realisierung. Um diese gegenseitige Abhängigkeit verstehen zu können, braucht es Zeit.

Andrzej Dudek-Dürer bereitete eine Multimedia-Präsentation vor, die auf das Gebäude der Stadtverwaltung in Wrocław projiziert wurde. Der *Meta-Koexistenz-Kreis* ist ein Beispiel für einen kontemplativen künstlerischen Film, der auf dem Prinzip von zufällig einander durchdringenden Bildern aufbaut und auf den Einsatz vieler grafischer Filter setzt. Die Gestalt eines Künstlers und seine charakteristischen Schuhe, die aus den Fluten, einer Stadtlandschaft oder einem in Pixel zerlegten Raum auftauchen – das ist das am häufigsten vorkommende Motiv. Diese Umsetzung ist die weitere Reflexion des Künstlers über die Reinkarnation, das Vergängliche und die Transformation. Andrzej komponierte die Musik dazu neu, mit Hilfe von Software-Samplern und Audioeditoren. Ein Novum stellte hier die Anwendung von vier übereinandergelegten Klang- und Bildquellen dar. Die Wahrnehmung seiner Musik änderte sich mit dem jeweiligen Standort, den man zwischen den Lautsprecherboxen hatte. Die Arbeit verlieh Andrzej Dudek-Dürer im großen Umfang neuen Schwung. In 30 Jahren schaffte er es, die Bürger von Wrocław ein wenig an seine Konzeptkunst zu gewöhnen und eigentlich mehr noch an seine geistige Praxis, welche die Grenzen zwischen Leben und Kunst aufhebt. Es gibt sicherlich mehr Menschen, die seinen Glauben an die Reinkarnation und den religiösen Synkretismus teilen, als noch in den 1970er Jahren, da er mit seiner Arbeit anfing. Das junge Publikum heute sucht nach Überlieferungen mit tieferen Werten, die dafür sorgen, dass man sich mit ihnen identifizieren kann.

„Wenn du ein kleines Kind bist und einen Luftballon in der Hand hältst, träumst du davon, zu fliegen" – sagte einmal Kent Couch, der eine Strecke von 300 Kilometern auf einem Bett durchflogen hatte, an dem 105 bunte Helium-Ballons angebracht waren. Jerzy Kosałka hat keinen dieser Kindheitsträume mehr, und eines der Elemente seiner künstlerischen Strategien beruht darauf, wie er es selbst ausdrückte, „aufdringliche Promotion für seine künstlerische Einstellung und Werbung für seinen eigenen Namen im öffentlichen Raum zu betreiben". Als er Wrocławs

Straßen mit einem Fünf-Meter-Ballon, auf dem das *CosalCa*-Logo angebracht war, durchquerte, weckte er das rege Interesse des Publikums, das wenigstens für einen kurzen Moment die Schnur des roten Zeppelins halten wollte. Diese kritische Selbsteinschätzung des Autors ist, meiner Meinung nach, stark übertrieben – vergleicht man diese ausgewogenen, autoironischen Aktionen mit den riesigen aufgeblasenen Blumen und anderen Installationen McCarthys, kann hier keine Rede von irgendeiner Aufdringlichkeit sein. Jerzy Kosałka vergrößert stetig seine Kollektion von Objekten mit der eigens entworfenen visuellen Identifikation und schafft damit, ähnlich wie Andrzej Dudek-Dürer, die Elemente seines eigenen Mythos. Daran ist nichts Anormales – das Kreieren und die Selbstvermarktung der eigenen Person ist einer der stärksten menschlichen Imperative.

Verzichtet man auf die Galerie als einen Ort, der sich in einer bestimmten Beziehung zu den Zuschauern befindet, steht einem theoretisch die gesamte Lebensrealität zur Verfügung. Tomasz Bajer hat sein Interesse für die Welt, die Politik und Sozialangelegenheiten ausdrücklich bekundet. In einer kleineren Fassung der mobilen Galerie stellte er Filme [9] vor, die unter anderem Folgendes dokumentierten: den Tod Kennedys, das Wirken der Apartheid in Afrika, den Krieg im Irak und in Afghanistan, Bilder vom indisch-pakistanischen Krieg und andere Krisensituationen. *Art Capsule* sowie eine Multimedia-Weste, die Teil einer paramilitärischen Uniform waren, ermöglichten es ihm, in die Passantenmenge einzutauchen und sich kollisionsfrei durch die Einkaufsmeilen, Gassen und Straßen in Wrocław zu bewegen. Der anarchistische Aktionismus von Tomasz Bajer weicht von den Aktionen seiner Kollegen ab – im Gegensatz zu ihnen versucht er seine Identität hinter dunklen Brillen und einer ständig wechselnden Uniform zu verbergen. Unverändert bleiben eine bestimmte Ähnlichkeit und die Frisur, à la Karl Valentin aus den 1920er Jahren. Die Passanten nehmen gern Kontakt mit ihm auf. Deren Nähe, die Unvorhersehbarkeit ihrer Reaktionen und die fehlende Distanz stellen für sich genommen Elemente seiner Arbeit dar.

Die Rolle des Publikums im künstlerischen Erleben hat mit den Jahren eine bedeutende Transformation erfahren. Es gab eine Zeit, in der es die ‚Überlieferung‘ des Künstlers lediglich verstehen bzw. ablehnen konnte, wobei seine völlige Passivität erhalten blieb. Die Künstler selbst sind der akademischen Diskussionen und der Eingrenzung ihrer Arbeit auf den Raum des *White Cube* mit dem stets gleichen Publikum überdrüssig. Die Versuche, wieder aktiv an künstlerischen Aktionen teilzunehmen, weisen auf den emotionalen Wert dieser Art von Ereignissen hin, den der Mensch in den Beziehungen zu anderen Menschen finden kann. Deshalb möchte ich mich abschließend bei meinen Kollegen, den Künstlern und Kuratoren sowie bei den Personen, die dieses Projekt mitorganisiert haben, für die spannenden Erfahrungen bei der Teamarbeit und die Ausdauer bedanken.

[1] Diese Haltung der Leiter staatlicher Galerien ist problematisch und anachronistisch, weil sie die Möglichkeit der Nutzung von EU-Mitteln für die Kulturförderung in weite Ferne rücken lässt.

[2] Der Kultursektor blieb während der gesamten 1990er Jahre ungenügend finanziert, und gleichzeitig wiesen die Empfehlungen von oben auf die Notwendigkeit hin, nach Mitteln außerhalb des Haushalts zu suchen. Um Fördermittel aus der Europäischen Union zu bekommen, mussten Bewerbungsformulare entsprechend ausgefüllt und die englische Sprache samt bürokratischem Fachjargon erst einmal gelernt werden. Außerdem waren Teamfähigkeit und ein neuer Führungsstil bei den Behörden gefragt – dazu waren und sind die staatlichen Institutionen immer noch nicht in der Lage. Die Armut, von der unabhängige Künstler berührt werden, macht es ihnen unmöglich, Vereine und Stiftungen zu gründen.

[3] *Xuxem* – redigiert und herausgegeben von Aleksander Sikora, Gründer der Stiftung Neue Kultur. Ich verfüge über alle vier Exemplare des *Xuxem*.

4 Der Eugeniusz-Geppert-Wettbewerb ist einer der wichtigsten landesweiten Wettbewerbe für junge Künstler in Polen.

5 Für das Projekt haben die Künstler die V3-Gruppe ins Leben gerufen, die, wie beabsichtigt, nach Erfüllung ihrer Aufgabe einige Monate lang überdauerte.

6 *Galle* hier in der Bedeutung: Ärger, Wut

7 Bürgerplattform (*Platforma Obywatelska*) – eine 2001 in Polen gegründete liberal-konservative Partei (versteht sich als die *Partei der Mitte*)

8 *Bajer's Remedium* ist Teil eines größeren Projekts von Tomasz Bajer, der sich das visuelle Erkennungszeichen eines deutschen Pharmaunternehmens ‚angeeignet' und es umgestaltet hat.

9 aus dem Portal *You Tube*

Literatur:

Malzahn, Claus Christian (2005): *Deutschland, Deutschland. Kurze Geschichte einer geteilten Nation.* München: Deutscher Taschenbuch Verlag.

(43)
Budapest
ICH SEHE WAS, WAS DU
NICHT SIEHST …
Rita Kálmán

English Text Page 269

… und das ist eine Stadt in Mitteleuropa. Genauer gesagt die Hauptstadt eines Landes, durch die Donau in zwei Teile gespalten. In ihrem Namen aber vereint sie diese zwei Stadtteile. Hat jemand die Lösung? Ja genau, das kann nur B-U-D-A-P-E-S-T sein!

Kunst im öffentlichen Raum wird in Ungarn oft in zwei Kategorien geteilt: die Denkmal-Kunstwerke und alles andere, was nicht in diese Kategorie fällt. Aus irgendeinem unerklärlichen Grund sind wir Ungarn einem Denkmal-Kult verfallen. Was die Quantität (aber leider nicht die Qualität) angeht, könnten wir in dieser Disziplin locker den Weltmeistertitel holen. Ich kenne keine andere Nation, deren Parlamentsgebäude von so vielen Politikerskulpturen und Erinnerungszeichen umgeben ist, wie bei den Ungarn. Der Grund für diese Denkmalsetzungstradition liegt wohl in der abwechslungsreichen ungarischen Geschichte der letzten Jahrhunderte. Denn bekanntlich favorisieren neue Machthaber, egal welcher politischen Richtung, für Zwecke der öffentlichen Repräsentation ihrer Identität die Kunst und ihre Ausdrucksmittel. Das wäre noch in Ordnung, denn das scheint der normale Gang der Dinge auf dem Planet Erde zu sein. Das Problem fängt damit an, dass sich in Ungarn unsere Landesväter von dem althergebrachten Reflex nicht loslösen können, dass der urbane Raum einzig und allein für politische Repräsentationszwecke herhalten muss. Deshalb trifft Kunst im öffentlichen Raum (wenn es nicht um Denkmal-Kunstwerke geht) bei der Stadtverwaltung oder sonstigen politischen und bürokratischen Strukturen noch immer auf Unverständnis. Und was man nicht kennt oder versteht, lässt man am besten gar nicht zu …

Aus logischen Gründen ist die Geschichte der *public art* in Ungarn sehr kurz. Die erste große Gruppenausstellung in diesem Genre wird auf das Jahr 1993 datiert und wurde ursprünglich gar nicht im öffentlichen Stadtraum geplant. Das Zeitgenössische Kunstzentrum der Soros Stiftung wollte seine Jahresausstellung, die die künstlerische Untersuchung der aktuellen gesellschaftlichen Prozesse zum Thema machte, in der Kunsthalle Budapest veranstalten. Der damalige Direktor wollte aber, wie er formulierte, keine politisierende Ausstellung beherbergen. So musste die Ausstellung als Notlösung in den öffentlichen Raum ausweichen. Zwar legitimierte die Themenstellung den ausgewählten Ort, doch *Polyphonie* (Soros Center for Contemporary Art (SCCA), 1993), so hieß die Ausstellung, mutierte nur zufällig zu einem *public art*-Projekt und war schon deshalb zum Scheitern verurteilt. Für die meisten künstlerischen Positionen wurde freilich ein öffentlicher Träger (zum Beispiel ein Brückenpfeiler oder eine Werbefläche am Straßenrand) gewählt, die Künstler setzten sich aber mit der spezifischen Umgebung nicht wirklich auseinander. Die üblichen Kriterien von künstlerischen Interventionen im kommunalen Stadtraum, sei es die Kontext- und Ortsbezogenheit oder das Begreifen von urbanem Raum in seinem gesellschaftlichen Zusammenhang, müssen wir hier vergeblich suchen.

Das nächste große Ausstellungsprojekt *Moskau-Platz – Gravitation* (Ludwig Museum Budapest, 2003. www.ludwigmuseum.hu/moskvater) ließ genau zehn Jahre auf sich warten und beschäftigte sich mit einem spezifischen Ort, mit dem Moskau-Platz auf der Buda-Seite. In der kollektiven Erinnerung der ungarischen Kunstszene erkämpfte sich diese Initiative jedoch vor allem deshalb einen vornehmen Platz, weil bis dato so wenig auf diesem Gebiet passiert ist.

Chronologisch folgten zwei Editionen von *Genau!Hier!Jetzt!* (ARC, 2004/2005. www.pontittmost.hu), ein Kunstprojekt, das sich zum Ziel setzt, die Geister der überholten Denkmalsetzungstraditon zu besiegen und diese Gattung zu reformieren.

Die drei hier kurz erwähnten Ausstellungen gelten als Meilensteine der ungarischen *public art*. Obwohl in Budapest Kunstprojekte im öffentlichen Raum in letzter Zeit eine Konjunktur erlebten, kamen die vielfältigen Beitrags- und Gestaltungsmöglichkeiten von aktueller Kunst zu gesellschaftlichen Entwicklungen im urbanen Stadtraum nicht zum Ausdruck.

Als Kuratorin des Budapester Programms von *Urban Potentials* wurde ich mit der Problematik konfrontiert, dass die anderen beteiligten *UP*-Städte (Dresden, Salzburg, Rotterdam, Wrocław) viel kleiner sind und einen ganz anderen Stellenwert im eigenen Land besitzen. Während ich mit den eingeladenen Künstlern die verborgenen Potenziale von Budapest auflistete, wurde mir bewusst, dass sich die Kunstprojekte auf einen bestimmten Stadtbereich konzentrieren müssen. Sonst würde ich Gefahr laufen, dass das Projekt auseinanderfällt und in einer so großen Stadt wie Budapest einfach untergeht. Es musste ein Gebiet sein, wo die von uns aufgezeigten Problembereiche alle vorhanden sind und das so als Versuchsbeispiel für die ganze Stadt verwendet werden kann. Darüber hinaus war es wichtig, die realisierten Kunstwerke an belebten Straßen und gut besuchten Plätzen aufzustellen, damit die Bewohner unbedingt darüberstolpern.

Im Rahmen von *UP*-Budapest wurden letztlich fünf Kunstprojekte verwirklicht, die sich auf fünf markante Problembereiche der Stadt fokussierten, die bis jetzt aus künstlerischer Position noch nicht unter die Lupe genommen worden waren:

– die Beziehung der Stadt zur Donau
– die Neudefinition und Funktionsbestimmung von öffentlichen Plätzen
– Möglichkeiten zur Erweiterung der innerstädtischen Grünflächen
– Vorschläge zur alternativen Nutzung für leerstehende Geschäfte und Auslagen
– Implementierung des Bewusstseins, dass in der Gestaltung der städtischen Umgebung
  die Bewohner eine aktive Rolle spielen können.

Eigentlich hatte ich eine einfache Aufgabe, weil überall, wo man in Budapest auch hinsieht, verborgene Potenziale lauern. Budapest ist eine schlafende Stadt; ihre Stärken, die sie in der zweiten Hälfte des 19. Jahrhunderts in eine moderne, fortschrittliche Metropole verwandelten, gerieten in Vergessenheit und liegen heute verborgen. In den Brainstorming-Runden mit den eingeladenen Künstlern wurde schnell Seite auf Seite vollgeschrieben. So entstand ein Ideenpool, aus dem im Rahmen von *Urban Potentials* nur einige kreative Vorschläge realisiert werden konnten.

Da in diesem Katalog an anderer Stelle die einzelnen Kunstwerke detailliert vorgestellt werden, möchte ich stellvertretend auf die Homepage des Budapester Kunstprojekts hinweisen (www.up-budapest.hu), wo die Arbeiten – von Sándor Bodó Nagy, Gábor Kerekes, Miklós Mécs, the Randomroutines und der temporären Formation von Mónika Bálint, Balázs Horváth, Rebeka Pál, Kata Soós – mit Fotodokumentation zugänglich sind.

Neben der Thematisierung ungelebter Möglichkeiten von Budapest war es ein wichtiges Ziel, die Repräsentanten der Stadtverwaltung darauf hinzuweisen, dass bei der Gestaltung öffentlicher Räume die experimentellen und kritischen Potenziale der Gegenwartskunst berücksichtigt werden müssen.

Einen ersten, wackeligen Schritt machten wir in diese Richtung dadurch, dass *UP*-Budapest von der Kulturabteilung der Stadtverwaltung nicht nur finanziell, sondern auch organisationstechnisch großzügig unterstützt wurde. Ich muss aber gestehen, dass ich zufällig einen günstigen Moment erwischte, weil das aktuelle Motto der Stadtverwaltung 2006 die Erneuerung öffentlicher Plätze war, und bekannterweise wurden nur große Worte gemacht, aber die originellen Ideen oder konkrete Projektpläne fehlten.

Ausgehend von den Erfahrungen, die ich als Kuratorin einer Kunstausstellung im öffentlichen Raum sammelte, und im Einklang mit den Themenstellungen und der Mission von *UP* wurden zwei Podiumsdiskussionen organisiert.

Am ersten Abend setzten sich die eingeladenen Gäste und das Publikum mit den Auflagen, Verfahrensschritten, Mechanismen und Spielregeln der Verwaltung auseinander, die auf die Realisierung von Kunstprojekten im öffentlichen Raum entscheidenden Einfluss haben. Welche

Rolle spielen die Gegenwartskunst und ihre Vertreter in den Entscheidungsfindungen der Verwaltung? Übt die Kunstproduktion eine Wirkung auf die städtische Politik aus? Haben künstlerische Initiativen überhaupt solche Ambitionen? Oder umgekehrt, welche künstlerischen Ambitionen hat die Politik? Wo sind die Schnittstellen und die Möglichkeiten der Zusammenarbeit?

Die nächste Gesprächsrunde widmete sich der Analyze der wichtigsten Kunstprojekte im öffentlichen Raum, einerseits hinsichtlich der künstlerisch-kuratorischen Konzepte, andererseits mit Blick auf die Sichtbarkeit und Wirkung dieser Kunstproduktionen. Wie reagierten die Medien, die breite Öffentlichkeit und die Kunstszene auf diese Programme? Was waren sichtbare Probleme, unerreichbare Ziele, hindernde oder anderweitig beeinflussende Faktoren? Wie konnte das öffentliche Publikum erfolgreich in ein Kunstprojekt eingebunden werden? Welchen Kriterien muss ein erfolgreicher künstlerischer Eingriff in den öffentlichen Raum entsprechen?

Ursprünglich wären die Budapester Aktivitäten von *UP* an dieser Stelle beendet gewesen, doch befand ich mich plötzlich in der glücklichen Lage, dass dem Projekt eine unerwartete Förderung zugesagt wurde. Da ich kein zweites Kunstprojekt im öffentlichen Raum mit demselben Schwerpunkt veranstalten wollte, suchte ich ein Format, in dessen Rahmen die Inhalte von *UP* auf einer theoretischen Basis weitergeführt werden könnten.

Der Workshop In-between-Zone (IBZ) fand vom 16. bis 23. Juni 2007 statt, in seinem Rahmen wurden die sogenannten „Rostgebiete" von Budapest kritisch untersucht. Dabei handelt es sich um jene Stadtteile, die zur äußeren Innenstadt gehören und, obwohl sie eigentlich ausgezeichnete Wohngebiete sind, erst jetzt von den Investoren und ihren Stadtentwicklungsprojekten entdeckt werden. Im Zuge des sogenannten Corvin-Promenade-Projekts (momentan das größte Stadtentwicklungs- und Sanierungsprogramm in Ungarn) wird ein Areal von über 80.000 Quadratmetern vollständig umgebaut, was mit dem Abriss der alten Bausubstanz, der Aussiedlung der jetzigen Einwohner und mit der Errichtung eines neuen Stadtzentrums – bestehend aus architektonisch nicht sehr aufregenden Büro- und Wohnhäusern und den unerlässlichen Einkaufszentren – einhergeht. In den benachbarten Bezirken (7. und 9. Bezirk) wurden ähnliche Prozesse in Gang gesetzt, die in rasanter Geschwindigkeit zur kompletten Veränderung dieser Gebiete führen.

Der Workshop analysierte die oben kurz beschriebenen Stadtbereiche aus vier verschiedenen Perspektiven, die entlang folgender Denkanstöße und Fragestellungen gruppiert wurden:

1. Kunst im öffentlichen Raum und urbanes Planungswesen / Konditionen ‚konstruktiver' Kritik Können künstlerische Projekte in urbanen Regenerationsprojekten eine aktive Rolle spielen? Für wen sind diese Projekte bestimmt? Anhand einiger ungarischer und internationaler Beispiele diskutierte diese Gruppe die unterschiedlichen Herangehensweisen (was Zeit, Raum, die unterschiedlichen Beteiligten, soziale oder politische Strukturen, die künstlerischen Erwartungen betrifft) und versuchte anschließend in dem lokalen Kontext einige Vorschläge zu erarbeiten.

2. Strategien individueller oder kollektiver Interventionen im Hinblick auf die Nutzung und Gestaltung des eigenen Lebensraumes Zeitgenössische Stadtplanung hält sich hauptsächlich die Interessen der Wirtschaft vor Augen und zwingt uns in ein fragmentiertes Leben, bestehend aus Arbeit und Konsum. In den konventionellen Stadtgestaltungsprojekten wird für gesellschaftliche Aktivitäten kein Raum eingeplant. Die Teilnehmer/-innen dieser Gruppe beschäftigten sich mit dem emotionalen Charakter ausgesuchter städtischer Orte und zeichneten zusammen einen psychogeografischen Stadtplan. In zahlreichen Spaziergängen erkundete die Gruppe urbane Stadträume, die für eine zivilgesellschaftliche Nutzung geeignet wären, aber zurzeit eine andere Funktion besitzen oder eben gar keine Funktion haben. Es wurde versucht, jene Schlüsselerlebnisse einzufangen, die uns – Stadtbewohner/-innen – dazu motivieren, einen öffentlichen Raum aktiv nutzen zu wollen.

3. Grassroots in the City / Grassroot und Do-it-yourself-Initiativen versus urbane Stadtplanung / Potenziale, Visionen, Zukunftsszenarien Die Teilnehmer/-innen dieser Gruppe widmeten sich der Aufgabe, die Wirkung, Identitätsindikatoren und mögliche Positionen alternativer, selbstorganisierter Initiativen in einer Stadt zu untersuchen. Wie können diese Gruppen auf die gesellschaftlichen, politischen und ökonomischen Entwicklungen reagieren? Welche Strategien gibt es, welche Fehler werden häufig begangen? Welche informellen Gruppierungen gibt es neben alternativen Kunst- und zivilgesellschaftlichen Initiativen? Wie sind diese Strukturen miteinander verbunden? Wie kann man mit Hilfe alternativer Netzwerke die urbanen Stadträume wieder erobern, und was ist der Sinn solcher Aktivitäten?

4. Grenzen urbaner Stadtentwicklungsprojekte / Fehlerplanung und -analyze / Eine kritische Auseinandersetzung mit der kreativen Stadt Die von zwei jungen Architekten geleitete Gruppe erarbeitete eine fiktive Realisierbarkeitsstudie für die Transformation der im Workshop behandelten Stadtgebiete in ein kreatives Versuchsfeld. So konnten die Grenzen urbaner Stadtplanung, progressiver Architektur, kritischen Denkens und die Kooperation mit den lokalen Einwohnern/-innen und Politikern/-innen exemplarisch getestet werden, eine ideale Situation, wo der post-sozialistische urbane Kontext und die vorherrschenden Planungsregeln keine Rolle spielten.

Die dreißig eingeladenen ungarischen und internationalen Teilnehmer/-innen arbeiteten nach einer zweitägigen Einführung – bei der die Geschichte, aktuelle Entwicklungen und Problembereiche der zu untersuchenden Gebiete durch Vorträge, spezielle Führungen, Impulsgespräche vermittelt wurden – in einer der hier beschriebenen Gruppen. Die Teilnehmer kamen aus unterschiedlichen Disziplinen: Künstler/-innen, Architekten/-innen, Soziologen/-innen, Urbanisten/-innen, Philosophen/-innen, Schriftsteller/-innen, Landschaftsarchitekten/-innen, Mitarbeiter/-innen der Verwaltung. Die bunte Mischung der Gruppe, das Aufeinanderprallen verschiedener markanter Sichtweisen funktionierten automatisch als Motor des Workshops.

Kulturschlagzeile der letzten Woche: 4.000 grüne Regenschirme auf der Kettenbrücke! Der spanische Künstler Maider López lud die Bewohner/-innen zu einem „lebendigen Puzzle" ein. Mit Hilfe der einfachen Massenchoreografie – Regenschirme aufspannen und über den Kopf halten – sollte der Fluss symbolisch aus seinem Ufer herausgehoben werden, oder es sollte, aus der Perspektive der Brücke betrachtet, dieselbe, indem sie abgedeckt wird, mit der Donau verschmelzen. Eine Performance, durch die zumindest für eine Stunde ein unentbehrliches, aber doch verborgenes Potenzial von Budapest im Rampenlicht stand. Auf leisen Füßen schleicht sich Progressivität in die Stadt!

Dresden
MEHR WUNDER AUS DRESDEN
Christiane Mennicke

———

English Text Page 272

Dresden ist eine Stadt, in der die Zeit an prominenter Stelle stehen zu bleiben scheint oder vielmehr mühelos Jahrzehnte überspringt, auslässt, einfach ungeschehen macht. Das „Wunder von Dresden", so die Schlagzeile einer bekannten Boulevardzeitung anlässlich der Einweihung der wiedererrichteten Frauenkirche, das Wunder von Dresden besteht vielleicht darin, dass Begriffe, die andernorts vor allem in der Eigenwerbung mittelständischer Handwerksbetriebe auftauchen, hier als das legitimatorische, oft kaum paraphrasierte Rückgrat einer ganzen Bandbreite von Phänomenen dienen: ‚Tradition und Moderne' werden im Neubau der Gläsernen Manufaktur von VW angerufen ebenso wie bei der Neubebauung des Neumarktes und natürlich bei der Erbauung der Frauenkirche, die als prominentestes Beispiel einer solchen Versöhnung dienen darf. Während Begriffe und Theorien zur postmodernen Verfasstheit unserer Kultur, zur zweiten Moderne und gar zum Ende des modernen Projektes andernorts heftigst debattiert wurden und schon wieder Schnee von gestern sind, hat hier nicht nur die Tradition, sondern auf paradoxe Weise auch die Moderne überwintert, und beide sind quicklebendig. Beide sind natürlich längst Vergangenheit und deshalb Fake, so könnte man argumentieren, aber das ficht in einer Stadt mit dem Habitus der Residenzstadt und einer vielleicht deshalb ausgeprägten intellektuellen Dominanz von Handwerk und Verwaltung nicht an (Moser 2006) – und so leben wir, hier könnte das zeitgenössische Märchen beginnen, rhetorisch gleich in zwei Vergangenheiten, die wiederum ihre – natürlich ebenfalls fiktive – friedliche Koexistenz als Fortschritt vermarkten.

Im Umfeld einer solchen Umarmung, das versteht sich sofort, bleiben nur noch diskursive Randbereiche für die Gegenwart, für gesellschaftliche Aktualitäten oder die zeitgenössische Kunst. Zwischenfälle wie der hiernach gern zitierte Bescheid des Regierungspräsidiums anlässlich einer Anfrage im Rahmen eines früheren Projektes, bei dem zur Realisierung einer künstlerischen Arbeit der Sockel des Reiterstandbildes umbaut werden sollte, sind anekdotisch und zugleich verblüffend symptomatisch: „Das Reiterstandbild als politische Manifestation der Macht eines barocken Fürsten verträgt keinerlei zusätzliche An-, Auf- oder Umbauten. (…) Des weiteren würde durch die geplante Installation die ikonographische Aussage des Reiterstandbildes ohne den dazugehörigen Sockel verfälscht, der Fürst quasi seiner Macht und Überlegenheit im eigentlichen und übertragenen Sinne beraubt".[1] Und doch bleibt Raum für heimliche Schadenfreude der Parteigänger der Moderne: Beim Betrachten von Adam Scriveners *Stadt als Wille und Vorstellung* (Scrivener 2006), einer virtuosen filmischen Analyze von Ideologie und Ästhetik am Beispiel der gebauten Stadt Dresden, sieht man eines der vorgefertigten Fassadenelemente an seinen vorbestimmten Platz in der Fassade eines historisierenden Neubaus am Neumarkt schweben, während eine Stimme aus dem Off die naheliegende Frage stellt, inwieweit diese Art von Architektur nicht doch der modernen Tradition des Plattenbaus sehr viel verwandter ist als der der – hier mit Hilfe von Kulissen zitierten – barocken Bürgerhäuser.[2] „… auch die Toten werden vor dem Feind, wenn er siegt, nicht sicher sein", so hat Walter Benjamin in einem sehr viel ernsteren Zusammenhang als der Verballhornung historischer Bausubstanzen einmal die Gefahr beschrieben, die jeglicher Vergangenheit von der nachfolgenden Gegenwart droht (Benjamin 1992). Die ‚Moderne' hat hier mehr als deutlich über die Tradition gesiegt, und dies nicht nur auf der Ebene des Sichtbaren, sondern viel mehr noch auf der Ebene des Zahlenwerks, des Kalküls, welche eine solche Architektur lukrativ erscheinen lässt und deswegen hervorbringt.

In der Stadtsoziologie wird mittlerweile die Berücksichtigung der Eigenheiten von Städten und die Anwendung des Habitusbegriffes (Lindner/Moser 2006)[3] diskutiert, das ändert an dem eigenwilligen Umgang mit der Vergangenheit und der rhetorischen Ausblendung der – postmodernen – Gegenwart in Dresden und anderswo nichts –, denn was sind diese gebauten Aneignungen, wenn nicht im schlechtesten Sinne postmodern? – aber es beruhigt die Nerven, denn es ermöglicht eine Analyze und einen Vergleich. Und die an dem Projekt *Urban Potentials* beteiligten Städte haben zwar alle zusammen nichts gemeinsam, außer der Städtepartnerschaft mit Dresden, aber im Einzelvergleich gibt es vielleicht doch Verbindendes: Da ist Salzburg, der Kulturstandort, dessen blendend vermarktete historische Reststadt ähnlich wie in Dresden (hier beträgt die Fläche weniger als einen Quadratkilometer) einen winzigen Anteil der eigentlichen Stadt ausmacht, in der ringsum andere Realitäten regieren, da ist Budapest, das wie Dresden in zwei Lebensanschauungen zu zerfallen scheint, je nachdem auf welcher Seite des Flusses man sich befindet, Alt- oder Neustadt, Buda oder Pest, da ist Wrocław, dessen Mitte ebenfalls – wenngleich schon zu sozialistischen Zeiten – in Annäherung an das historische Vorbild rekonstruiert worden ist, und da ist nicht zuletzt Rotterdam, eine Stadt, deren Identität nicht ohne ihre fast vollständige Auslöschung im Zweiten Weltkrieg beschrieben werden kann. Und nicht nur Wrocław und Dresden, sondern alle genannten Städte, außer Rotterdam vielleicht, eint, dass die zeitgenössische Kunst eine marginale Rolle innehat, deren Wert in Bezug auf die Gestaltung urbanen Lebens bestenfalls als ein instrumenteller anerkannt wird – und dies vor allem, insofern eine politische oder privatwirtschaftlich förderliche Funktion erkannt wurde, in der sie hilfreich eingesetzt werden kann.

Jenseits der dominierenden Diskurse und des Habitus solcher Städte gibt es sie trotzdem, die zeitgenössischen Kulturpraktiken. Ein wesentlicher Grund für ihr Überleben und ihre beständige Fortentwicklung trotz der lokalen Rhetoriken ist ihr überregionales, mittlerweile global zu nennendes Bezugssystem. Nur eine fortlaufende Auseinandersetzung mit den in diesem Orientierungsrahmen etablierten oder verworfenen Themen und Methoden verhindert ein Versinken in den lokalen resp. kommunalen, durch den Habitus geprägten Bedürfnissen. In besonderem Maße trifft dies auf solche selten an Hochschulen oder anderen Institutionen verankerten kulturellen Disziplinen wie das künstlerische Arbeiten im Stadtraum zu. Hier findet sich, wenn die Projekte für die Wertebildung des Orientierungsrahmens relevant sind, der größtmögliche Sprung – zwischen dem total Lokalen und dem ganz Globalen, zwischen der künstlerischen Bezugnahme, die sich manchmal auf eine Mikrostruktur vor Ort richtet und zugleich an den Konventionen eines Kunstsystems arbeitet, das unter Umständen zwischen Salzburg, Wien, Istanbul, Halle, Zagreb und Neu Delhi aufgespannt ist. Aus diesem für den lokalen Kontext oftmals unsichtbaren, weit über den Ort oder die Stadt hinausgehenden Bezugsrahmen heraus entstehen künstlerische Arbeiten und Projekte. Es ist auch aus diesem Grund nicht überraschend, wenn diese hin und wieder vor Ort für Irritation, Enttäuschung oder Desinteresse sorgen, präzise weil diese Projekte ihre Aufgabe nicht oder nicht ausschließlich in der Befriedigung von lokalen Bedürfnissen sehen, ob diese nun in Bezug auf die Anwohner/-innen, das Stadtplanungsamt, den örtlichen Einzelhandel oder die Kommunalpolitik formuliert werden.

Für das künstlerische Arbeiten im Stadtraum, sei es nun Intervention genannt oder Kunst im öffentlichen Raum, seien einige der prominenteren Koordinaten im Bezugssystem skizziert. Skulptur Projekte Münster, Sonsbeek, die Documenta X (Kassel 1997) oder auch Öffentlicher Raum Salzburg Lehen (1998) konnten als positive Referenzen gelten, während Außendienst (Hamburg 2000/2001) und der Potsdamer Platz auf sehr unterschiedliche Weise einen Abschied von den Möglichkeiten der Kunst in öffentlichen Räumen markierten. Für den ‚partizipativen‘ oder stadtteilorientierten Ansatz gelten insbesondere das Projekt *Culture in Action – New Public Art in Chicago* 1992/93 und die Projekte der österreichischen Künstler/-innengruppe *Wochenklausur* als Grenzfälle, an denen die Meinungen sich scheiden, während *Park Fiction* in Hamburg und *Sarai Media Lab* in New Delhi schon aufgrund ihres starken eigenen Interesses am Stadtteil und ihrer langfristigen anspruchsvollen Arbeit vor Ort positiv bewertet werden müssen. Seit Walter Grasskamps *Unerwünschte Monumente*, in dem er grundlegend die wohltäterische Funktion (und Intention) der ‚Kunst für alle' in Frage stellte (Grasskamp 1992), gibt es einige Veröffentlichungen, die das Denken über Kunst im Stadtraum sehr verändert haben. In den neunziger Jahren hagelte es kritische Analysen von Miwon Kwon (zuletzt Kwon 2004) und anderen Autoren/-innen, *Art in the Public Interest* (Raven 1993) hatte sehr erfolgreich nicht nur einen Terminuswechsel, sondern auch eine andere künstlerische Praxis vorgeschlagen, während *Stadt als Beute* (Ronneberger u.a. 1999), *The Cultures of Cities* (Zukin 1995) und *Evictions. Art and Spatial Politics* (Deutsche 1996) spätere auch eher pessimistische Einschätzungen der Entwicklung des Stadtraums als integrativer Raum vorwegnahmen.

‚Urbane Potenziale', was könnte dies aus Sicht der Kunst und natürlich aus kuratorischer Sicht in Dresden heißen? Die Beobachtung vergangener Projekte wie *Außendienst* in Hamburg oder die Anschauung des Potsdamer Platzes ließen es wenig sinnvoll erscheinen, Skulpturen aufzustellen, wenn ‚urbane Potenziale' zur Anschauung gebracht werden sollten. Auch die eigene Erfahrung in Dresden mit Arbeiten, die von international eingeladenen Künstlern/-innen für den Stadtraum entwickelt worden waren, zeigte, dass viele temporär angelegte anspruchsvolle Arbeiten im besten Fall eine kurze Medienaufmerksamkeit auf sich ziehen. Ganz abgesehen davon, dass in diesem Fall weder für die Verweildauer der Künstler/-innen noch für deren Projekte zum Zeitpunkt der Konzeption ein annähernd vertretbares Budget verfügbar gewesen wäre. Auch vor den mittlerweile als innovativ geltenden ‚partizipativen' Ansätzen regte sich aus kuratorischer Sicht starkes Unbehagen. Extern künstlerische Kompetenz hierzu einzuladen schloss sich aus. Nicht nur müsste diese ein eher höhrigeres als niedrigeres Budget und Zeitkontingent beanspruchen, sollte ihr Vorgehen seriös sein, sondern es stellte sich vor allem die Frage, wer hier wen zu welchem Zwecke zur Teilhabe aufruft. Die Aufforderung zur Partizipation hat sich, so scheint es, in den letzten Jahren vielfach vom Gedanken einer gleichberechtigten Zusammenarbeit an einem konkreten Vorhaben gewandelt zu einer Geste der Animation. Die Aktivierung und das ‚Mitmachen' einer möglichst großen Anzahl von Menschen stehen im Vordergrund, die Aktivität an sich wird ausgestellt, bleibt jedoch ohne Folgen. Sie scheint eher Symptom als Kur einer Demokratie, die an der Verdrossenheit ihrer Mitglieder leidet.

Auch im Sinne einer konstruktiven kuratorischen Auseinandersetzung mit dem oben genannten Bezugssystem war es sinnvoll, Nachhaltigkeit zu betonen und zu diesem Zeitpunkt Projekte ins Zentrum der Aufmerksamkeit zu stellen, die vor Ort nicht im Sinne einer gut gemeinten Intervention, sondern aus eigenem Interesse Impulse setzten und damit unter jeweils unterschiedlichen Umständen bereits in Dresden operierten. Die Bezeichnung des ‚Urbanen' zielt auf eine besondere Art von Gemeinschaft, die durch städtebauliche Ensembles und Architektur, Abwasser-systeme und Kommunikationstechnologie, aber auch informelle Begegnungen, Feste und Rituale zusammengehalten wird. *Urban Potentials* handelt von den Möglichkeiten oder Potenzialen des Urbanen und der Kunst. Was aber wäre, gerade im Zeichen eines unlängst begangenen 800-jährigen Stadtjubiläums, eine wichtigere Voraussetzung für das urbane Zusammenleben als die Räume, in denen Gemeinschaft überhaupt erst entstehen kann? Das ‚Urbane' lebt vom Paradox der Masse und der Einsamkeit, von informellen Überschneidungen, der Möglichkeit von Gemeinschaft und dem Zulassen einer Erfahrung von Andersartigkeit.

Der *7. Stock*, die *rundkino_modell: station* und MEDIALE FÜRSORGE sind drei künstlerische Projekte in Dresden, die mit diesen Paradoxien arbeiten. MEDIALE FÜRSORGE, ein Projekt des Dresdner Künstlers Marc Floßmann, realisierte ein lang gehegtes künstlerisches Vorhaben und bot über zwei Monate an verschiedenen Orten der Stadt ein mobiles Kino an. Eine Tiefgarage am Hauptbahnhof, die innerstädtische Einkaufsmeile Prager Straße und die

Brühlsche Terrasse wurden zu Orten, an denen das filminteressierte, gezielt erschienene Publikum und Parkhauswächter, nach Ladenschluss auf dem Heimweg befindliche Dresdner/-innen und flanierende Touristen/-innen sich in einer temporären Gemeinschaft begegneten. Nur für Sekunden, für die Dauer eines Filmes oder möglicherweise eine längere Bekanntschaft wird die Gemeinschaft bestehen, darin liegt das Potenzial einer solchen, durch das abendlich-nächtliche Flimmern hergestellten, verbindlich-unverbindlichen Situation. Filme und Orte waren aufeinander abgestimmt, sodass der städtische Raum und der Erlebnisraum des Films einander durchdringen und sich gegenseitig verstärken sollten. Urbane Technologiefantasien und die Omnipräsenz des Medialen in mittlerweile zu Klassikern gewordenen Hollywoodproduktionen wurden in dem Programm mit künstlerischen Stadt-Raum-Analysen sowie der Filmproduktion von Künstlern/-innen der Dresdner Kunsthochschule zu einem heterogenen Programm kombiniert.

Der *7. Stock*, eine Initiative junger Künstler/-innen, Geistes- und Sozialwissenschaftler/-innen, hat sich in der obersten Etage eines ungenutzten Gebäudes zusammengetan, das Ende der fünfziger Jahre als Endpunkt der innerstädtischen Demonstrationsachse gebaut worden war. An diesem Ort mit Blick über die Stadt gründeten sie einen Veranstaltungsraum für Kunst, Musik, Lyrik und Film sowie die Diskussion gesellschaftlicher Fragestellungen. Seit 2003 fanden in der Wilsdruffer Straße in fast wöchentlichem Rhythmus informelle Abende mit eingeladenen Gästen statt, während eine weitere Etage für Atelierzwecke genutzt wurde. „Leere Räume – voller Potenziale: 7. Stock" jubelte noch im März 2006 ein Stadtmagazin anlässlich der Verleihung des Förderpreises für zeitgenössische Kunst der Landeshauptstadt Dresden. Noch im gleichen Sommer winkte dem von Beginn an prekären Projekt das Aus, da das Gebäude, das sich im kommunalen Besitz befand, an die mittlerweile privatisierte ehemals städtische Wohnungsgesellschaft verkauft werden sollte. Sowenig eine Einzelschuld an solchen häufig durch den Gewinnerwirtschaftsdruck beendeten Projektbiografien zugewiesen werden kann, so bedauerlich ist es, dass auch die öffentliche Hand sich kaum noch Gestaltungsfreiräume zutraut und der Verkauf und die kommerzielle Verwertung das Allheilmittel der Stadtentwicklung zu sein scheinen. Das Grundprinzip des *7. Stocks* ist die Einladung von externen Gästen. Entsprechend wurde die Einladung zu *Urban Potentials* an die Berliner Künstlergruppe *anschlaege.de* weitergegeben. Den Gedanken der Nachhaltigkeit in ihren Beitragsvorschlag integrierend, entwickelten *anschlaege.de* das Konzept für eine Umfrage zur Lebensqualität der Stadt Dresden für Kulturschaffende und richteten gemeinsam mit dem *7. Stock* für eine Woche innerhalb der Ausstellung ein Büro ein, um vielfache Stimmen zwischen Resignation und Phlegma, Wut und Satire zu sammeln. Als Ergebnis präsentierten sie eine Publikation, die sowohl einen Spiegel der Wünsche für ein zukünftiges Programm des *7. Stocks* zeigte als auch die gegenwärtige Situation des Projekts zwischen offizieller Anerkennung und inoffizieller Machtlosigkeit kultureller Interessen einfing. Auch in verschiedenen weiteren Beiträgen der Publikation wird ein kulturelles Klima spürbar, das jenseits von ‚Tradition und Moderne' für ein offenes, konfliktfreudiges und zugleich lebensfrohes Dresden steht.

rundkino_modell: station, ein künstlerisches Projekt von Silke Riechert und Andrea Knobloch, stellte mit Zeichnungen und fragilen Holzkonstruktionen eine Beziehung zwischen dem Ausstellungsraum in der Motorenhalle und einer konkreten stadträumlichen Situation her. Entlang dieser Verbindung entstand ein Reflexionsraum zu dem, was eine künstlerische Arbeit zu leisten vermag: Subjektivität, Fragen an die eigene Arbeit und im positiven Sinne utopische gesellschaftliche Entwürfe für das Rundkino, eine einzigartige Kinoarchitektur der frühen 1970er Jahre in Dresden. Die Holzkonstruktionen und Zeichnungen bildeten zugleich die räumliche Struktur, in der das Veranstaltungsprogramm stattfand, das gemeinsam mit einer Gruppe von jungen Dresdner Absolvent/-innen des Studiengangs Kulturmanagement entwickelt worden war. Hinter dem Projekt stand das aus der eigenen ästhetischen Wahrnehmung gespeiste Engagement für den Erhalt und die kulturelle Nutzung dieser besonderen Architektur, mit der sich auch eine stadträumliche Erinnerung an die DDR-Moderne der 1960er und 1970er Jahre verbindet. Das eigene Interesse dieser Allianz einer jungen Generation von professionellen Kulturschaffenden war auf die Frage nach den Möglichkeiten eines gemeinschaftlich bewirkbaren sozialen und kulturellen Fortschritts in diesem von Einzelhandelsketten dominierten zentralen Gebiet der Stadt gerichtet und damit letztendlich auch auf die eigene berufliche Zukunft.

In Dresden wie auch in anderen Städten weltweit steht die intensivierte kommerzielle Verwertung von Stadträumen der Verödung und dem Leerstand von Gebäuden oder gleich ganzen Straßenzügen gegenüber. Eine Besonderheit in Dresden ist es, dass leerstehende Flächen und Gebäude zu diesem Zeitpunkt selbst im Zentrum die Chance einer Stadtentwicklung bieten, die nicht ausschließlich kommerziellen Interessen folgt. Im Dresdner Beitrag zu *Urban Potentials* wurden drei Kunstprojekte vorgestellt, in denen genutzte und ungenutzte, aber auch unerschlossene und vielleicht schon bald versäumte Chancen im Stadtraum einander gegenüberstehen. Alle drei Projekte lassen sich auch verstehen als ein Plädoyer für eine Stadt, in der nicht nur die Moderne, sondern auch die Postmoderne eine Vergangenheit haben dürfen und die für das Unvorgesehene der Gegenwart offen ist.

Dank für einen lebendigen und anregenden Austausch geht an dieser Stelle an die Kurator/-innen und Künstler/-innen aus Salzburg, Budapest, Wrocław und Rotterdam, an die projektbeteiligten Künstler/-innen unseres Beitrags sowie an alle, die dieses Projekt in Dresden mit Engagement und Professionalität durchgeführt haben.

[1] Regierungspräsidium Dresden im Schreiben vom 05.11.2003: Versagung... im Deutschen Hygiene-Museum 2006.
[2] Uraufführung im Rahmen der Ausstellung „Wildes Kapital/wild capital" im Kunsthaus Dresden.
[3] Siehe dazu auch den Katalogbeitrag „Städtische Eigenlogik" von Martina Löw.

Literatur:
Benjamin, Walter (1992, orig. 1940): *Über den Begriff der Geschichte.* Stuttgart.
Deutsche, Rosalyn (1996): *Evictions. Art and Spatial Politics.* Cambridge (Mass).
Grasskamp, Walter (1992): *Unerwünschte Monumente.* 2. Aufl., München.
Kwon, Miwon (2004): *One Place After Another: Site-Specific Art and Locational Identity.* Cambridge.
Lindner, Rolf/Moser, Johannes (2006): „Dresden. Der Habitus einer Stadt".
Dresden. Ethnographische Erkundungen einer Residenzstadt. Hg. Rolf Lindner und Johannes Moser. Leipzig.
Moser, Johannes (2006): „Distinktion und Repräsentation. Dresden – die ‚schöne' Stadt".
Grenzen und Differenzen. Zur Macht sozialer und kultureller Grenzziehungen.
35. Kongress der Deutschen Gesellschaft für Volkskunde. Schriften zur sächsischen Geschichte und Volkskunde. Hg. Thomas Hengartner und Johannes Moser, Bd. 17. Leipzig.
Raven, Arlene (1993): *Art in the Public Interest.* 2. Aufl., Michigan.
Regierungspräsidium Dresden (2003): *Bescheid v. 05.11.2003. Versagung der denkmalschutzrechtlichen Genehmigung. Adressat: Andreas Siekmann.* Dresden.
Ronneberger, Klaus/Lanz, Stephan/Jahn, Walter (1999): *Stadt als Beute.* Bonn.

Scrivener, Adam (2006): *Stadt als Wille und Vorstellung.* Dokumentarfilm.
  UA Kunsthaus Dresden.
Zukin, Sharon (1995): *The Cultures of Cities.* New York.

(57)
Über Bilder –
Imageproduktion und
Selbstbetrachtung
About Images—
Corporate Identities
and Self-reflection

TOURIST BUBBLE EVERYWHERE.
Tourismus, Differenz und die
Touristifizierung des Alltags
Michael Zinganel

———

English Text Page 275

Kritik der Tourismuskritik

Der Blick des deutschsprachigen Kulturbetriebes auf die touristischen Praxen der Mehrheitsbevölkerung war lange Zeit von Hans Magnus Enzensbergers signifikanter These dominiert, Tourismus sei nichts als eine bloße „Flucht" aus den als entfremdet empfundenen Lebensverhältnissen der industrialisierten Großstädte. Statt zu versuchen, die Lebensverhältnisse im Alltag zum Besseren zu verändern, nutzten die Bewohner und Bewohnerinnen der Städte ihre Freizeit, um der politischen Verantwortung schnellstmöglich zu *ent*-fliehen und sich von den Belastungen des urbanen Lebens zu kurieren.

Von dieser Kritik pflegte sich das Bildungsbürgertum – im Gegensatz zu Enzensberger – gerne auszunehmen, weil es für sich beanspruchte, ‚anders‘, in jedem Fall aber ‚besser‘ zu reisen als die bloß ferngesteuerten Massen und von seiner Reise mehr als nur Schnappschüsse und Souvenirs mit nach Hause zu bringen, nämlich auch kulturelles Bildungsgut und entsprechende ‚Erkenntnisgewinne‘ zum Wohle der fremden und vor allem der eigenen Kultur. Die Urlaubsform der Pauschalreise, in der Know-how, Marketing, Transport und Dienstleistungen für Menschen mit knappen zeitlichen und finanziellen Ressourcen ökonomisch sinnvoll rationalisiert werden, konnte sich dagegen als der Eliten liebstes Feindbild etablieren. [1]

Der Massentourismus war 1958, als Enzensbergers Essay erstmals erschien, in seinen Ausmaßen noch gar nicht vorstellbar. Tourismusgeschichtlich betrachtet, blieben die urbanen Eliten bei ihren Fluchtversuchen lange Zeit unter sich: Zu den bevorzugten Destinationen zählten zuerst Heilbäder, dann Seen, Meeresstrände und Gebirge. Vor allem das vermeintlich ‚Authentische‘ des einfachen ländlichen Lebens und die ästhetischen Sensationen der Naturerhabenheit wurden zur Gegenwelt des zivilisierten, aber entfremdeten Stadtlebens erhoben. Thomas Cooks erste Pauschalreise 1841 hingegen war eine Städtereise. [2] Dabei wurden nicht nur Städte angefahren, die im humanistischen Sinne den Wurzeln eigener vergangener Hochkulturen zugezählt wurden, sondern auch Stätten, die eine Herausforderung für die aktuelle Gesellschaft darstellten: So führte Cooks erste Europarundreise 1855 in die lasterhafte Hauptstadt des 19. Jahrhunderts, nach Paris. Und eine der Hauptattraktionen war die Morgue, das städtische Leichenschauhaus, in dem die anonymen aufgefundenen Leichen zur Schau gestellt wurden, damit sie mit Hilfe der Bevölkerung identifiziert werden konnten.

Bildproduktion oder Performanz

Bildorientierte Wissenschaften versuchten uns nahezulegen, dass sich die touristische Erfahrung der Reisenden fast ausschließlich aus dem Konsum von Zeichen und Bildern konstituieren würde, mehr noch: aus dem Abgleich der vor Ort erfahrenen Bilder mit denen der professionellen Tourismusindustrie – und dass die Touristen/-innen den Wegweisern der Bildproduzenten/-innen völlig passiv ausgeliefert wären (Urry). Neben Prospekten und Katalogen sind daran auch Literatur, Filme, Kunstwerke und natürlich die Fotos und Souvenirs der Reisenden selbst beteiligt. Ihre Vorführung als Indizien des eigenen Erfolges produziert dann im Bekanntenkreis der Reisenden zusätzliches Begehren. Diesem Kreislauf schreibt der deutsche Soziologe Karlheinz Wöhler die zentrale Bedeutung bei der Konstruktion neuer Attraktionen zu: Theoretisch lassen sich – ihm zufolge – *alle* Orte als touristische Attraktionen vermarkten, sofern signifikante Bilder des Zielortes geschaffen werden und der oben angesprochene Kreislauf in Gang gesetzt werden können (Wöhler).

Soziologen betonen, dass sich die Touristen/-innen während ihrer Reise durchweg in einer oder mehreren eigens für sie geschaffenen schützenden ‚Blasen‘ bewegen und aufhalten (Urry). Diese ‚Blasen‘ filtern ihre Blicke und ihre sozialen Kontakte, schirmen sie vor ‚Gefahren‘ ab wie vor Chancen, mit vermeintlich authentischen örtlichen Kulturen in Austausch zu treten: Die Reisenden wechseln nach ihren Charterflügen in Shuttle-Busse, in abgeschlossene Hotelanlagen, an gesperrte Strände, in touristifizierte Sightseeing- und Konsumzonen usf. All diese sozialräumlichen Zonen werden für die ungestörte Konsumtion zugerichtet. Die gesuchte Außeralltäglichkeit und das vermeintlich ‚Authentische‘ wird von professionellen Dienstleistern/-innen in übersichtlichen, einfach konsumierbaren Dosierungen vorgeführt oder zur Gänze inszeniert. Dabei sind die Reisenden stets in die temporäre Unverbindlichkeit einer ‚Ersatzfamilie‘, der Reisegruppe, integriert, die wiederum von geschulten ‚Ersatzeltern‘ (Reiseleitung, Hotelpersonal) fürsorglich betreut wird (Urry).

Performanztheorien hingegen betonen, dass die touristische Produktion immer eine Koproduktion aller beteiligten Akteure ist! Diese beginnt seitens der Reisenden schon vor der Abfahrt, indem das Publikum für die dann mitgebrachten Erfahrungen ins Auge gefasst wird. Die eigenen ‚Scripts‘ orientieren sich immer daran, Indizien für Erfolg versprechende Erzählungen vom ‚Außeralltäglichen‘ mit nach Hause zu bringen. Demnach ist für die Konzeption der Reise, für die Auswahl der Fotostandorte und der zu erjagenden Souvenirs von zentraler Bedeutung, für wen die Urlaubsnachlese inszeniert werden soll. Für alle Zielgruppen gilt, dass ein Mindestmaß an opportunem Verhalten *nötig* ist, um sich der Gruppen zugehörig zu versichern, dass aber ebenso auch ein bestimmtes Maß an Distinktionsbereitschaft *sinnvoll* ist, um sich von den vermeintlichen Massen der Reisenden – oder bloß von den Reisegewohnheiten der eigenen Eltern – abzusetzen. In vielen Milieus ist es deshalb unabdingbar, die ausgetretenen Trampelpfade zu verlassen und neue Bilder in die Zirkulation einzuschleusen. Dabei entwickelt jede Form von Feriensubkultur ihr jeweils eigenes ‚Jägerlatein‘, mit Hilfe dessen nahezu alle Erfahrungen zu außeralltäglichen Sensationen dramatisiert werden: Gute werden zu besonders guten, schlechte zu katastrophalen … Zudem ist auch der Kreislauf der Bilder bei Weitem nicht so hermetisch geschlossen, wie uns die systemtheoretisch geschulten Tourismusforscher glauben machen wollen: Zwar sind die Initiativen zur Sehnsuchtsproduktion im historischen Rückblick in der Regel von den Eliten in den Zentren ausgegangen und auf die Urlaubsdestinationen in den Peripherien projiziert worden. Tatsächlich können aber die Bereisten, die Einheimischen oder Dienstleister/-innen, den Konsum der erwarteten Bilder stören, verweigern und unterlaufen, eigene Bilder entwerfen und zur Konsumtion anbieten. Sollten diese Gegenbilder auf Akzeptanz stoßen, werden sie ebenso in den Kreislauf integriert. Das trifft beispielsweise auf deviante Jugendkulturen zu, deren improvisierte Clubs – wie auch andere Geheimtipps – nicht davor gefeit sind, bereits eine oder zwei Saisons später aufgrund der dort vermuteten ‚Authentizität‘ von den Massen überlaufen zu werden.

Zur Vorgeschichte des Tourismus

Zu Zeiten der Vorgeschichte des Tourismus stellte sich die Welt noch übersichtlich dar: Quell- und Zielregionen der Reisenden waren deutlich zu unterscheiden, die Wege weit, beschwerlich und mitunter auch gefährlich. Beruflich unterwegs waren Missionare, Kolonisatoren und Händler, *berufen* hingegen Pilger, edle Ritter oder später junge Aristokraten und Bürgerssöhne auf ihrer Grand Tour. Die Grand Tour dient bis heute als Vorbild der bürgerlichen Bildungsreise. Ihr wurde eine Funktion zugeschrieben, die Ähnlichkeit mit Initiationsriten hatte[3], war sie doch auf jene kritische Lebensphase beschränkt, in der der Jüngling zum Manne reift – und in der es daher sinnvoll erschien, ihn möglichst weit von zu Hause fortzuschicken, um in der Ferne sein Aggressionspotenzial abzubauen, Intellekt und Hormonhaushalt in ein besseres Gleichgewicht zu bringen und sich über die Wurzeln unserer Religion und Zivilisation schlau zu machen, um danach weltgewandter seine Rolle als Verantwortungsträger für Hof und Familie auszufüllen.

Aber auch für die Urlaubsformate der europäischen Mittelklassen gilt, dass sich das Reisen in Zyklen vollzog und vollzieht: Tausende Mittelstandsfamilien traten und treten jährlich ihre wohlverdienten Erholungsurlaube in Abstimmung von Werks- und Schulferien an. Kaum eine kann dabei einen Tag länger als zwingend nötig warten, um endlich die Flucht aus dem Alltag anzutreten: im Sommer an den See oder ans Meer, im Winter in die Berge. Und tatsächlich herrschen auch heute noch in der Außeralltäglichkeit des Urlaubs von zu Hause leicht abweichende Gesetze.

Diese Abweichung betrifft nicht nur den rechtlichen ‚Ausnahmezustand‘ im Urlaubscamp, sondern auch einen auffallenden Bedarf, ‚Regression‘ auszuleben, sei es in Bezug auf eigene Lebensabschnitte oder historische gesellschaftliche Epochen (Spode, Henning). Bedeutend dabei ist, dass sie jeweils vergangen sind oder sich im Status des Vergehens befinden und daher als ‚authentischer‘ als die aktuellen Lebensabschnitte verklärt werden können. Ersteres zeigt sich zum Beispiel im Sandburgen-Bauen erwachsener Männer am Strand oder im pubertären Trink- und Balzverhalten an Bars, Letzteres im Besuch historischer Ausgrabungsstätten, Denkmäler oder Industrieanlagen. Die ‚wahre‘ authentische Erfahrung verspricht allerdings nur der eigene Körper: in Form kontemplativer Versenkung (Wellness) oder in Form des Exzesses (Extremsport, Partys, Völlerei und Sex).

Voraussetzungen des Massentourismus

Für die Entwicklung des Massentourismus sind eine Reihe von Voraussetzungen notwendig: Gesetzlich verankerte Mindestlöhne, Urlaubsrecht und Arbeitszeitverkürzung führten dazu, dass der ‚Demokratisierung‘ der ‚Sehnsucht‘ durch Massenmedien endlich auch die ‚Demokratisierung‘ des Reisens folgen konnte – allerdings erst mit gehöriger Verspätung. Technische Entwicklungen erschlossen dem Tourismus der Eliten und dann auch dem Massentourismus immer neue Destinationen. Die erste radikale Beschleunigung der über Jahrtausende annähernd konstanten Reisegeschwindigkeit repräsentierte die Entwicklung der Eisenbahn. Eine beschränkte Flexibilisierung der Reiseziele ermöglichte der Bustourismus. Erst als der Anteil der Bahnreisenden in den 1960er Jahren von Reisenden mit privatem Automobil übertroffen wurde – und in den 1980er Jahren auch von den Flugreisenden –, setzte die geografische Entgrenzung des Urlaubs wirklich ein.[4]

Diese Entgrenzung produziert aber nicht nur Gewinner: Denn einstmals besonders attraktive Destinationen wurden plötzlich durch Eisenbahntunnel oder über Autobahntrassen umfahren oder mit Charterflügen überflogen: Den Reisewilligen eröffneten sich Destinationen, an denen die Wetterlage stabiler war, sich die Dienstleistungen besser rationalisieren ließen oder das Lohnniveau so niedrig war, dass sich der neue Mittelstand die Angebote – trotz der größeren Distanz – auch tatsächlich leisten konnte.

Modelle der Differenzerfahrung

Für den Erfolg der touristischen Sehnsuchtsproduktion ist das Versprechen der Erfahrung von ‚Differenz‘ konstituierend. Die Differenz ist in der Regel geografisch. Es gibt etwas zu sehen, zu riechen, zu tun, was es zu Hause in dieser Form und Intensität nicht gibt – oder das erst in der Außeralltäglichkeit des Urlaubs als besonders wahrgenommen wird. Die Differenz ist aber immer auch sozial! Denn schließlich stellt der Urlaubsantritt für viele auch einen Übergang zwischen Bedienen und Bedientwerden dar – einen zeitlich limitierten Wechsel in der sozialen Hierarchie!

Es ist naheliegend, dass die Kollision der Erwartungshaltungen von Touristen/-innen und von Dienstleistern/-innen, die die Differenzerfahrungen Ersterer, aber auch deren Rekreations-

und Hospitalisierungsbedarf unterstützen müssen, und von Ortsansässigen, die gewollt oder ungewollt zu Statisten dieser Differenzerfahrung werden, nicht immer konfliktfrei abläuft. In der Dreiecksbeziehung zwischen Touristen/-innen, Dienstleistern/-innen und Bereisten, die von Soziologen/-innen als „Touristischer Ereignisraum" bezeichnet wird (Bachleitner/Weichbold), haben die Beteiligten sukzessive Schutzmechanismen installiert, um Enttäuschungen und schmerzhaften Erfahrungen vorzubeugen: Die Reisenden selbst treten aus ihrer Quellkultur in eine Ferienkultur, die Bereisten aus der Kultur der Zielregion in eine Dienstleistungskultur über (Thiem). Und selbst dieser Kulturtransfer wird in der Regel noch von einem bühnenähnlichen Setting strukturiert.

Erving Goffman stellte schon in den 1950er Jahren die Bühnenmetapher als sozialräumliches Modell der zwischenmenschlichen Interaktion vor, die der Vorderbühne, dem Ort der Interaktion, jeweils einen geschützten Backstage-Bereich entgegenstellt. Dabei ging die Tourismustheorie lange Zeit davon aus, dass die Touristen/-innen das dankbare Publikum in einer Inszenierung professioneller einheimischer Darsteller/-innen spielen, die wiederum ihr ‚wahres‘ Leben hinter der Bühne verbergen würden. Später wurden dieses Modell zu einem mehrschichtigen Kontinuum von Bühnen und Hinterbühnen erweitert und die unterschiedlichen Ebenen der Kulissenlandschaften mit verschiedenen Inszenierungsgraden von ‚Authentizität‘ gleichgesetzt: von der oberflächlichen Inszenierung bis hin zum ‚wahren‘ authentischen Lebensraum der Bereisten. Und so wie sich Touristen/-innen unterschiedlich weit in die Bühnenkulissen hineinwagen, bewegen sich auch Bereiste und Dienstleister/-innen zwischen den Kulissenlandschaften – wenn auch nicht alle mit denselben Freiheitsgraden der Bewegung!

Allerdings sind längst nicht alle Touristen/-innen auf die Errichtung von Bühnenlandschaften angewiesen: Aufgrund der erhöhten Experimentierbereitschaft in der Außeralltäglichkeit des Urlaubs entsteht eine animierende Atmosphäre, die die Reisenden ermutigt, sich – neben dem Spiel auf bereitgestellten Bühnen – auch willkürlich asymmetrische Bühnen zur Selbstinszenierung zu errichten. Dadurch werden im Gegensatz zum passiven Konsum des Regietheaters lustvollere Taktiken ermöglicht, die eine Verlagerung des Schauplatzes und einen ständigen Wechsel zwischen der Akteurs- und Zuschauerperspektive nach sich ziehen.

Entgrenzung der Denkmodelle

Die problematische Dreiecksbeziehung zwischen Touristen/-innen, Dienstleistern/-innen und Bereisten, die den touristischen Erlebnisraum sozialräumlich aufspannt, ist aber keineswegs nur auf den eigentlichen Urlaubsort beschränkt. Viele der Dienstleister/-innen im Tourismus sind Arbeitsmigranten/-innen, die zum Zwecke ihres saisonalen Arbeitsverhältnisses, in der Regel aus strukturschwachen Regionen mit signifikant niedrigerem Lohnniveau, anreisen, und – wie die Touristen/-innen – dabei Grenzen von Nationen, Nationenverbänden oder sogar Kontinenten überschreiten.

Dabei existieren sowohl gegenläufige als auch parallele Ströme von Arbeitsmigration und Tourismus: gegenläufig, wenn Saisonniers aus dem Süden auf Touristen aus dem Norden treffen; parallel, wenn im Sommer Gastarbeiter/-innen und Touristen/-innen aus dem Norden Europas gleichzeitig in die Ferien im Süden fahren; oder wenn zu Beginn des Winters Saisonarbeiter aus den neuen deutschen Bundesländern nur Tage vor den ersten deutschen Touristen an ihre Arbeitsplätze in den Skigebieten der Tiroler Alpen reisen (Zinganel 2006).

Erweitern wir das einfache Modell des touristischen Ereignisraums um die Reiseerfahrungen aller involvierten Akteure, dann zeigt sich dieses bei Weitem komplexer als ein singuläres Dreieck: Auch Reisende können an ihrem Heimatort zu Bereisten werden oder Reisenden als Dienstleister/-innen dienen. Und auch Bereiste und Dienstleister/-innen reisen und beanspruchen auf ihren

Reisen wiederum Dienstleistungen und konfrontieren die Bereisten dort mit ihren eigenen Quell-kulturen. Aus einem lokal verorteten Dreieck wird eine schier unendliche Verknüpfung von Drei-ecken, die sich wie ein Fragment des Geodäsischen Doms von Buckminster Fuller um große Teile des Erdballs spannt.

Die Bewegungsrichtungen zwischen den Regionen wechseln je nach Akteurskonstellation. Die Bilder der Sehnsuchtsproduktion, die Inszenierungen und ihre Bühnen wirken wechselweise in beide Richtungen. Was für die einen Alltäglichkeit darstellen mag, ist für die anderen die ge-suchte Differenzerfahrung – und für Dritte bloß Requisit einer Inszenierung. Die Bühnenland-schaften sind keine undurchdringlichen Kulissen, sondern bewegliche, klappbare, poröse oder permeable Strukturen, die sich in einem entgrenzten touristischen Raum aufspannen.

Diffusion der Differenzen im Postfordismus

Die einst ruralen Zielregionen in den Alpen oder am Meer haben sich durch die touristische Er-schließung mittlerweile zu saisonal verdichteten Agglomerationen mit enormen Infrastrukturen ausgewachsen. Zudem zeichnen sich Tourismuszentren dadurch aus, dass hier kulturelle Diffe-renzen geradezu gesucht, gelebt und vor Ort verhandelt werden wollen. Auch wenn dieser Kultur-transfer unzweifelhaft durch Rituale, in Bühnenlandschaften oder sogar durch die Membrane der touristischen Blasen gefiltert werden sollte, so kann selbst ein bescheidener Austausch einer Selbst-verschließung der Reisenden und der Bereisten entgegenwirken. Die Erfahrungen durch Touris-mus können auch positive Effekte auf die Entwicklung der Akteure haben. Für den französischen Sozialtheoretiker Henri Lefebvre repräsentierte nicht die Dichte der Bebauung, sondern gerade die Bereitschaft, Differenzen zu erkennen, sich ihnen zu stellen und sie zu verhandeln, das Krite-rium für den Grad der ‚Urbanisierung‘ einer Gesellschaft, die er in den gewachsenen Städten schon verloren glaubte. Während demnach die Zieldestinationen durch den Tourismus zuneh-mend ‚urbanisiert‘ werden, erscheinen die bislang als homogen imaginierten, ‚gewachsenen‘ Quellregionen als zunehmend segregiert, ausgefranst und perforiert – sowohl was ihre bauliche Substanz als auch ihre soziale Kohärenz betrifft.[5]

Mobiler geworden sind aber nicht nur die Touristen/-innen und Dienstleister/-innen, mobi-ler geworden ist auch der Sektor der industriellen Produktion: Kommunikationstechnologien und der Ausbau des Transportwesens beschleunigten den weltweiten Austausch von Waren, Kapi-tal und Ideen, und damit einhergehend eine sukzessive Verlagerung produktionsorientierter Pro-zesse aus den traditionellen Industriestandorten in den USA und Westeuropa in Niedriglohnlän-der an den südlichen Peripherien, in Osteuropa und Asien. Während dort neue Märkte entstehen und neue Eliten Anschluss an Formen eines uns bekannten Wohlstandes finden, gerieten die al-ten Märkte unter Druck, sich im Dienstleistungssektor sowie vor allem in Forschung und Ent-wicklung als wettbewerbsfähige Wirtschaftsstandorte neu zu positionieren.

Deshalb gilt Tourismus weltweit so sehr als Hoffnungsmarkt, als Substitut anderer, durch De-industrialisierung entfallender Erwerbsmöglichkeiten – oder als Chance überhaupt, an der Kauf-kraft wohlhabender Kulturen partizipieren zu können. Tatsächlich zählen heute Städtereisen zu den stabilsten Segmenten der Tourismusindustrie. Sie haben dabei aber auch eine Funktion, die weit über die ökonomischen Einkünfte hinausgeht: Das Image, das symbolische Kapital, das über den Städtetourismus generiert werden kann, soll dazu beitragen, Unternehmen oder hoch mobi-le, gebildete und vergleichsweise wohlhabende Eliten anzuwerben, sich in den Städten anzusie-deln oder einen Abschnitt ihrer Ausbildungs- oder Berufskarriere hier zu verbringen. Dabei spie-len auch Kunstinstitutionen und Veranstaltungsprogramme eine bedeutende Rolle und vor allem die sichtbare Präsenz und der Lifestyle kunstnaher Milieus und Subkulturen, die die kreative Pro-duktivität der Mitarbeiter in den Forschungs- und Entwicklungsabteilungen stimulieren sollen.

Liegen die Städte aber abseits von Flughäfen oder global vernetzten Sightseeingrouten, können sie Gefahr laufen, völlig aus der Wahrnehmung zu entschwinden. Viele Orte sind – ihrer vergangenen Bedeutung oder Schönheit zum Trotz – im Stadium ihrer funktionalen Irrelevanz angekommen.

Verständlich, dass in diesem verschärften Wettbewerb mit anderen Destinationen nun auch einstmals ortsgebundene Attraktionen in die Großstädte und in die Agglomerationen der Zwischenstädte importiert werden: Themenparks, temporäre künstliche Sandstrände, Klettertürme, Skihallen, temporäre Ski- oder Snowboardevents usf. Touristische Strukturen und Attraktionen durchziehen heute alle Landschaften. War die vorrangige Funktion des Urlaubes im Fordismus allerdings die Erholung von der Arbeit, so wird sie im Postfordismus von neuen Bedürfnissen ergänzt: Den Individuen geht es heute weniger darum, der ‚Entfremdung' zu entfliehen, sondern um Identitätsfindung und Identitätserprobung: und zwar keinesfalls nur um eine *singuläre* Identität je Individuum, sondern um *unterschiedliche* Identitäten, die in mehreren, immer kürzer werdenden Urlaubszyklen – und durchaus sogar in der eigenen Stadt – ausgetestet werden.

Die Rolle der Kunst

In der Vorzeit des Tourismus waren es Künstler/-innen, Maler/-innen und Schriftsteller/-innen, die mit ihren Bildern und Erzählungen die Begehrensproduktion mit antrieben und den wohlhabenden und gebildeten Schichten in den Städten neue Reiseziele erschlossen, seien es naturnahe Räume oder ehemals als gefährlich geltende No-Go-Territorien wie das ‚Meer' und die ‚Berge'. Doch bald schon folgte das Wehklagen, wenn andere Individuen oder sogar Massen an Menschen das Privileg der ‚authentischen' Erfahrung zu beeinträchtigen drohten. In einer paradoxen Fluchtbewegung wichen die Künstler/-innen gerade denen aus, die ihren attraktiven Bildern zu folgen versuchten.

Angetrieben von ihrem distinktionsgeleiteten Fluchtreflex vor den Massen und ihrer verzweifelten Suche nach ‚Authentizität', entwickeln sich Künstler/-innen zu regelrechten ‚Raumpionieren' – sowohl was die Mobilität in der eigenen Stadt als auch was ihre Reiseziele betrifft: Auf der Suche nach preiswerten Arbeits- und Lebensräumen erschließen sie immer wieder neue marginalisierte Stadtteile, die sich bald zu Geheimtipps für jene wohlhabenderen Kreativmilieus entwickeln, die die Aufwertung der Stadtteile in Gang setzen. In der Folge werden konsumschwache Bewohnergruppen – und häufig auch die Pioniere selbst – sukzessive durch ansteigende Mieten verdrängt und durch zahlungskräftigere Gruppen ersetzt.

Die bevorzugten Reiseziele sind heute nicht mehr die Wiegen der abendländischen Kultur, die ästhetischen Sensationen der Naturerhabenheit oder das vermeintlich ‚Authentische' vormoderner naturnaher Lebensweisen. Die Suche nach der Außeralltäglichkeit und dem ‚Authentischen' führt die ‚Raumpioniere' zunehmend zu den dunkleren Seiten unserer Gesellschaft, zu den Orten marginalisierter Gruppen an den sozialen Peripherien unserer Gesellschaft.

Aber auch hier treffen sie bereits auf andere Reisende, die die dunklen Ränder ebenso attraktiv finden wie die Künstler/-innen selbst: Denn was als außeralltäglich und ‚authentisch' wahrgenommen wird, ist stets vom Habitus und Status der Betroffenen abhängig. So lässt sich feststellen, dass Studierende der Architektur, Soziologie und Ethnologie – typischerweise Angehörige der Mittelschicht wie auch Künstler/-innen – während ihrer Städtereisen in zunehmendem Maße auch suburbane Massenwohnquartiere aufsuchen, um durch sie zu flanieren, manche in ironischer Distanzierung, manche mit offener Bewunderung (Tue Halgreen). Während die einen die inhumanen Lebensumstände kritisieren und die Bauten als Beweis der tragischen Entwicklung der Sozial- und Kulturgeschichte der Moderne lesen – als unglückliche Folgen eines bedingungslosen Fortschrittsglaubens –, argumentieren andere vorrangig ästhetisch: Die Wohnblocks seien ganz einfach wegen ihrer enormen Dimensionen faszinierend, die sie an die visionären Träume von Egalität erinnerten. Die brutale Erscheinungsform würde nur die brutalen Planungsprozesse widerspiegeln, je brutaler, desto besser. Sie dienen den Studierenden als Objekte einer nostalgischen Sehnsucht nach einer vergangenen Ära, in der die Gesellschaft noch an große Theorien glaubte, weit in die Zukunft reichende Planungen machte und den Mut hatte, diese auch durchzusetzen.

Viele der Studierenden erwähnten im Gespräch die Spannung und emotionale Betroffenheit, inmitten Alter, Arbeitsloser und herumhängender Jugendlicher – häufig migrantischen Hintergrundes – herumzustreunen, denen sie unmittelbarere, direktere, körperorientierte Interaktionsformen, eine ‚authentischere‘ Form von Rohheit, Gewaltbereitschaft und einen entsprechend erhöhten Sexappeal unterstellten.

Auch weite Teile des Kunstbetriebes – der Autor nicht ausgenommen – sind von der Tendenz gekennzeichnet, in den erschwerten Arbeits- und Lebensbedingungen sozialer Randgruppen nach den Resten jenes ‚Authentischen‘ zu suchen, das uns selbst unsere moderne *Auf-* oder postmoderne *Ab*-geklärtheit ausgetrieben hat. Sie versuchen sich in den eigenen Denkfiguren an jene, die einen weitaus härteren Überlebenskampf auszufechten haben, zu assimilieren oder durch eine Selbstverortung im Marginalen die künstlerische oder wissenschaftliche Arbeit zu ‚authentifizieren‘. Dabei greift das Kunstmilieu auf bewährte Traditionen zurück: Denn spätestens mit den Stadtromanen der 1830er Jahre und durch die aufkommende Stadtsoziologie der 1920er Jahre wurden den Fremden, den Anderen, dem Scharfblick der ‚Ausgeschlossenen‘ utopische Potenziale zugeschrieben.

Im Extremfall werden so mittlerweile auch Ghettos, Slums und Lager als neue Destinationen erschlossen. Die ethnografisch motivierten Fahrten ähneln dann jenen Formen des Reisens, die von britischen Autoren im Begriff des „Dark Tourism“ zusammengefasst wurden: Reisen, die an Stätten der Katastrophe, der Massaker, des drohenden oder eingetretenen Todes das ultimativ ‚Authentische‘ suchen und finden (Foley/Lennon).

Entstehen auf diesen Reisen starke Texte, eindringliche Metaphern und attraktive Bilder, dann dienen diese Arbeiten als Reiseführer, die wiederum andere Künstler/-innen ermutigen, zu Forschungsreisen an die Ränder unserer Gesellschaft aufzubrechen und die ästhetischen Trophäen im Kunstbetrieb zur Diskussion zu stellen.

Wenn wir die Mechanismen der Sehnsuchtsproduktion im Feld des Tourismus nicht anzweifeln, dann sollten sie – so stelle ich zur Diskussion – im Feld des Kunstbetriebes auf analoge Weise funktionieren: Auch im Kunstbetrieb gibt es ein Netz von Reiseleitern, Informanten, Agenturen. Auch innerhalb dieses Feldes gibt es dominante Bilder und Gegenbilder, ausgetretene Pfade und kleine Abweichungen. Dem typischen Blick der Touristen/-innen, dem „Tourist Gaze“ (Urry), steht der typische kritische Blick der Künstler/-innen, ein ‚Artist Gaze‘, gegenüber. Und während sich die einen in einer oder mehreren ‚Tourist Bubbles‘ treiben lassen, tun es die anderen in einer ‚Artist Bubble‘.

Flucht erscheint demnach als aussichtslos. Und so kommen die wahren Avantgarden des Kunstbetriebes daher bei ihren Forschungsreisen wieder in den Destinationen des Massentourismus an, die sie als ‚Camps‘, ‚Heterotropien‘, ‚Third Spaces‘, ‚Non-Places‘ usf. problematisieren – oder noch avancierter: deren Setdesign und Inszenierungsqualität sie nun als theoriegeschulte Metatouristen/-innen (Köck 2004) – wie Theater- oder Performance-Rezensenten/-innen – einer lustvollen Analyze unterziehen.

---

[1] Der Pauschalurlaub scheint – so wollen uns Kritiker glauben machen – immer und zwangsläufig zum Scheitern verurteilt zu sein. Denn den Regeln von Freuds Lustprinzip folgend, sind nur die ersten Tage einer Pauschalreise wirklich aufregend, danach lässt Tag für Tag die

Begeisterung für neue zusätzliche Attraktionen nach. Freud zufolge kann große Lust nur episodisch auftreten, einem Aufwallen der Gefühle folgen unmittelbar Frustration, Langeweile oder Schwermut (Schwarzer, 31). Warum diese Kritik nicht auf alle Reiseformen angewandt wird, scheint wohl wiederum im Distinktionsbedarf begründet.

2 Am 5. Juli 1841 organisierte Thomas Cook eine Eisenbahnreise von 570 Aktivisten der Abstinenzbewegung von Leicester in die nahe gelegene Stadt Loughborough zum Sonderpreis von einem Schilling pro Person. Es folgten Exkursionen nach Liverpool (1845), Schottland (1846) und zur Weltausstellung in London (1851).

3 Vormoderne Gesellschaften versuchten die destruktive Kraft von Störungen der Ordnung ihres Soziallebens, die durch *räumliche, zeitliche* und *soziale* Übergänge ausgelöst werden, durch Übergangsriten abzufedern (van Gennep): Dabei werden während der Übergangsrituale soziale Hierarchie, Autorität und Gehorsam des Gemeinwesens vorübergehend aufgehoben. Während die einen behaupten, dass diese Aufhebung den Effekt haben kann, soziale Differenzierungen (nach der Rückkehr) umso schärfer hervortreten zu lassen (Turner), schreiben andere dem Schwellenzustand ein gewisses utopisches, zumindest aber ein produktives Potenzial für gesellschaftliche Veränderungen zu (de Certeau).

4 Um die tatsächlichen Verhältnisse zu relativieren, sei hier erwähnt, dass nach wie vor 50 Prozent aller Deutschen ihren Urlaub im eigenen Land verbringen und richtige Fernreisen nicht mehr als fünf Prozent ausmachen. Die verbleibenden 45 Prozent dominieren die nahe gelegenen Billigflugdestinationen im Mittelmeerraum.

5 Der französische Architekt und Städteplaner George Candilis propagierte jene riesigen Urlaubsresorts, die er in den 1960er Jahren konzipierte, als Laboratorien der Moderne, in denen die Subjekte in der Außeralltäglichkeit des Urlaubs das verlorene Gemeinwesen neu erlernen könnten (Avermaete).

Literatur:

Avermaete, Tom (2005): *Another Modern. The Post-War Architecture and Urbanism of Candilis-Josic-Woods.* Rotterdam.

Bachleitner, Reinhard/Weichbold, Martin (2000): *Die multioptionale Gesellschaft. Von der Freizeit zur Tourismusgesellschaft.* Wien. www.univie.ac.at/OEGS-Kongress-2000/Online-Publikation/Bachleitner-Weichbold.PDF

Enzensberger, Hans Magnus (1958): „Vergebliche Brandung der Ferne. Eine Theorie des Tourismus". *Merkur*, 12. Jg., 701–720.

Foley, Malcolm/Lennon, John (2000): *Dark Tourism. The Attraction of Death and Desaster.* London/New York.

Goffman, Erving (1967): *Wir alle spielen Theater. Die Selbstdarstellung im Alltag.* München.

Halgreen, Tue (2004): "In the Concrete Desert", *Tourism Mobilities, Places to Play, Places in Play*, Hg. Mimi Sheller und John Urry, London, 143–154.

Hennig, Christoph (1997): *Reiselust. Touristen, Tourismus und Urlaubskultur.* Frankfurt am Main.

Judd, Dennis R./ Fainstein, Susan S. (Hg.) (1999): *The Tourist City.* New Haven und London.

Köck, Christoph (2004) „Kult und Metatourismus. Die Erlebnisse der Erlebnisgesellschaft". *Erlebniswelten. Zum Erlebnisboom in der Postmoderne.* Hg. Reinhard Bachleitner, Jürgen Kagelmann und Max Rieder. (Tourismuswissenschaftliche Manuskripte, 12). München und Wien, 88–95.

Lefebvre, Henri (1972): *Die Revolution der Städte.* München.

MacCannell, Dean (1999): *The Tourist. A New Theory of the Leisure Class.* New York.

Schwarzer, Mitchell (2005): "Architecture and Mass Tourism". *Architourism. Authentic, Escapist, Exotic, Spectacular.* Hg. Salomon Frausto und Joan Ockmann, München, 12–33.

Spode, Hasso (Hg.) (1996): *Goldstrand und Teutonengrill. Kultur- und Sozialgeschichte des Tourismus in Deutschland 1945 bis 1989.* Berlin.

Thiem, Marion (2001): „Tourismus und kulturelle Identität". Aus *Politik und Zeitgeschichte.* Hg. Bundeszentrale für politische Bildung. 47/19. November 2001. Berlin.

Urry, John (1990): *The Tourist Gaze.* London.

Wöhler, Karl-Heinz (1997): „Imagekonstruktion fremder Räume. Entstehung und Funktion von Bildern über Reiseziele", *Voyage. Jahrbuch für Reise- & Tourismusforschung.* Hg. Hasso Spode u. a. (1)

Zinganel, Michael/Spillmann, Peter (Hg.) (2004): *Backstage*Tours. Reisen in den touristischen Raum.* Graz: Forum Stadtpark Graz.

Zinganel, Michael u. a. (2006): *Saison Opening. Kulturtransfer über ostdeutsch-tirolerische Migrationsrouten.* Wien.

Kahle Wände:
Die Große Samenrettung
(Blank Walls: The Great Seed Rescue)

Budapest ist voll von kahlen Wänden. Während es in anderen europäischen Städten, wie etwa Berlin, zahlreiche schöne Beispiele einer künstlerischen, nicht-kommerziellen Aneignung und Gestaltung gibt, hat sich diese einfache, gleichwohl eindrucksvolle Strategie, den öffentlichen Raum zu gestalten, in Budapest noch nicht durchgesetzt. Die ‚Optik‘ der Stadt wird dominiert von selbstsüchtigen und auffordernden Botschaften der Werbung und unterschiedlichen ‚Informations-Oberflächen‘. Die Randomroutines wollten mit ihrem Projekt einen Anstoß geben, um ähnliche Projekte in der Stadt anzuregen. Unsere Gestaltung der Wandfläche sollte also nicht eine eindimensionale Botschaft transportieren, die den Betrachtern nichts anderes übrig lässt, als sie wahrzunehmen, zuzustimmen oder sie abzulehnen. Wichtig war, dass die Gestaltung Erwachsene und Kinder gleichermaßen ansprechen sollte. Entsprechend dem Standort der Fläche sollte das Bild sowohl in den Hof des Kindergartens hinein als auch auf die Straße hinaus wirken.

Deshalb wurden fantastische, märchenhafte Szenen mit solchen aus wissenschaftlichen Publikationen kombiniert. Uns interessierte das komplexe Verhältnis der Errungenschaften der Zivilisation und der sich organisch entwickelnden Natur. Statt einer klaren Aussage über dieses Verhältnis, zu dem die Betrachter sich verhalten müssten, wollten wir sie zu einer eigenen Reflexion anregen. Auch unsere Entscheidung, das Wandbild von Rankpflanzen nach und nach überwuchern zu lassen, hat mit diesem Verhältnis von Kultur und Natur zu tun. Diese Geste richtet sich gegen den Ewigkeitsanspruch von Denkmälern. Die Welt ist in einem kontinuierlichen Fluss von Bewegung und Veränderung. Die Entscheidung für die Rankpflanzen hing aber auch mit unserem Wunsch nach mehr Grün in einer Stadt zusammen, wo derzeit zahlreiche Grünanlagen überbaut und Parks in Parkplätze verwandelt werden.

Budapest is full of blank walls. Whereas in other European cities, especially in Berlin, there are many beautiful examples of the artistic, non-commercial use of such spaces, in Budapest this relatively economical, simple, yet spectacular method of shaping public places has hardly been exploited. The visual appearance of our city is dominated primarily by the self-evident and didactic messages of advertisements and various information surfaces. The Randomroutines intend to set a stimulating example with this work, promoting similar projects throughout the city and even making this kind of public art a special feature of Budapest. We intend to use wall painting in such a way that it will not simply depict a concrete, self-evident meaning. Instead, the aim of the fresco will be to stimulate the viewer's imagination and generate individual readings. It was important for us that it be exciting both for children and adults. In line with its location, the wall painting should have an inward effect, extending into the courtyard of the day-care center, and an outward effect, towards the street.

This is why fantastic, fairytale-like scenes are mingled with images from scientific publications. In terms of content, we were interested in the problematic tension, the delicate balance, between the deliberate formative endeavors of human culture and organically growing and developing aspects of nature. However, rather than providing a concrete answer or a statement, we invite everyone to think about these issues themselves.

Our intention to allow creepers to grow from the bottom of the wall so that they slowly cover the entire picture is also related to the duality of culture and nature. This gesture reflects the fact that we do not believe in bronze statues that are erected for eternity, only to be knocked over. The world is in a state of continuous movement and change. Moreover, the creepers climbing the wall are a sign of our desire to see more green areas in Budapest, where today the general tendency is to build up green areas and convert parks into parking garages.

(72)
STÄDTISCHE EIGENLOGIK.
RAUMSOZIOLOGISCHE
PERSPEKTIVEN AUF STÄDTE
Martina Löw

——

English Text Page 280

Seit der Regierende Bürgermeister Berlins Klaus Wowereit die Stadt als „arm, aber sexy" charakterisiert hat, ist Armut nicht nur in ihrer Stadtspezifik auf ein Schlagwort gebracht, sondern auch die Frage nach den lokalen Qualitäten von Armut öffentlichkeitswirksam formuliert worden. Selbstkritisch kann die Wissenschaft nur eingestehen: Es existiert kaum Wissen über die stadtspezifischen Lebensbedingungen in Armut. Mehr ahnt als weiß man, dass sich in einem reichen Umfeld wie München oder Stuttgart Arm-Sein anders gestaltet als in Berlin oder Bremerhaven. Gleichzeitig ist Arm-Sein in Bremerhaven überhaupt nicht sexy konnotiert, während in Berlin kulturelles Erbe, Hauptstadtinszenierung und Zukunftsoptionen eine positive Umwertung möglich machen.

Die theoretischen Werkzeuge, mit denen wir ausgestattet sind, um über ‚die Stadt' nachzudenken, um die Potenziale von Urbanität zu reflektieren, sind seit einigen Jahrzehnten so geformt, dass wir uns für die Eigenwilligkeit einer Stadt kaum noch interessieren. Oder anders: Die Potenziale einer Stadt zu erkunden wird erschwert dadurch, dass die Mehrheit der wissenschaftlichen Auseinandersetzungen mit Städten vereinheitlichend von ‚der Stadt' im Unterschied zum Land, von gesellschaftlichen Veränderungen in den Städten – ganz allgemein gedacht – reden, dass Stadt zum Prinzip modernen Lebens wird.

Über Muster städtischer Entwicklungen jenseits sehr pauschaler Logiken wie ‚europäische Stadtentwicklung', ‚moderne Städte', ‚global cities' wissen wir nichts Systematisches. Es gibt selbstverständlich Stadtstudien, aber wir haben nicht die geringste Idee davon, welche Ähnlichkeiten in den Potenzialen von Städten jenseits nationaler oder kontinentaler oder ganz banal jenseits der Größen-Muster existieren. Haben vielleicht Istanbul, Wien und Lissabon eine ähnliche Logik, die die Prozesse ihrer Entfaltung steuern, aber nicht die gleiche wie zum Beispiel London, Frankfurt am Main und Mumbai, die einer anderen Logik folgen? Wir wissen es nicht. Das ist nicht nur eine Forschungslücke, sondern die Entscheidung für eine Perspektive auf Städte, die historisch relativ neu ist und – so werde ich argumentieren – die Möglichkeiten einer raumtheoretischen Perspektive konsequent ignoriert.

In meinem Beitrag möchte ich aufzeigen, wie das Wissen über Städte sich in den letzten Jahrzehnten in einer Weise geformt hat, dass die Neugier auf Differenzen verloren ging. Mit Hilfe der Raumtheorie möchte ich neue Sichtweisen auf Städte vorschlagen.

Ich bin mir dessen bewusst, dass es in der Kunst und in den Geschichtswissenschaften durchaus eine Neugier auf den einzelnen Fall ‚Stadt' immer gegeben hat, behaupte aber, dass die theoretischen Anstrengungen der Soziologie, Geografie, Politikwissenschaft etc., vom Einzelfall bewusst zu abstrahieren, dazu geführt haben, dass wir heute keinen systematischen Ort mehr haben, über den wir die Spezialfälle begreifen können, ohne entweder so zu tun, als ließe sich die Erkenntnis über die *eine* analysierte Stadt verallgemeinern, oder aber als sei die Erkenntnis an eben jene einzigartige Stadt individuell gebunden.

Man kann es mit der Biografieforschung vergleichen. Es käme wahrscheinlich den meisten absurd vor, das Gewordensein eines Menschen zu analysieren und daraus zu schlussfolgern, Menschen seien so. Umgekehrt hilft aber wissenschaftlich gesehen auch die Behauptung, jeder Mensch sei einzigartig, nicht, um verallgemeinerbare Muster der Reaktion zu begreifen. Wir trauen uns, Menschen in Gruppen einzuteilen. Sigmund Freud schlug die bis heute wirklichkeitsmächtigen Typen wie Choleriker, Phlegmatiker, Melancholiker etc. vor. Pierre Bourdieu fasst Menschen nach Berufsmilieus zusammen. Wie auch immer man versucht, die Ähnlichkeiten zu denken, es gibt wissenschaftliche Anstrengungen, die Balance zwischen Individualität und gesellschaftlicher Formung zu begreifen und zum Beispiel als Habitusformen begrifflich zu fassen.

Bei Städten schlagen wir Alarm: Jede Stadt ist anders, sagen die einen. Andere sprechen vom Leben in der Stadt – als sei es egal, ob es sich dabei um New York oder Tokio, um Tel Aviv oder Ljubljana, um München oder Berlin handelt.

Geschichte einer theoretisch-strategischen Entscheidung

Die Stadtsoziologen Hartmut Häußermann und Jan Kemper stellten jüngst in einem Sonderband der Zeitschrift *Soziale Welt* die rhetorische Frage: „Kann ‚die Stadt' überhaupt Gegenstand wissenschaftlicher Bemühungen in der Soziologie sein? Oder sind es vielmehr Lebensweisen bzw. Lebensformen in der Stadt, mit denen sich die Stadtsoziologie beschäftigt?", um sie mit dem Satz zu beantworten: „Es ist ziemlich problematisch geworden, von einem vorgegebenen Gegenstand ‚Stadt' auszugehen" (Häußermann/Kemper 2005, 25). In der Stadtforschung hat sich seit den späten 1970er Jahren eine wirkungsmächtige Tradition durchgesetzt, der zufolge Städte als Laboratorien zur Analyze gesellschaftlicher Praxis betrachtet werden. Die Verweigerung, Stadt als Gegenstand zu konstituieren, die explizite Ablehnung dieses Ansinnens sogar, geht prominent auf die Arbeiten Henri Lefèbvres, Manuel Castells' und David Harveys zurück.

Hintergrund ist in den späten 1970er Jahren eine stark vom Informationsbedarf der Verwaltung geprägte Stadtplanungsforschung. Im Aufbaujahrzehnt der 1960er Jahre hatte die wissenschaftliche Stadtforschung den Wohnungs- und Städtebau beratend und erkundend begleitet. Sich gegen eine unpolitisch gewordene, an Umsetzungsbelangen orientierte Stadtforschung wendend, kämpfte eine junge Generation von Stadtforschern für eine neue Form der Stadtforschung, welche Stadtentwicklung in ihrer Funktionslogik für die kapitalistische Entwicklung und hier insbesondere die ‚Klassenfragen' analysiert. „Kurz, die Frage lautet nicht: was heißt städtisches Leben im Vergleich zum Leben auf dem Lande, sondern: was bedeutet Stadtentwicklung für die Entwicklung des Klassenverhältnisses?" (Häußermann/Siebel 1978, 496). Explizit nicht nur gegen die praxisrelevante, planungsnahe Soziologie, sondern auch gegen die auf die Analyze lokaler Strukturen spezialisierte Gemeindesoziologie, plädieren die Autoren dafür, die theoretische und empirische Aufmerksamkeit auf die Beschreibung der Reproduktionsbedingungen der Gesellschaft zu richten. Ihre Argumente für den Wandel des stadtforscherischen Erkenntnisinteresses sind, neben dem expliziten Wunsch nach Politisierung der Forschung, vor allem die Urbanisierung der Gesellschaft und die Verquickung von Verwaltungsraum und sozialem Prozess. Mit der Urbanisierung der Gesellschaft, so argumentieren sie, könne die Stadtforschung nicht mehr die Stadt als abgrenzbaren sozialen Tatbestand aufrufen. Der Gegensatz von Stadt und Land habe sich zu einem „mehr-oder-weniger vom Selben" (ebd., 486) aufgelöst. Im Unterschied zur antiken Stadt, so führt Walter Siebel (1987) weiter aus, sei die Stadt keine selbstständige Einheit mehr, sondern in das nationale Rechtssystem, die Politik von Bund und Ländern, in international verflochtene Märkte und in zentrale staatliche Sozialpolitik eingebunden. Da man die städtische von der ländlichen Produktions- und Lebensweise nicht mehr systematisch unterscheiden könne, sei „die Untersuchung der Stadt in Wirklichkeit die Untersuchung der ‚modernen' (= industriellen) Gesellschaft, die Stadt also nur der Ort, an dem die Gesellschaft in ihrer Struktur und ihren Konflikten erscheint" (ebd., 11).

Das zweite Argument richtet sich gegen eine „kausale Bedeutung räumlicher Faktoren für gesellschaftliche Phänomene" (Häußermann/Siebel 1978, 486). Solange man Stadt als einen Gegenstand der Forschung entwerfe, akzeptiere man räumliche (gemeint ist territoriale) Kategorien als Ausgangspunkt für die soziologische Analyze, d.h. man erkläre gesellschaftliche Phänomene mit nichtgesellschaftlichen Werkzeugen. Die Konsequenz sei, dass in Konfliktsituationen und Krisenerscheinungen die Schuld bei den Städten zu liegen scheine und die Verantwortung der Gesamtgesellschaft verschleiert werde.

Aufgrund der langjährigen Überzeugungskraft der Argumente möchte ich noch einen Moment bei ihnen verweilen.

Das folgenschwerste Argument ist die Urbanisierung der gesamten Gesellschaft. Ungeachtet der Tatsache, dass es fachkundigen Zweifel an der Nivellierung von Differenzen zwischen Stadt und Land gibt (zum Beispiel Ipsen; Inhetveen/Blasche), und der sich aufdrängenden Frage, wann denn etwas als Land beschrieben wird, gibt es eine viel gewichtigere Überlegung, die die Unterscheidung selbst in Frage stellt. Die Bestimmung der Stadt aus einer binären Opposition zum Land ist nicht nur eine einfache theoriestrategische Operation, die die Vielfalt räumlicher Figurationen (Dorf, Land, Suburbia, Region) ignoriert (vgl. Schäfers 1989), es ist auch eine soziologisch allzu vertraute Unterscheidung. Die Stadt wurde mit der Industrialisierung zum Wissensobjekt der Sozial- und Geisteswissenschaften bzw. die Erfahrungen mit der industrialisierten Stadt wurden zum Ausgangspunkt für die Disziplinengründung. Für Karl Marx (1984, orig. 1890, 371), um nur ein Beispiel zu nennen, ist die Grundlage der Arbeitsteilung auf der Basis des Warentauschs die Scheidung von Stadt und Land (ausführlich Berking/Löw 2005, 9). So konstituiert sich der Gegenstand ,Stadt' in den Wissenschaften durch die idealtypische Unterscheidung eines nicht-modernisierten, nicht-industrialisierten Gegenübers (exemplarisch auch Simmel 1984, orig. 1903). Die Bestimmung der Stadt aus ihrer Unterscheidung von einem grundsätzlich anders gebauten Gegenüber liegt auch der Trennung von Kultur/Natur oder von Urbanität/Barbarei zugrunde (vgl. auch Schroer 2005, 329ff.). Sie ermöglicht die Konstruktion eines Gegenstands, welcher durch eine innere Einheit gekennzeichnet ist und gleiche Strukturmerkmale aufweist. Fällt der Counterpart der Differenzkonstruktion Stadt/Land zumindest semantisch weg, dann muss – so meine Schlussfolgerung – mit dem Land nicht die Stadt verschwinden, wie vielfach angenommen wird, sondern es kann sich auch der Blick für die Unterschiede zwischen Städten öffnen.

Insbesondere in neuen Publikationen (exemplarisch Häußermann/Kemper 2005, 25) wird gerne die wissenschaftliche Operation, Städte in ihrer Vielfalt zu erforschen, mit dem Argument verworfen, Städte einer Größenordnung von 2.000 Einwohnern in Brandenburg und Millionenstädte in beiden Amerikas, Afrika und Asien hätten wohl kaum etwas gemeinsam. Der administrativ abgegrenzte Raum, der als ,Stadt' bezeichnet werde, so die Autoren, fasse zu Unterschiedliches, als dass die Stadt selbst Objekt der Forschung sein könne. Das Argument ist auf den ersten Blick erstaunlich, weil es nur im Feld der Stadtforschung angeführt wird. Niemand käme auf die Idee, nicht mehr Familien, Religionen, Biografien etc. zu untersuchen, weil der Begriff in Asien, Afrika und in Brandenburg so Unterschiedliches bezeichnet.

Die Argumentation ist paradox, weil die Kritik an westlichen Allgemeinheitsansprüchen aufgegriffen wird, um zu der Schlussfolgerung zu kommen: Dann lassen wir es einfach. Wir erforschen nicht Städte, sondern nur Prozesse in Städten. Im Prinzip ist die Einsicht ja hilfreich: Georg Simmel (1984, orig. 1903) schien es noch erlaubt, vom „Wesen" des Großstädters zu schreiben, nachdem er Berliner/-innen beobachtet hatte; es wäre aber niemals gelungen, auf der Basis von Untersuchungen in Mumbai die habituelle Grundstruktur von Großstadtmenschen glaubhaft zu verallgemeinern. Die Tatsache, dass heute Stadtforscher ihre Analysen mit dem Hinweis beginnen, dass die Gemeinsamkeiten zwischen brandenburgischen Landstädten und Millionenstädten in Afrika gering sind, bedeutet aber nicht notwendig, dass Städte kein Gegenstand wissenschaftlicher Forschung sein können, sondern lässt sich meines Erachtens vielmehr dergestalt interpretieren, dass die lokalen Kontexte der Wissensproduktion systematisch erhoben und reflektiert werden müssen (vgl. zum Einfluss der Stadt auf Theoriefiguren Crang/Thrift 2000).

Vergleicht man die Stadt mit sozialen Institutionen wie der Familie, der Biografie oder der Religion, die nicht in den Verdacht geraten, aus Gründen globaler Vergleichbarkeit Gegenstand wissenschaftlicher Analyze werden zu können, so liegt die Vermutung nahe, dass es die Tatsache ist, dass administrativ festgelegte und benennbare Grenzen von Städten existieren, die ein Territorium markieren, welche das Problem der Vergleichbarkeit aufruft. Schließlich wird die für problematisch erachtete Operation über Größenverhältnisse (2.000 Einwohner im Verhältnis zu Millionenstädten) bestimmt. Durch die strukturtheoretische Vorentscheidung (wir untersuchen Reproduktionslogiken und nicht Städte) konnte in Vergessenheit geraten, was schon René König 1956 betont: „Im Vordergrund steht die Gemeinde als soziale Wirklichkeit, und das ist zweifellos etwas völlig anderes als die Verwaltungseinheit Gemeinde" (König 1956, 2). König markiert die Einsicht, dass Städte eine eigene Wirklichkeit entfalten, die Gegenstand der Forschung sein kann.

Im Prinzip wissen wir es: Es existiert in den Professionen (zum Beispiel in der Planung), vor allem aber im Alltag ein vielfältiges Wissen über die Differenzen zwischen Köln, München, Berlin, Hamburg und Frankfurt am Main oder über die Unterscheidung von Köln, Düsseldorf, Duisburg und Dortmund; auch Bensheim und Heppenheim sind – trotz gleicher sozioökonomischer Bedingungen und ähnlicher Bausubstanz – sehr verschieden. Die Forschung aber hat nie einen theoretischen Ort für die Berücksichtigung der Differenzen gefunden. Ljubljana in Slowenien wird im Kontrast zu seiner Nachbarstadt Triest in Italien beurteilt, während New York gegen das ferne Tokio in den Konkurrenzkampf tritt. Von soziologischem Interesse ist nicht, wo genau die Verwaltungsgrenzen von Köln, Ljubljana oder Tokio liegen, sondern das relationale Feld, in das Köln und die anderen wie Spieler eingereiht werden.

Welche historischen, sozialen, ökonomischen, politischen, städtebaulichen etc. Bedingungen haben das soziale Gebilde ‚Köln' in einer Weise hervorgebracht, dass es als begrenztes soziales Gebilde handlungsrelevant wird? Warum sind Städte, die sozialstrukturell vergleichbar sind, ökonomisch so unterschiedlich erfolgreich? Welche imaginären Geografien werden zwischen Städten aufgespannt, die vielfältige ökonomische, politische und soziale Konsequenzen nach sich ziehen? Welche Städte werden aus welchen Gründen aus den Vergleichen und Bezugssystemen ausgeschlossen?

Weder die Tatsache, dass Städte auch Verwaltungsgrenzen haben, noch gesellschaftliche Entwicklungen in Richtung Multizentralität und institutionalisierter Vernetzung in Agglomerationsräumen sowie die Einbindung der Städte in internationale Märkte und staatliche Versorgungssysteme führen zur Irrelevanz distinkter Stadtlogiken, sondern umgekehrt: Je weniger die Stadt allein von einem historischen Zentrum aus gedacht werden kann oder politisch, ökonomisch, gar militärisch eine selbstständige Einheit bildet, desto stärker stellt sich die Frage, wie stadtpolitische Originalitätskonstruktionen und relationale Verknüpfung mit anderen Städten funktionieren.

Zur Beantwortung dieser Fragen hilft es auch wenig, wenn wir im Zuge der Globalisierungsdebatten nun die Stadt als widerständigen Ort gegen Prozesse der Homogenisierung imaginieren, ein Argument, das gerade im Zusammenhang mit den Rekonstruktionsbauten in Altstädten häufig formuliert wird. Als Gegenbewegung zur Homogenisierung soll Frankfurt hessischer und Dresden barocker werden. Ausbeutungs- und Opferzuweisung werden im Schema von global/lokal auf der Seite des Lokalen platziert. Markant ist hierbei Manuel Castells' Ausspruch: „Kapital ist global, Arbeit ist lokal" (1996, 475). Da nur im Feld des Lokalen Widerstand denkbar scheint, wird dieses zu einer immer wieder aufgerufenen Dimension sozialer Wirklichkeit. Die Crux ist dabei, dass eine solche Argumentation genau der oben beschriebenen Logik folgt: Die Stadt wird einheitlich durch die dominanten gesellschaftlichen Strukturen (hier Globalisierung) geprägt und wird so zum Opfer. Die Hoffnung ist, dass keine Strukturgewalt 100-prozentig wirkt und man deshalb lokal Widerstand leisten könne.

Die konzeptionellen Probleme einer einfachen Mikro-Makro-Unterscheidung sind nicht neu. Die Dimension ‚Mikro' (sprich Ort oder Stadt) wird für die Ebene des Individuellen, Informellen, ‚Kleinen' reserviert, ‚Makro' dagegen für das Überindividuelle, Organisierte, ‚Große'. Städte werden im Sinne einer Mikrodimension als das Kleinere und weniger Komplexe zur Gesellschaft ins Verhältnis gesetzt. In ihnen scheint man deshalb Phänomene wie Armut, Ausgrenzung, Diskriminierung en détail studieren zu können. Konsequent der Logik folgend, Städte als Mikrodimensionen der Wirklichkeit zu denken, wird dann zuweilen auch nach den Widerstandspotenzialen zu nationaler oder globaler Homogenisierung gefragt (kritisch zum Beispiel Massey 2006) und damit Stadt in den Status des Machtloseren und deshalb potenziell Widerstandsnäheren gesetzt.

Auch wenn es bisher alle Konzeptionen zu Stadt nahezulegen scheinen, so hat die Stadt doch in der Unterscheidung von Mikro- und Makroebene keinen eindeutigen Ort. Die Stadt kann genauso als Makrodimension zum Individuum wie als Mikrodimension zur Gesellschaft entworfen werden. Die Lösung, Stadt als einfaches Laboratorium (und damit als Mikrofeld zur Makrostruktur) zu denken, bleibt theoretisch unbefriedigend, weil es die Verhältnisbestimmung einseitig in Richtung Makroebene auflöst und die Mikro-Makro-Bestimmung theoretisch unterkomplex einsetzt. Als Ausweg möchte ich deshalb vorschlagen, die Stadt wieder über den Raum zu begreifen, der heute jedoch nicht mehr territorial, sondern relational gedacht wird (ausführlich Löw 2001).

Raum und Differenz

Raumkonzepte bieten mit dem Theorem der Skalierung eine Möglichkeit, die lokale Ebene nicht länger normativ aufgeladen als die kleinere, machtlosere/widerstandsnähere, unterkomplexere Beobachtungseinheit zu imaginieren. Das Nachdenken über die Bedeutung von *scale* verbindet von Anbeginn zwei verschiedene Aspekte: Zeitdiagnose und Methodologie. Die gestiegene Aufmerksamkeit für Skalierungsprozesse erklärt sich erstens aus der Beobachtung, dass Restrukturierungsprozesse des modernen Kapitalismus neue räumliche Formate produzieren, die soziale Ungleichheit verstärken. In Skalen von lokal, national, global gedacht, gewinnt die Einsicht an Bedeutung, dass Globalisierung die als Nationalstaat skalierbare Ebene relativiert und stattdessen die sub- und supranationalen Organisationsformen intensiviert (Brenner 1999, 52).

Gleichzeitig und zweitens bezeichnet *scale* die Herausforderung, in wissenschaftlichen und künstlerischen Arbeiten alle sozialen Phänomene auch auf verschiedenen skalierbaren Ebenen zu konzipieren bzw. sich selbst der im Projekt imaginierten Reichweite zu versichern. *Scale* ist dabei mehr als nur der raumtheoretische Begriff für die Wiedereinführung der Unterscheidung mikro–meso–makro. *Scales* werden nicht als vorgegebene territoriale Einheiten begriffen, sondern als sozial konstruierte und historisch sich verändernde Größen. In diesem Sinne benennt scale Territorialisierung als Herstellungsprozess (im Sinne der Globalisierung, Nationalisierung, Regionalisierung und Urbanisierung). Das heißt, die Deutungskraft von *scale* lässt sich nicht aus vorsozial existierenden Raumausschnitten ableiten, sondern *scale* ist der begrifflich-konzeptionelle Ausdruck räumlich-sozialer Prozesse der Herausbildung moderner Lebensweisen.

Dabei wird *scale* relational begriffen: Jede Dimension (lokal – national – global) zieht ihre Plausibilität auch aus der Abgrenzung zur jeweils anderen. Hier allerdings schließt sich der Kreis zur gesellschaftsdiagnostischen Dimension von *scale*. Gerade weil diese Raumdimensionen nicht containerförmige Ausschnitte bezeichnen, kann eine Transformation der scalaren Hierarchie (aktuell: Verlust der nationalstaatlichen Bedeutung) angenommen werden. Gleichzeitig wird durch die relationale Bestimmung auch die Zuweisung von Machtpotenzialen an einzelne Ebenen unzulässig, wie Doreen Massey plausibel darlegt: „Wenn Raum relational konzeptualisiert wird, dann sind Lokalitäten partikulare Momente innerhalb dieser weit reichenden Geometrie der Macht (power-geometry). Wenn wir das so oft zitierte Mantra ernst nehmen, dass sich das Lokale und das Globale gegenseitig konstituieren, dann sind lokale Orte nicht einfach ‚Opfer‘ und nicht einmal nur die Produkte des Globalen. Im Gegenteil: Sie sind auch die Momente, durch die das Globale konstituiert wird, das heißt, es gibt nicht nur globale Konstruktionen des ‚Lokalen‘, sondern auch lokale Konstruktionen des ‚Globalen‘" (Massey 2006, 29).

Begreift man das Lokale im Sinne von *scale* als sozial konstruiert und relational, dann sind Aussagen über soziale Prozesse in Städten (lokale Ebene) nicht einfach Spezifizierungen nationalstaatlicher Prozesse, sondern Feststellungen über eigene Erfahrungs- und Handlungsqualitäten sozialer Wirklichkeit. Sie sind demnach auch nicht ohne Prüfung auf andere Städte übertragbar.

Der Begriff des Raums bringt wie kein anderer Begriff Koexistenz zum Ausdruck (zum Beispiel Massey 1999, 28, auch 1993). Als Organisationsform des Nebeneinanders sind Räume der Inbegriff für Gleichzeitigkeiten. Wenn Raum das Resultat einer Verknüpfungsleistung und einer Platzierungspraxis ist, dann ist Raum auch eine Kategorie, durch die pointiert wird, dass ortsspezifische Objekte und Objektgruppen zu Räumen zusammengefügt werden. Räumliche Vorstellungen ordnen nicht das Nacheinander (wie die Zeit), sondern bauen Gefüge zwischen gleichzeitig exis-tierenden Abläufen. Damit zwingt das Raumdenken in ein Denken von Differenz.

Um in Zukunft Städte in ihrer Differenz denken zu können, braucht es eine Vorstellung ihrer Schließung. Dirk Baecker argumentiert, dass sich die Bewachung der Stadt, die sich bis zum Mittelalter in ihrer Ummauerung ausdrückte, tief ins kollektive Gedächtnis eingeschrieben hat, mit der Folge der kognitiven, emotionalen und ästhetischen Konstruktion eines Innen und Außen und damit eines abgegrenzten Gebildes Stadt. Die Stadt ist deshalb, so Baecker, ein emotional hoch besetzter eigener Ort (Baecker 2002, 12–16).

Dieser Gedanke lässt sich mit den Beobachtungen Gerd Helds zur modernen Raumkonstitution verbinden. Im Anschluss an Fernand Braudel argumentiert Held (2005), dass Stadt und Territorialstaat in der Moderne konkurrierende räumliche Anordnungsmuster darstellen. Nicht die Differenzierung in Stadt und Land, sondern die Unterscheidung zwischen räumlicher Einschlusslogik als strukturelle Offenheit der modernen Stadt und räumlicher Ausschlusslogik als geschlossene Behälterkonstruktion des modernen Nationalstaates bilden – so Helds Idee – die räumlichen Konstruktionen der Gesellschaft. Die Konstruktion des staatlichen Territoriums basiere auf der Grenzziehung, welche Homogenität im Inneren gewährleisten soll. Die Begrenzungs- und Ausschlussstruktur der mittelalterlichen Stadt werde mit der Moderne auf das Territorium, welches als moderner Nationalstaat Form annimmt, übertragen.

Die Konstruktion der modernen Stadt sei im Kern über die Offenheit der Grenze und somit über Heterogenität definiert. So gewendet, hat nicht die Moderne durch eine Urbanisierung der Gesellschaft die Differenz zwischen Stadt und Land verschwinden lassen, sondern die Moderne hat mit zwei Vergesellschaftungsformen, ‚Territorium/Ausschluss‘ und ‚Stadt/Einschluss‘, eine räumliche Differenzierung systematisch verankert. Die moderne Stadt bildet das notwendige Pendant zur Begrenzungs-, Homogenisierungs- und Heimatlogik des Nationalstaats. Sie stellt eine eigene Form der Vergesellschaftung dar. Wenn die Stadtmauern von einst heute in Geschwindigkeitsbegrenzungen, Parkleitsysteme und Autobahnringe verwandelt werden, wenn Wachstum immer noch die Hoffnung der Städte ist, dann ist ‚Einschluss‘ gleichzeitig die Markierung einer Innen-Außen-Konstruktion und die Behauptung von deren Offenheit. Im gesellschaftlichen Sinnsystem ist die Stadt als erfahrbare Einheit und die daraus abgeleitete Differenzbildung zu anderen Städten eingelagert, ohne dass gleichzeitig die – Einheits- und Eigenheitskonstruktionen eigenen – Ausschlusslogiken etabliert werden (vgl. Gehring 2007).

Es gibt keinen empirischen Hinweis darauf, dass Pendeln, Verkehrsnetzwerke, Einkaufszentren auf der ‚grünen Wiese‘, suburbane Gebiete etc. die Erfahrung, inner- oder außerhalb einer Stadt zu leben, in dieser im Unterschied zu jener Stadt sich aufzuhalten, grundlegend erschüttern. Viel zu stark sind die – sozial wie materiell – institutionalisierten Ortslogiken. Der Versuch zum Beispiel, die niederländische Randstad, welche die Territorien von Amsterdam, Rotterdam und Den Haag umfasst, zu etablieren, ist gescheitert. Die Konvention, drei einzelne Städte wahrzunehmen, ist stärker (Sudjic 1992, 296). Das heißt, in das Sinnsystem der modernen Gesellschaft ist sowohl die Stadt als erfahrbare Einheit als auch die daraus abgeleitete Differenzbildung zu anderen Städten eingelagert.

Stadttheoretisch – das wäre nun mein Vorschlag – kann der Begriff der 'Logik des Ortes' (oder der Ortslogik) an der Beobachtung ansetzen, dass Städte als unterscheidbare, benennbare Gebilde erfahren werden, welche als solche eigenlogischen Entwicklungen unterliegen. Städte entwickeln sich aufgrund historisch motivierter Erzählungen, Interpretationen sich unterscheidender Materialität sowie verschiedener politischer und ökonomischer Figurationen in jeweils spezifischer Weise. Rückgebunden an Praktiken, aber aus ihnen nicht direkt ableitbar, entfalten sich Städte nach je eigenen Logiken.

Die Gesetze zur Professionalisierung der Prostitution zum Beispiel werden in Duisburg anders ausgelegt als in München. Nicht nur Karneval wird in Köln anders gefeiert als in Berlin, sondern auch US-amerikanische Exportschlager wie die Schwulen- und Lesbenparade „Christopher-Street-Day" (CSD) geraten am Berliner Ku'damm zur Konsumdemonstration, in Kreuzberg zur politischen Kundgebung, in Frankfurt am Main setzt die Trauer um AIDS-Tote deutliche Akzente, und in Köln herrscht ein zweites Mal der Karneval. Und es sind oft Studierende aus ganz Deutschland, die den CSD in Arbeitsgruppen vorbereiten. Aufgrund der Logik des Ortes reproduzieren die immer wieder neuen Gruppen selbst in der Subkultur zentrale stadtspezifische Muster.

Orte sind spezifisch und werden spezifisch gemacht. Orte sind durch Erlebnis- und Handlungsqualitäten bestimmt. Über die spezifischen Praktiken entstehen lokale Pfade, Erzählungen und Strategien, das Eigene zu erfahren, herzustellen und zu reproduzieren. Von Pierre Bourdieu (1997, 159ff.) als „Ortseffekte" thematisiert, existieren Deutungsmuster, Praktiken und Machtfigurationen, die an *diesen* Orten höhere Plausibilität aufweisen als an *jenen* Orten. Ich möchte damit nicht raumdeterministisch Verhaltenszwänge behaupten, sondern Orte entwickeln – das ist die Idee – als sozial konstruierte Phänomene mit Eigenlogiken, welche sich auf die Erfahrungsmuster derer, die in ihnen leben, auswirken.

Der Begriff des 'Ortes' bezeichnet nichts Substanzielles, sondern eine „Beziehungsform" (Simmel 1995, orig. 1908, 716). Was über eine Stadt erzählt werden kann, was in ihr gefühlt wird, wie ihr Geruch erlebt wird, hängt nicht nur davon ab, welche Deutungsmuster als plausibel etabliert werden, sondern auch davon, welches 'Feld' von Vergleichsstädten existiert. Die Logik des Ortes ist determiniert auch davon, wie andere – für relevant erachtete – Städte sich behaupten. Frankfurt am Main kann sich deshalb so effektiv als amerikanisierte Stadt in Szene setzen, weil Köln, Berlin und Hamburg dies nicht tun. Es muss aber auch, um in dieser Liga der Großstädte weiter spielen zu können, eine Offenheit für Homosexualität inszenieren, wenn alle anderen das tun.

Tel Aviv verkörpert das moderne Israel, eine westliche Metropole, während das nur eine Autostunde entfernte Jerusalem die 'Heilige Stadt' ist. Tel Aviv verdankt seine Strand-, Freizeit- und Schwulenkultur gerade der Verankerung religiöser Kultur in der anderen Stadt Jerusalem (vgl. Fenster 2004). Städte sind in ein Netzwerk objektiver Beziehungen eingebunden. Insofern braucht die Logik des Ortes einen korrespondierenden Begriff, der die Praktiken von Abgrenzung und In-Beziehung-Setzen zu anderen Städten lokal, national und global bezeichnet, sprich den Blick auf die Konnex-Bildung.

Die Notwendigkeit einer differenzlogischen Städteforschung ergibt sich aus wissenschaftlichen Blindflecken: unzutreffende Verallgemeinerungen von stadtspezifischen Ausprägungen eines Phänomens, Unkenntnis stadtspezifischer Potenziale, Unwissen über Zwänge, die aus ortsspezifischen Logiken erwachsen, sowie über Städte-Netzwerke, in deren Kräftefeldern sich Koalitionen formen. Eine Städte- statt einer Stadtforschung kann perspektivisch die Logik des Ortes als eigensinnige Entwicklung einer Stadt und daraus resultierende kreative Kräfte der stadtspezifischen Strukturierung von Praxis analysieren. Die Logik des Ortes hebt die dauerhaften Dispositionen hervor, die an die Sozialität und Materialität von Städten gebunden sind, und konstituiert sich in einem relationalen System globaler, lokaler und nationaler Bezüge. Im Konnex der Städte kann die Logik einer Stadt in anderen Städten mitgeformt werden. Der Konnex der Städte verweist darauf, dass sich Eigenlogik nie nur aus der historischen Relation erklärt, sondern auch durch den Vergleich und das In-Beziehung-Stellen zu zeitgleichen, formgleichen Gebilden.

Die Stadtforschung, schreibt Eike Hennig (2006) als Resümee seiner Sammelbesprechung von Neuerscheinungen, ist „seltsam festgelegt, weniger ergebnisoffen. Ein normatives, rückwärts-gewandtes Bild einer Ideal-Stadt steht leitend und prägend am Anfang (…) Wandlungen sind mehr Verschlechterungen als Chancen" (ebd., 34). Statt in der Stadt in erster Linie die zumeist negativen Folgen der kapitalistischen Entwicklung zu suchen, kann eine Städteforschung zunächst ergebnisoffen deren Eigenlogiken begreifen wollen und auf dieser Basis nach „Familienähnlichkeiten" im Sinne Wittgensteins suchen (Wittgenstein 1984, orig. 1952, § 67). Im Zentrum steht eine auf Relationierung basierende Denkbewegung mit dem Ziel einer charakterisierenden Problemsicht (dazu auch Bourdieu 1974, 33ff.). Vielleicht gibt es sie ja, die cholerischen und die phlegmatischen Städte?

Literatur:
Baecker, Dirk (2002): „Platon oder die soziale Form der Stadt".
  polis: Zeitschrift für Architektur und Stadtentwicklung 14, 1, 12–16.
Berking, Helmuth/Löw, Martina (2005): „Wenn New York nicht Wanne-Eickel ist …
  Über Städte als Wissensobjekt der Soziologie". *Die Wirklichkeit der Städte.*
  Hg. Helmuth Berking und Martina Löw. Baden-Baden, 9–22.
Bourdieu, Pierre (1974): *Zur Soziologie der symbolischen Formen.* Frankfurt a. M.
Bourdieu, Pierre (1997): „Ortseffekte". *Das Elend der Welt. Zeugnisse und Diagnosen*
  alltäglichen Leidens an der Gesellschaft. Hg. Pierre Bourdieu et al. Konstanz, 159–167.
Brenner, Neil (1999): „Beyond State-centrism? Space, Territoriality and
  Geographical Scale in Globalization Studies". *Theory and Society* 28, 1, 39–78.
Castells, Manuel (1996): *The Rise of the Network Society.* Cambridge/Oxford.
Crang, Michael/Thrift, Nigel (Hg.) (2000): *Thinking Space.* London/New York.
Fenster, Tovi (2004): *The Global City and the Holy City. Narratives on knowledge,*
  planning and diversity. London.
Gehring, Petra (2007): „Gebauter Nahraum und innere Fremde. Nachdenken über die Stadt".
  Philosophie der Responsivität. Festschrift für Bernhard Waldenfels.
  Hg. Kathrin Busch, Iris Därmann und Antje Kapust. München.
Häußermann, Hartmut/Kemper, Jan (2005): „Die soziologische Theoretisierung der Stadt
  und die ‚New Urban Sociology'. *Die Wirklichkeit der Städte. Soziale Welt.* Hg. Helmuth
  Berking und Martina Löw (Sonderband 16). Baden-Baden, 25–53.
Häußermann, Hartmut/Siebel, Walter (1978): „Thesen zur Soziologie der Stadt".
  Leviathan, 4, 484–500.
Held, Gerd (2005): *Territorium und Großstadt. Die räumliche Differenzierung*
  der Moderne. Wiesbaden
Hennig, Eike (2006): „Planning, Building, Breaking, Rebuilding: Stadtforschung
  und die Norm der europäischen Stadt". *Soziologische Revue* 29, 26–35.
Inhetveen, Heide/Blasche, Margret (1983): *Frauen in der kleinbäuerlichen Landwirtschaft.*
  Opladen.
Ipsen, Detlev (1991): „Stadt und Land – Metamorphosen einer Beziehung". *Stadt und Raum –*
  Soziologische Analysen. Hg. Hartmut Häußermann, Detlev Ipsen u.a. Pfaffenweiler, 117–156.

König, René (Hg.) (1956): „Soziologie der Gemeinde". *Kölner Zeitschrift für Soziologie und Sozialpsychologie* (Sonderheft 1). Opladen.

Löw, Martina (2001): *Raumsoziologie.* Frankfurt a.M.

Marx, Karl (1972, orig. 1890): „Das Kapital. Band 1". *Marx/Engels Werke Bd. 23.* Berlin.

Massey, Doreen (1993): "Power-Geometry and a Progressiv Sense of Place". *Mapping the Futures: Local Cultures, Global Change.* Hg. J. Bird, B. Curtis, T. Putnam u.a. London.

Massey, Doreen (1999): *Power-Geometries and the Politics of Space-Time.* Heidelberg.

Massey, Doreen (2006): "Keine Entlastung für das Lokale". *Die Macht des Lokalen in einer Welt ohne Grenzen.* Hg. Helmuth Berking. Frankfurt a. M./New York, 25–31.

Schäfers, Bernhard (1989): „Stadt- und Regionalsoziologie: Ausgewählte neuere Ansätze". *Kommunalwissenschaften in der Bundesrepublik Deutschland.* Hg. Joachim J. Hesse. Baden-Baden, 387–403.

Schroer, Markus (2005): *Soziologie des Körpers.* Frankfurt a. M.

Siebel, Walter (1987): „Vorwort zur deutschen Ausgabe". *Soziologie der Stadt.* Hg. Peter Saunders. Frankfurt a. M./New York, 9–13.

Simmel, Georg (1984, orig. 1903): „Die Großstädte und das Geistesleben". *Das Individuum und die Freiheit.* Hg. Stuttgart, 192–204.

Simmel, Georg (1995, orig. 1908): „Der Raum und die räumliche Ordnung der Gesellschaft". *Georg Simmel – Soziologie: Untersuchungen über die Formen der Vergesellschaftung.* Hg. Otthein Rammstedt (Gesamtausgabe, Band 11). Frankfurt a. M., 687–790.

Sudjic, Deyan (1992): *The 100 Mile City.* London.

Wittgenstein, Ludwig (1984): „Philosophische Untersuchungen 1" (1952). *Werkausgabe in 8 Bänden.* Hg. Ludwig Wittgenstein, Bd. 1. Frankfurt a. M., 225–580.

Hildegard Fraueneder / Erik Hable
SALZBURG

Zeitung
(Newspaper)

Die Zeitung erschien als Salzburger Beitrag zu *Urban Potentials* im Herbst 2006 in Dresden. Sie fand als Beilage der Stadtzeitung *Dresdner* im Stadtraum Verbreitung und lag an mehreren öffentlich zugänglichen Orten zur freien Entnahme aus. Sie beinhaltet künstlerische wie auch theoretische Beiträge, die sich mit der Stadt Dresden, mit ihren Bezügen zu Salzburg und vice versa auseinandersetzen.

Textbeiträge von Hildegard Fraueneder: „...Kunst hat damit zu tun, Denkmuster aufzubrechen"; Alma-Elisa Kittner: „Dresden und ‚Dresden', Salzburg und ‚Salzburg'. Anmerkungen zur touristischen Stadt" und Gregor Langenbrinck: „Die Stadt ist keine Bühne"; außerdem „Modelle selbstorganisierter Kunsträume" – ein Erfahrungsaustausch zwischen dem *7. Stock* in Dresden und dem *white club* in Salzburg und ein Beitrag über die und von der Initiative *rundkino* Dresden; eine kurze Darstellung der Städtepartnerschaft Salzburg – Dresden, eine grafisch-visuell aufbereitete Untersuchung der Berichterstattung über Dresden in den Salzburger Nachrichten und Ergebnisse einer Telefonumfrage, welche Begriffe mit der jeweils anderen Stadt verbunden werden, ergänzen die kunstwissenschaftlichen Beiträge.

The newspaper was published as a Salzburg contribution for Urban Potentials *in autumn 2006. It was distributed as a supplement of the city magazine* Dresdner *und was available for free throughout the city. It includes artistic and theoretical contributions dealing with the city of Dresden, its relations to Salzburg and vice versa.*

Articles of Hildegard Fraueneder: "...Kunst hat damit zu run, Denkmuster aufzubrechen" (Art is about breaking away current patterns of thought); Alma-Elisa Kittner: "Dresden und 'Dresden', Salzburg und 'Salzburg.' Anmerkungen zur touristischen Stadt" (Dresden and 'Dresden', Salzburg and 'Salzburg.' Notes on the touristic city); Gregor Langenbrinck: „Die Stadt ist keine Bühne" (The City is not a stage); furthermore "Modelle selbstorganisierter Kunsträume" (Models of self-organized art spaces)—shared experiences between the 7th floor *in Dresden and* white club *in Salzburg and a contribution by and about the initative* rundkino-Dresden; *a short description of the official partnership Dresden-Salzburg; a visualized analysis of the coverage of 'Dresden' in a Salzburg newspaper; the contributions by the art scientists are completed by the results of a telephone survey: "which notions do you have in mind when thinking about Dresden-Salzburg and vice versa?"*

Künstlerische Beiträge /*Artists' Contributions*: Erik Hable (Inserts–Bauvorhaben in Dresden), Ralf Hoedt / Moira Zoitl (Megastructures und Modell), Peter Haas (Verschenkter Platz)
Konzept und Redaktion /*Concept and Editorial*: Hildegard Fraueneder
Gestaltung /*Design*: Erik Hable

Bezugsadresse / *base address*:
galerie5020. IG Bildende KünstlerInnen Salzburg
Sigmund-Haffner-Gasse 12/1
A-5020 Salzburg
Tel. 0043-662-848817
galerie5020@aon.at
www.galerie5020.at

Hildegard Fraueneder / Erik Hable
SALZBURG

...Kunst hat damit zu tun, Denkmuster aufzubrechen

Hildegard Fraueneder

Die Stadt ist keine Bühne

Gregor Langenbrinck

Modelle selbstorganisierter Kunsträume

Ein Erfahrungsaustausch zwischen dem 7. Stock in Dresden und dem whitehall in Salzburg, geführt via E-Mail im August 2006

Dresden und ‚Dresden‘, Salzburg und ‚Salzburg‘

Anmerkungen zur touristischen Stadt

Alma-Elisa Kittner

Zwischen Einzigartigkeit und Einheitsbrei: die „City“

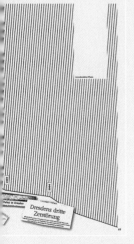

Dresdens dritte Zerstörung

(86)
Sándor Bodó Nagy
BUDAPEST / DRESDEN

Wellenzählmaschine
(Wavecounter)

Die *Wellenzählmaschine* ist eine kinetische Skulptur zur Untersuchung von Wellenbewegungen – Oberflächenbewegungen der Donau in Budapest und der Elbe in Dresden – aus dem Blickwinkel eines Künstlers. Das Ziel von Sándor Bodó Nagy ist die Repräsentation, Sammlung und Untersuchung der Wellen nicht als eine abgegrenzte Serie, sondern als Ganzes mit künstlerischen, nicht wissenschaftlichen Mitteln. Der Künstler isoliert willkürlich einen Abschnitt aus der Unendlichkeit unter der Annahme, dass ab einer kritischen Masse Phänomene an Wellen beobachtet werden können, die bei bloßer Betrachtung nur eines Wellenpaars unsichtbar bleiben. Die Zählmaschine erzeugt den Eindruck, als ob der Blick der Beobachter/-innen die vollständige Zahl der Wellen hätte überprüfen können, die auf dem Display angezeigt wird. Deshalb ist es entscheidend, dass diese Anzahl nicht mit statistischen Mitteln, sondern unabhängig von jedem Zeitlimit erfasst wird. Die Auffassung hält sich an die Anzeige der gesammelten Nummernserien.

The Wavecounter *is a kinetic statue that attempts to examine undulation—the movements of the Danube in Budapest and the Elbe River in Dresden—from an artistic point of view. The aim of the artist is that the waves that follow each other in series should be represented, collected, and regarded as a whole not by scientific but artistic devices. The artist arbitrarily isolates a section from endlessness assuming that beyond the critical mass such features of waves can be explored that are not discernible during the observation of only a couple of waves. The counter creates an impression that the observer's gaze could have scanned the whole quantity of undulation indicated on the display, for this reason it is crucial that the quantity should not be calculated statistically but independent of any time limit. The conception is not more than the display of the collected number-series.*

Sándor Bodó Nagy
BUDAPEST / DRESDEN

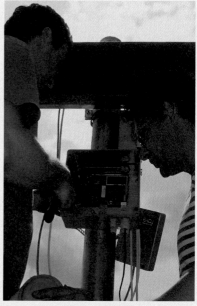

Didi Neidhart
SALZBURG

SCHWABYLON

SOUND OF M

Summer in the City. Urban Sounds.
(Summer in the City. Urban Sounds.)

Aus dem Nähkästchen… ‚Popmusik' ist eine Referenzhölle, eine der Piraterie, dem Diebstahl, der Entwendung, der Pfandleihe, der Entfremdung, der Verfremdung und der Befremdung verschriebene Kunst. Ein Ort, an dem Geschichte und Geografie ebenso gefährliche Kreuzungen wie jede Menge produktiver Missverständnisse hervorbringen können (Stille Post rules!). Im besten Fall – und zu gewissen Zeiten – ein nach allen Seiten hin offenes, extrem durchlässiges Gewusel, außer sich im Rausch und hemmungslos im Genuss. Was macht es da schon, wenn Gepäckstücke vertauscht werden oder eine imaginäre Kartografie an unmögliche Orte führt, die nur in einzelnen Musikstücken gleich ums Eck liegen?

Im rhythzomatischen Gewusel ‚Popmusik' übersetzen sich Fremdsprachen sowieso immer in neue Fremdsprachen und singen im Kauderwelsch kleine Lieder auf die fröhlichen Wissenschaften der ewigen Bastardisierung ursprungsloser Fundstücke. Tanzmusik als Denkmusik. Diskurs und Disco. Denken und Spaß. Die Philosophie entfaltet sich im Beat, die bohemistische Schrulle zerreißt den tradierten Kanon, die Dialektik zwischen Overground und Underground ist in den Nebenwidersprüchen am produktivsten. Musikhören als Fährtenlesen und Kartenzeichnen. Straßen, Gewässer, Motels, Schiffe, Züge. Extravagante Geheimcodes des Uneigentlichen und Ideen von Außen. Flanieren und herumgammeln sowieso.

„Wo bin ich denn da gelandet?", als Aufschrei der Verzückung beim (auch oft illegitimen) Betreten jeder neu entdeckten Referenzunterhölle. Stadt- oder Landesgrenzen gelten hier sowieso nicht, nur der Code an der jeweiligen Club-Tür muss halt schon gewusst werden. Da ist die leichte Muse sehr streng (Unnützes Wissen rules!).

Telling the inside story … 'Pop music' is a hell full of allusions—an art form devoted to piracy, theft, misappropriation, pawning, and alienation. A place where history and geography give birth not only to dangerous hybrids, but also to productive misunderstandings (Chinese whispers rules!). In the best case scenario—and at certain times—a teeming mass, open in every respect and extremely porous, delirious in its intoxication and unrestrained in its pleasure. What does it matter if pieces of luggage are mixed up or an imaginary map leads to impossible places that are just around the corner, but only in individual songs?

In the teeming, rhythzomatic mass of 'pop music', foreign languages are translated continuously into new foreign languages and short songs are sung in gibberish to the gay sciences of the eternal bastardization of found objects with no origin. Dance music as music for thought. Discourse and disco. Thinking and fun. Philosophy unfolds along with the beat, the Bohemian quirk ruptures the traditional canon, and the dialectics between overground and underground are most productive in the context of secondary contradictions. The act of listening to music as pathfinding and the drawing of maps. Streets, lakes, rivers, and seas, motels, ships, trains. Extravagant secret codes of the unreal, and ideas from the outside. And strolling and loafing around, of course.

"Where on earth am I?" as an exclamation of rapture when entering each newly discovered circle of hell with its own allusions. Municipal or national borders are irrelevant here anyway; the key is to know the code to the different club doors. Here, the muse of light entertainment is very strict (pointless knowledge rules!).

(92)
Fritz Rücker
SALZBURG

Movie BBQ – Die Stadt im Film
(*Movie BBQ–Cities in film*)

Welche kinematografischen Städte bleiben uns in Erinnerung? Was verbindet beispielsweise *Metropolis* mit heutigen Metropolen, was die *Sinfonie einer Großstadt* mit aktuellen Stadtnutzungen? Wer flieht angesichts der filmischen Narrationen in die Stadt und wer wann wieder aus der Stadt? Wer besetzt und verändert ganze Stadtviertel – wie im Spielfilm und wie in konkreten Städten, und kann der Dokumentarfilm zu Aufklärung und zu einem Umdenken beitragen?

An vier Sommerabenden wurden jeweils ein Kinofilm und ein neuerer Dokumentarfilm gezeigt. Vorgeführt wurden die ausgewählten Programme nicht in einem Kinosaal, in einem abgedunkelten Vortragsraum oder Wohnzimmer, sondern in einem lauschigen Garten mitten in der Stadt.

Das gemeinsame Grillen ermöglichte ausgedehnte Diskussionen und Gespräche auch über nicht gezeigte Filme, über verhandelte und nicht verhandelte Themen und über mögliche neue Filmprojekte.

When we think of cities in film, which ones do we remember? How is Metropolis *related to today's major cities, for instance, or* Berlin: Symphony of a Great City *to the current ways in which cities are used? Who, in view of cinematic narrations, flees to the city, and who flees from the city, and when? Who occupies and changes entire city districts, and how do they do so in films and in real cities? Can documentary films contribute to the enlightenment of viewers and change their way of thinking?*

On each of four summer evenings, a feature film and documentary were shown—not in a cinema or darkened lecture hall or living room, but in a cozy garden in the middle of the city.

Watching the movies while having a barbecue was the perfect backdrop for long discussions and talks about the films that were shown and those that were not; about topics that had been discussed and those that had been left out; and about potential new film projects.

21. Juni 2007 / *June 21, 2007*:
Utopie und Realität
28. Juni 2007 / *June 28, 2007*:
Das Dorf in der Stadt
2. August 2007 / *August 2, 2007*:
Parallelwelten
9. August 2007 / *August 9, 2007*:
Die Stadt im Dorf

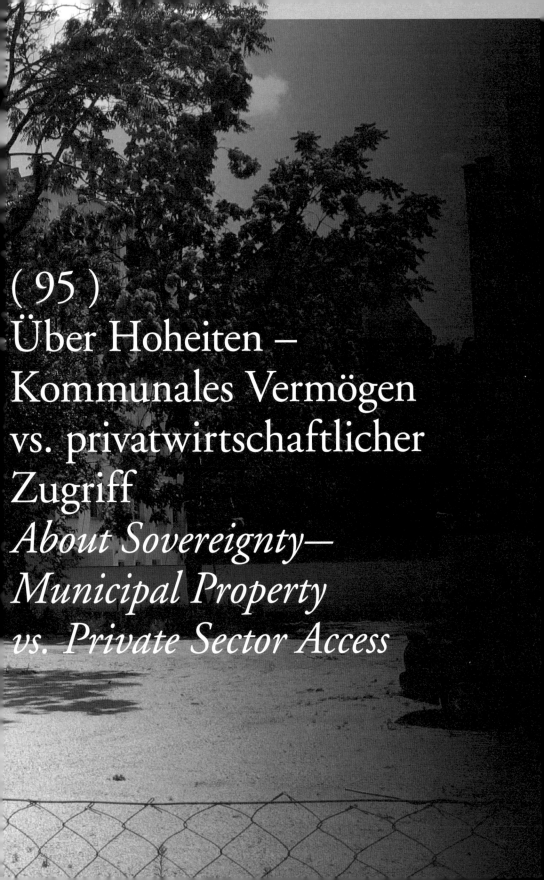

(95)
Über Hoheiten –
Kommunales Vermögen
vs. privatwirtschaftlicher
Zugriff
About Sovereignty—
Municipal Property
vs. Private Sector Access

DELTAVILLES
Europäische Stadtentwicklung
im Zeichen von Ökonomisierung,
Entdemokratisierung und Inszenierung
Yvonne P. Doderer

English Text Page 286

‚Deltavilles' ist eine Anspielung auf den 1965 entstandenen Film ‚Alphaville' des französischen Fil-
memachers Jean-Luc Godard. Godards Film war nicht als Ausblick auf eine mögliche Zukunft
konzipiert, sondern fungierte vielmehr als eine, wenn auch überspitzt formulierte, Reflexion dama-
liger gesellschaftspolitischer Verhältnisse auf dem Hintergrund eines bis dato unverarbeitet geblie-
benen Faschismus, aber auch der zu jener Zeit erfolgenden städtebaulichen Modernisierungswellen
in Frankreich. In diesem Film, einer Mischung aus Science-Fiction und Nouvelle Vague, wird eine
Metropole von einer Computermacht und einem hinter dieser Macht stehenden Wissenschaftler
beherrscht. Die Bewohner/-innen dieser Metropole sind zu seelenlosen, liebesunfähigen und un-
kreativen Funktionsträgern mutiert. Diese Godard'sche Lesart und Interpretation gesellschaftspolitischer Verhältnisse ist allerdings nicht mehr ganz zeitgemäß. Denn heute haben wir es weniger mit
erkennbar hierarchischen (alpha) als vielmehr mit diversifizierten Machtstrukturen (delta) zu tun.
In der modernen Kontrollgesellschaft wird totalitäre Gleichschaltung durch die systematische Aneignung produktiver Differenzen gesellschaftlicher Subjekte ersetzt. Unter produktiver Differenz
verstehe ich hier nicht Differenz als Spaltung, als strukturell bedingte Ungleichheit, sondern vielmehr Differenz im Sinne von Vielstimmigkeit, als Polyphonie möglicher und angeeigneter Identität, Subjektivität und kollektiver Freiheit. Seit den 70er Jahren kommen solche produktiven Differenzen in verschiedenen gesellschaftspolitischen, städtischen und subkulturellen Bewegungen, wie
zum Beispiel der Frauenbewegung oder der Sichtbarwerdung homosexueller Lebensformen, zum
Ausdruck. Nach einer Phase kämpferischer Freiheit werden die hier entstandenen produktiven Differenzen allerdings sukzessive der Hegemonie der Normalität bzw. den Mechanismen der Norma-
lisierung und Disziplinierung unterworfen, der kapitalistischen Verwertung zugeführt – oder aber
bald nach ihrer Entstehung in Bedeutungslosigkeit versenkt. (Dies ist ja immer wieder ein Dilemma, mit dem sich gesellschaftspolitische Bewegungen konfrontiert sehen: das Dilemma zwischen
Widerstand und Anpassung. Dieses Dilemma entbindet dennoch weder von Formen der Aktion
bzw. Selbstorganisation noch von deren kritischer Reflexion. Dass basisdemokratische Selbstorganisation durchaus erfolgreich sein kann, zeigte beispielsweise jüngst der Widerstand gegen den G8-
Gipfel.) Auf diesem Hintergrund ist die aktuell zu beobachtende Vervielfältigung von Identitätsan-
geboten deshalb eine vermeintliche Freiheit: Sie führt weder zu grundsätzlichen strukturellen gesellschaftlichen Veränderungen noch zu einer wesentlichen Steigerung demokratischer Freiheitsgrade, sondern dient letztlich der Modernisierung kapitalistischer Verwertungszyklen und der
Schaffung weiterer Absatzmärkte.

   Während also auf der einen Seite versucht wird, eine mögliche Produktivität von Differenz auf
Individualisierung, Entsolidarisierung und gesellschaftliche Spaltung herunterzubrechen, und damit auch bereits bestehende Differenzen im Sinne von Ungleichheiten verfestigt, bestätigt und fort-
geschrieben werden, wird Differenz auf der anderen Seite abgeschafft und aufgehoben, denn heute
formiert sich staatliche Macht mehr denn je entlang der Aufhebung einer Unterscheidbarkeit zwischen den Sphären des Sozialen, des Politischen und des Ökonomischen. Hierbei sind insbesondere die sozialen Räume einer Aneignung durch das Ökonomische nicht nur schutzlos preisgegeben,
sondern längst schon in Ökonomie überführt. Welche Lebensform ich wähle, spielt heute letztlich
keine Rolle mehr; meine Subjektivität und Produktivität, meine individuelle und kollektive Identität sind bereits Bestandteil einer fortlaufenden Ökonomisierung, die sich aller Lebensbereiche be-
mächtigt hat. Dies gilt gleichermaßen für das Regiert-Werden wie für das Regieren, denn das Ökonomische wird – im Sinne einer Rationalisierung der Rationalität – zur Grundlage staatlichen Regierens gemacht.

   Im Folgenden werde ich diese Entwicklung und ihre Folgen beispielhaft und entlang europäischer Stadtentwicklungspolitiken nachzeichnen. Denn die Produktivität von Stadt wird nicht nur,
um dem Soziologen Georg Simmel zu folgen, von ihrer Größe, ihrer Dichte, dem Grad ihrer hoch

spezialisierten Arbeitsteilung, ihrer kulturellen und sozialen Heterogenität sowie ihrem Anteil an Fremdheit getragen. Die Produktivität der Stadt – so meine These – wird auch davon bestimmt, inwieweit hier Differenz produktiv werden kann. Produktive Differenz meint, wie bereits angedeutet, nicht Spaltung, sondern die Ermöglichung von selbstbestimmter und selbstorganisierter Vielfalt. Eine solche Heterogenität braucht Raum und muss sich, um produktiv werden zu können, gesellschaftlichen wie physischen Raum aneignen können. (Ich folge hier einem Raum- und Stadtbegriff, wie ihn der französische Philosoph Henri Lefèbvre zugrunde legt: Raum verstanden als gesellschaftlicher Raum.) Diese Lesart der Produktivität von Stadt steht damit im Widerspruch zu einer Raumpolitik, die sich nicht eine pluralistische und gleichberechtigte Aneignungsfähigkeit, sondern eine umfassende Ökonomisierung und Verwertung urbaner Räume zum Ziel genommen hat.

Die Neuordnung des europäischen Raumes

Mit dem Zusammenbruch der Sowjetunion, der Wiedervereinigung in Deutschland und den EU-Erweiterungen kommt der Neuordnung des europäischen Territoriums eine erhöhte Bedeutung zu. Im Kontext einer nahezu ungehinderten Ausbreitung des Kapitalismus und im Zusammenhang mit beschleunigten technologischen Entwicklungen werden Transformations- und Modernisierungsprozesse eingeleitet, die zu einem massiven Strukturwandel und zu Verschiebungen innerhalb der Geografien des europäischen Städtesystems führen, wie es an den Veränderungen der bislang geltenden sogenannten ‚blauen Banane‘ erkennbar wird. Allen mittel-, süd- und osteuropäischen Städten und Regionen gemeinsam ist, dass sie von einem deutlichen sektoralen Strukturwandel betroffen sind. Dieser Strukturwandel äußert sich in einer zunehmenden Deindustrialisierung zugunsten einer internationalen Arbeitsteilung, verflüssigten Kapitalströmen und Investitionstätigkeiten, einem Ausbau des Dienstleistungssektors und vor allem in einer steigenden Bedeutung des vierten Sektors, der sich mit der Verarbeitung von Informationen, der Wissensproduktion und der Steuerung von Produktions- und Distributionssystemen befasst. Der sektorale Strukturwandel hat eine weitere Verschärfung der Konkurrenz um Produktions-, Distributions- und Finanzstandorte zur Folge. Während etliche Regionen und Städte, wie beispielsweise in Ostdeutschland, Großbritannien oder Frankreich, mit erheblichen Schrumpfungsprozessen zu kämpfen haben, erfahren andere Städte und Regionen in Bezug auf Wirtschaftsleistungen, Investitionstätigkeiten, Zuwanderungen und Ausbau bestehender Infrastrukturen erneute Wachstumsschübe. Neben Paris und London als den tradierten wirtschaftlichen Zentren und Global Playern profitieren vor allem Städte wie Hamburg, Wien, Barcelona, Madrid, Oslo oder Amsterdam von dieser Entwicklung, während in anderen Städten, wie Berlin, Neapel oder Lissabon, die negativen Folgen, wie zum Beispiel ein deutlicher Anstieg der Erwerbslosigkeit und eine Zunahme des informellen Arbeitsmarktes, überwiegen. Auch auf der Mikroebene, innerhalb der einzelnen Städte und Agglomerationen, werden bestehende Segregationen weiter vertieft, oder es bilden sich neue Segregationsmuster heraus. Diese Segregationen betreffen Stadtstrukturen, Erwerbsarbeits- und Wohnungsmärkte, beeinflussen demografische Entwicklungen und Migrationsströme in diesen Räumen. Während auf der einen Seite starke Abwanderungen zu beobachten sind – in Ostdeutschland sind es vor allem junge Frauen, die abwandern –, verzeichnen wirtschaftlich starke Agglomerationen und Zentren deutliche Zuwanderungen. Im Kontext dieser räumlichen und sozialen Diversifikationsprozesse erfolgt insbesondere in den europäischen Wachstumsregionen ein massiver Umbau bestehender Infra- und Stadtstrukturen. Das gesamte europäische Verkehrsnetz, insbesondere der Schienenverkehr, wird zugunsten europäischer Magistralen und Achsen umstrukturiert, Bahnhöfe zu neuen Erlebnis- und Shoppingzentren umgebaut und ‚unrentable‘ Bahnverbindungen abgebaut. Gemäß der Logik des Bodenmarktes konzentrieren sich die Begehrlichkeiten der Investoren und Immobilienhändler vor allem auf städtische Flächen und Gebiete, die hohe Bodenrenten,

Mietprofite und Abschreibungsmöglichkeiten versprechen. Neben den bevorzugten innerstädtischen Lagen werden frei werdende oder sich verlagernde Militär-, Industrie-, Verkehrs- und Hafenflächen mit hochpreisigen Wohnanlagen, Einkaufsmalls, Dienstleistungs- und Urban Entertainment Center, neuen Bürogebäuden und Headquarters bebaut. Investitionen in Kunst und Kultur seitens der öffentlichen Hand tragen zu einer Aufwertung dieser Boden- und Immobilienwerte bei.

Die Ökonomisierung von Raumproduktion und Stadtpolitik

Dieser Umbau europäischer Städte und Wachstumsregionen im Zuge eines Prozesses der Durchsetzung kapital- und marktwirtschaftlicher Interessen gegenüber gemeinwirtschaftlichen und sozialen Bedürfnissen begann in Mitteleuropa und Großbritannien bereits Anfang der 1980er Jahre. Im März 2000 wurde dann die sogenannte Lissabon-Strategie von den Staats- und Regierungschefs der Europäischen Union beschlossen. Kernziel dieser Strategie ist die wirtschaftliche und soziale Erneuerung Europas, um die EU bis 2010 zum „wettbewerbsfähigsten und dynamischsten wissensbasierten Wirtschaftsraum der Welt" (www.eu2007.de) zu machen. Zwischenzeitlich, nach der Halbzeitbilanz, hat die EU ihre zu Beginn noch deutlicher sozialpolitisch ausgerichteten Ziele in Richtung einer noch stärkeren Marktorientierung und Marktanpassung modifiziert. Die Grundlinien dieser europäischen Politik liegen, trotz aller spezifischen Unterschiede, der jeweiligen nationalstaatlichen Politik bis hin zu den lokal-kommunalen Ebenen zugrunde. Diese Grundlinien beinhalten beispielsweise die Vollendung eines barrierefreien Binnenmarktes für Dienstleistungen, die Öffnung bislang geschützter Wirtschaftssektoren, die Privatisierung öffentlicher Dienstleistungen und Güter sowie die Schaffung unternehmensfreundlicher Rahmenbedingungen. Der Erwerbsarbeitsmarkt soll weiter flexibilisiert und die Menschen sollen zu mehr Eigenverantwortung für Bildung, Gesundheit, Altersversorgung usw. gebracht werden. Diese Politik steht damit ganz unter dem Vorzeichen einer umfassenden Ökonomisierung, die von der Einführung ‚wirtschaftlicher Rationalität' in das staatlich-kommunale Handeln getragen wird. Gemäß dieser neoliberalen Logik muss auch der Staat effizient, wirtschaftlich und vor allem nach den Gesetzen des Marktes handeln: Der Sozial- und Gemeinwohlstaat wird durch den Wettbewerbsstaat abgelöst. Neben die Staatskapitalprivatisierung (die Veräußerung von Staatsbesitz) treten die Aufgabenprivatisierung (die Privatisierung von öffentlichen Aufgaben) und schließlich die Privatisierung des Staates selbst. Privatisierung des Staates meint hier die „Unterwerfung der klassischen ‚hoheitlichen' Kernbereiche staatlicher Tätigkeit" (Pelizzari 2001, 24-25)[1] unter die Normativität der Betriebs- und Privatwirtschaft. Dieser Politikwechsel wird immer wieder mit dem Argument staatlicher Finanzkrisen begründet. Doch auch wenn der Staat ein Steuerstaat und insofern von der Privatwirtschaft und Steuereinnahmen abhängig ist, ist dennoch entscheidend, hier zu bemerken, dass der Großteil der Steuerlast nach wie vor von der lohnabhängigen Bevölkerungsmehrheit getragen wird. So stellt die Pressestelle EUROSTAT in ihrem „Bericht über Steuern in der EU von 1995 bis 2004"[2] fest: „Die Steuern auf Arbeit waren nach wie vor die größte Steuereinnahmequelle und machten rund die Hälfte des gesamten Steueraufkommens in der EU25 aus. Auf Kapitalsteuern entfielen etwa 22% des Gesamtsteueraufkommens, auf Verbrauchssteuern 28%" (www.europa.eu).[3]

Neben der Frage nach der Herkunft der Staatseinnahmen stellt sich auch die Frage nach den Ausgaben. Hier können zwei wesentliche Stränge an Ausgaben unterschieden werden: erstens Ausgaben, die dazu dienen, die „Profitabilität privater Wirtschaftstätigkeit zu erhalten" (Pelizzari 2001, 35), wie zum Beispiel Ausgaben für Raum- und Stadtplanung, Verkehr usw.; zweitens Ausgaben, die durch die Übernahme sozialer und externer Kosten entstehen, wie zum Beispiel Soziale Dienste, Kunst- und Kulturförderung, Umweltschutz usw. Letztlich ist es eine Frage gesellschaftlicher Kräfte und politischer Aushandlungsprozesse, welche Ausgaben als staatliche Aufgaben angesehen werden. Diese beiden Aspekte – die Frage nach der Herkunft der Einnahmen und die Frage, wofür diese Einnahmen ausgegeben werden – machen bereits deutlich, dass staatliche Finanzkrisen strukturell verankert sind. Denn der Staat befindet sich immer in einem Widerspruch: zwischen der Erfüllung gemeinschaftlicher Dienste und gemeinwohlorientierter Bedürfnisse (auf räumlicher Ebene zum Beispiel als die Verpflichtung zur Herstellung gleichwertiger Lebensverhältnisse) einerseits und der Förderung der Privatökonomie (zum Beispiel in Form von Infrastrukturmaßnahmen und Subventionen) anderseits. Wenn also der Sozialstaat in Konflikt mit dem Steuerstaat steht und in eine Finanzkrise gerät, ist dies sowohl ein Ausdruck der Verteilungs- und Umverteilungskämpfe um die Steuereinnahmen als auch eine Frage der politischen Gestaltung staatlicher Aufgaben und der Durchsetzung sozialer Grundrechte. Die Verschiebung der öffentlichen Aufmerksamkeit auf die Ausgabenseite und auf systembedingte Finanzkrisen hin dient somit als Instrument, um Reform- und Rationalisierungsdruck zu erzeugen und gleichzeitig die Ausgaben- und Gestaltungsseite zugunsten der Förderung der Kapital- und Privatwirtschaft zu verschieben. Im Zuge dieser veränderten politischen Prioritäten und Prämissen werden europaweit Strategien der Ökonomisierung eingeführt, die unter dem Oberbegriff ‚New Governance‘ und unter dem Unterbegriff des ‚New Public Management‘ (NPM) gefasst werden können. ‚New Public Management‘ versteht sich als „die Einführung einer marktgesteuerten, kundenorientierten öffentlichen Dienstleistungsproduktion" (Bogumil/Holtkamp/Wollmann 2003, 31). ‚New Public Management‘ basiert auf einer umfassenden Neuorganisation der öffentlichen Dienste und Finanzen, des Gesundheits-, Bildungs- und Sozialwesens und beinhaltet beispielsweise Maßnahmen zur Deregulierung (wie im Baurecht, im Denkmalschutz usw.) sowie die Einführung neuer Steuerungsmodelle. Ein weiteres zentrales Element des ‚New Public Management‘ ist die Reorganisation des Verwaltungsapparates selbst. Die Verwaltung wird durch die Einführung betriebswirtschaftlicher Kriterien und Maßstäbe (wie zum Beispiel in Form von Produktbildungen innerhalb des Haushaltsplans, Budgetierungen, Einführung von Kosten- und Leistungsrechnungen, internen Umstrukturierungen und Stellenabbau sowie durch Einführung von operativem Controlling) durchökonomisiert. Ein weiteres Element des NPM, insbesondere auf kommunaler Ebene, ist die Einführung von ‚Public Private Partnerships‘ (PPP), das heißt Kooperationen zwischen staatlichen, privat-gewerblichen und nichtstaatlichen Akteuren. In Form von betriebswirtschaftlich operierenden Eigenbetrieben, GmbHs, AGs usw. werden öffentliche Dienstleistungen ‚marketisiert‘. Die Stadt wird nun als ein Unternehmen geführt, und wie bei jedem privatwirtschaftlichen Unternehmen ist die Konzernbilanz auch eine Frage der Darstellung, bestimmte Zahlen müssen beispielsweise nicht veröffentlicht oder stille Reserven nicht offengelegt werden. Unter dem Vorzeichen des NPM unterwerfen sich die europäischen Städte und Kommunen damit der Logik des Marktes: Die europäische Stadt wird zum ‚Konzern Stadt‘.

Gouvernementalität und Entdemokratisierung

Mit dem NPM und dem Umbau der Stadt zu einem Konzern sind allerdings erhebliche Demokratieverluste verbunden. Das neu geschaffene Geflecht an Kapitalgesellschaften, Eigenbetrieben, PPPs, unterschiedlichen Wettbewerbs- und Verhandlungssystemen sowie Beteiligungsverfahren führt zu einer Unübersichtlichkeit, die weder von der städtischen Öffentlichkeit, also den Stadtbürgern/-innen, noch von deren gewählten Vertretern/-innen durchschaut, gesteuert und kontrolliert werden kann. Diese Steuerungs- und Kontrollverluste führen zu einer „Erodierung politischer Verantwortlichkeit" (ebd., 96) und damit zu Entdemokratisierung, Autokratisierung und schließlich auch Korrumpierung staatlich-kommunaler Strukturen und ihres Verwaltungshandelns. Wenig überraschend deshalb auch, dass das Wort ‚Partizipation‘ im Planungsdiskurs und in der Stadtpolitik längst durch ‚Bürgerbeteiligung‘ ersetzt wurde – in der überwiegenden Zahl der Fälle eine Form der Beteiligung, die sich mittlerweile auf rechtlich und damit auch planerisch wirkungslose Kommentare beschränkt. Entscheidungen in der Stadtpolitik, wie zum Beispiel der Verkauf von Kommunal- und Sozialwohnungen[4], finden heute ohne die Stadtbewohner/-innen statt. Alternativen in der Stadtentwicklung werden nicht zugelassen bzw. andere Entwürfe und Vorschläge werden in den offiziellen Diskursen systematisch unterdrückt, wie zum Beispiel im Fall von Stuttgart 21. Stadtentwicklungs- und Stadterweiterungsprogramme, wie zum Beispiel London Riverside, Oslo Fjord City oder Hamburg Hafen City, werden nicht auf die Bedürfnisse aller Stadtbewohner, sondern ausschließlich auf Investoreninteressen und die Bedürfnisse neuer, einkommensstarker Klassen zugeschnitten. Damit geraten auch die an solche Großprojekte angrenzenden Stadtviertel unter einen erneuten Verwertungsdruck, der zu Gentrifizierungen, Mietpreissteigerungen und Umwidmungen vorhandener Bebauungsstrukturen führt. Solche Prozesse sind mittlerweile in nahezu allen größeren Städten und Metropolen Europas zu beobachten.

In einem größeren Rahmen betrachtet, können diese Entwicklungen in Anlehnung an den französischen Philosophen Michel Foucault unter dem Begriff der Gouvernementalität gefasst werden. Während frühliberale Auffassungen des Regierens jedoch die Begrenzung der Marktfreiheit noch als wesentliche staatliche Aufgabe ansahen, wird heute der Markt „selbst zum organisierenden und regulierenden Prinzip des Staates" (Lemke 1997, 241). Der Staat verabschiedet sich allerdings nicht endgültig von seinen Aufgaben, sondern seine ‚Sorge' gilt nun der Einführung und Etablierung einer vermeintlichen Rationalität des Ökonomischen in allen gesellschaftlichen und sozialen Bereichen. Ironischerweise waren und sind es gerade sozialdemokratische Regierungen in Europa (unter teilweiser grüner Beteiligung), die diesem ‚dritten Weg' die Bahn geebnet und den Sozialstaat mit dem Verweis auf Finanz- und Haushaltskrisen verabschiedet haben. Flankiert wurde und wird dieser Politikwechsel von den medialen Diskursmaschinen des Neoliberalismus, wie zum Beispiel in Deutschland der „Initiative Neue Soziale Marktwirtschaft" (www.chancenfueralle.de). Die herrschenden Wirtschafts-, Regierungs- und Medieneliten haben sich damit inzwischen auf nahezu allen Ebenen europaweit durchgesetzt. Deutlich ablesbar materialisiert sich diese Hegemonie insbesondere im Städtischen. Im Zuge von New Governance werden die europäischen Städte dem Diktat der Investoren und Shareholder und damit einer Modernisierungsrhetorik unterworfen, die Stadt selbst endgültig zu einer Ware macht.

Die Inszenierung von Stadt und Stadträumen

Diese Ware will verkauft werden. Das bisherige Bild der industrialisierten und modernen Stadt entspricht nicht mehr länger den Erfordernissen eines postnationalen, postindustriellen und postsozialen Akkumulationsregimes, das seine Standorte, Waren-, Human- und Kapitalflüsse je nach Profitrate wechselt. Umso notwendiger erscheint deshalb die Produktion eines positivistisch-affirmativen und zukunftsorientierten Stadtbildes, aus dem zudem alle dunklen Flecken getilgt sind. ‚Urban Branding' lautet deshalb das neue Stichwort in den Stadtverwaltungszentralen. Die europäischen Städte werden zu ‚Wissensstädten', ‚Kunst- und Kultur(haupt)städten', ‚Sportstädten', ‚Medienstädten', ‚Erlebnis- und Freizeitstädten' usw. und vor allem zu ‚Sauberen und Sicheren Städten' gebrandet. ‚Urban Branding' bedeutet, eine Narration von Stadt zu kreieren, die für Investoren und Unternehmer, für Touristen und andere potenzielle Mediatoren möglichst überzeugend und Identität schaffend ist. Die Realität der Stadt, ihre Komplexität und Widersprüchlichkeit wird auf eine textuell und visuell designte Repräsentation heruntergebrochen, die eine um alle Widersprüche geglättete Gesamterzählung ergibt. Besonders gelungen ist das ‚Urban Branding' dann, wenn selbst die Stadtbewohner an das positivistisch aufgeladene Bild ihrer Stadt glauben. Welcher Berlin-Bewohner beispielsweise – obwohl selbst aus der Provinz zugezogen – würde nicht noch aus der Armut und Hässlichkeit Berlins seine pop- und szenekulturell aufgeladenen Bedeutungsgewinne ziehen und Berlins urban-kulturelle Einzigartigkeit mehr oder weniger offen und vehement verteidigen? Gerade Berlin ist ein ‚gelungenes' Beispiel für ‚Urban Branding': Nach dem Mauerfall und der Wiedervereinigung gab es kein Halten vor einer neuen Zukunft mehr. Als erste Maßnahme wurde der etwas grau gewordene Berliner Wappenbär durch das Brandenburger Tor ersetzt. Dann wurde die von einer eigens gegründeten Berlin Partner GmbH beförderte ‚Destination Berlin' in Filmen, Plakatserien, Image- und Anzeigenkampagnen für ihre kreative Zukunft fit gemacht (www.berlin-partner.de). Die Geschichte Berlins vor dem Mauerfall hingegen wurde verabschiedet oder in diversen Denkmalen kondensiert. Der Erfolg dieses neu geschaffenen Mythos – Berlin als postmoderne, experimentierfreudige, Wissen produzierende, kreative und (sub)kulturell aufgeladene Metropole mit Hauptstadtfunktion – lässt sich auch an der Empörung ablesen, die in den Berliner und restdeutschen Feuilletons nach der Eröffnung der *3. berlin biennale für zeitgenössische Kunst* im Jahr 2004 ausbrach. Denn die Kuratorin dieser Biennale, Ute Meta Bauer, hatte es gewagt, die mythologische Historisierung Berlins zu unterlaufen und deren zukunftsverheißende Umschreibungsprozesse mit einer Auswahl an Berlin-spezifischen und internationalen künstlerischen Positionen zu hinterfragen.

Auch die Festivalisierung der Stadt ist inzwischen selbstverständlicher Bestandteil urbanen Stadtmarketings. Nicht nur traditionelle Stadt- und Kulturfeste, auch Public Viewings, Techno-, Multikulti- und selbst Christopher-Street-Day-Paraden sind heute unerlässlicher Bestandteil der markt- und spektakelförmigen Inszenierung vermeintlicher urbaner Toleranz- und Freiheitsgrade. Diese temporären Stadtinszenierungen werden durch stadträumliche Um- und architektonische Neubauten verfestigt und verstetigt. Um nicht nur das Image lebendig, sondern auch das Begehren zahlungs- und kaufkräftiger Konsumenten wachzuhalten, werden neue urbane Inseln der Erlebnis- und Konsumökonomie geschaffen. Konsum und Shopping werden mittels Kunst und Kultur aufgewertet, um so die Distinktionsgewinne jenes gesellschaftlichen Drittels zu erhöhen, das von der erfolgreichen Durchsetzung neoliberaler Politik profitiert. Nach einer ersten Welle an Museumsneubauten in den 1980er Jahren rollt bereits seit einiger Zeit eine zweite Welle immer spektakulärerer Kulturbauten durch die europäischen Metropolen und Großstädte (vgl. Puhan-Schul 2005)[5]. Historische Stadtstrukturen, wie zum Beispiel in Valencia oder Bilbao, werden durch Museums-, Wissenschafts- und Veranstaltungsbauten in einer Weise ‚aufgewertet', die diese Städte zu musealisierten Hinterhöfen macht. Innerstädtische Ensembles und Gebäude werden durch historisch fragwürdige Rekonstruktionen vermeintlich aufgewertet und attraktiver gemacht. So verbirgt sich hinter dem 1960 abgerissenen und 2007 neu eröffneten Braunschweiger Schlossbau, den „Schloss-Arkaden", eine Shopping-Mall, die zwei Drittel des Gebäudes einnimmt, der Rest ist Kultureinrichtungen vorbehalten. In vielen Städten sind die stadträumlichen Übergänge zwischen Kunst und Konsum kaum noch voneinander zu unterscheiden – vom Museum direkt zu „Geiz ist geil!". Kunst und Kultur werden so dazu benutzt, Konsum und Kommerz zu ästhetisieren und aufzuwerten: Bazon Brock spricht hier von einer „Reurbanisierung durch kulturelle Aufrüstung" (Brock, 2002). Dabei hat sich die staatlich-kommunale Kunst- und Kulturförderung an den Maßstäben ökonomischer Verwertbarkeit und den Maßzahlen der Effizienzsteigerung zu messen: Gefragt wird nicht mehr nach Qualität, sondern nach Besucherzahlen, denn schließlich müssen öffentliche Kunst- und Kulturinstitutionen inzwischen ihre Daseinsberechtigung nachweisen. Sie müssen beweisen, dass sie mit Konzernen konkurrenzfähig sind, die ihre eigenen Kunstprogramme veranstalten, ihre eigenen Museen bauen und sich als nationale Kunst- und Kulturdienstleister aufstellen. Allein in Anbetracht der zur Verfügung stehenden Finanzmittel und Ressourcen dürfte klar sein, in welche Richtung dieser Wettbewerb in Zukunft gehen wird.

Raumaneignung und Gebrauchswert

Doch nicht nur die dem Mainstream gefällige und privatwirtschaftlich konforme Kunst und Kultur wird in die verwaltungs- und werbeökonomischen Berechnungen mit einbezogen. Alternative

Formen der Kunst- und Kulturproduktion, Sub- und Jugendkulturen werden mittlerweile gerne herbeizitiert und im Rahmen des Stadtmarketings verarbeitet. Gerade von Interkulturalität und unterschiedlichen Subkulturen geprägte urbane Milieus liefern darüber hinaus den kreativen Input für Unternehmen, insbesondere für die sogenannten ‚Creative Industries‘, wie auch der Raumökonom Dieter Läpple bemerkt: „Je weniger die Unternehmen auf das Organisationsmodell eines ‚Normalbetriebes‘ und das ‚Normalarbeitsverhältnis‘ ausgerichtet sind, desto wichtiger werden für sie die spezifischen Qualitäten des urbanen Milieus“ (Läpple 2003, 72). Die zentralen urbanen Räume „mit einer hohen ökonomischen, sozialen und kulturellen Diversität“ bieten, so Läpple, demnach einen Zugewinn an unternehmerischen Möglichkeiten und lassen diese zu einem wichtigen „Rückbettungskontext“ für Unternehmen werden (ebd.). Diese Funktion bzw. Funktionalisierung spezifischer urbaner Milieus und ihrer verschiedenen Subkulturen steht jedoch meist in einem krassen Gegensatz zu einer tatsächlichen Schaffung und Förderung urbaner Frei- und Lebensräume seitens städtischer Politik. Denn die Voraussetzung für selbstbestimmte, selbstinitiierte und selbstorganisierte Raumaneignung ist nicht eine ‚Disneyfizierung‘ urbaner Räume, sondern die Ermöglichung urbaner Gebrauchswerte. Gebrauchswert, im urbanen Sinne verstanden, meint zum Beispiel für alle Bevölkerungsgruppen zugängliche öffentliche Räume anstelle einer, wie es die US-amerikanische Soziologin Sharon Zukin einmal ausdrückte, „pacification by cappucino“ bzw., um diesen Ausdruck fortzuschreiben, einer ‚pacification by security‘ und einer ‚pacification by high art and culture‘. Gebrauchswert entsteht auch dann, wenn anstelle der Abschaffung sozialen Wohnungsbaus erschwingliche Raum- und Wohnraumangebote vorhanden sind oder wenn, anstatt Stadtteile mittels Soziale-Stadt-Programmen ‚top-down‘ zu regulieren und zu disziplinieren, eine tatsächliche Selbstorganisation von Stadtteilkulturen gefördert wird. Gebrauchswert schließlich heißt, „eine Summe von Möglichkeiten“ entstehen und offenzulassen, wie es der Situationist Guy Debord einmal formuliert hat. Gebrauchswertbestimmte Raumaneignung zu ermöglichen, könnte auch eine Perspektive für sogenannte schrumpfende Räume sein. Vorschläge gibt es mittlerweile genug, Voraussetzung hierfür ist allerdings eine Stadt- und Raumpolitik, die sich weiterhin der Herstellung gleichwertiger Lebensverhältnisse verschreibt, anstatt Reden von ‚Parallelgesellschaften‘ oder ‚überforderten Nachbarschaften‘ mit zu befördern. Denn diese Begriffe tragen nicht dazu bei, bereits bestehende und sich weiter verschärfende Spaltungen in urbanen Räumen, wie sie beispielsweise in den Aufständen in den französischen Banlieues zum Ausdruck kamen, zu verändern. Französische Soziologen haben die Situation in den Vorstädten schon seit Langem analysiert und Konflikte prognostiziert. Eine wesentliche Ursache für diese Konflikte liegt jedoch gerade nicht in den so häufig angeführten ethnisch-kulturellen Differenzen, sondern besteht „in dem gelebten Widerspruch zwischen weitgehender kultureller Assimilation und geringer sozialer Integration (Dubet/Lapeyronnie 1994, 25)“, wie eben jene Soziologen betonen. (Die politische Recht- und Einflusslosigkeit der Banlieue-Bewohner drückt sich im Übrigen bereits im französischen Wahlrecht aus, das pro Wahlkreis nur die Wahl eines Abgeordneten für die Assemblée Nationale vorsieht – unabhängig davon, wie viele Menschen in einem Wahlbezirk wohnen – vgl. Ghorra-Gobin 2006.) [6] Statt aktive Stadtpolitik zu betreiben, schüren französische Stadtverwaltungen bewusst Reden über vermeintlich kriminelle Stadtteile und ziehen Polizei sowie Sozialarbeit aus diesen Stadtteilen ab, um die dort lebenden Stadtbewohner/-innen systematisch ins Abseits zu drängen, die Stadtteile verfallen zu lassen und damit einen Abriss sowie eine spätere Neubebauung für andere gesellschaftliche Schichten vorzubereiten, wie zum Beispiel in La Coudraie in Poissy. In Anlehnung an die französische Kolonialpolitik sprechen Soziologen in diesem Zusammenhang deshalb auch von „relégation“. Im Gegensatz zu diesen Reden und Praktiken steht hingegen eine Lesart, die gerade solche Stadtteile und ihre Bewohner/-innen als produktiv begreift, statt diese als randständig zu marginalisieren und als reines ‚Sicherheitsproblem‘ zu begreifen. Denn übersehen und ignoriert wird immer wieder, dass ohne *demos*, ohne tatsächliche Partizipation und Demokratisierung, die Realisierung sozial funktionierender, transnationaler und interkultureller Stadtgesellschaften nicht zu erreichen ist. Gerade Städte als verdichtete gesellschaftliche Räume waren immer schon heterogen, hybride und pluralistisch. Die Konstruktion homogenisierter Identitäten und Räume ist eine urbanistische Illusion. Zu denken, urban-gesellschaftliche Prozesse seien konfliktfrei, ist ein Teil, die Schaffung einer vermeintlichen Konsensgesellschaft ein anderer Teil dieser Illusion.

Ausblick

Die Polarisierung zwischen Zonen des Wachstums und Zonen der Schrumpfung in der sogenannten europäischen Städtelandschaft wird auch in Zukunft weiter zunehmen, und die staatlich-kommunale Daseinsvorsorge wird bevorzugt in schrumpfenden Regionen weiter abgebaut werden, sodass die dort angesiedelten Städte deurbanisieren. In den Wachstumsregionen hingegen werden die Kernstädte neuen Verwertungs- und Restrukturierungsprozessen unterzogen, sodass sich auch dort bereits bestehende stadt- und sozialräumliche Segregationen weiter verschärfen und die investive Kluft zwischen bevorzugten und vernachlässigten Stadtteilen größer wird. Diese Verschärfung erfolgt im Kontext einer fortschreitenden Deindustrialisierung, die dazu führt, dass in manchen Stadtgebieten die Erwerbslosenrate nicht nur bei 10 oder 15 Prozent, sondern bei über 50 Prozent liegt (vgl. u.a. Häußermann 2000). Durch die gesteigerte Nachfrage nach Wohnungen in den Wachstumszentren, die zur Verdrängung einkommensschwacher Gruppen führt, und durch die Verabschiedung des sozialen Wohnungsbaus werden die Lebensumstände für immer mehr Stadtbewohner/-innen immer prekärer. In Frankreich sind bereits jetzt 3,2 von 60 Millionen Franzosen „schlecht untergebracht" (www.spiegel.de), und es fehlen insgesamt eine Million Sozialwohnungen. (In Deutschland wird die Gesamtzahl der Wohnungslosen allerdings nicht erfasst, Statistiken führen nur NRW und Berlin, diese zeigen auch hierzulande einen neuen Trend zur Wohnungslosigkeit – vgl. www.habitants-nrw.de.) Die Qualität bestehender Infrastrukturen und Versorgungssysteme wird im Zuge ihrer Privatisierung, aber auch unter der Prämisse kommunaler Rationalisierung weiter abnehmen und immer teurer. Die Konkurrenz wird nicht nur unter den Städten, sondern auch zwischen den Stadtbewohnern/-innen weiter zunehmen, sodass sich das städtisch-öffentliche Leben verstärkt individualisieren und kommerzialisieren wird. In Bezug auf den Zugang zu Ressourcen, wie Bildung, Erwerbsarbeit, Wohnraum, Infrastruktur usw., werden sich neue Konfliktlinien herausbilden, und die Folgen steigender sozialer Ungleichheit, nämlich gesellschaftliche Fragmentierung, Prekärisierung und Polarisierung, werden sich weiter verschärfen, sodass das Leben in den Städten für viele noch komplexer und komplizierter werden wird. Informelle Ökonomien – Schatten- und Untergrundwirtschaften, Selbstversorgungswirtschaften, aber auch unbezahlte Haushaltsarbeiten, Ehrenamt, Selbst- und Gemeinwesenhilfe – werden weiter an Bedeutung gewinnen. Bereits heute wird zum Beispiel in Berlin jeder fünfte Euro auf diese Weise ‚schwarz' erwirtschaftet. Die vierte Welt ist kein entlegenes Terrain, sondern die andere Seite europäischer Wirtschaftskreisläufe. In Zukunft werden jedoch auch die Gegenbewegungen wieder zunehmen: Städte waren immer auch Räume, in denen Differenz als politische Emanzipation, als gesellschaftspolitischer Widerstand und in Form von städtisch-sozialen Bewegungen produktiv werden konnte. Insofern wird das Leben in den europäischen Städten weiterhin spannend bleiben.

[1] Mit Verweis auf den Berliner Politologen Bodo Zeuner, der diese drei Begriffe geprägt hat. Siehe Bodo Zeuner 1999, 292.

[2] EU25 – 01.05.2004: Beitritte von Estland, Lettland, Litauen, Malta, Polen, Slowenien, Slowakei, Tschechischer Republik, Ungarn, Zypern. EU27 – 01.01.2007: Beitritte von Bulgarien und Rumänien.

3   Siehe: http://europa.eu/rapid/pressReleasesAction.do?reference=STAT/06/62.
4   „Annington größter deutscher Vermieter – Viterra verkauft (dmb) Nach dem Kauf von rund
    140.000 Viterra-Wohnungen ist die Deutsche Annington mit 230.000 Wohnungen
    Deutschlands größter Vermieter geworden. ‚Der Elefant auf dem deutschen Wohnungsmarkt‘,
    so Dr. Franz-Georg Rips, Direktor des Deutschen Mieterbundes (DMB) in Berlin.“
    (siehe: http://www.mieterverein-hamburg.de)
5   In den Niederlanden beispielsweise stieg die Anzahl der Museen zwischen 1980 und 1999 von
    485 auf 902, davon waren 109 Kunstmuseen. In der Bundesrepublik Deutschland stieg die
    Anzahl der Museen im gleichen Zeitraum von 1454 auf 4523, die Zahl der Kunstmuseen stieg
    von 200 auf 486.
6   Das basiert auf einem Beitrag zur Paneldiskussion „Parallel lives. Cultural diversity and
    inequality in the urban space“, das beim 19. Europäischen Treffen der Kulturzeitschriften
    vom 27. bis 30. Oktober 2006 in London stattfand.

Literatur:
Bogumil, Jörg/Holtkamp, Lars/Wollmann, Hellmut (2003): „Öffentlicher Sektor und private
    Akteure in der Stadt der Zukunft“. *Studie im Auftrag der Enquetekommission des Landtages
    von Nordrhein-Westfalen ‚Zukunft der Städte in NRW‘.* Berlin/Hagen, 31.
Brock, Bazon (2002): Der Barbar als Kulturheld – Bazon Brock III : gesammelte Schriften 1991–
    2002; *Ästhetik des Unterlassens, Kritik der Wahrheit - wie man wird, der man nicht ist.*
    Köln, 350.
Dubet, François/Lapeyronnie/ Didier (1994): *Im Aus der Vorstädte. Der Zerfall der
    demokratischen Gesellschaft.* Stuttgart, 25.
Ghorra-Gobin, Cynthia (2006): "Political representation as response to urban rioting.
    A comparative perspective“. *Eurozine*, November 2006.
Häußermann, Hartmut (2000): „Die Krise der sozialen Stadt“. *Aus Politik und
    Zeitgeschichte* 10/11.
Läpple, Dieter (2003): „Thesen zu einer Renaissance der Stadt in der Wissensgesellschaft“.
    Jahrbuch StadtRegion. Hg. Norbert Gestring et al. Opladen, 72.
Lemke, Thomas (1997): *Eine Kritik der politischen Vernunft. Foucaults Analyze der modernen
    Gouvernementalität.* Berlin/Hamburg, 241.
Pelizzari, Alessandro (2001): *Die Ökonomisierung des Politischen. New Public Management
    und der neoliberale Angriff auf den öffentlichen Dienst.* Konstanz, 24–25, 35.
Puhan-Schul, Franziska (2005): *Museen und Stadtimagebildung.* Bielefeld.
Zeuner, Bodo (1999): „Das Politische wird immer privater. Zu neoliberaler Privatisierung und
    linker Hilflosigkeit“. *Globalisierung und Perspektiven linker Politik.* Hg. Michael Heinrich.
    München, 292.
europa.eu/rapid/pressReleasesAction.do?reference=STAT/06/62
www.berlin-partner.de
www.chancenfueralle.de
www.eu2007.de/de/Policy_Areas/European_Council/Lissabon.html
www.habitants-nrw.de/international/ungass2001/statement/Default.htm
www.spiegel.de/politik/ausland/0,1518,457496,00.html

DIE RÜCKKEHR DER STÄDTE ?
Urbane Turbulenzen im östlichen Europa
Regina Bittner

———

English Text Page 292

Der Umbau von Städten wie Moskau oder Sofia mit Shopping-Centers, riesigen Büroarealen und Megastores signalisiert die Präsenz westlicher Marken und Medien, den Versuch, diese Städte in ein globales Städtenetz einzubinden. Doch neben den offensichtlichen Bemühungen, westliche Kultur nun auch in Osteuropa einzuführen, beobachtet der Osteuropa-Forscher Karl Schlögel etwas anderes: eine „Rückkehr der Städte" (zitiert nach Kil 2001, 235): „Die größte Sehenswürdigkeit, die man derzeit in östlichen Städten bestaunen kann, ist das Ende der Stadt als staatliche Veranstaltung und die Wiedergeburt der Bürgerstadt: Banken, die Museen geworden waren, wurden wieder Banken, Pelzgeschäfte, die man zu Fischläden umfunktioniert hatte, wurden wieder Pelzgeschäfte. Die Börse wurde wieder zur Börse" (ebd.).

Was meint ‚Ende der Stadt' als staatliche Veranstaltung? In Osteuropa hat der Zerfall des staatlichen und politischen Systems vor dem Hintergrund des Zerfalls des Eisernen Vorhangs Eruptionen in den Alltags- und Lebenszusammenhängen der Stadtbewohner ausgelöst. Alte Strukturen verschwanden, ohne dass neue vorhanden waren. Privatisierung wurde zum Zauberwort für den Übergang vom Sozialismus zum Kapitalismus: von ehemaligen staatlichen Betrieben, Gebäuden, Wohnungen bis hin zu städtischen Sozial- und Kulturinstitutionen. Der Zerfall des Staatssozialismus in Osteuropa zersetzte aber nicht nur die politischen, ökonomischen und sozialen Strukturen dieser Gesellschaften, sondern löste auch eine Erosion bestehender kultureller Institutionen und kollektiver Deutungs- und Wahrnehmungsmuster aus. Was mit dem Zusammenbruch des *Iron Curtain* entstand, ist ein ideologisches Vakuum in Zeiten, in denen Privatisierung mehr ist als die Rückführung von Eigentum an seine ehemaligen Besitzer und die Auflösung volkseigener Betriebe. Privatisierung meint eine Ideologie, die den Transformationsprozess der Gesellschaften in ganz Osteuropa bestimmte. Auf dieser Basis musste jeder „seines eigenen Glückes Schmied" werden, nur dass dabei die einen eben mehr Glück hatten als die anderen.

Privatisierung im Zuge des Zusammenbruchs des *Iron Curtain* findet vor dem Hintergrund der Hinterlassenschaft eines, wie es Boris Groys nennt, „riesigen Imperiums kollektiver Gefühle" statt, „die zwecks der Herstellung einer individuellen kapitalistischen Seele zur privaten Aneignung freigegeben werden" (Groys 2004, 9). Das ‚Ende der Stadt als staatlicher Veranstaltung', interpretiert man Schlögel mehr holzschnittartig, ist vielleicht eher mit einer radikalen Deregulierung der städtischen Lebensverhältnisse verkoppelt. Schlögels Beobachtung zielt aber auf mehr: Im östlichen Europa treffen zwei Transformationen aufeinander: Mit der rasanten Öffnung zum Weltmarkt gelten auch hier die Gesetze des durch die ökonomische Globalisierung induzierten postindustriellen Strukturwandels von Städten, wie er für die westeuropäischen urbanen Agglomerationen seit zehn Jahren diskutiert wird. Nur unter anderen Vorzeichen. Wilder Kapitalismus, Lumpen- oder Pionierkapitalismus, Neokapitalismus sind Termini, mit denen die östlichen Gesellschaftsentwicklungen beschrieben werden.

Es ist im Kontext der letzten Jahre Transformationsforschung viel über das besondere Modell der postsozialistischen Transformation geschrieben worden: Verkürzt ließe sich behaupten, dass die Länder der ehemaligen Sowjetunion und Südosteuropas ein Fallbeispiel für die ‚Rückkehr des Marktes' sind: Hier griff stärker als in den mittelosteuropäischen Ländern eine wirtschaftliche Entwicklung, die Markt mit Kapitalismus gleichsetzte. Dessen Resultat lässt sich in den Städten bestaunen: Privatisierung des sozialen Wohnungsbaus bis hin zu öffentlichen Versorgungssystemen und Dienstleistungen. Wir alle sind mit den Images überdimensionaler Billboards in Sofia, Moskau oder Bukarest vertraut, die nun die Fassaden der ehemaligen Prospekte, der stalinistischen Prachtalleen, flankieren. Die Leute in Bukarest, die hinter diesen Werbeflächen wohnen, haben ihre Fensterflächen an die internationalen Unternehmen für Werbezwecke vermietet. Sie leben für die Einnahmen lieber ohne Tageslicht. Die überall präsenten Kioske,

Stände und fliegenden Händler haben zehn Jahre das Stadtbild geprägt, bevor sie besonders in den Metropolen mehr und mehr von neuen Supermärkten verdrängt worden sind. Die internationalen Marken haben längst in den östlichen Metropolen Einzug gehalten. Der für postindustrielle Städte gängige Raumtyp – den die Stadtforschung gerne unter dem Begriff ‚Themenwelten' subsumiert in Gestalt von Shoppingmalls, Showrooms, Vergnügungsparks, Großausstellungen – ist auch hier sichtbar vertreten.

Neben dem Verfall der Mikrorayons schießen an die neue Mittelklasse adressierte und gut eingehegte Wohnquartiere aus dem Boden, die den Geschmack des ‚international ideal home' repräsentieren. Schlögels Beobachtung ließe sich auch so lesen, dass sich hier aufgrund der Parallelität der beiden Transformationen Entwicklungen im Eilzugtempo vollziehen, deren Signaturen auch für westliche Städte schon zu beobachten sind. Berlin ist sicher dabei ein Sonderfall, in dem wohl beide Entwicklungen ihre Präsenz haben. Schlögels empathische Begrüßung der Bürgerstadt nach dem Ende der Stadt als staatlicher Veranstaltung trifft sich aber auch mit einem Stadtdiskurs, der im letzten Jahrzehnt Abschied genommen hat von dem Konzept eines geordneten Stadtmodells, das noch für die fordistische Stadt galt. Die postindustrielle Stadtlandschaft, so die poststrukturalistisch inspirierte Stadtforschung, lässt sich nicht mehr als ein System mit einer klaren Ordnung beschreiben. Wurde noch die Industriestadt in dem Modell der Netzstadt als ein Beziehungsgeflecht, bestehend aus Zentrum, Peripherie und regionalen Einbindungen, beschrieben, wird die postindustrielle Stadt als azentrisches plurales Zentrum gedacht, das weniger durch utopische Ordnungsbilder als durch eine Vielfalt heterogener und differenzieller Ordnungen gekennzeichnet ist. Die Stadt wird in diesem Diskurs nicht mehr als einheitliches Formensystem aufgefasst, sondern als differenzieller Raum (vgl. dazu Klein 2005, 19). Dieser Trend im Stadtdiskurs findet sich in Konzeptionalisierungen des Städtischen wieder wie ‚entrepreneurial city' oder ‚creative city'. In solchen Ansätzen wird der postindustrielle Strukturwandel eben auch mit Vorstellungen von Stadt verkoppelt, wo die Stadt einerseits als Möglichkeitsraum unterschiedlicher Akteure und Aktivitäten, zugleich aber auch als Ort verstanden wird, in den Verhaltensanforderungen an die Stadtbewohner eingeschrieben sind. In solche Städte, so Alexa Färber, ist auch die permanente Aufforderung an die Akteure eingebaut, sich an der Transformation der Stadt aktiv zu beteiligen. Zugespitzt formuliert, werden Städte im Zuge postindustrieller Deregulierung zu Agenturen der Formierung eines neuen Typs der Stadtbewohner (Färber 2005, 11). Urbanität wandelt sich von einem planbaren normativen Konzept zur ästhetischen Erfahrung von Bewohnern und Reisenden in urbanen Landschaften. Häußermann und Siebel haben schon früh darauf hingewiesen, dass sich Urbanität ablöst von dem spezifischen physisch-räumlichen Zusammenhang *Stadt* und zu einem Lebensstilmuster wird. Gabriele Klein betont, dass mit der alltagsästhetischen Gestaltung des Urbanen die Grenzen zwischen Kunst und Nicht-Kunst verwischen. Gerade die neue Urbanität, so ihre These, macht einen Dialog zwischen künstlerischen und wissenschaftlichen, theoretischen und erfahrungsgeleiteten, strukturellen und an Praxis orientierten Perspektiven notwendig (Klein 2005, 19). In dieser Perspektive wird das Wie der Herstellung von Stadt – die Stadt als Resultat der sozialen Auseinandersetzungen in der Praxis ihrer Bewohner – besonders relevant. Die Frage nach *Urban Potentials* bewegt sich in diesem Feld. Am Beispiel von zwei nahezu gegensätzlichen Fällen ‚urbaner Potenziale' im Sinne temporärer, Leerstellen besetzender urbaner Praktiken möchte ich den Ambivalenzen dieser Tendenzen nachgehen.

Der neue Situationismus Berlins

Am Fall Berlins haben stadtethnografische Studien gut nachgewiesen, dass in den 1990er Jahren Berlin mit seiner vereinigungsbedingten offenen Struktur ein Eldorado, ein Biotop bot für unterschiedlichste Formen des Unternehmertums, das im Zuge von Wiedervereinigung, postindustriellem Strukturwandel und Hauptstadtwerdung entstanden war. Die Stadt schien für einen kurzen historischen Moment ein grenzenloser Möglichkeitsraum für diese Akteure zu sein, ja forderte dieses geradezu heraus. Aus dem Zwischenzustand dieser noch nicht verwerteten Orte generierten sie eine kommunikative Praxis, die die Potenzialität dieser Leerräume mit unterschiedlichen Strategien – alternativen Kartierungen, Performances und temporären Interventionen – betonte. „Der Akzent verschiebt sich auf die Stadt im Konjunktiv, auf die Stadt in der Möglichkeitsform", formuliert Urs Füssler in der *Arch Plus* (Füssler 2003). Eine situative Praxis entwickelte sich, die nicht mehr darauf zielt, mentale Gegenwelten zu entwerfen, sondern in ihnen nur noch ein Material für Situationen erkennt, die anstiften zum Weiterdenken, zum Weiterplanen, zum Fortschreiten. Kulturunternehmer, Architekten, Designer und Künstler konkurrierten um symbolische Aufmerksamkeit mit unterschiedlichen Strategien: Büros kommunizierten über Partys oder agierten mit Interventionen in der städtischen Öffentlichkeit und erfanden dabei ihre eigenen Aufträge: Sie waren Katalysatoren, Agenten und Gestalter des urbanen Wandels in einem. Ihre eher performativen Praktiken, die oft als neuer Situationismus bezeichnet werden, weisen auch auf die Nicht-Repräsentierbarkeit der Stadt als einheitliches Gebilde hin. In zumeist ortsbezogenen Arbeiten bevorzugen sie einen subjektiven Zugang zur Stadt, der die Unmöglichkeit einer objektivierten Raumproduktion und Raumdeutung zum Thema hat. Insofern führen sie exemplarisch vor, was gerne unter dem Stichwort ‚Neue Urbanität' im Zuge des postindustriellen, postfordistischen Wandels von Städten verhandelt wird. Der neue Situationismus Berlins steht für diesen Trend. Die Integration von Kunst und alltäglichem städtischem Leben findet sich nicht nur im ästhetischen Synkretismus von Events, Paraden und Festivals, bei dem so etwas wie ein Lifestyle-Gesamtkunstwerk entsteht. Vielmehr wird die künstlerische Handlungsmaxime des ‚be creative' zum kategorischen Imperativ der urbanen Kulturunternehmer und deren Anwesenheit in der Stadt zum Ausweis der Zugehörigkeit zu einer ‚geography of creativity'. Richard Floridas Studien zur *creative class* gehören zum Kanon der Untersuchungen, die den Zusammenhang zwischen städtischem Raum und Kreativität herausgestellt haben. Kreative Klassen suchen bestimmte Städte dabei weder um ihrer baulichen Besonderheiten, lokalen Kultur oder vorhandenen Infrastruktur willen auf noch aufgrund ihrer ökonomischen Prosperität. Anziehend allein ist die kulturelle Heterogenität, Innovationsfähigkeit und Toleranz dieser Städte (Florida 2005). Dass das Innovationspotenzial dieser besonderen Akteure in Zusammenhang mit dem Transformationspotenzial bestimmter städtischer Räume steht, ließ sich exemplarisch in Berlin beobachten. Dabei sind diese Akteursgruppen eingebunden in spezifische Netzwerke internationaler Reichweite, die den erfolgreichen Transfer ihrer Produkte, Dienstleistungen und Informationen zwischen Städten erlauben. Dieses Raumkapital gehört neben Wissen und Kreativität zu ihrer eigentlichen Ressource. Ohne hier ausführlich auf die Debatte zur *urban creative economy* eingehen zu wollen – was an diesen Akteuren interessant ist, ist die Art und Weise der Produktion des städtischen als sozialer Raum. Am Beispiel der Off-Szene in Berlin stellt Christopher Dell heraus, „dass innerhalb der gelebten Räume sich die improvisierenden Akteure in neuen Formen von Gemeinschaft verzahnen – der sozial lockeren Impro-Combo" (Kuhnert/Schindler 2003, 14). Diese ‚Sociability Light' ist gleichwohl frei gewählt, funktioniert jedoch auch als sozialer Rahmen zur Überbrückung temporärer Projektauszeiten. Clubs, Lounges und Bars, deren intimer Charakter eines elterlichen Wohnzimmers vielfach diskutiert wurde, fungieren als Heimatersatz. Freundschaft, so Dell, sei eine motivierende Kraft des Urbanen geworden. Diese Combos entwickeln spezifische Netzwerke, die weit über den physischen Raum der Stadt hinausweisen; eine ‚networksociality' ist entstanden, die eine existenzielle Voraussetzung für das prekäre Unternehmertum dieser Akteure darstellt.

In der Logik dieser Akteure ist die Stadt auf der einen Seite ein grenzenloser Möglichkeitsraum, der aber auf der anderen Seite mit der permanenten Aufforderung zur Selbstaktivität verkoppelt ist.

Kofferhändler in Russland

Hier möchte ich ein zweites Beispiel in Bezug auf die Frage nach der neuen Formierung von Stadtbewohnern im Zuge der postindustriellen Deregulierung einfügen und das am Beispiel der Kioskhändler in russischen Städten thematisieren.

Die Ein- und Ausgänge der Metrostation Ismailowski-Markt in Moskau quellen wie jeden Sonntag über von Menschen. Der Markt auf dem ehemaligen Olympiagelände ist eine gewaltige Anordnung aus Lagerhallen, provisorischen Ständen, offenen Märkten und einem halb fertiggestellten Themenpark. Auf den angegliederten Parkplätzen werden riesige Kartons und Taschen, verschnürt oder zugeklebt, auf den Ladeflächen der Busse mit den Aufschriften „Saratow", „Krasnodar", „Smolensk" gestapelt. Die Businsassen haben einen schweren Tag hinter sich: Weite Reisen, zumeist über Nacht, unternehmen die Händler manchmal zweimal wöchentlich nach Moskau.

Moskau ist seit Jahren ein ‚hub', ein zentraler Umschlagplatz für den transnationalen Kofferhandel. Hier kreuzen sich die Wege von Händlern und Produkten aus China, Pakistan, der Türkei, Usbekistan, Tadschikistan und der Kaukasusregion. Die Waren, die angeboten werden, stammen aus Textil- und Ledermanufakturen in der Türkei und aus den Massenproduktionsstätten Chinas.

Szenenwechsel. Der Kioskmarkt Kiseljowka in Smolensk befindet sich an der Endhaltestelle der Straßenbahn Nr. 7, mitten im Mikrorayon Papovka/Kiseljowka. Bis Ende der 1980er Jahre waren hier in sechs Reihen die der Plattenbausiedlung zugeordneten Garagen für die Moskvitchs, Ladas und Saporoshets untergebracht. Seit Mitte der 1990er Jahre beherbergen die Garagen Kioske. Neben Rentnern, die heute ihre selbstgezüchteten Kartoffeln und Möhren auf Holzkisten anbieten, trifft man auf dem Kiseljowka-Markt auch ehemalige Buchhalter, Sekretäre oder Lehrer in zu Drogerien und Boutiquen umgebauten Garagen. Manche pendeln ein- bis zweimal die Woche mit dem Bus nach Moskau, um dort die Waren billig einzukaufen. In Smolensk geht die Stadtregierung mittlerweile restriktiv gegen die Kioske vor. Mit dem Wandel in den Konsummustern und der Konsolidierung gespaltener Einkommensverhältnisse möchte man sich nun auch der Provisorien eines ‚wilden Kapitalismus' in der Stadt entledigen.

Erneuter Szenenwechsel. Der Istanbuler Stadtteil Laleli ist seit Anfang der 1990er Jahre ein Zentrum des transnationalen Textilhandels zwischen Ländern des ehemaligen Ostblocks und der Türkei. Die in der Türkei preiswert produzierten Textilien lockten, als die Grenzen geöffnet wurden, scharenweise Händlerinnen aus Russland nach Istanbul. Die kauften, so viel sie selbst in ihren Koffern tragen konnten, um die Waren dann in Moskau weiterzuverkaufen. Damit bedienten sie nicht nur die Nachfrage nach Konsumgütern in Russland, sondern verhalfen auch der türkischen Wirtschaft zu einem gigantischen Aufschwung. Anfangs noch als ‚Natascha trade' konnotiert und mit Prostitution verbunden, hat sich dieser Handel inzwischen professionalisiert. Hotels bieten den russischen Geschäftsfrauen organisierte Shop-Touren an, die jeweils von Sonntag bis Donnerstag dauern – damit die Waren am Samstag auf dem Moskauer Markt verkauft werden können. Die meisten der Händler in Laleli sprechen inzwischen gut Russisch, das Sortiment haben sie auf den Geschmack und die Vorlieben der russischen Geschäftsfrauen abgestimmt, die Werbung ist zweisprachig, und gehandelt wird in Dollar.

Die drei Szenen zeigen unterschiedliche Schauplätze eines emergierenden Modells privatwirtschaftlicher transnationaler Beziehungen im östlichen Europa, in die die Städte eingebunden sind. Die Pendler und Händler sind neue städtische Akteure, aus deren Aktivität eine Geografie entstanden ist, die sich aus transnationalen Menschen-, Waren- und Kapitalströmen zusammensetzt.[1]

Kioske waren eine Antwort des kleinen Mannes auf die radikalen gesellschaftlichen Umbrüche im östlichen Europa nach 1990. Während die mittelosteuropäischen Länder die der radikalen Privatisierung geschuldete ‚Transformationsrezession‘ schon Mitte der 90er Jahre durchliefen, verzögerte sich der Niedergang in Russland bis zur Jahrtausendwende.

Der Staat hatte hier die Arbeitsplätze in den industriellen Großbetrieben aus politischen Gründen lange gestützt, was aber nur um den Preis drastischer Lohnsenkungen durchführbar war. Das Einkommen vieler Menschen war zwar sozial sicher, aber so gering, dass sie sich gezwungen sahen, ihren Lebensunterhalt durch eine Kombination von informellen Jobs, Subsistenzwirtschaft und formeller Beschäftigung zu sichern (Neef 2003, 263). Die rasche Öffnung zum Weltmarkt nach 1990 machte es möglich, dass Waren und Arbeitskräfte zunächst ungeregelt zu- und abströmten. Die erheblichen Preis- und Wechselkursdifferenzen ließen einen umfangreichen grenzüberschreitenden Handel bzw. Schmuggel entstehen. In diesen Jahren erlebte Istanbuls Stadtteil Laleli seinen wirtschaftlichen Höhepunkt, und Moskau versank in einem Meer von Kioskmärkten. Menschen mit unterschiedlichsten Berufen pendelten zwischen Istanbul und Moskau hin und her, um Unmengen von Textilien und Stoffen in Russlands Städten weiterzuverkaufen. Angesichts dieser Entwicklung vertritt die türkische Soziologin Deniz Yükseker die These, dass die Restrukturierung der Weltökonomie in den letzten Jahren zu einer Wiederbelebung des Marktmodells geführt habe, das Fernand Braudel in seiner Analyse des ökonomischen Lebens herausgearbeitet hat: Der Markt als Zone des kleinen Profits und eines stark ausgeprägten Wettbewerbs mit hohen persönlichen Risiken und Unsicherheiten steht dem Kapitalismus als Zone des besonderen Profits, der großen Kapitalkonzentration und Monopolisierung gegenüber. Transnationale Konzerne agieren heute ebenso über nationalstaatliche Grenzen hinweg wie der sich mehr und mehr entfaltende Pendlerhandel (‚shuttle trade‘). Zwei Prozesse sind es, die Deniz Yükseker für die Renaissance des Braudel'schen Marktmodells verantwortlich macht: zum einen die mit Migration, Flucht und Tourismus verbundene Ausbreitung von transnationalen sozialen Räumen, wo über Grenzen hinweg Menschen, Images, Waren und kulturelle Symbole einander kreuzen. Zum anderen erodiere, parallel zur Globalisierung der Ökonomie, die Regulationsfähigkeit nationaler Ökonomien (Yükseker, www. colbud.hu).

Die Städte in der ehemaligen Sowjetunion sind Schauplätze für die Rückkehr des Marktes: Aus der Aktivität der Händler entstehen neue urbane Räume: Hier treffen lokale und transnationale soziale Praktiken zusammen.

Kioskhandel lässt sich als marktbezogene informelle Aktivität beschreiben: Der Marktzutritt ist leicht, der Kapitaleinsatz gering, die Gewinne sind, bei hohem Arbeitseinsatz, bescheiden. Die gesellschaftliche Anerkennung ist entsprechend gering, Selbstausbeutung oder Ausbeutung von Arbeitskräften sind an der Tagesordnung (Altvater/Mahnkopf 2002, 93). Dabei konnte an die Tradition der zweiten Ökonomie in der ehemaligen Sowjetunion angeknüpft werden. Informelle Beziehungen existierten innerhalb weitgreifender Familiennetzwerke, aber auch zwischen Freunden, Nachbarn, Kollegen. Um ein normales Leben im sozialistischen Alltag zu führen, waren informelle Kanäle nahezu unerlässlich. Das vorhandene soziale Kapital einer Person konnte insofern in ihren alltäglichen Interaktionen in eine andere Kapitalsorte transformiert werden. Alena Ledeneva hat die kulturelle Besonderheit des ‚Blat‘ – so das russische Wort für diese spezifischen Austauschbeziehungen – in Abgrenzung von solchen Relationen analysiert, wie sie beim Schenken oder beim Warenaustausch stattfinden. ‚Blat‘ findet in einer vorhandenen Gemeinschaft statt zwischen Menschen, die auf einer regelmäßigen Basis interagieren. Die Reziprozität in ‚Blat'-Beziehungen basiert auf einem gegenseitigen Verständnis von Fairness und Vertrauen, bei dem jede Seite Verantwortung trägt für die Befriedigung der jeweils anderen (Ledeneva 1998, 158ff.). Wie haben sich diese Austauschbeziehungen nach 1989 verändert? Der Wandel des Sprichworts von „Du hast nicht 100 Rubel, aber 100 Freunde" zu „Du hast nicht 100 Freunde, aber 100 Dollar" beschreibt zweifellos die radikale Monetarisierung sozialer Beziehungen. Er zeigt, dass Geld nun das reale Medium des Austauschs anstelle persönlicher Beziehungen und Netzwerke geworden ist. Viele Studien machen jedoch darauf aufmerksam, dass sich zwar die Bedingungen dieser ‚Economy of favour' verändert haben und damit auch der Charakter dieser informellen Netzwerke, dass Letzterer aber nicht vollständig verschwunden ist. Gerade in den schwierigen Zeiten der Transformation war und ist ‚Blat' für diejenigen eine wichtige Ressource, die nicht über große Geldsummen verfügen. Sie sind abhängig vom sozialen Kapital – um einen zweiten Job zu finden, ein Darlehen zu bekommen oder ein postsozialistischer Selbstunternehmer zu werden. Hat ‚Blat' vorher den Mangel an Waren ausgeglichen, so kompensiert er nun den Mangel an Geld und hat wahrscheinlich für die Mehrheit ein Überleben in den Turbulenzen der Transformation erst möglich gemacht.

Zudem, und das macht ihre Persistenz erst nachvollziehbar, füllten diese normativ geprägten Sozialbeziehungen die Lücken, die der Mangel an Regulationen und neuen Institutionen in Russland geschaffen hat. Wenn Wirtschaftsbeziehungen nicht gestützt werden von staatlichen Garantien des Eigentumsrechts und der Sanktionsmacht offizieller Institutionen, dann können sie nur auf Basis des gegenseitigen Vertrauens der Beteiligten funktionieren. Im postsozialistischen Russland haben jedoch Misstrauen und Konkurrenz die kleinen Unternehmer zum Rückzug auf den engeren Familien- und Verwandtschaftskreis veranlasst, was unter anderem zur Folge hat, dass sie in den begrenzten Kreis und die sozialmoralischen Normen der Netzwerke von Freunden und Familie eingeschlossen sind.[2] Das ließ sich bis nach Istanbul gut beobachten. Die Beziehungen zwischen russischen Geschäftsfrauen und türkischen Händlern basieren auf Vertrauen. Man kennt sich seit Jahren, hat verlässliche Beziehungen etabliert, gewährt Kredit, falls nicht genügend Bargeld vorhanden ist. Was unter anderem zur Folge hatte, dass die meisten Geschäfte tatsächlich nur für diesen auf Freundschaft und Vertrauen basierenden Handel ausgerichtet sind und auf Außenstehende einen eher abstoßenden Eindruck vermitteln.

Auch die sozialen Räume dieser Akteure lassen sich insofern als Netzwerk-Sozialität beschreiben. Die Prekarität ihrer sozialen Lage, das hohe Risiko, das mit ihrer unternehmerischen Praxis verbunden ist, und der Zusammenbruch verlässlicher sozialer Strukturen hat eben zum Wiedererstarken solcher familienähnlicher Modelle einen Beitrag geleistet, die, und das habe ich am Beispiel des Kofferhandels zu zeigen versucht, mittlerweile transnational operieren und auf diese Weise neue Realitäten in den Metropolen herstellen.

Künstler und Migranten gehören zu jenen Akteursgruppen, deren urbane Praxis in Verknüpfungen und Beziehungen besteht, die in diesen Städten verankert sind und zugleich über die Stadt hinauswirken und die Hannerz in seinem Konzept der „world cities" schon Anfang der 90er Jahre beschrieben hat (vgl. Hannerz 2000, 161ff.). Sie stehen für jene Akteursgruppen, deren urbane Praxis im Austarieren zwischen Möglichkeiten und Anforderungen in der globalisierten Stadt besteht. Aber während das urbane Potenzial der Berliner Situationisten mit dem Image einer Stadt im Wandel ganz gut korrespondiert, scheint das prekäre Unternehmertum der transnational operierenden Händler für die Moskauer Eliten eine Provokation darzustellen: Inzwischen sollen sogar die bisher noch gut funktionierenden Märkte wie Ismailowksi geschlossen werden.

Urbane Potenziale – Urban Imagineering or Thread

Abschließend will ich diese beiden Fälle in Bezug auf die Frage nach ihrem ‚Überschusswert‘ versuchen zu diskutieren: Für den ‚neuen Situationismus‘ macht es Sinn, noch einmal auf die Referenz aus den 1950er Jahren zu blicken.

Was unterscheidet die städtischen Kreativen von heute von den urbanen Bewegungsaktivisten vor rund 50 Jahren? Was hat der neue Situationismus mit dem alten gemeinsam?

Das situationistische Manifest hatte eine gesellschaftskritische Analyse des Spätkapitalismus zur Grundlage: zunehmende Entfremdung zwischen Subjekt und Objekt sowie eine anonymisierende bürokratische Unterdrückung in der Stadt, die vor allem als Raum der Macht und der herrschenden Ordnung wahrgenommen wurde. Wenn das Paris der Surrealisten, der Ritzen, der Lücken, des untergründigen Gemurmels verschwunden war, dann stand die Stadt als Ganzes auf dem Spiel. Die Vereinheitlichungen und Austauschbarkeiten zwangen zu zweierlei: Es galt zum einen, das Ganze der Stadt wieder in den Blick zu bekommen, und zum anderen, auf diese Gleichförmigkeiten als strukturelles Moment zu reagieren. Als Form des Widerstandes gegen eine emotionslose Wirklichkeit entwarfen sie eine städtische Psychogeografie. Im Zentrum dieser städtischen Geografie stand die Konstruktion von Situationen – als geplante Möglichkeiten der Wiederherstellung emotionaler Kontakte zur Umgebung. Das urbane Territorium sollte umgestaltet werden zu einer „gebauten Matrix subjektiv erlebbarer Stimmungen, Leidenschaften und Begierden“. Mit der Technik des Umherschweifens (*dérive*) entwickelten sie ein Verfahren, das vorhandene Atmosphären und emotionale Kraftfelder einer Stadt aufspüren und kartografieren sollte, die dann in einer Psychogeografie der Stadtlandschaft zusammengefasst wurden. Damit wurden nicht nur rational messbare Ortsbezüge, sondern auch subjektive Intensitäten und Kraftfelder in Raumkonzeptionen integriert. Deshalb betonte Constant Niewenhuis, dass die Konstruktion von neuen Situationen der Schlüssel zur Umgestaltung unserer Umwelt sei (zitiert nach Debord 1995, 17). Die Suche nach Utopien, nach heterotopischen Räumen, das Aufzeigen und Aufspüren des Verdrängten und Vergessenen ist heute mit dem Kontext der postindustriellen Dynamiken städtischer Kulturökonomien konfrontiert.

Folgt nicht insofern der neue Situationismus exemplarisch den Anforderungen der unternehmerischen Stadt? Um welche Entwürfe von Stadt wird hier gestritten?

Angriffspunkt der ‚Situationistischen Bewegung‘ war in den 50er Jahren der städtische Ort als Zentrum der Macht und Kontrolle, als Knotenpunkt kapitalistischer Ökonomien: Gesellschaftliche Ordnungsvorstellungen und Konzepte sind in die Stadt eingeschrieben, in stadtplanerischen Entwürfen und infrastrukturellen Anordnungen, und sie waren spürbar in alltäglichen Gewalt- und Herrschaftsverhältnissen. Kämpfe um Territorien und Räume in der Stadt waren vor allem Kämpfe um soziale Möglichkeiten individueller Raumaneignung. An die Tradition dieser Auseinandersetzung um städtische Orte knüpften dann auch Hausbesetzerszenen und Stadtteilbewegungen der 70er und 80er Jahre an. Was sie einte, war ein Insistieren auf der Stadt als sozial produziertem Ort, ein Ergebnis konfliktreicher Auseinandersetzungen unterschiedlicher sozialer Akteure um Bedeutung, Funktion und Form der Stadt. Dabei ging es vor allem um den Gebrauchswert der Stadt, um die Behauptung kollektiver Autonomie und um die Stärkung der lokalen Selbstverwaltung. Temporäre Besetzungen städtischer Orte, folgen sie dem Muster kultureller Aufwertung, scheinen heute jedoch willkommene Praxis innerhalb von Städten, die um eine Position in der globalen ‚geography of creativity‘ ringen.

Der Wandel in der Auseinandersetzung um städtische Orte wäre mit dem Wandel in der Kapitalismuskritik zu vergleichen, wie dies Eve Chiapello und Luc Boltanski in ihrem Buch zum neuen Geist des Kapitalismus tun. Die Künstlerkritik 1968 war wesentlich an den Arbeitsbedingungen und autoritären Organisationsformen ausgerichtet, die dann zu Autonomiegewinnen,

Flexibilisierung und mehr Kreativität u.a. in den Unternehmensstrategien geführt haben. Die künstlerische Kritik am Kapitalismus, die Autonomie und fehlende Freiheit zum Gegenstand hatte, verdrängte allerdings bisherige Muster der Kapitalismuskritik, bei denen es um Gerechtigkeit, Gewerkschaften, kollektive Konventionen usw. ging.

Bei ihrer Analyze der Managementliteratur stellen die Autoren heraus, dass mehr und mehr Begriffe wie Projekt, Netzwerk und Kreativität auftauchen, ein Ausweis dafür, dass diese künstlerische Kritik quasi in die Modelle der Organisation der Arbeitswelt integriert wurde, während ältere Formen der Sozialkritik, zum Beispiel an Lohn und Gerechtigkeit, nicht mehr auftauchen (Boltanski/Chiapello 2001, 459–477). Hier wage ich eine Parallele zum Stadtdiskurs. Das Reden über Städte als bewegliche Gebilde, der Schwerpunkt auf spezifischen kreativen bzw. Wissensmilieus in der Forschung und die Selbstbeschreibung als dynamische Standorte im Stadtmarketing scheinen mittlerweile die Künstlerkritik der Situationisten erfolgreich integriert zu haben. Deren Forderung nach einer Stadt als Möglichkeitsraum, als System der Vielheit und pulsierenden Vitalität gehört mittlerweile zum Repertoire des Stadtmarketings.

Und ähnlich dem Wandel in der Kapitalismuskritik scheinen auch hier andere Themen und Motive der Stadtkritik erfolgreich verdrängt worden zu sein: Arbeitslosigkeit, soziale Deprivation, Ausschluss und Armut. Deshalb, so scheint es, hat vielleicht auch der Verkauf des Bestandes an Dresdner Kommunalwohnungen so wenig öffentlichen Protest hervorgerufen. Der Gebrauchswert der Stadt, ein Thema, das die urbanen Bewegungen immer wieder einforderten, hat gegenüber der Stadt als kreativem Möglichkeitsraum wahrscheinlich an Interesse verloren.

Händler, die eher in transnationalen Netzwerken agieren, schaffen eine neue Realität in den Städten des östlichen Europa. Auch für sie stellen die großen Metropolen einen Raum der Möglichkeiten bereit, eigene unternehmerische Aktivitäten zu entfalten. Städte wie Moskau waren im ersten Jahrzehnt nach 1990 tatsächlich Schnittstellen des transnationalen Kofferhandels, Umschlagplatz von Warenströmen zwischen Ost und West. Mit dem Zerfall der früheren Sowjetunion waren es vor allem Migranten aus den ehemaligen Sowjetrepubliken sowie anderen asiatischen Ländern, die ihr Glück in Russlands Hauptstadt versuchen wollten. Aus der Aktivität der Händler sind neue urbane Räume entstanden. Das sind umkämpfte Terrains in einer postsozialistischen Gesellschaft wie der russischen, wo vor dem Hintergrund wachsender gesellschaftlicher Unsicherheiten und Instabilitäten gerade dem Nationalen, Ethnischen und Lokalen die Funktion der Sicherung eines neuen Gemeinschaftsbewusstseins zukommt. In diesem Kontext werden Händler im Stadtraum als Bedrohung wahrgenommen. Während in Berlin ethnische Ökonomien mit einer „Multikulti-Schattenwirtschaft" von der Enquete-Kommission als innovatives Potenzial bezeichnet (Färber, 14) und als Gewinn für die Stadt gedeutet werden, findet sich für solche Praktiken im neuen Moskau kein Platz mehr. (Ein stadtpolitischer Versuch der Umcodierung der Schattenwirtschaft beruht aber auch auf der Tatsache, dass der Arbeitsmarkt für Jobsuchende mit migrantischem Hintergrund weitestgehend geschlossen ist.) Viele Studien weisen darauf hin, dass die Rückbesinnung auf nationale Begründungen nicht nur mit dem ideologischen Vakuum zusammenhängt, das nach dem Zerfall des Staatssozialismus entstanden war. Sie steht auch im Kontext der langen Erfahrung mit einer geschlossenen Gesellschaft: So war der physische Raum der russischen Gesellschaft – erinnert sei an die beschränkten Reisemöglichkeiten oder das Propiska-Meldesystem – ebenso verschlossen wie der soziale Raum, zieht man die geringe Mobilität in den Biografien in Betracht. Vor diesem Hintergrund gelten Händler als Quelle für Russlands Unglück, weil ihre Existenz auf der Basis des Austauschs von Produkten zwischen Grenzen beruht (Humphrey 1999, 22ff.). Und in Zeiten der Unsicherheit und Orientierungslosigkeit stellt das Lokale, das Territorium quasi die letzte

Bastion kollektiver Gewissheiten bereit, eine Strategie, deren Erfolg wir in den letzten Jahren der Putin-Politik in Russland gut beobachten konnten.

Die unternehmerische Stadt Moskau operiert gerne mit dem Bild einer international ökonomisch erfolgreichen Metropole, die inzwischen auch die Potenzen internationaler Kunstszenen als Verstärker einer globalen Urbanität zu nutzen vermag. Aber die Vielfalt migrantischer Kulturen wird aus dem Stadtbild verdrängt bzw. lediglich in ausgewählten Restaurants konsumförmig aufgewertet.

Deren Lichtgestalt im Sinne des unternehmerischen Selbst ist eher der ‚neue Russe‘ – Moskaus Deregulation als Stadt hat mehr mit der Formierung eines solchen Unternehmertyps zu tun. Die ‚neuen Russen‘ sind zum Teil Resultat eines spezifisch russischen Transformationspfads: Hier konnten ehemalige Kader ihre staatssozialistischen Privilegien erfolgreich in ökonomisches Kapital transferieren, wenngleich auch die Manager der 70er Jahre eine wichtige Rolle spielten. Denn die gut ausgebildeten Manager im mittleren Alter sind es, die zur Neuinwertsetzung des ökonomischen Kapitals in Russland einen entscheidenden Beitrag leisteten (Eyal/Szelenyi/Townsley, 90). Zumeist agieren sie heute als Unternehmer im Import und Export, als Finanzberater oder als Banker. Nur wenige verdienen ihr Geld im produzierenden Sektor. In ihren ökonomischen Aktivitäten kooperieren und konkurrieren sie mit den anderen Akteuren: Direktoren der Unternehmen, hochgekommenen Kleinhändlern, Regierungsbeamten usw.

Diese neuen Eliten verfolgten im Verein mit internationalen Akteuren eine Ideologie der Monetarisierung, die vielleicht darüber Aufschluss gibt, warum sich der Mythos vom Tellerwäscher/Kioskhändler zum Millionär in Russland so hartnäckig hält. Ohne hier ausführlich darauf eingehen zu können: Monetarismus besaß insbesondere bei den Mitgliedern der technokratischen Elite Osteuropas eine große Faszination, waren sie es doch, die in ihrer Karriere und Entwicklung durch den Staatssozialismus massiv blockiert wurden und nun einen radikalen Umbau der Gesellschaft mit so wenig Staat wie möglich ansteuerten. Monetarismus zielt darauf ab, die ökonomische Rolle des Staates massiv zu reduzieren. Wenn soziale Aktivitäten monetarisiert sind, können sie nicht länger vom staatlichen Budget reguliert werden. Vor diesem Hintergrund gewinnen selbstunternehmerische Aktivitäten der Individuen eine zentrale Bedeutung.

In diesem Kontext müssten doch die ‚neuen Russen‘ zur Lichtgestalt der postsowjetischen russischen Gesellschaft werden? Caroline Humphrey hat auf die Schwierigkeit des Begriffes verwiesen und betont, dass es sich eher um die Beschreibung einer neuen Mentalität und eines erstrebenswerten Status denn um eine definierte soziale Gruppe handelt. Sicher sind mit diesen Zuschreibungen Bedeutungen verkoppelt: Der Begriff bezieht sich auf das Image von Menschen mit einer neuen und zugleich fremden Mentalität, Menschen, die materialistisch, habgierig und erschreckend ökonomisch erfolgreich sind. „In short: new russians are new because they do not give precedence to various hoary Soviet values (…) the value of honest labor, of supporting the Kollektiv, of respect of the working masses (…) These new people are understood not to be intrinsically other but indeed to have derived and spun away from us, the unmarked mainstream. Furthermore it is felt that they may indeed represent Russia's future" (Humphrey 2002, 177). Die Autorin hebt zugleich hervor, dass es sich bei diesem Begriff um eine Zuschreibung, ein kulturelles Konstrukt handelt, das zur identifikatorischen Abgrenzung benutzt wird. Dennoch scheint diese Figur Projektionsfläche von Sehnsüchten und Wünschen zu sein, die die postsowjetische Gesellschaft genährt hat. So tauchen in den Zukunftsvorstellungen Jugendlicher genau die Insignien von Reichtum, Rücksichtslosigkeit und gnadenlosem Erfolg auf, die den ‚neuen Russen‘ zugeschrieben werden: Villen im viktorianischen Stil am Rand der Stadt, verdunkelte Mercedes, schwere Möbel im Barock- oder Empirestil.

Ist es das Lebensmodell, das einzig sozialen Aufstieg in der Transformationsgesellschaft garantiert? Und erscheinen nicht vor diesem Hintergrund dann die urbanen Potenziale, die aus den unternehmerischen Aktivitäten der Kofferhändler erwachsen, in einem anderen Licht? Städten wie Moskau ist wohl eher die Aufforderung eingeschrieben, dass jeder „seines eigenen Glückes Schmied" ist, und der Mythos ‚Vom Kioskhändler zum Millionär' ist wohl ein Versprechen der Stadt, das sich trotz der wachsenden Schwierigkeiten immer noch hält. Aber zieht man die sozialen Räume dieser Kioskhandelgeografie in Betracht, die aus geschlossenen Freundschafts- und Familiennetzwerken bestehen, die sich über Ländergrenzen hinweg aufspannen, so stellt sich die Frage nach den Utopien solcher urbanen Praktiken auch hier. Trotz des engen normativen Gerüstes, das sie ihren Mitgliedern anbieten, stellen sie den einzigen Halt in Zeiten globalisierter Unsicherheiten dar. Ob sich daraus eine Wahrnehmung gemeinsamer Problemlagen, neue Formen transnationaler Solidaritäten entwickeln werden, scheint bei der Vorherrschaft der Ideologie des Marktes eher zweifelhaft.

[1] Die Studien sind Auszüge aus einer Publikation, die sich u.a. mit Kioskhandel im östlichen Europa befasst: Vgl. dazu: Bittner, Regina/Hackenbroich, Wilfried/Vöckler, Kai (2005): *Transiträume*. Berlin.

[2] Siehe auch den Beitrag von Alena Ledeneva in: Bittner, Regina/Hackenbroich, Wilfried/Vöckler, Karl (2005): *Transiträume*. Berlin.

Literatur:
Altvater, Elmar/Mahnkopf, Birgit (2002): *Globalisierung der Unsicherheit*. Münster, 93.
    Bittner, Regina/Hackenbroich, Wilfried/Vöckler, Kai (2005): *Transiträume*. Berlin.
Boltanski, Luc/Chiapello, Eve (2001): „Die Rolle der Kritik in der Dynamik des Kapitalismus und der normative Wandel". *Berliner Journal für Soziologie*, 4, 459–477.
Debord, Guy (1995): „Einführung in eine Kritik der städtischen Geografie".
    Der Beginn einer Epoche. Hg. Roberto Ohrt. Hamburg, 17.
Eyal, Gil/Szelenyi, Ivan/Townsley, Eleanor (2000): *Making Capitalism without Capitalists*.
    The new ruling Elites in Eastern Europe. London, 90.
Färber, Alexa (2005): „Vom Kommen, Bleiben und Gehen". *Hotel Berlin. Formen urbaner Mobilität und Verortung. Ethnografische und Ethnologische Beiträge*. Hg. Alexa Färber, Heft 37, 11ff.
Florida, Richard (2005): *Cities and the Creative Class*. New York.
Füssler, Urs (2003): Das Carambole-Prinzip, *Arch Plus* 166, 16ff.
Groys, Boris (2004): „Privatisierungen oder Künstliche Paradiese im Postkommunismus".
    Privatisierungen. Zeitgenössische Kunst aus Osteuropa. Hg. Boris Groys. Frankfurt a. M., 9.
Hannerz, Ulf (2000): „Thinking about Culture in Cities". *Understanding Amsterdam. Essays on Economic Vitality, City Life and Urban Form*. Hg. Leon Deben. Amsterdam, 161ff.
Humphrey, Caroline (1999): "Traders, Disorder and Citizenship Regimes in Provincial Russia". *Uncertain Transition. Ethnographies of Change in the Postsocialist World*.
    Hg. Michael Buroway, Katherine Verdery. Oxford, 22ff.
Humphrey, Caroline (2002): "The Villas of the New Russians. A sketch of consumption and cultural identity in post-soviet landscapes". *The Unmaking of Soviet Life. Everyday Economies after Socialism*. Hg. Caroline Humphrey. London, 177.
Kil, Wolfgang (2001): „Neun Notate". *Berliner Barbaren*. Hg. Uwe Rada. Berlin, 235.
Klein, Gabriele (2005): „Die Stadt als Szenen. Zur Einführung". *Stadt. Szenen*.
    Hg. Gabriele Klein. Wien, 19.

Kuhnert, Nikolaus/Schindler, Susanne (2003): "Off-Architektur". *Arch Plus* 166, 14.

Ledeneva, Alena (1998): *Russia's Economy of Favour*. Cambridge, 158ff.

Neef, Rainer (2003): „Zum Begriff und zu den sozialen Funktionen der Schattenwirtschaft in Osteuropa". *Soziale Welt*, 54, 263.

Yükseker, Deniz (2002): „‚Embedding' Trust in a Transnational Trade Network". *Capitalism, the Market and Socialism.* http://www.colbud.hu/honesty-trust/yukseker/pub01.doc

Dré Wapenaar
DRESDEN / ROTTERDAM

VORSCHLAG FÜR DEN DRESDNER SOUQ
STUDIO DRÉ WAPENAAR, ROTTERDAM, 2006/2007
PROJEKT URBAN POTENTIALS, www.urban-potentials.org
IN KOOPERATION MIT CBK, CENTRUM BEELDENDE KUNST, ROTTERDAM

Ein Souk für Dresden
(A souk for Dresden)

Was ist ein Souk? Ein Souk ist in Westeuropa geläufiger unter der Bezeichnung Basar, das traditionelle Geschäfts- und Handelszentrum in arabischen Städten, aus europäischer Sicht ein Bild aus *1001 Nacht*, die träumerische, verklärende Betrachtung einer anderen Realität.

Mit dem *Souk für Dresden*, einer Serie von computergestützten Zeichnungen in Fortführung eines früheren Entwurfs für Rotterdam, plädiert Wapenaar für ein gänzlich anderes Verständnis von öffentlichem Raum. Die Stände in diesem virtuellen Markt sind in ungewöhnlicher Art und Weise angeordnet. Ihre vielfarbigen, durchsichtigen Bespannungen werfen einen magischen Schein auf die Waren der Auslagen und die Zwischenräume zwischen den Ständen: ein Zufluchtsort für Mysterien. Diese Alternative zum wohlorganisierten Markt in Deutschland ist Wapenaars Interpretation der kunterbunten Mischung von Kulturen in Rotterdam, die er gerne auch in Dresden sähe. Seine Werke sind beides: sozial verpflichtet und autonome Skulptur, in denen jede Art von Verhüllung gleichzeitig eine Enthüllung ist. Es ist das Publikum selbst, das seine Rolle in dieser Ambivalenz zwischen Öffentlichkeit und Privatsphäre bestimmen muss, ebenso wie der Künstler, der sich gleichfalls zwischen den Extremen von Intimität und Anonymität bewegt.

„Der Vorschlag für den Souk in Dresden kann als Metapher für meine Kritik an der Konzentration der Dresdner Bevölkerung auf ihre eigenen Probleme angesehen werden. Die Errichtung eines Souk – nicht gerade die Art von Marktplatz, an den man in Dresden als erstes denkt – kann ein Beginn sein, den Rest der Welt hierher zu holen. Für mich ist eine Stadt in der heutigen Zeit ein ‚Sammelplatz', wo man die Themen der Welt diskutiert; mit einem Souk als Mittelpunkt."

What is a Souk? In western Europe the term 'Souk' is better known as a 'Bazaar,' the traditional trade and business center in Arabic cities. For Europeans, it is an image from Arabian Nights, *a romanticized, dreamful view of a different reality.*

With the Souk for Dresden, *an adaptation of a market designed earlier for Rotterdam and elaborated here in a series of computer drawings, Dré Wapenaar has opted for an entirely different public space. In this virtual market the stalls are capriciously arranged. Their colorful, translucent covers cast a fairytale glow over the merchandise displayed, and in the niches between stalls hiding places for mystery appear. This alternative to the well-organized German market is Wapenaar's interpretation of the motley mix of cultures in Rotterdam that he would also like to see in Dresden. The works of Dré Wapenaar are socially committed and autonomous sculptures at the same time, and every kind of veiling is a re-veiling as well. It is the public itself which has to ascertain its position between public sphere and privacy, in the same way that the artist switches back and forth between the extremes of intimacy and anonymity.*

"My proposal for the souk in Dresden can be read as a critique of the marked autocentrism of Dresden's population. To establish a souk—maybe not the Dresdner's favorite kind of a marketplace for their city—could be a beginning to take in people from all around the world. For me, contemporary cities are 'meeting points' where the world's topics are discussed, with the 'souk' in the center."

Dré Wapenaar
DRESDEN/ROTTERDAM

VORSCHLAG FÜR DEN DRESDNER SOUQ
STUDIO DRE WAPENAAR, ROTTERDAM, 2006/2007
PROJEKT URBAN POTENTIALS, www.urban-potentials.org
IN KOOPERATION MIT CBK, CENTRUM BEELDENDE KUNST, ROTTERDAM

Miklós Mécs
BUDAPEST

Stethoskop – Schaufenster
(*Stethoscope–shop window*)

Das Stethoskop-Schaufenster ist die dritte Variante eines alten Plans. Und da ich bislang nicht alle Varianten habe ausführen können, wäre es wohl besser zu sagen, dass dies der Kern der ursprünglichen Idee ist. Ursprünglich wollte ich eine minimalistische Klanginstallation in einem Ausstellungsraum einrichten. Wer den Raum betritt, sähe nichts als kahle Wände und einen leeren Raum. Nur einige Löcher verunzieren die weißgetünchten Wänden, so arrangiert, dass sie von Nägeln herzurühren scheinen, an denen einmal Bilder hingen. Doch schon hätten wir uns getäuscht: Die Löcher entpuppen sich als Mini-Stecker für Kopfhörer. Die Betrachter/-innen können unterschiedliche Klänge, Ideen und Arbeitsvorhaben anhören.

The Stethoscope shop window is the third skin of an old plan of mine. However, since I have not skinned any of them yet, it is better to say that this is the pelt of the original idea, which could be saved. Originally, I intended to place it in an exhibition space as a minimalist sound installation. Who ever enters the gallery can only see an empty space, the naked walls. Only a few unfilled holes spoil the whitewashed walls. Even their arrangement suggests that these holes were made by nails that support the weight of pictures, for instance paintings, that sit on the inserted nails; but soon it turns out that we are mistaken. Since the holes are minijacks, in which the visitors can plug in their earphones, and can listen to various sounds, ideas, work plans.

Miklós Mécs
BUDAPEST

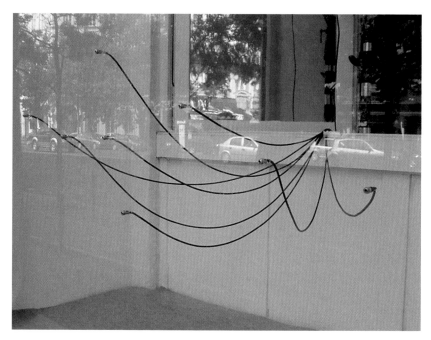

(126)
Jerzy Kosałka
WROCŁAW

CosalCa
(CosalCa)

Mitbegründer der legendären Künstlergruppe LUXUS – Mit der Ausstellung *Modestly, no luxury* begann Kosałka 1995 seine Karriere. Seine Objekte, Installationen und Aktionen beinhalten ironische Kommentare zur aktuellen Realität in Polen. Durch den Gebrauch seines Logos, das auf den ersten Blick wie das von Coca Cola erscheint, tatsächlich aber eine Variation des eigenen Namens ist (CosalCa), sabotiert der Künstler die Position eines der weltweit mächtigsten Konzerne.

Co-founder of legendary artistic group LUXUS. With the exhibition Modestly, no luxury *in 1995 he started his individual career. Kosałka's objects, installations and actions always include ironic commentaries to the Polish reality. By using his special logo, that at first glance appears as Coca Cola but in fact looks like Kosałka's own name—CosalCa—the artist thus sabotages the position of one of the biggest concerns in the world.*

(128)
Jerzy Kosałka
WROCŁAW

(130)
Dorit Ehlers,
Erik Hable, Roland Kretzl,
Gisela Ruby & Fritz Rücker
SALZBURG

Zeichnung / *Drawing*: Fritz Rücker

Urban professional services
(*Urban professional services*)

TYP 1: AUFSAUGER
– männlich
– sozial engagierter
  Berufsjugendlicher
– Dauerrevoluzzer, Eigenbrötler,
  Querdenker
– wohnt am Land, Selbstver-
  sorger, arbeitet in der Vorstadt
– allererster Kunde, begeistert
  von der Möglichkeit, sich zu
  reurbanisieren

Selbsteinstufung:
– massiver urbandefizitärer
  Zustand
– Wiederankoppelungsbedürfnis

Einstufung des Teams:
– urbanisierbar!!
– besondere Defizitbehebung
  durch mehrfaches
  Stresstraining
– hohe Dosisverträglichkeit
  (Suchtgefahr!)

Ergebnis:
– in allen Bereichen hervor-
  ragend urbanisierbar
– sehr lernfähig!
– beantragt Dauermitgliedschaft

TYP 2: FOKUSSIERERIN
– weiblich, Laufkundschaft,
  (zufällige Besucherin)
– Stadtbewohnerin
– familiäre Bindungen
– akademische Bildung
– neugierig, aufgeschlossen

Selbsteinstufung:
– besonderes Interesse an
  Depressionsschulungen!
– sieht sich als konsumresistent,
  streßgeschult, freizeit-
  kompetent …

Einstufung des Teams:
– gut fundierte zweck-
  urbanistische Schulung
– Teilleistungsstörungen gezielt
  behebbar
– empfohlen: Depressionsver-
  mögen stärken (DP!)
– Body Visualizing (BV!)

Resultat:
– äußerst großes Depressions-
  rezeptionsvermögen
  (wettbewerbstauglich)
– zeigt großes Verantwortungs-
  potenzial auf der
  Karrierehöchststufe
– gute Selbsteinstufung

TYP 3: VERWEIGERER
– Kunstsüchtiger
– Dauerkonsument von
  Kultureröffnungen
– Kunststresssymptomatiker
– urbane Überforderungs-
  tendenzen, überall dabei aber,
  geringes Aktivierungspotenzial
– passiver Beobachter
  suburbaner Strategien
– verweigert sich, nach Einsicht
  des Trainingsangebotes,
  jeglicher weiteren individuellen Betreuung …

Selbsteinstufung:

Einstufung des Teams:
– sehr trainingsbedürftig!
– Zwangsmitgliedschaft erwogen
– besonders empfohlen:
  Dauertraining im
  Stress-Noiser (SN)
– tägliches Reaktivierungs-
  training in der Feel-
  Good-Chamber (FGC)
– graduelle Eingewöhnung an
  sämtlichen Fitnessstationen,
  ausgenommen Big-Brother-
  Training (BBT)

Resultat:

(132)
Dorit Ehlers,
Erik Hable, Roland Kretzl,
Gisela Ruby & Fritz Rücker
SALZBURG

TYP 1: THE SPONGE

– male
– socially active, wannabe teenager
– phony revolutionary, loner, lateral thinker
– lives in the country, takes care of himself, works in the suburbs
– first client, enthusiastic about being able to re-ubanize himself

Self-assessment:
– severe case of urban deficit
– need to reconnect

Team assessment:
– urbanizable!!
– address deficiencies through repeated stress training
– able to tolerate high doses (danger of addiction!)

Result:
– highly urbanizable in every respect
– high capacity for learning!
– has applied for permanent membership

TYP 2: THE MOTIVATOR

– female, walk-in client
– lives in the city
– family ties
– college education
– curious, open-minded

Self-assessment:
– especially interested in depression management courses!
– sees herself as resistant to consumerism; good at dealing with stress and competent in all matters related to leisure time

Team assessment:
– well-grounded practical urban training
– partial performance disorders can be cured in targeted fashion
– recommended: strengthen depression skills, body visualization

Result:
– exceptionally receptive to depressive episodes (able to compete)
– shows great potential for carrying responsibility at the highest career levels
– accurate self-assessment

TYP 3: THE REBEL

– addicted to art
– regular consumer of opening events/culture
– symptoms of art stress
– signs of urban overdose syndrome; is always there where things are happening, but is hard to motivate
– passive observer of sub-urban strategies
– after looking through the training program, refuses any further individual counselling

Self-assessment:

Team assessment:
– needs lots of training!
– compulsory membership should be considered
– strongly recommended: endurance training in stress noise device (SND)
– daily reactivation training in the Feel Good Chamber (FGC)
– gradual adjustment to all stages of fitness program, with the exception of Big Brother Training (BBT)

Result:

Eva Heitzinger / Marianne Lang
SALZBURG

Parklücke
(Parking Space)

Straßen werden heute vorrangig autogerecht geplant und ausgestattet, ihre Bedeutung als kommunikative Schnittstelle für Menschen geht sukzessive verloren. Effizienz und Sicherheit verdrängen zunehmend ihre Multifunktionalität in Bezug auf eine durchmischte kollektive Nutzung; das gilt für auf Konsum getrimmte Fußgängerzonen ebenso wie hinsichtlich der ökonomischen Ausgestaltungen städtischer Flächen für den fließenden und den ruhenden Verkehr. Die Straße ist aber immer auch der Ort politischer und kultureller Demonstrationen gewesen – in ihrer Nutzung sind immer auch Machtkonflikte verhandelt und Machtverhältnisse zum Ausdruck gebracht worden.

Wir behaupten: Straßen sind öffentliche Räume. Kollektiv nutzbar und temporär in Besitz zu nehmen. Parkplätze sind im Vergleich zu allen anderen öffentlichen Räumen käuflich: Eine Münze in den Automaten und der Platz ist für eine bestimmte Zeit angemietet.

In vier situativen Nutzungen wurde der Pragmatismus einer verkehrstechnisch optimierten Verwendung auf seine sozialen und kollektiven Verträglichkeiten getestet. Aus einer durchschnittlichen Fläche von jeweils 380 x 190 cm zwischen Gehsteigkante und Verkehrsfläche wurden private Orte zur Selbstverwirklichung und Orte einer parasitären gewerblichen Nutzung.

Today's streets are planned and furnished primarily with cars in mind; their significance as a communicative interface for people is successively diminishing. Efficiency and security are increasingly supplanting the multifunctionality of streets in terms of their mixed, collective use. This applies just as much to pedestrian zones tailored to consumerism as it does to the economically oriented transformation of urban spaces to accommodate moving and stationary traffic.

The street, however, is always also a place for political and cultural demonstrations—a place where power conflicts are negotiated and power structures are put in the spotlight.

We assert that streets are public spaces, to be used collectively and appropriated temporarily. In contrast to all other public places, parking spaces can be purchased: put a coin into the parking meter and you've rented the space for a certain time.

In four different contexts of use, the pragmatism of optimizing spaces for traffic is called into question by testing the capacity of this approach to fulfill social and collective needs.

Spaces averaging 380 x 190 cm in size and located between the edge of the pavement and the street were transformed into places for self-development and parasitic commercial use.

Eva Heitzinger / Marianne Lang
SALZBURG

(138)
Hildegard Fraueneder / Erik Hable
SALZBURG

Magazin
(Magazine)

Im Frühjahr 2007 produzierten wir im Rahmen von *Urban Potentials Salzburg* ein Magazin, das sich mit der Stadt abseits des Mythos, der weltweit als ‚Salzburg' vermarktet wird, auseinandersetzt. Das Magazin zeichnet jedoch kein Porträt der Stadt im üblichen Sinn. Die Autoren/-innen und Künstler/-innen erörtern aus jeweils konkreten Blickpunkten und Erfahrungen unterschiedliche Themenfelder, die an der Bildung eines städtischen Gemeinwesens beteiligt sind: Kommunales, Architektonisches, Alltägliches, Kulturelles, Ökonomisches, Persönliches und auch Aktivistisches ist in Worte und in Bilder gefasst, pointierte Statements und Ansichten werden zur Diskussion gestellt. Die Zusammensetzung der Beiträge folgte dem Versuch, ein vielfältiges Einbringen verhandelbar zu machen.

As part of Urban Potentials Salzburg *we produced a magazine in early 2007 that focused on the city beyond the myth marketed worldwide as 'Salzburg.' However, the magazine avoids painting a portrait of the city in the standard sense of the word. Instead, based on a broad range of concrete perspectives and experiences, the authors and artists discuss a variety topics related to the formation of an urban community. Communal, architectural, everyday, cultural, economic, personal, and activist themes are approached in words and pictures, and pointed views and statements are put up for discussion. The various texts and images are organized in such a way as to make their many and diverse contributions accessible.*

Mit Texten und Bildern von/*with texts and images by*: Hildegard Fraueneder (Kunsthistorikerin/ *art historian*), Erik Hable (Künstler/*artist*), Roman Höllbacher (Kunsthistoriker/*art historian*), Eva Heitzinger (Künstlerin/*artist*), und/*and* Marianne Lang (Künstlerin/*artist*), Maria Otter (Künstlerin/ *artist*), Christian Dirninger (Professor für Geschichte/*professor of history*), Mario Jandrokovic (Kommunikatonswissenschaftler/*expert in communication studies*), Didi Neidhart (Musiker und Musikkritiker/ *musician and pop journalist*), Peter Haas (Künstler/*artist*), Michaela Schörflinger (Studentin/*student*), Bertrand de Colombel (Fortbewegungs-Designer/*transportation designer*), Norbert Mayr (Kunsthistoriker/*art historian*), Stefanie Grünangerl (Kunsthistorikerin/*art historian*), Elisabeth Schmirl (Künstlerin/ *artist*), Stefan Heizinger (Künstler/*artist*), Tania Hölzl (Kunsthistorikerin/*art historian*), Ulrike Kammerhofer-Aggermann (Direktorin des Instituts für Kulturanthropologie/*head of Institute for Cultural Anthropology*), Hadwig Soyoye-Rothschädl (Landschaftsarchitektin/*landscape architect*), und/*and* Jürgen Breuste (Professor für Geografie/*professor of geography*).

Konzept und Redaktion /*Concept and Editorial*: Hildegard Fraueneder
Gestaltung /*Design*: Erik Hable

Bezugsadresse /*base address*:
galerie5020. IG Bildende KünstlerInnen Salzburg
Sigmund-Haffner-Gasse 12/1
A-5020 Salzburg
Tel. 0043-662-848817
galerie5020@aon.at
www.galerie5020.at

Editorial
Hildegard Fraueneder
Dr. in, Kunsthistorikerin, Lektorin an der Universität Mozarteum und der FH Salzburg, Leiterin der galerie5020

DIY Heritage
Erik Hable
Künstler

Europäismus
Roman Höllbacher
Dr., Kunsthistoriker und Architekturpublizist

Parklücke
Eva Heitzinger
Mag.a, Künstlerin und Kunsterzieherin
Marianne Lang
Mag.a, Künstlerin und Kunsterzieherin, Mitbegründerin und Betreiberin des „white club"

Scenes in Scenery
Maria Otter
Künstlerin und Studentin der MultiMediaArt an der FH Salzburg

Öffentlicher Raum in der Gemeinde. Eine historische Perspektive
Christian Dirninger
Ao. Univ. Prof. Dr., Professor am Fachbereich Geschichte der Universität Salzburg

Sonntagsspaziergang
Mario Jandrokovic
Mag., Filmemacher, Mitarbeiter der Kammer der Architekten und Ingenieurkonsulenten

Bilder, Blicke, Bühnen – ein städtisches Leben
Hildegard Fraueneder
– s.o.

Anti-Moderne Spiele
Didi Neidhart
Musiker und DJ, Popjournalist und Theoretiker

News
Kolportiert von Peter Haas

Wasser lassen
Peter Haas
Mag., Künstler und Kunsterzieher

Salzburg als Planungsmedium an österreichischen Architekturfakultäten – wer baut Salzburg in Zukunft?
Michaela Schörflinger
Studentin der Kunstgeschichte an der Universität Salzburg

I lived here…
Bertrand DeColombel

aka Tramb, Transportation-Designer, Musiker, lebte von April 2005 bis April 2007 in Salzburg

---

Zwischen Speckgürtel und Altstadt
Norbert Mayr

Dr., Kunsthistoriker, Autor und Vorstandsmitglied der Initiative Architektur

---

Ist die Salzburger StudentInnenKultur (un)sichtbar?
Michaela Schörflinger

Neulich, Sonntag, Mittag — Taste & the City
Stefanie Grünangerl

Mag.a, Kunsthistorikerin und Mitarbeiterin der galerie5020
Erik Hable

– s.o.
Stefan Heizinger

Mag., Künstler und Kunsterzieher, Mitbegründer und Betreiber von „periscope"
Tania Hölzl

Mag.a, Kunsthistorikerin, Kunstvermittlerin, Lehrbeauftragte an der FH Salzburg
Elisabeth Schmirl

Mag.a, Künstlerin und Kunsterzieherin, Mitbegründerin und Betreiberin von „periscope"

Fußstapfen in der Judengasse
Ulrike Kammerhofer-Aggermann

Dr. in, Leiterin des Salzburger Instituts für Volkskunde

Lokale Agenda 21 — oder gebt den Bürger-Innen ihre Stadt!
Hadwig Soyoye-Rothschädl

Dipl. Ing.in, Landschaftsarchitektin, Lehrbeauftragte am FB Geographie und Geologie der Universität Salzburg

---

Transformer
Ulrike Gollesch

Künstlerin und Studentin an der Universität Mozarteum Salzburg
Petra Polli

Mag.a, Künstlerin und Kunsterzieherin
Melanie Schiefer

Mag.a, Künstlerin und Kunsterzieherin
Severin Weiser

Mag., Künstler und Kunsterzieher
Nikolaus Kurmayer

Schüler (12 Jahre)

Qualität der Stadtlandschaft — Salzburg als Orientierungsmodell?
Jürgen Breuste

Univ. Prof. Dr., Leiter des Fachbereichs Geographie und Geologie der Universität Salzburg

(142)

Dorit Ehlers, Erik Hable,
Andreas Greiml & Birgit Sattlecker
SALZBURG

WOHNBEZIRK	AUTOR	TITEL	SIGNATUR
Hernau	Wolf Wondratschek	Carmen oder bin ich	II/1 Wo
Hernau	Herbert Frank	Der Wüstenplanet	IV/11 Her
Arnsdorf	Alexandra Vogt	The dim feat of white..	R/Vog
Hallein	Duden	Die dt. Rechtschr. Bd.1	O/Dud
Altstadt	Hg:Birne,...	urban potentials	R/ur
Itzling	Elisabeth v.Armin	Verzaubert.April	11/Armin
Glas	Daniel Charms	Fälle	S/Cha
Altstadt	Ries/Frauen(Hg.)	Dating21	A/Dat
Gnigl	Wolfgang Kauer	Nachtseite	11/Kau
ALTSTADT	Wolf Erlmann	Der Maulwurf	L/ab 3
Aigen	Japanisches Lexikon	SanSeidos	O/Jalex
Lehen	Marc Mer	Der multipliz.Blick	R/Me
Lehen	Bernhard Schlink	Der Vorleser	11/Vor
Leopoldskron	Joseph Goldschmied	Als Freud das Meer sah	11/Gold
Aigen	Wörterbuch Hind-Deutsch	Hindi/Engl.	O/Hin
Altstadt	Gebr. Grimm/Anderson..	HänselGretl und 10	L/ab 5
Schallmos	Dan Mc Call	Jack der Bär	11/Call
Leopoldskron	Herbert Pendler	Herbert Pendlers Tamsweg	11/Pen
Lehen	Heiner Gann(Hg)	D'Innviertler Roas	D/d'Inn
Lehen	Krawagna	50 Jahre Austria Salzbg	Y/Kra
Lehen	William v.Simpson	Die Barrings	11/Sim
Koppl	Haruhi Murakami	Kafka am Strand	11/Mur
Itzling	Viktor Klemperer	LTI	O/Kle
Itzling	Nirwana	Never Mind	O/Nir
Aigen	Beatles	A hard day's night	O/Bea
Itzling	Murakami Haruki	Naokos Lächeln	11/Mur
Liefering	Diderot	Jaques der Fatalist	11/Jac
Glas	Ballard	Betoninsel	11/ Bal
Andräviertel	Wilhelm Busch	Gesammelte Werke	I / Bus
Liefering	Günther Anders	Die Molussische Katakombe	11/ And
Lehen	Davy Rothbart	Absender unbekannt	A / Rot
Glas	Arno Schmidt	Zettels Traum	11/ Sch
Lehen	Josef Brettenthaler	SynChronik	E/ Bre
Lehen	Ann Fairbairn	...und wählte fünf glatte...	11 / Fa
Lehen	Schachbücher		Y/-Sch- Y
	Nimzowitsch	Mein System	
Lehem	Heiner Müller	Materialien	11/Mül
Riedenburg	José Saramago	Die Glocken der Gerechtig..	11/Sar
	José Lutzenberger	Das Vermächtnis	G/Lut
	Werlhof et al (Hg.)	Subsistenz und Wider..	G/Wer
Lehen		Czeskey Krumlof/Geschichte	
		Krumaus	E/Kru
Lehen	Felix Mitterer	Superhenne Hanna	L/ab 8
Lehen	Carlo Collodi	Pinocchio	L/ab 5
Lehen	?	Emil Erdbeer	L/ab 8
Nonntal	Jiro Akagawa	Arashiga Oka	X/Aka
Nonntal	Mark Twain	Tom Sawyer und Huckleberry..	L/13
Lehen	Apti Bisultanov	Wer ist der Größte/..	L/ab 8
Lehen	Carolin Kröger	Brüderewigkeit	11/Krö
Lehen	Wolfgang Burger	Marias Sohn	11/Bur
Lehen	Wolfgang Burger	Ausgelöscht	11/Bur
		Flächenbrand	11/Bur
		Abgetaucht	11/Bur
Lehen	Michael Pye	Der sechste Mann	11/Pye
Lehen	David Auburn	Der Beweis	11/Aub

Testbibliothek
(*Test Library*)

Wie in vielen anderen Städten auch, wurde einhergehend mit volksbildenden Angeboten 1941 in Salzburg eine städtische Bücherei gegründet. Der Standort der Hauptbücherei befand sich seit der Gründung im Schloss Mirabell, wo sich die Amtsräume des Bürgermeisters und eine Reihe von Magistratsabteilungen und Ämter befinden; das im Zentrum gelegene Schloss ist sowohl zu Fuß, mit dem Fahrrad oder mit öffentlichen Bussen einfach zu erreichen. Im Zuge von urbanen Umstrukturierungsmaßnahmen und Quartiersaufwertungen wird diese städtische Einrichtung in den Stadtteil Lehen übersiedelt werden, der überwiegend im Wiederaufbauboom der 1950er bis 1970er Jahre entstanden ist und seit Jahrzehnten mit Problemen aller Art zu kämpfen hat. Auf dem Areal des an den Stadtrand verlegten Fußballstadions wird die Stadtbücherei Teil des Wohn- und Büroareals ‚Neue Mitte Lehen‘, das im Herbst 2008/Frühjahr 2009 eröffnet werden wird.

Im Rahmen von *Urban Potentials Salzburg* testeten wir am Samstag, 14. Juli 2007, zwischen 13 und 17 Uhr den zukünftigen Standort der Salzburger Stadtbücherei: Alle Salzburger/-innen waren eingeladen, an diesem Nachmittag ein Buch, eine Musik-CD, eine DVD... in den zukünftigen Bestand der Bücherei einzubringen. Erforderlich war nur die persönliche Anwesenheit und über eine Nennung von Autor und Titel hinaus auch Kenntnisse des Inhalts (Bücher oder Medien waren nicht mitzubringen).

As in many other cities, a municipal library was founded as part of a general adult education program in Salzburg in 1941. Since then, the main library has been located in Mirabell Palace, which is also home to the mayor's offices and a range of city council departments and bureaus. The castle is centrally located and easy to reach on foot, by bicycle, or with public buses.

In the course of restructuring measures and neighborhood improvement program, this municipal facility will be transferred to the city district of Lehen, which arose for the most part in the reconstruction boom that lasted from the 1950s to the 1970s, and for decades now has had to deal with many different problems. The municipal library is to become part of the residential and office development called 'Neue Mitte Lehen' ('Lehen: the New Center'), which will open in the autumn of 2008/early 2009 and be located on the grounds of the football stadium, which was relocated to the outskirts of the city.

As part of Urban Potentials Salzburg, *we tested the Salzburg Municipal Library's future home on July 14, 2007, between 1 p.m. and 5 p.m.: all residents of the city were invited to contribute a book, a music CD, or DVD, etc. to the library's collection. The only requirements were personal attendance and, in addition to naming the author or artist and title, knowledge of the work's content [books, CD's, DVD's...were not to be brought along].*

(144)
Dorit Ehlers, Erik Hable,
Andreas Greiml & Birgit Sattlecker:
SALZBURG

Über Auftritte – Theatrale Erprobungen von Stadträumen

About Performances– Theatrical Investigations of Urban Spaces

(148)

WIDERLAGER ODER SOZIALER KITT? WIE GESTALTET, WIE AGIERT KUNST IN URBANEN INTERAKTIONSRÄUMEN?

Von Ökonomisierung, Entdemokratisierung und Inszenierung – Abschlusspanel der Konferenz *Urban Potentials*

Teilnehmer/-innen:
Moira Zoitl, Künstlerin, Salzburg
Marcin Szczelina, Kurator, Wrocław
Stefan Bendiks, Architekt, Rotterdam
Moderation: Christiane Mennicke,
Direktorin des Kunsthauses Dresden

———

English Text Page 299

Christiane Mennicke: Ich freue mich, dass ihr bis zur letzten Veranstaltung durchgehalten habt. Uns fällt jetzt die schwierige Aufgabe zu, nach diesen hochkarätigen Vorträgen, die die Komplexität der Situation, in der wir im Augenblick arbeiten, deutlich gemacht haben, zur Praxis zu kommen. Es war ein besonderes Anliegen dieser Konferenz, neben den Wissenschaftlern/-innen und Theoretikern/-innen auch Künstler/-innen, Architekten/-innen und Kuratoren/-innen zu Wort kommen zu lassen, diejenigen also, die sich im Zweifel also die ‚Hände schmutzig machen'.

Ich fand die Rede von Herrn Wiemer (Leiter des Dresdner Kulturamtes, Red.) zur Eröffnung der Konferenz auf paradoxe Weise einen gelungenen Auftakt. Die klar ausgesprochene Forderung nach einer Sinnlichkeit der Kunst für öffentliche Räume fand ich eindrucksvoll. Sie hat mich dazu inspiriert, darüber nachzudenken, was es eigentlich bedeuten würde, diese Herangehensweise auf andere Situationen in der Kulturpolitik zu übertragen. Wenn beispielsweise anlässlich der Eröffnung einer Tagung zu zeitgenössischer Musik verlangt würde, dass doch in Zukunft mehr lustige Musik gespielt werden solle, nach der man vielleicht sogar tanzen kann. Mit dieser Rede wurde also von Amts wegen zumindest einer der Bezugsrahmen abgesteckt, in denen wir arbeiten.

Bevor ich die drei Teilnehmerinnen und Teilnehmer des Panels vorstelle, möchte ich kurz auf den Titel und unser Thema eingehen: Widerlager oder sozialer Kitt? Wie gestaltet, wie agiert Kunst in globalen Interaktionsräumen? Diese Frage hat das Projekt *Urban Potentials* von Beginn an begleitet. Wie verstehen wir also die Rolle der Kunst innerhalb aktueller Begebenheiten? Und was könnte der Habitus der Kunst in diesem Feld überhaupt sein?

Die Debatte über affirmatives oder kritisches Potenzial der Kunst und ihr Verhältnis zu Begriff und Praxis des Öffentlichen wird intensiviert seit Anfang der 1990er Jahre geführt. Es ist auf gewisse Weise beruhigend, dass man jetzt nach über 15 Jahren auch noch nicht zu einer Lösung gekommen ist. Ein wichtiges Beispiel, bei dem mich zudem der Verlauf der Diskussion sehr beeindruckt hat, war das Projekt *Culture in Action – New Public Art in Chicago* 1992/93, das zumindest im deutschsprachigen und angelsächsischen Raum Mitte der 1990er Jahre in dieser Hinsicht heftig diskutiert wurde. In meiner Wahrnehmung war es das erste Mal, dass sich aus einer klassischen Skulpturenbiennale ein Format entwickelt hat, in dem zeitgenössische Künstler/-innen und Kuratoren/-innen mit Verwaltungen, lokalen Behörden und Bürgerinitiativen zusammengearbeitet haben, um nachhaltige Transformationen in einem Stadtteil zu bewirken, unter anderem in mehreren Gartenprojekten. Es war ein sehr politisches, sehr nachhaltiges, sehr Community-orientiertes Projekt, und trotzdem wurde schon kurz darauf die Frage nach einer möglichen Instrumentalisierung laut, also ob die Kunst hier Aufgaben wahrnimmt, die ihr nicht unbedingt zuzuschreiben und schon gar nicht zu übergeben sind. Aber auch die Instrumentalisierung der Community für Aufgaben, bei deren Bewältigung der Staat versagt, wurde moniert, also vom sozialen Kitt sozusagen zum sozialen Kleister der Verhältnisse.

Ein anderes maßgebliches Projekt etwa zur gleichen Zeit fand in der Unité d'Habitation von Le Corbusier in *Firminy* 1993 statt; hier waren einige Künstlerinnen und Künstler involviert, die den Diskurs über *public art* in den folgenden Jahren mitgeprägt haben. Auch hier, bei Renee Green vor allem, ging es schon um das Wie des Agierens in der großen Wohnmaschine, um die eigene Rolle und die Frage, ob die sozialen Verhältnisse in irgendeiner Form durch die künstlerische Praxis geschmückt werden. Ein weiterer wichtiger Beitrag war die Diskussion um die Gruppe *Wochenklausur* aus Österreich, die mit ganz konkreten Vorhaben Lebensumstände verbessern wollte. Auch das war eine Praxis, die relativ schnell einer vehementen Kritik unterzogen wurde mit ähnlichen Argumenten: Instrumentalisierung, Selbstinstrumentalisierung, Rückzug des Staates. Dazu kam noch die Frage, inwieweit die Künstlerinnen und Künstler eigentlich kompetent waren, die positiven Veränderungen zu bewirken, die sie sich vorgenommen hatten. Dies vielleicht zur Erinnerung.

Die Frage, die mir heute maßgeblich erscheint, ist, wie sich solche Erfahrungen und Diskussionen in einem völlig neuen europäischen Kontext transportieren lassen. Das, was in den 1990ern im angelsächsisch-deutschsprachigen Raum, also im westlichen Raum, diskutiert worden ist, wurde in den damals im Umbruch befindlichen ehemals sozialistischen Teilen Europas sicher wenig bis gar nicht diskutiert. Und wir können natürlich die Frage nach der Kunst als Widerlager oder sozialer Kitt nicht universell beantworten, sondern es geht letztendlich um die Frage: Inwieweit sind Erfahrungen überhaupt transponierbar?

So viel vielleicht zur Einführung, jetzt möchte ich aber die drei Referentinnen und Referenten vorstellen: Moira Zoitl ist Künstlerin, in Salzburg geboren, lebt mittlerweile schon länger in Berlin. Ihre Arbeit, so scheint es mir, lässt sich sehr deutlich zu den Mitte der 1990er Jahre geführten Diskussionen in Bezug setzen. Moira hat zwei Projekte, für die Städte als urbaner Interaktionsraum ganz wichtig sind, realisiert, die sich aber deshalb nicht zwangsläufig auf der Straße abspielten. Bei *Von der Arbeit leben*, einem der jüngeren Projekte, das sie zusammen mit Doris Berger entwickelt hat, ging es um die Frage der Anerkennung von Künstlerinnen und Kunstprofessorinnen, ihre Professionalisierung, ihren möglichen Status als ‚urbanes Proletariat'. Das zweite Projekt, das ich erwähnen möchte, ist *Chat(t)er Gardens*, ein Projekt, das sie über mehrere Jahre verfolgt hat und immer noch verfolgt, eine Interviewserie, die sich mit der Situation von Arbeitsmigrantinnen in Hongkong beschäftigt. Ich glaub', du wirst andere Projekte gleich noch präsentieren. Weiter freue ich mich, Marcin Szczelina vorzustellen. Du lebst mittlerweile in Wrocław, vorher eine ganze Weile in Warschau, Du arbeitest als Architekt und Kurator, und ich denke, wir werden hoffentlich einiges über deine, wie ich es verstanden habe, kritische, aber auch humorvolle Auseinandersetzung mit der Architektur erfahren. Und zuletzt Stefan Bendiks: Er arbeitet ebenfalls zwischen verschiedenen Praxisformen; Architektur, urbane Planung und soziale Plastik könnte man als Stichworte nennen. Die Projekte entstehen mit seinem Büro Artgineering und widmen sich in einigen Fällen erklärtermaßen der Aufwertung kleinstädtischer, innerstädtischer Räume. Vielleicht mag Moira beginnen, und Marcin und Stefan schließen dann gleich an.

Moira Zoitl: Ich möchte ganz kurz zwei Projekte vorstellen, die ich gemeinsam mit Ralf Hoedt realisiert habe. Das eine hieß *On stage – Platform to enhance artistic and cultural diversity* und wurde 2006 in Ustí nad Labem in der Tschechischen Republik mit verschiedenen Protagonisten/-innen aus dem Kulturfeld und mit Kindern und Jugendlichen aus verschiedenen Jugendzentren und Schulen realisiert. Die Idee, eine Plattform im öffentlichen Raum in Ustí zu platzieren, entstand bei einer Bustour durch die Stadt und die Umgebung, wo den am Projekt *Public Dreams* teilnehmenden Künstlern/-innen die Stadt anhand ihrer neuralgischen Punkte präsentiert wurde, zum Beispiel die Verortung der chemischen Industrieanlage nahe dem Stadtzentrum und die damit einhergehende Gefahr für die Bewohner/-innen oder die Ghettoisierung der Roma, die nach der Teilung der Tschechoslowakei zu rund einem Drittel die Staatsbürgerschaft und damit eine Reihe von grundlegenden Bürgerrechten verloren haben. Zudem wurde uns von verschiedenen Kulturschaffenden erzählt, dass sie ihre Institution als von der Stadt abgekoppelt und isoliert empfinden und ihre Arbeit vom Großteil der Bewohner/-innen nicht wahrgenommen wird. Wir nahmen diese Erzählungen zum Anlass, den verschiedenen sozialen Gruppen und kulturellen Akteuren eine Möglichkeit zu geben, ein Liveprogramm für den öffentlichen Raum zu entwickeln. Die Onstage-Plattform war als Rahmung für diese Aktivitäten gedacht. Sie wurde direkt vor dem Rathaus der Stadt platziert und besetzte passenderweise den öffentlichen Raum zur gleichen Zeit wie eine politische Partei, die am 200 Meter entfernten Hauptplatz eine Werbekampagne für die Lokalwahlen veranstaltete. Es gab an zwei Tagen acht Liveacts, unter anderem von einer Gruppe von Roma-Jugendlichen, die unter dem Namen *Northsidebreakers* auftraten. Dann gab es verschiedene Performances. Die Unterschiedlichkeit der Auftritte und Akteure zog auch die unterschiedlichsten Zuschauer an, und manche hatten eben dann ihre eigene Fangemeinde mitgebracht wie die Roma-Jugendlichen, und andere sprachen eher Passanten an. Zum Schluss haben wir aus diesen verschiedenen Auftritten eine Collage gemacht. Die wurde an der Design-Fakultät, von der ja auch dieses Projekt ausging, aufgehängt, und die Collage bezog sich wieder auf das Plakat, das noch im Stadtraum zu sehen war. Die Silhouetten auf dem Plakat wurden zum Schluss dann sozusagen mit Leben gefüllt und durch die Abbildungen der Protagonisten ersetzt.

Das zweite Projekt wurde eben jetzt im Rahmen von *Urban Potentials* realisiert, ebenfalls gemeinsam mit Ralf Hoedt. Und zwar ist es das Projekt *Salzburg*, es besteht aus einem überarbeiteten Stadtplan Salzburgs mit einem Booklet und Erläuterungen. Es orientiert sich formal an Kartierungsformaten wie Stadtplänen und Reiseführern, füllt sie jedoch mit den individuellen Erzählungen von acht Bewohnerinnen der Stadt. Die Erzählungen und Erläuterungen handeln von besonderen oder alltäglichen Orten, Plätzen und Wegen, die von den einzelnen Befragten frequentiert werden. Die Beschreibungen nahmen wir quasi als Auftrag, suchten die einzelnen Orte auf und eigneten sie uns durch den dokumentarischen Prozess an, zum Beispiel das ehemalige ARGE Kulturgelände. Das ist ein ganz schönes Beispiel, weil es eben zeigt, dass dies ein wichtiger Ort für jemanden war, der einfach so nicht mehr besteht, das wurde abgerissen, nicht so weit davon wieder aufgebaut und zunehmend institutionalisiert. Aber diese ARGE, wie sie früher war, wo auch viel mehr Beteiligung der Bevölkerung bestanden hat, die gibt's nicht mehr. Das ist zum Beispiel eine Geschichte, die in verschiedenen Erzählungen der Leute auch immer wieder auftaucht. Auffallend ist, dass sich in den Beschreibungen zum Teil die gegenwärtigen soziografischen Aktionsräume mit denen aus der Vergangenheit, dem Gedächtnis, vermischen. Sie zeigen auch, dass die Wahrnehmungen der Stadt Salzburg durch unterschiedliche Interessen, den soziokulturellen Hintergrund und ideale Vorstellungsbilder geprägt sind. Auf dem Stadtplan übersetzt, ergibt sich ein Geflecht aus markierten Orten, das die selektive Nutzung des Stadtraums aufzeigt. Es entstehen acht verschiedene individuelle Kartierungen Salzburgs, zum Beispiel für die Ignaz-Harrer-Straße in einem Bezirk in Lehen, wo es einen großen Migrationsanteil gibt, für den Eingang zur ehemaligen Elisabethbühne, die für mehrere Personen, die wir befragt haben, sehr wichtig ist, ein Badeplatz usw.

Marcin Szczelina: Ich möchte kurz auf die Situation der Kunst im öffentlichen Raum in Polen eingehen, die sich in den letzten Jahren stark verändert hat. Bis in die 1990er Jahre wusste die Bevölkerung nicht, was sie mit Kunst im öffentlichen Raum anfangen sollte, und selbst die Künstlerinnen und Künstler kannten zwar Strategien einer ‚kritischen Kunst' im öffentlichen Raum, machten sich diese Strategien und Formen aber nicht zu eigen. Das ist ein ganz grundsätzliches Problem. Als Kunst im öffentlichen Raum galt eine bestimmte Art von Skulptur. Auf der anderen Seite haben wir in den polnischen Städten eine sehr spezifische Atmosphäre, die mit unseren Problemen mit unserer Geschichte zusammenhängt.

Ich möchte eines der gelungenen Projekte im öffentlichen Raum vorstellen. Es wurde organisiert von IMS Outdoor Gallery 1998 bis 2002, es ist einzigartig, weil es zum ersten Mal Formen aus der kommerziellen Werbung mit zeitgenössischer Kunst im öffentlichen Raum verbunden hat; es ist eine Arbeit von Katarzyna Kozyra, eine Kritik der Medien und des Konsums, und wir haben sehr lange darüber diskutiert, wie wir sie im öffentlichen Raum präsentieren können, weil es etwas völlig anderes ist als die Präsentation in einem geschlossenen Galerieraum. Dazu gab es diese Konfrontation zwischen den Werbeanzeigen und der Kunst, verbunden mit einer Kritik aus feministischer Sicht; das war sehr provokant und sehr mutig, es zu präsentieren in unserem Land. Und es war ein Anzeichen einer sich verändernden Situation, aber es ist immer noch sehr schwierig, insofern muss man sich immer sehr genau den speziellen Kontext jeder Arbeit anschauen; es beschäftigt sich mit Politik, Soziologie, alles überlagert sich.

Das zweite Projekt ist eine Arbeit von mir, es findet für zwei Wochen in Wrocław statt und der Titel ist *Archicooking*, also eine Verbindung von Architektur und Kochen im öffentlichen Raum. Dazu wurden Künstlerinnen und Künstler eingeladen, um Installationen in einer der wichtigsten und belebtesten Straßen im Stadtzentrum von Wrocław zu platzieren. Für das Verständnis dieser Arbeit muss ich kurz auf Aaron Betsky eingehen, der zurzeit das Cincinnati Art Museum leitet und vorher Direktor des Niederländischen Architekturinstituts war, eine sehr populäre Figur, die es sogar auf die Titelseiten von Lifestyle-Magazinen geschafft hat. Er hat viele Bücher geschrieben, über Design, zeitgenössische Kunst und Architektur und die jeweiligen Schnittstellen, und er schrieb einige Bücher über ‚Geschlecht‘ in der Architektur, in denen er versuchte zu definieren, ob Gebäude, die Art, wie Gebäude konstruiert werden und wie sie auftreten, männlich oder eher weiblich sind, und schließlich gibt es zum Beispiel Plätze, die Betsky transsexuell nennt und die aus seiner Sicht eine größeres Potenzial für den öffentlichen Raum darstellen. Und diese Frage habe ich auch den eingeladenen Künstler/-innen und Architekten/-innen gestellt, also zum Beispiel Fat Architects, Sand Box, Deadline Architects oder der Medusa Group, und die Eröffnung findet in Kürze statt, also willkommen in Breslau, dies war jetzt meine Werbung.

Stefan Bendiks: Ich bin ursprünglich aus Deutschland, habe in Karlsruhe Architektur an einer sehr gediegenen deutschen Technischen Universität studiert und bin seit zehn Jahren jetzt vorübergehend in Rotterdam. So viel zu temporärer Zwischennutzung, die dann zur Nachnutzung wird. Ich möchte ein paar Projekte zeigen. Um kurz den Hintergrund zu erläutern, ich bin Architekt, sehe mich also in keiner Weise als Künstler, aber auch nicht als klassischer Architekt. Ich arbeite mit dem Büro Artgineering auf sehr vielen verschiedenen Gebieten, die alle mit dem öffentlichen Raum zu tun haben, und vor allem mit der Straße, mit der Infrastruktur des öffentlichen Raums. Das ist vielleicht sehr spezifisch für den holländischen Kontext, wir sehen die Möglichkeit der Nutzung der Straße oder eben die Schwierigkeiten, sie zu nutzen, als Ursache von räumlichen, aber auch sozialen Problemen. Heute Nachmittag wurde der Slogan *Reclaim the Street* erwähnt, inwieweit das nun ein *reclaim* ist oder ein *claim*, darum geht es uns in ganz vielen Projekten: Straße als selbstverständlicher öffentlicher Raum, der per Definition kollektiv genutzt wird.

Was ich jetzt hier vorstellen will, sind verschiedene Strategien, die wir in unserer Arbeit wiederholt benutzen, um in diesen Gebieten – öffentlicher Raum Straße – zu arbeiten, die auch, denke ich, in verschiedenen Variationen während dieser Konferenz angesprochen wurden, das ‚Bottom Up‘, das Aktivieren von Potenzial von unten, den Leuten selber die Möglichkeit geben, sich zu äußern, wir versuchen also das Potenzial von Bottom-up-Prozessen zu aktivieren. Das führt auch zu ‚Identifikation‘, und das ist ein ganz wichtiger Aspekt, dass sich Menschen mit ihrem räumlichen und sozialen Umfeld identifizieren können. Dabei kann man schon viel durch eine Neuinterpretation von bestimmten Orten oder Gegebenheiten erreichen, ohne gleich physisch Dinge zu verändern, deshalb ist die Re-Interpretation für uns ein ganz wichtiges Mittel, um Dinge zu verändern, wenn auch zunächst vielleicht nur mental. Dann wurde der Begriff der Gemeinschaft ausführlich diskutiert, und wir glauben auch, dass es nach wie vor eine Relevanz hat, Räume gemeinschaftlich zu gebrauchen oder zu nutzen.

Ich will diese Instrumente, diese Strategien oder vielleicht besser Taktiken kurz darstellen, wie wir sie in verschiedenen, meist selbst initiierten Projekten angewendet haben, wo wir zunächst geschaut haben, wo eigentlich was nicht funktioniert, wo man eingreifen könnte. Ein ganz alltägliches und banales Phänomen ist zum Beispiel der Stau, das mit Hardware, dem Anlegen von mehr Asphalt, nicht mehr zu lösen ist, egal, was man auch tut. Je mehr Straßen man baut, desto größer wird die Nachfrage. Das Problem an sich verändert sich nicht, obwohl Politiker das immer noch versprechen. Also muss man als Planer, als Architekt oder als Städtebauer etwas anderes versuchen.

Wir haben also im Rahmen der 1. Architekturbiennale in Rotterdam 2003, die auch sehr stark auf physische und ästhetisierende Eingriffe fokussiert war, einen *Stau-Kit* entwickelt, den wir auf dem Ringweg von Rotterdam ausgeteilt haben an die Stauopfer, wie wir sie nannten, eine Art ‚Welcome-Pack' für Stauopfer, um zu zeigen, dass man die Zeit im Stau anders nutzen kann, um den Stau oder den Straßenraum auf der Autobahn mehr als öffentlichen Raum zu sehen mit der Möglichkeit zu Interaktion. In dem Kit waren recht spielerische Sachen wie eine Wasserpistole oder eine Plastikblume oder auch ein Buch. Auf der Rückseite war ein Message-Board mit einem Stift und Saugnäpfen, das man sich an die Scheibe kleben konnte. Und wir haben ein Stau-Esperanto entwickelt, das es mit einfacher Zeichensprache möglich machte, zu kommunizieren. Es ging nicht darum, ein Produkt zu kommerzialisieren. Es ging darum, den Leuten bewusst zu machen, dass Stau ein zeitlicher und räumlicher Zustand ist, den man auf verschiedene Arten nutzen kann.

Das zweite Projekt als direkte Folge davon ist *mijN470*, das im Rahmen einer Kunstmanifestation stattfindet. In dem Zusammenhang werden wir dann auch als Kunstkollektiv Artgineering bezeichnet. Das Projekt geht darum, dass eine neue Bundesstraße gebaut werden soll, quer durch die Landschaft. Sie wird von den Leuten abgelehnt, so wie Infrastruktur allgemein abgewiesen wird, es stinkt und macht Lärm, ist teuer, man will es nicht sehen, hören oder riechen, aber jeder sitzt doch wieder gern im Auto und fährt drüberweg. Wir fanden es sehr bemerkenswert, dass Verkehrsraum so gesehen wird, wo doch Straßenraum auch ganz selbstverständlich öffentlicher Raum sein kann, den man sich aneignen kann, wenn das auch immer schwieriger wird durch Verkehrsregeln oder Sicherheitsdenken. Wir wollen mit dem Projekt auch testen, inwieweit die Leute sich diesen Raum aneignen können oder wollen. Der konkrete Vorschlag war, die Straße zu parzellieren und den Bewohnern für einen Tag zur Adoption freizugeben, wo sie machen können, was sie wollen, Schrebergarten, Campingplatz oder auch eine Feier. Wie zum Geburtstag der Königinmutter, wo es in ganz Holland üblich ist, auf die Straße zu gehen, ein Stück Straße abzukleben und dort Sachen zu verkaufen. Wir dachten an eine thermoplastische Markierungsfarbe, um den Namen des jeweiligen Nutzers auf den Standstreifen zu brennen, daher auch der Titel *mijN470*. Zur Eröffnung hätten wir also mit einem Gasbrenner die Namen der ‚Besitzer' der Straße auf den Asphalt gebrannt. Wir verhandelten über diesen Projektvorschlag sehr erfolgreich; bis zur vorletzten politischen Ebene, dann wurde das Projekt gecancelt. Die Begründung war, dass Autofahrer später auf der Straße langsamer fahren könnten, um zu gucken: „Oh, hier hab' ich mal ein Barbecue gemacht, das ist mein Grundstück", und dann gibt's Auffahrunfälle. Das Sicherheitsdenken hat in dem Falle also dominiert. Wir stellen den Anwohnern und zukünftigen Benutzern jetzt die Straße für einen Tag zur Verfügung: zu Fuß, per Fahrrad oder mit dem Auto. Das Ganze unter dem Motto ‚Der lustigste Stau Hollands'. So wie im Urlaubsstau an einer EU-Außengrenze, wo Menschen stundenlang still stehen, und dann passiert Interaktion von selbst.

Das letzte Projekt ist auch wieder ein selbst initiiertes und handelt von City-Branding. Für eines der vielen Kulturprojekte in Holland wurden wir 2001 gefragt, ein Projekt über City-Branding für Utrecht zu machen. Das Thema war natürlich heikel, und wir sind dann auch mit Absicht in einen Stadtteil gegangen, der mit Branding gar nichts zu tun hat. Das Stadtzentrum war natürlich schon ausgiebig gebrandet, da gibt es ein Stadthaus von Miralles, eine schöne Altstadt, Grachten, alles, was sich gut verkaufen lässt. Kanaleneiland, der Stadtteil, an dem wir gearbeitet haben, wird dagegen von allen übersehen, obwohl er strategisch gut liegt. 80 Prozent der Bewohner sind Moslems. Das Image ist desaströs. Die Leute fühlen sich nicht sicher, man spricht in Holland von einer schwarzen Nachbarschaft, mit schwarzen Schulen. Jedoch ist der Stadtteil sehr gut erschlossen, es gibt eine ‚Sneltram' (eine Art Express-Straßenbahn), eine Autobahnanbindung, eigentlich alles. Wir haben dann nach anderen, positiven Fakten und Meinungen geforscht und sind zum Beispiel auf eine Schule gestoßen, deren Schüler bei dem landesweiten Test ein unglaublich gutes Ergebnis erzielt haben. Ein anderes Beispiel war ein Zeitungsartikel über eine benachbarte ‚weiße' Neubausiedlung, Leidse Rijn, die vor allem von der Mittelklasse bewohnt wird, mit der Überschrift *Leidse Rijn – das ist mir viel zu langwilig*. Diese positiven (Medien-)Berichte haben wir als Poster gedruckt und auf Werbeständer in dem Viertel verteilt. Außerdem haben wir bei diesem Projekt Bezug genommen auf das in Holland oft praktizierte Mittel des Bürgerentscheids. Kurz vorher hatte eine Abstimmung über Kunstwerke im öffentlichen Raum stattgefunden, ein avantgardistisches, ein konservatives und ein provozierendes. Wie nicht anders zu erwarten hat das konservative natürlich gewonnen. Kurz danach gab es ein Referendum über drei Vorschläge für die Restrukturierung des Bahnhofsgebiets, der mit viel Grün hat gewonnen, das ist immer vorausschaubar, manipulierbar. Wir hatten hier dann auch mit Absicht das Referendum gewählt, um Kritik zu üben an dieser Art der direkten Befragung. Hier in Dresden gab es ja auch ein schönes Referendum über die Waldschlößchenbrücke, ein ähnlicher Fall. Wir haben also ein Referendum gemacht, unautorisiert natürlich, über drei mögliche Zukunftsvisionen für diese Nachbarschaft, eine lag eher auf der offiziellen Linie und sah vor, Wohnungen zu bauen, die sich die jetzigen Bewohner leider nicht werden leisten können. Die anderen beiden Zukunftsvisionen waren formuliert als marketingartige Slogans: Erotic-Socialism und Salam-Hightech, das Letztere in Bezug auf autochthone moslemische Traditionen zusammen mit einer progressiven Zukunftsidee. Das Ganze war natürlich gedacht als eine Art Provokation und hat in diesem Sinne auch geklappt, weil sich zum ersten Mal Planer, aber auch viele Leute aus dem Stadtzentrum für dieses Gebiet interessiert haben. Ein positiver Aspekt war auch, dass das Projekt einen Anstoß zum Austausch gab zwischen der Stadtplanung und der Bevölkerung.

Christiane Mennicke: Vielen Dank für die drei kurzen Beiträge. Ich werde jetzt nicht den waghalsigen Versuch machen, Gemeinsamkeiten herauszuarbeiten, es waren sehr heterogene Ansätze und Praktiken, die vorgestellt worden sind. Ich würde aber gerne ein paar Fragen eher abstrakterer Natur stellen, und vielleicht zuerst an Stefan Bendiks im Hinblick auf unseren Titel. Widerlager oder sozialer Kitt, könnt ihr mit so einer Gegenüberstellung überhaupt was anfangen, und was überwiegt, Sehnsucht nach Harmonie oder doch eher nach Konflikt?

Stefan Bendiks: Wir können es oft am Anfang nicht genau sagen, wo unsere Position ist, erst einmal ist es ein Experiment, es beginnt eigentlich bei Partizipation als Widerlager, und meistens bleibt es das. Das Projekt *mijN470* ist in der Hinsicht ein schwieriges, weil wir das nicht selbst auf die Agenda gebracht haben, es ist natürlich nicht unbedingt sozialer Kitt, weil wir eigentlich nur etwas thematisieren, wir signalisieren ein Problem. Und bei *mijN470* waren wir natürlich instrumentalisierbar, weil unsere Auftraggeber die waren, die wir kritisiert haben, alsodass Straßen so angelegt werden, dass keine andere Art der Nutzung möglich ist. Diese Tendenz ist in Holland schon sehr weit durchgeschlagen. Also das, was – wer hat das gesagt? – Schäuble gesagt hat mit dem Protest, man ist sofort mit drin. Das ist das eine. Und dann machen sich die Leute, denke ich, viel weniger Gedanken drüber als zum Beispiel in dieser Diskussionsrunde. So eine Runde wie hier wäre in Holland meiner Meinung nach gar nicht denkbar, weil die Leute alle sagen: Na ja.

Christiane Mennicke: Moira, meine nächste Frage geht an dich. Für mich war es etwas überraschend, dass in den Projekten, die ich in der Vorstellung erwähnt hatte, die Stadt eher als auslösender Moment, als Hintergrund da ist, aber gar nicht unbedingt als Raum, in dem agiert wird. Die Projekte, die du hier gezeigt hast, gingen dagegen stark und aktiv in den öffentlichen Raum. Welche Relevanz oder welche Bedeutung hat für dich dieser real existierende Stadtraum in den Projekten?

Moira Zoitl: Da würde ich gerne ansetzen bei dem Projekt, was du in der Vorstellung erwähnt hast, weil das eine Art Ideengeber auch für Ustí nad Labem war. In Hongkong ist die Situation so, dass diese Frauen ja diese Selbstermächtigung selbst praktizieren. Da als Künstlerin in irgendeiner Form einzugreifen, würde ich als eigenartig empfinden. Jeden Sonntag treffen sich Tausende von Frauen im öffentlichen Raum aus Mangel an anderen Räumen, um sich dort auszutauschen, zu sitzen, zu essen, zu trinken, zu schlafen, aber auch um Feste zu feiern. Sie machen sozusagen Performances, politische Veranstaltungen, Demos etc., das ist sehr weitreichend. Das habe ich eher dokumentarisch festgehalten. Aber ich habe zum Beispiel 2006 auch einen Newsletter gemacht für ein Frauenhaus in Kowloon, wo Frauen, die arbeitsrechtlich Probleme haben oder sexuell missbraucht wurden, warten, bis ihr Fall vor Gericht kommt, das kann zwei Monate oder zwei Jahre dauern. Das Haus nutzt den Newsletter für das Fundraising. Das ist also eher ein aktivistischer Teil des Projekts. Und ich habe mit einer philippinischen Fotografin zusammengearbeitet, die schon seit Jahren die Situation in Hongkong dokumentiert, also die Aktivitäten auf der Straße und die verschiedenen anderen Aktivitäten der NGOs. Es gibt in diesem Sinne dort keine Innenräume, alles muss draußen stattfinden. In Ustí nad Labem ist uns demgegenüber aufgefallen, dass im Stadtraum nicht sehr viel stattfindet, gewisse Gruppen nicht sichtbar werden, höchstens auf dem informellen Sektor, als Blumenverkäufer usw. Da hat uns dann interessiert, etwas zu initiieren gerade zu dem Zeitpunkt, als dort Kommunalwahlen waren und sich eine sehr konservative Partei dort vorgestellt hat. Da hatte das dann schon noch eine andere Funktion, da Programm zu machen, und wir hatten das Glück, es an einem zentralen Platz, also vor dem Rathaus, machen zu können.

Christiane Mennicke: Das beantwortet die Frage, glaube ich, sehr gut. Marcin, wir haben in den letzten beiden Tagen ausführlich und sehr viel über die Entwicklung von Städten diskutiert und die Strategien der Vermarktung im globalen Wettbewerb, also das Branding. Gibt es in Polen eine Diskussion über dieses Phänomen im Kunstkontext, und wie würdest du Initiativen wie deine, also etwa das OFF-Festival in diesem Jahr, das du organisierst, in diesem Zusammenhang sehen?

Marcin Szczelina: Ich denke, wir haben in Polen zehn Jahre in dieser Diskussion verloren. Es war die Situation, dass wir nach dem Kommunismus neben vielen Kirchen viele Supermärkte bekommen haben, das sind die beliebtesten Gebäude, also haben wir eine Menge von Werbung im öffentlichen Raum, Billboards und all das. Das hat dazu geführt, dass sich die Diskussion unter den Künstlern sehr stark um Medienfragen drehte und sie sehr oft auch mit neuen Medien arbeiten, das ist eine einfache Reaktion. Dabei geht es oft um die eigene Identität: Wer bin ich? Wie nehme ich Dinge wahr? Wie bewege ich mich in der Kunst? – das sind immer noch die wichtigsten Fragen. Was in Polen nach meiner Erfahrung nicht funktioniert, ist die Vermittlung theoretischer Konzepte, also zum Beispiel Zygmunt Bauman oder Diane Ghirardo, und es gibt eine komplizierte politische Situation. Wir sind derzeit kein offenes Land, wir schotten uns eher ab, aber ich hoffe, dass sich zum Beispiel durch das Projekt, was ich vorgestellt habe, ein bisschen was ändert, weil der zweite Teil in Israel stattfindet, aber insgesamt ist die Situation immer noch sehr schwierig. War das verständlich?

Christiane Mennicke: Einige Punkte ja, aber vielleicht sollte ich meine Frage bezogen auf einen Teilaspekt unserer Ausgangsfrage noch einmal anders stellen. In welchem Kontext würdest du dieses Festival gerne sehen, erscheint es, um nur einmal einen Bezugspunkt zu nennen, auf der offiziellen Website der Stadt, und wäre das okay für dich?

Marcin Szczelina: Wie ich schon sagte, ist es derzeit sehr schwierig, ambitionierte Kunst im öffentlichen Raum in Polen zu präsentieren. Ich habe jetzt mehrere Festivals organisiert in großen Städten, und die Leute sind an Popkultur sehr interessiert, sie wollen ihr Leben genießen, also habe ich einmal beides kombiniert, ein Konzert organisiert und gleichzeitig Kunst ausgestellt, das hat gut funktioniert. Zumindest einige Leute, die zum Konzert wollten, haben sich gewundert, was da passiert, und sich über die Arbeit Gedanken gemacht. Das scheint mir zurzeit der einzige Weg zu sein. Und dann war ich Kurator eines Kunstprojekts in einer sehr seltsamen polnischen Stadt mit sehr viel Industriearchitektur, einer der ärmsten Städte, die Leute haben überhaupt kein Geld, die Leute haben Fernsehen, und das ist es, hier ist ein langer Prozess notwendig, sie an solche Projekte heranzuführen. Wir haben versucht, Hausfrauen für ein Kochprojekt zu gewinnen, und dafür viel Werbung gemacht in einer Hausfrauenzeitschrift, kleine Schritte.

Christiane Mennicke: Eine Überleitung vielleicht zurück zu der Arbeit von Stefan Bendiks und eurem Büro. Es scheint ja so zu sein, dass bei euch zwei Arten von Partizipation eingesetzt werden: einmal als ernst gemeinte Aufforderung zur Beteiligung und einmal gewissermaßen die Persiflage einer solchen. Kannst du da anschließen oder vielleicht auch eine Verbindung zu dem, was Marcin gesagt hat, herstellen?

Stefan Bendiks: Das Projekt in Utrecht war ja nicht der ernsthafte Versuch, die Bewohner nach ihrer Meinung zu fragen. Es richtete sich mehr an die Professionellen, die in Holland in dieser Kultur der Partizipation tätig sind, die eine lange Tradition hat, aber leider überhaupt nicht mehr funktioniert. Es ging also um eine Kritik an den bestehenden Strukturen. Da sitzen Leute um einen Tisch, von der Feuerwehr bis zu Geschäftsinhabern, bis zu 30 Personen, und dann werden Fragen abgehakt: Wollen sie mehr Grün in der Stadt, soll es einen Helikopterlandeplatz geben? Und das wird dann durchgewunken. In anderen Projekten, die wir auch machen, geht es aber um eine Art Nachbarschaftsvertrag. Das findet meist in einem Stadtviertel statt, und es steht eine bestimmte Summe zur Verfügung und soll verteilt werden. Da machen wir erst mal mit den Bewohnern kleine Kurse, Exkursionen, um sie mit der Realität des Geldausgebens zu konfrontieren. Okay, ihr wollt mehr Grün. Das kostet aber so und so viel. Und wenn ihr dann den Park wollt, dann ist kein Geld mehr übrig, um das und das zu tun. Aber das bleibt alles sehr experimentell, eben aus dem Kontext heraus, dass die üblichen Partizipationsprojekte so institutionalisiert und festgefahren sind.

Christiane Mennicke: Vielleicht können wir über diesen dehnbaren Begriff der Partizipation die Debatte jetzt eröffnen und dabei auch noch einmal auf unsere Ausgangsfrage zurückkommen: Widerlager oder sozialer Kitt? Wir haben hier in Dresden Veranstaltungen in verschiedenen Konstellationen zu Kunst im Stadtraum, Möglichkeiten der Intervention usw. gemacht, und in diesem Zusammenhang wurde unter anderem immer wieder diese These diskutiert, dass ein kritisches oder politisches Potenzial der Kunst möglicherweise nur dann entstehen kann, wenn es Konflikte gibt, Konflikt möglich ist. Da gibt es etwa die Position von Oliver Marchart, nach der das ‚Politisch-Werden' eines Werkes oder einer Aktion nur dann möglich wird, wenn diese sich in einen Antagonismus begeben. Dieser ist jedoch nicht zwangsläufig intentional steuerbar. Somit lässt sich auch die Frage ‚Widerlager oder sozialer Kitt?' nicht hundertprozentig steuern. Auch eine große soziale Harmonie kann sich, so sie einmal gestiftet worden ist, als widerspenstig oder wenigstens unerwünscht herausstellen, bei Martina Löw wurde ein solches Referenzmodell angesprochen. Nicht jede Harmonie ist ökonomisierbar. Das wäre die erweiterte Fragestellung, mit der ich die Diskussion ins Publikum geben möchte.

Hildegard Fraueneder: Meine Überlegungen bei der Konzeptionierung dieser Konferenz hatten zu berücksichtigen, dass zum einen am Projekt *Urban Potentials* fünf äußerst unterschiedliche Städte beteiligt sind und zum anderen Künstler/-innen aus diesen Städten am Podium vertreten sein sollten, die wiederum ein sehr differentes Verhältnis zu ,ihren' Städten pflegen, vor allem in Hinsicht darauf, ob und wie sie von ,innen heraus' oder von ,außen' intervenierend ihre Projekte entwickeln.

Die Titelbegriffe sollten einerseits eine allgemeine Problematik des Diskurses über ,Kunst im öffentlichen Raum' andeuten, andererseits auf die unterschiedlichen Diskursausprägungen in den beteiligten Städten eingehen. In Städten wie Berlin, Wien oder Salzburg ist die Frage, wie sich die Kunst im Stadtraum, im öffentlichen Raum positionieren kann, schon extrem verhandelt. Mit Blick auf Wrocław kann man jedoch erkennen, dass zurzeit dort noch eine völlig andere Dynamik möglich ist als im Vergleich zu Salzburg. Ich erachte das als wesentlich, und der Titel sollte auch diese unterschiedlichen Verhandlungsprozesse andeuten. Christiane Mennicke hat eingangs auf die Diskussionen der 1990er Jahre hingewiesen, auf die New Genre Public Art und auf die Arbeitsformen der Wochenklausur, Florian Haydn hat diese ja auch in das Buch über temporäre Nutzungen aufgenommen. Man darf einfach nicht vergessen, wie heterogen in den einzelnen Städten die Äußerungen oder Interaktionsformen von Kunst in den städtischen Räumen sind. In Salzburg reicht das von absolut paternalistischen Verständnissen von Kunstprojekten, die städtische Plätze förmlich in Besitz nehmen und um diese herum eine Art ,Bannmeile' bilden, bis hin zu einer absoluten Rückzugstendenz der Künstler und Künstlerinnen in kleine Verhandlungsräume mit Projekten, die weitgehend unsichtbar, informell, geheim bleiben und nur über ,Gerüchte' oder in Netzwerken diskutiert werden. Zwei Kriterien sind für mich in der Auseinandersetzung ganz wesentlich: dass man Kunstwerke und künstlerische Aktionen, die außerhalb von Kunsträumen, also ,unter freiem Himmel', aufgestellt oder aufgeführt werden, nicht mit Kunst im öffentlichen Raum verwechselt – auch darauf hat Christiane mit Oliver Marcharts Ausführung über ein ,Öffentlich-Werden' vorhin verwiesen. Und weiters die Frage, wie weitreichend diese Koalitionsformen von künstlerischen Projekten mit sozialen Anliegen oder anderen gesellschaftlichen Bereichen sind und welche Formen von Entäußerung, von Materialisierung oder Verfestigung damit einhergehen.

Frage aus dem Publikum: Ich habe Fragen zu dem Projekt in Ustí. Wie kam es zu den Leuten, die mitgemacht haben, also zum Beispiel die Roma und Sinti? Dass du die jetzt hier vorgestellt hast, war das eine bewusste Entscheidung, weil man weiß, da gibt es in der Tschechischen Republik Probleme, waren es also sozusagen die knackigsten Sachen, die du uns präsentiert hast? Und drittens: Wie hat denn dann die Öffentlichkeit dort eigentlich darauf reagiert?

Moira Zoitl: Ich fange von hinten an. Also, *die* Öffentlichkeit, dazu kann ich wenig sagen. Zu den Veranstaltungen kamen zum Teil Leute, die eher Fans waren, zum anderen gab es Passanten, Leute, die da halt zufällig vorbeigingen zum Bus oder die aus einer Shoppinggalerie kamen. Die haben sehr unterschiedlich reagiert. Da waren natürlich die jungen Mädchen, die Popsongs vorgetragen haben, attraktiver als der Jazzgitarrist, der improvisiert hat. Und es entstanden ganz unterschiedliche Stimmungen auf diesem Platz. Der Jazzgitarrist zum Beispiel hat mittels diverser Effektgeräte sein eigenes Spiel geloopt und dazu wieder improvisiert, ganz einsam vorn auf dieser Bühne. Die Roma-Jugendlichen sind im Pulk aufgetreten und haben den ganzen Platz besetzt. Da sind die Passanten nicht mehr vorbeigekommen, eine vollkommen andere Situation. Herangetreten sind wir an die Leute zunächst über eine Organisatorin, die immer dabei war und übersetzt hat. Sonst hatten wir uns das als offene Plattform gedacht, wo sich jeder anmelden und sagen kann: Ich möchte etwas machen.

Gerald Raunig: Ich war in den 1990er Jahren ziemlich überzeugt von den Wochenklausuren und habe auch darüber geschrieben. Problematisch wurde es für mich, als sie ihren Radius extrem erweitert haben, irgendwann also auf der Biennale in Venedig ein Projekt mit Mazedonien und dann in Japan. Ich will jetzt nicht von kulturellen Differenzen reden, aber die Kompetenz zu beanspruchen, in Japan in mehreren Wochen ein Bildungsprojekt zu machen, schien mir unmöglich. Wie war das bei dem Projekt in Ustí?

Moira Zoitl: Wie gesagt, es war als offene Plattform gedacht. Und das muss man auch wagen. Und es gab dieses Interesse. Das ist etwas, was man in Salzburg kaum machen kann, einfach eine Bühne aufstellen, weil es zumindest im Sommer übersät ist von Bühnen. In Ustí nad Labem war das außergewöhnlich, weil zu diesem Zeitpunkt der öffentliche Raum sonst nur von politischen Parteien genutzt wurde.

Gerald Raunig: Trotzdem würde ich auf der gleichen Ebene wie der meiner Kritik an Wochenklausuren noch eine Sache ableiten, die ich problematisch finde, weil vorgegeben wird, Künstlerinnen seien sozusagen Expertinnen für Formen wie die offene Bühne. Warum jetzt gerade Künstlerinnen in ihnen nicht bekannten Umfeldern?

Moira Zoitl: Ich glaube nicht, dass das unbedingt Künstlerinnen sein müssten. Der erste Partner war das Theater, die haben die Idee aufgenommen und die Bühne gesponsert, dadurch ist das erst ins Laufen gekommen. Sie haben gesagt, so etwas hätten sie schon lange machen sollen. Natürlich gibt es dann auch bestimmte Strukturen, in diesem Fall auch ein EU-Projekt, die gewisse Dinge erst ermöglichen. Wir waren ja nicht allein an dem gesamten Projekt *Public Dreams* beteiligt, das waren etwa zehn Projekte, die realisiert wurden. Sonst gibt es in Ustí nad Labem nicht so viele Mittel und öffentliche Gelder. Aber ich weiß nicht, ob das jetzt die Frage beantwortet.

Marcin Szczelina: Ich wollte nur noch einmal auf das Verrückte dieses Projekts aufmerksam machen, wir reden alle über ein Problem, aber das Problem ist in den einzelnen Städten etwas völlig Verschiedenes, zum Beispiel Stefan Bendiks' Projekt mit der Straße. Natürlich haben wir in Polen auch Probleme mit dem Verkehr, aber eben ganz andere. Wir haben auch eine ganz andere Tradition in der Kunst, deshalb ist alles in Polen sehr spontan und improvisiert.

Christiane Mennicke: Aber wo liegt dieser große Unterschied? Ebenso gut könnte man behaupten, dass Entwicklungen ganz ähnlich ablaufen. Die Rekonstruktion von Innenstädten, die Privatisierung?

Marcin Szczelina: Sicher, aber das Ausmaß ist ein anderes, die Zeiträume sind andere, hier liegt, glaube ich, der Unterschied.

Christiane Mennicke: Ich wollte Hildegard noch kurz antworten. Ich wollte keine Kritik an dem Titel oder der Fragestellung üben, ganz im Gegenteil; es handelt sich ja nur um eine vermeintlich abgelegte Frage, deren inhärente Wertvorstellungen unser Handeln und Denken sehr wohl bestimmen. Gerade die Frage des Widerlagers: Was kann eigentlich etwas Widerständiges sein, was wäre eine Bewegung, die sich der Kolonialisierung aller unserer Lebensbereiche entgegenstellt? Ich denke, da haben wir doch immer noch die Vorstellung, dass wir die Kunst für so etwas in die Pflicht nehmen. Ich wünsche mir, dass hier andere Arten von Erfahrung produziert werden, also nicht die

Kunst als Dienstleister, als Schmierstoff der Prozesse anzusehen. Das muss aber trotzdem nicht zwangsläufig mit Disharmonie auf allen Ebenen einhergehen. Eine gewisse Art des Alertseins. Was bedeutet das?

Torsten Birne: Auch noch mal zu dem Titel. Das Oder suggeriert natürlich eine Ebene: Entweder man macht das eine oder man macht das andere. Nach den Debatten auf dieser Konferenz schien es mir fast möglich, eine Art Identität von Widerlager und sozialem Kitt zu behaupten. Kitt ist ja eine nicht so schlechte Sache. Und möglicherweise ist das zurzeit zumindest denkbar, den sozialen Kitt als Widerlager zu definieren, weil ansonsten sehr viel, was dem gegenübersteht, darauf aus ist, den sozialen Kitt zu zerbröseln. Darüber haben ja verschiedene Referentinnen und Referenten gesprochen.

Gerald Raunig: Dem möchte ich widersprechen insofern, als sicher keine Identität behauptet werden kann, sondern sich die Relationen zwischen den Begriffen dauernd verschieben. Mir ist gerade das alte Bild vom Holzschuh, der in die Maschine geworfen wird, eingefallen, ein ganz altes fordistisches Bild von Widerstand. Dann ging die Maschine eine Zeitlang nicht, und wenn du geschickt warst, bist du nicht ertappt worden. Das ist schon eine fast postmoderne Idee, dieses unsichtbare Widerstandsmodell. Das scheint mir eher ein Modell, was heute zuzutreffen scheint: immer wieder zu versuchen, neue Modelle von Widerlagern zu entwickeln. Dieser kleine Vorsprung kreativer Widerstandsformen, der entsteht immer neu. Und den würde ich nicht zu gering schätzen. Und das ist sozusagen das Potenzial, das vielleicht immer schon besteht, keine Identität.

Hildegard Fraueneder: Was ich an vielen Arbeiten beobachte, auch an jenen, die Moira Zoitl vorgestellt hat, ist, dass diese, von Recherchen ausgehend, schon vor ihrer ‚Aufführung‘ nicht nur Auseinandersetzung, sondern auch Wissensbildung und Übersetzungsprozesse mit sich führen, und so können sie Gegeninformationen zu anderen Hauptinformationsströmen bieten. Bei den *Chat(t)er Gardens* zum Beispiel, ein über Jahre bereits laufendes Projekt von Moira, das die Situation philippinischer Hausarbeiterinnen in Hongkong aufgreift und als künstlerische Arbeit hier in Europa präsentiert wird, denkt man zunächst, das sei ja alles meilenweit weg. Dann aber stellt sich heraus, dass die zentrale Fragestellung bis in die eigenen Haushaltsorganisationen hineinreicht. Auch dieses Anbinden an ganz wesentliche Alltagsfelder ist wichtig, mit dem sich das Gegenüber von Öffentlichkeit und Gegenöffentlichkeit wiederum relativiert. Der Gipfel in Heiligendamm bietet dafür ein recht gutes Beispiel, insofern in der Darstellung der Konflikte eine Aufteilung in Gewaltbereite und Dialogbereite oder in Eskalierer und Deeskalierer vorgenommen wird, was nicht nur kategorisiert, sondern auch den Blick darauf verstellt, was außerhalb dieser Oppositionen liegen könnte.

Christiane Mennicke: Aus unserer Diskussion ergibt sich ein spürbares Bedürfnis zur Differenzierung zwischen Kritik und Affirmation, aber auch das weiterhin bestehende Anliegen, den gesellschaftlichen Ort einer künstlerischen Arbeit zu befragen. Keineswegs jedoch scheint sich ein Plädoyer, das sich auf formale Kriterien oder einfache Gegensätze bezieht, als Fazit ableiten zu lassen.

Hildegard Fraueneder: Mir ist es zum Schluss noch ein großes Anliegen, allen zu danken, Christiane für die Diskussionsleitung, allen Referenten und Referentinnen am Podium und selbstverständlich allen Vortragenden. Mein Dank gilt weiters allen Mitarbeitern und Mitarbeiterinnen für die wunderbare technische und organisatorische Betreuung. Vielen, vielen Dank.

(160)
Gábor Kerekes
BUDAPEST

Plattform: mobile Straßenbühne
(*Platform: Mobile Street Stage*)

Für Straßenmusikanten, Straßenkünstler und Menschen, die in der Stadt wohnen: eine mobile Bühne oder ein Straßenmöbel, integriert in seine städtische Umgebung.

Folgt man Meinungsumfragen, mögen die Einwohner/-innen von Budapest Veranstaltungen unter freiem Himmel (Ausstellungen, spektakuläre Events in großem Maßstab, Prozessionen, Festivals, Feuerwerke, Shows etc.). Allerdings wünschen sich viele eine größere Vielfalt von Veranstaltungen in ihrer Nähe (dabei betonen zahlreiche Einwohner/-innen, dass sie gern die Präsentation von Mode sehen würden und Straßenmusikanten/-innen meist vermissen). „Ich begegne diesem Bedürfnis, indem ich eine Bühne installiere, die von Musikanten und anderen Künstlern/-innen (Pantomimen/-innen, Puppentheatergruppen, Schauspielern, Modeagenturen etc.) für ihre Auftritte genutzt werden kann. Die Bühne ist für verschiedene Vorhaben geeignet, aber ihre vorrangige Absicht ist Aufmerksamkeit für die gerade laufende Veranstaltung zu erregen, indem sie die Akteure aus ihrer Umgebung hervorhebt. Die Zuschauer können sich setzen oder aber selbst auf die Bühne gehen, wenn gerade kein Programm gemacht wird."

„Ich verwende gefundene Objekte in meinen Arbeiten, Weggeworfenes. Ich gebe diesen aus ihrer bisherigen Nutzung gefallenen Dingen einen neuen Inhalt und verleihe ihnen damit neues Leben. So ist auch die Bühne mit Materialien aus der nahen Umgebung gebaut, indem die gefundenen Dinge recycelt wurden."

Ein anderer wichtiger Aspekt der mobilen Bühne ist, den Auftretenden eine Möglichkeit und einen Ort zum Geldverdienen zu verschaffen. Dabei konnte ich mir eine Gesetzeslücke zunutze machen, weil in den Vorschriften verschiedene Arten des Bettelns nicht angeführt sind. Die mobile Bühne ist eine Plattform für Menschen, die die Straße als geeignetes Spielfeld ansehen. Während des Sommers 2006 war die Bühne zunächst in der Innenstadt präsent, anschließend auf dem Gelände des Sziget Festivals als Angebot zur Entspannung. Jeder und jede, die Interesse hat, kann dort seine Performance zeigen und für sich und diese öffentliche Form des Auftritts Werbung machen. Die Plattform ist ein sich selbst organisierendes Modul, auf dem Talente gezeigt werden können oder ihr Fehlen, wo Lieblingsgedichte rezitiert werden können oder das beste jemals auf diesem Planeten gezeigte Karaoke.

For street musicians, street artists, and people, who inhabit the city: a mobile street stage, or street furniture to be integrated into the urban environment.

According to opinion polls, the citizens of Budapest like and demand outdoor events in public places (exhibitions, spectacular works of great size, processions, festivals, fireworks, May Days, shows, etc.), however they would like to see more programmes of greater variety near their homes (in this survey many people emphasized that they would like to watch fashion shows, and many missed street musicians!). I would like to answer this need by setting up a stage that street musicians and other artists (mimes, puppet theater groups, actors, fashion shows, etc.) could use for their performances. The stage, which is a space installation, is suitable for diverse purposes, but, rising above its surroundings, its main role is to attract attention to the just happening performance. People can sit around it, and occupy it when there is nothing happening on it.

I use found items, waste materials in my works. I intend to endow these neglected objects that have lost their function with new content and bring them into action again. The stage and the auditorium are built from their own surroundings, recycling the elements found in the streets, objects thrown out at junk-clearings, thus challenging the boundaries of street art.

In the construction of the Platform-mobile stage, besides recycling, the other important aim was to make a quasi-workplace (an opportunity to earn money) for performers. Thus I broach a yet to be settled loophole, as the law does not elaborate the types of begging. The mobile stage is a platform for those performers who regard the street a suitable ground. During the summer the Platform is used first in downtown, then in the area of the Sziget Festival as a space-installation that can be utilized for relaxation. Performers who answer the call can organize performances on this stage, this way promoting and publicizing themselves and the public form of performance. The Platform is a self-organizing venue and a form of appearance, where anyone can act, present their talents or the lack of it, recite their favorite nursery rhyme, or sing their greatest ever karaoke into the ether.

(162)
Gábor Kerekes
BUDAPEST

(164)
AMBIVALENZEN UND WIDERSPRÜCHE TEMPORÄRER RAUMNUTZUNGEN
Florian Haydn

———

English Text Page 307

Zu Beginn ein paar Zahlen, die die zunehmende Präsenz temporärer Nutzungen seit dem Jahr 2004 widerspiegeln. Wenn man die Suchmaschine Google als einen relevanten Parameter akzeptiert, dann sagen die Zahlen Folgendes: Gibt man das Wort ‚temporary uses‘ als Begriff ein, so erhält man sechstausendvierhundert Einträge. Der Begriff ‚temporäre Nutzungen‘ liefert rund zweihundert Treffer. Hiervon sind mehr als die Hälfte in direktem Zusammenhang mit *Urban Catalyst* zu sehen, an dem ich mitgewirkt habe. Am Tag vor meinem Beitrag für die Konferenz *Urban Potentials* im Juni 2007 startete ich mit der Suchmaschine eine neue Abfrage. Hierbei erhielt ich fünfhunderttausend Einträge für den Begriff ‚temporary uses‘ und sechshundert Einträge für ‚temporäre Nutzungen‘. Diese Zahlen sind vielleicht eine der Ambivalenzen, die im Raum stehen, und ich möchte das auch erst mal so stehen lassen. In jedem Fall lässt sich eine Intensivierung des Themas ablesen. In meinem Beitrag sehe ich den Schwerpunkt im Hervorheben jener Potenziale temporärer Nutzungen, die zur Stärkung einer nachhaltigen sozialen, städtischen und urbanen Gemeinschaft wichtig sind und demokratische Prozesse fördern. Für mich stehen nicht temporäre Nutzungen an sich im Vordergrund, sondern Handlungen, die zur Bildung von Gemeinschaften führen. Ich möchte eine Auswahl von Gedanken listen und Projektbeispiele mit diesen Gedanken in Verbindung bringen, die die Bildung von Gemeinschaften erkennbar machen. Die Gedanken sind nicht nur eigenen Texten entnommen, sondern auch Textbeiträgen von Kollegen, von diversen Veranstaltungen und Publikationen, zu denen wir eingeladen haben. Eine dieser Veranstaltungen war das Symposium *tempo.rar*, welches im Mai 2003 in Wien stattfand. Ich beschränke mich auf die Listung einzelner aus einem größeren Zusammenhang genommener Gedanken, die vielleicht dadurch im ersten Moment aus dem Zusammenhang gerissen erscheinen, aber die große Anzahl der Ambivalenzen und Widersprüche zumindest umreißen können. Und ich möchte es auch nicht versäumen, meine persönliche Annäherung an den Begriff der Urbanität entsprechend dem Schwerpunkt des Projekts voranzustellen.

Grundsätzlich stellen wir mit der Arbeit in unserem Architekturbüro das Bilden einer Gemeinschaft und deren Potenzial in Bezug auf eine zwischenmenschliche, soziale und informelle Interaktion in den Mittelpunkt. Um diese Arbeitsschwerpunkte wahrnehmen zu können, verstehen wir uns auch als eine Agentur für Urbanismus. Agentur für Urbanismus deshalb, weil wir uns von der klassischen Stadtplanung mit dem Ziel der Erstellung eines Masterplanes abgrenzen wollen. Der Prozess steht für uns im Vordergrund, Agenten unterstützen den Prozess.

Eine nachhaltige Gemeinschaft wird durch partizipatorische Entscheidungsfindungsprozesse gebildet. Die Intensität der Sichtbarkeit beziehungsweise Wahrnehmbarkeit dieser Prozesse im öffentlichen, aber auch im halböffentlichen Raum ist ein Maß für den Grad der Urbanität. Diese Prozesse benötigen Strukturen für Verhandlungen. Öffentlicher Raum ist kein objektives Faktum. Die Grenzen des öffentlichen Raumes konstruieren sich immer wieder neu auf Basis von Verhandlung und Aneignung. Öffentlicher Raum bildet sich um konkrete Anlässe, Fragen und Objekte. Temporäre Nutzungen machen partizipatorische Entscheidungsfindungsprozesse sichtbar und stehen in direktem Zusammenhang mit dem Grad der Urbanität einer Stadt.

Temporäre Nutzungen

Temporäre Nutzungen unterstützen Möglichkeiten, etwas bewusst zu machen, und können der Beginn einer allgemeinen Wunschprojektion sein. Temporäre Nutzungen erproben ein Programm für spätere langfristige Nutzungen im Sinne von Trial-and-Error. Temporäre Nutzungen haben bedeutenden Anteil bei der Demokratisierung von Planungsprozessen. Handlungen und Aktivitäten, die von temporären Nutzungen ausgehen, sind Entscheidungen, Forderungen, Bedürfnisse von unten, die sichtbar werden. ‚Bottom up‘ bekommt mehr Bedeutung als ‚Top down‘. Raum für temporäre Nutzungen, angeeigneter, in Besitz genommener oder zur Verfügung gestellter

Raum, unterstützt die informellen Handlungen einer Stadtgemeinschaft. Temporäre Nutzungen geben diesen Handlungen den Handlungs- und Verhandlungsraum. Temporäre Nutzungen sind Innovatoren der städtischen Ökonomie. Temporäre Nutzungen gehen vom Kontext und dem aktuellen Zustand aus. Temporäre Nutzungen versuchen Bestehendes zu verwenden, statt alles neu zu erfinden. Temporäre Nutzungen in Bezug auf Stadtplanungsprozesse sind das Gegenteil von einem Masterplan. Ein Masterplan geht von einem fernen Ziel aus.

Widersprüche

Ein wesentlicher Widerspruch entsteht, wenn temporäre Nutzungen als ‚Bottom up' getarnt sind und im Eigentlichen ‚Top Down'-Anweisungen sind. Dem zuordnen lässt sich die Eventorientierte Kulturpolitik europäischer Städte, die sich dezidiert an eine Schicht von Kulturkonsumenten mit höherem Einkommen wendet, die trotzdem nicht auf die konservativen Distinktionsmerkmale ihrer Vorgängergeneration setzen. Ambivalenz ist gegeben, wenn temporäre ‚Top Down'-Projekte von Akteuren ins Leben gerufen werden, die sich auf das Soziale beziehen, dieses jedoch eher als Ornament einsetzen. Der nächste Sprung in die Verstrickung von Widersprüchen ist eine Vereinnahmung durch direkte Beauftragung, wenn temporäre Aktivitäten von der Werbeindustrie entdeckt und zur Promotion von Produkten wie Turnschuhen oder Jeans als Lifestyle-Produkte eben mit dieser sozialen Tarnung in Verbindung gebracht werden sollen und wollen.

Das erste Beispiel hat den Projekttitel ADD ON (add-on.at), und dieses Projekt ist auch in unserem Buch *Temporäre Räume. Konzepte zur Stadtnutzung* (Haydn/Temel 2006) dokumentiert. Im Falle von ADD ON wurden die Initiatoren von einer holländischen Werbeagentur mit dem Angebot angesprochen, zum Zwecke der Bewerbung einer Jeansmarke ihre temporäre Installation in anderen europäischen Städten zu wiederholen. Die Agentur kannte das Projekt lediglich aus dem Buch. Wir lieferten auch mit der kritischen Projektbeschreibung das Argument mit, das aus der Sicht der Agentur nicht gegen, sondern für eine Wiederholung des Projektes spricht. Das Projekt ADD ON gehört zu jenen Projekten, die sich auf das Soziale beziehen, dieses jedoch eher als Ornament einsetzen.

Die Initiatoren von ADD ON nahmen zwar die Einladung der Agentur zu einem Gespräch nach Amsterdam an, im Ergebnis jedoch höflich von dem unterbreiteten Angebot Abstand. Vielleicht sahen sie auch deswegen von dem Angebot ab, weil sie sich der Gratwanderung bereits bei der Projektierung ihres Projektes bewusst gewesen waren. Noch kurz zu dem Projekt selbst ein paar Worte: ADD ON thematisiert in unterschiedlichen Szenarien menschliche Grundbedürfnisse wie Wohnen, Schlafen und Arbeiten an der Schnittstelle zwischen Öffentlichem und Privatem. Als Zitate gewohnter Lebensformen zeichnen sich diese mit ihren entsprechenden visuellen Symbolen nach außen ab. Die interpretierte Freilegung von Funktionseinheiten lässt altbekannte Vorgänge in einem neuen Kontext entstehen. Mit widersprüchlichen Nutzungen wird auf stereotype Funktionalität reagiert und das damit verbundene Soziale öffentlich verhandelt.

Zitate

Christa Kamleithner: Bei temporären Nutzungen kann man „zwei Ansätze herausarbeiten, die zwar mit ähnlichen Mitteln arbeiten, aber zu denkbar verschiedenen Ergebnissen führen: der eine wäre getragen von einem klar ausgerichteten ökonomischen Kalkül mit dem Ziel der Grundstücks- oder Stadtteilaufwertung; der andere getragen von dem Wissen um das Nicht-Wissen der ‚richtigen' Ziele; ein Versuch mittels temporärer Nutzungen in einem Trial-and-Error-Prozess zu neuen städtischen Programmen zu finden." (Haydn/Temel 2006, 9)

„Das Prinzip des Grundeigentums in der Stadt bedingt ein interessantes Paradoxon: Die Dynamik der städtischen Entwicklung und die Bedürfnisse der Stadtbewohner stehen dem statischen Eigentum gegenüber, das ein beharrendes Moment in der schnellen Stadt darstellt. Temporäre Nutzer können die dadurch entstehenden Lücken produktiv nützen." (Haydn/Temel 2006, 10)

Klaus Ronneberger: „Das Regieren durch Community gewinnt an Bedeutung. Es handelt sich um eine Form von Machttechnologie, die auf selbstverantwortliche Gemeinschaften setzt und vor allem zur Durchsetzung von Integrationsprogrammen in sogenannten Problemquartieren zum Einsatz kommt. (…) Als Idealbild gelten nun selbständige Gemeinwesen, die möglichst wenig Kosten verursachen sollen und eine Rücknahme von staatlichen Interventionen ermöglichen. Dem demokratischen Prinzip der Partizipation in der Stadtplanung droht der Missbrauch als ‚Regieren durch Community'." (Haydn/Temel 2006, 14f.)

Andreas Spiegl / Christian Teckert: „Die Fassung eines leeren oder ungenutzten Raumes als ökonomisches Brachland ist das Produkt einer Verwertungslogik und definiert dieses als ungenütztes Kapital. Das Prinzip dahinter stützt sich auf eine Funktionalität, die in der Dysfunktionalität des Ungenutzten und Leeren nur Nutzlosigkeit vermutet." (Haydn/Temel 2006, 10)

Rudolf Kohoutek / Christa Kamleithner: „Bevor man zeitlich befristete Nutzungen zum Programm erhebt, sollte man sich vergegenwärtigen, dass temporäre Nutzungen am unmittelbarsten und in unvorstellbarem Ausmass mit Kriegen, Vertreibungen und Naturkatastrophen verbunden sind. Temporäre Nutzungen entstehen in erster Linie aus einer Mangelsituation heraus. Dies in eine positive Deutung zu überführen, ist alles andere als selbstverständlich, entspricht aber der selben Auffassung, mit der heute die Großstadt des 19. Jahrhunderts positiv aufgefasst wird." (Kamleithner/Kohoutek 2004, 14)

Walter Siebel: „Urbanität entspringt einer Mangelwirtschaft, die die HausbewohnerInnen aufgrund fehlenden Wohnraums verursacht durch einen unregulierten Wohnungsmarkt in den öffentlichen Raum drängt. Die Stadt des 19. Jahrhunderts ist geprägt von der Logik des Immobilienmarktes, der von Verwertungszyklen ausgeht und nicht von idealen Endzuständen und der damit eine funktionalistische Architekturauffassung durchquert. Was dadurch erzeugt wurde, war ein Auseinanderfallen von vorgesehener und praktizierter Nutzung und eine dauernde Wiederaufbereitung alter Bausubstanz eine Version möglicher Urbanitätsdefinitionen." (Siebel 2003, 29)

Eine Annäherung an temporäre Nutzungen verbinde ich mit meiner eigenen Geschichte. Während des Studiums habe ich damit begonnen, mir zu überlegen: Wie kann ich unmittelbar nach dem Diplom als Architekt aktiv sein? Was kann und möchte ich ohne einen konkreten Auftraggeber samt Programm in der Stadt machen, welche Möglichkeiten bietet die Stadt? In Gesprächen durchstreiften wir die Stadt. Das Wir, die Gruppe wird wichtig. In Gesprächen bezogen wir uns immer wieder auf Orte in der Stadt, Orte, die in irgendeiner Weise für uns wichtig waren und Gemeinsamkeiten aufwiesen. Wir haben begonnen, diese Orte mit einem Begriff zu definieren. Diese Orte nannten wir HIRNSEGEL. In diesen Orten lag für uns ein Potenzial, das mit der gelernten Ausdrucksmöglichkeit als Architekt nicht fassbar wurde. Unsere erste Annäherung an den Ort und die Fassbarkeit seiner Bedeutung geschah mit der Namensgebung HIRNSEGEL und in der Folge durch Kennzeichnung der Orte mit einem Graffiti mit selbigem Schriftzug. Auf diese Orte mit Potenzial wollten wir andere Menschen aufmerksam machen und wünschten, dass diese ins Bewusstsein rücken. Wir durchstreiften Wien und kennzeichneten diese Möglichkeitsräume, die Orte mit HIRNSEGEL. Das Interesse am alleinigen Markieren der Orte erschöpfte sich bald, die Konsequenz sollte sein, einen HIRNSEGEL-Ort neu zu bauen. Ein interessantes Grundstück schien uns unter einer Eisenbahnbrücke, ein Nadelöhr, das den 4. mit dem 10. Wiener Gemeindebezirk verbindet. Die Brückenpfeiler sind wild plakatiert mit Plakaten, die auf Veranstaltungen an unterschiedlichen Orten in der Stadt hinweisen, das heißt auf konkrete Programme irgendwo in der Stadt verteilt. Wir dachten, vielleicht ist es möglich, die Situation umzudrehen. Das Programm kommt aus der Stadt, und die Technik des Plakatierens eignen wir uns für die Errichtung des Ortes selbst an. Eine Plastikplane, weiß, spannten wir um die Brückenpfeiler, und diese grenzte einen allseits umschlossenen Raum ab, der durch einen Spalt betreten werden konnte. Ein Plakat, das nicht auf einen anderen Ort hinweist, sondern der Raum für ein noch nicht festgelegtes Programm selbst ist. Der Raum ist sein eigenes Programm. Uns selbst einen Raum nach den eigenen Bedürfnissen zu bauen, das war unsere erste Aktivität als Architekten. Den Raum, das gebaute HIRNSEGEL, hatten wir, zeitlich begrenzt, eine Woche sich selbst überlassen. Das Flüstern in der Stadt brachte die Möglichkeit zu seinen Nutzern. Ein Ausstellungsprojekt, Dosenfußballturnier, buenasDIAS, mission SWOUND fanden statt, und das Buch zu dem Projekt *97 Stühle* wurde präsentiert.

Ein weiterer Ansatz zu den Widersprüchen und Ambivalenzen temporärer Nutzungen kommt aus dem Projekt *Urban Catalyst*. *Urban Catalyst* untersuchte die Rolle von temporären Projekten in der Stadtentwicklung. Die These lautete: Temporäre Projekte nehmen katalysatorisch auf die Ausformulierung zukünftiger Programme Einfluss. Im Vergleich standen die fünf Städte Neapel, Berlin, Amsterdam, Helsinki und Wien. Wir konzipierten die Untersuchung für Wien. Realisierte temporäre Projekte wie *Permanent Breakfast*, *Wochenklausur* oder das Projekt *PhonoTAKTIK* standen neben anderen im Zentrum unserer genaueren Betrachtung im Sinne der These.[1] Nach der Dokumentation der Referenzprojekte kamen wir zu dem Schluss, dass wirkliche Aussagen nur aus der Sicht eines Akteurs, mit konkretem Bedürfnis, gemacht werden können. Wir entwickelten das Konzept der Stadtkatze, dem Wesen nach ist sie gleich einer durch die Stadt streunenden Katze. Mit der Stadtkatze, ein durch die Stadt ziehendes Symposium, verbanden wir Fragen in Bezug auf temporäre Nutzungen und die Programmformulierung in der Architektur und Stadtplanung. Die Veranstaltung selbst nahm Quartier an vier Orten, verteilt über zwei Wochen, in unmittelbarer Nähe zu neuen Stadtentwicklungsgebieten. Weitere Themen des Symposiums waren: Auf welchen Grundlagen planen und bauen wir? Welche Zusammenhänge bestehen zwischen der Programmierung von Nutzungen, Objekt- und Stadtplanung? Wie kann das Entstehen von Programmen unterstützt werden? Was verstehen wir überhaupt unter einem Programm, auf dessen Grundlage ein Gebäude oder ein ganzer Stadtteil entwickelt wird? Die Referate und Wortmeldungen des Symposiums bildeten die Grundlage für das Buch *Temporäre Räume. Konzepte zur Stadtnutzung* (Haydn/Temel 2006).

Ein aktuelles Projekt, das ich hier noch vorstellen möchte, ist der gewonnene Europan-Wettbewerb am Standort Schwechat bei Wien. Unseren Beitrag zur prozessualen Entwicklung eines Stadtgebietes starteten wir in Schwechat mit Spaziergängen durch das Areal der Brauerei unter Beteiligung der Schwechater Bevölkerung zur gemeinsamen Wunschprojektion. Wir nutzten den Rahmen des Schwechater Stadtfestes. Mit Hilfe eines Folders gaben wir poetische Anregungen, aber auch konkrete Nutzungsvorschläge zu den Möglichkeiten, die das Areal bietet. Die ersten Kontakte zu den Anwohnern sollen genutzt werden, um den Grundstein für eine soziale Plattform zu legen. Wir wollen Handlungen provozieren, die sich in späteren Programmen wiederfinden.

Zum Abschluss noch einige Gedanken zu den 2006 gemachten Reisen, die uns nach Detroit, Paris, Bukarest und Sofia führten.[2] Städte, die sich in unterschiedlichen Entwicklungsperioden in Bezug auf die Raumnutzung befinden. In Detroit finden sich die Spuren, gleich verbrannter Erde, die im Zusammenhang mit der Abwanderung der Industrie stehen. In Sofia beginnen Verdrängungsprozesse, die auf Kosten eines urbanen, fußläufig erschlossenen und informell genutzten Raumes gehen. Zum Beispiel der Melonenverkäufer, auch eine temporäre Nutzung, der vor einer Wohnplatte seine Melonen im Gras ausbreitet und ein Preisschild an den nächsten Baum hängt. In unmittelbarer Nähe zu dem Melonenverkäufer baut die Supermarktkette BILLA zwischen den Plattenbauten ihre Supermärkte. Folgende Zahl lässt den bevorstehenden Verdrängungsprozess erahnen. Die Filialdichte von BILLA in Bulgarien beträgt erst ein Prozent[3] im Vergleich zu der Dichte in Österreich. Anzunehmen ist, dass eine ähnlich hohe Filialdichte in Bulgarien wie in Österreich angestrebt wird. Funktionierende nachbarschaftliche Verhältnisse werden aufgelöst und verdrängt.

Was sieht man in den neu entstandenen Räumen in Detroit? Im Zentrum von Detroit stehen Gebäude leer. Die verlassenen und verfallenden Häuser haben auch etwas Romantisches. Hier liegt sicher eine Ambivalenz. Das Schöne im Zerstörten, das Schöne im Verfallenen, das Zurückkehrende im Zurückgelassenen oder das Offene im Verwehrten. Aus Detroit möchte ich das Projekt *Heidelbergstreet* von Tyree Guyton[4], den wir besucht haben, erwähnen. Er nimmt sich der Zurückgebliebenen an und arbeitet in erster Linie in der Heidelbergstreet mit Kindern. Die Häuser und ehemaligen Gärten, nun große Wiesenflächen, verwandelte er in eine große Spielfläche.

[1] siehe wochenklausur.at und andere
[2] siehe paper01 auf der Seite 000y0.at
[3] siehe rewe-group.com
[4] siehe heidelberg.org

Literatur:

Haydn, Florian/Temel, Robert (Hg.) (2006): *Temporäre Räume. Konzepte zur Stadtnutzung.* Basel: Birkhäuser.
Kamleithner, Christa/Kohoutek, Rudolf (2004): „Temporäre Nutzungen, Deregulierung und Urbanität", *dérive* 14, 14.
Siebel, Walter (2003): „Strukturwandel der europäischen Stadt", in: Ernst Hubeli, Harald Saiko, Kai Vöckler (Red.), *100% Stadt. Der Abschied vom Nicht-Städtischen*, hg. vom Haus der Architektur. Graz, 29.
www.add-on.at
www. heidelberg.org
www. 000y0.at und hier >paper01<
www.rewe-group.com
www.wochenklausur.at
www.permanentbreakfast.org

(170)
V 3 – Andrzej Dudek-Dürer,
Jerzy Kosałka & Tomasz Bajer
WROCŁAW / DRESDEN

YAPPER
(YAPPER)

(…) Im Juli 2007 zeigten die Künstler Tomasz Bajer, Andrzej Dudek-Dürer und Jerzy Kosałka auf dem Marktplatz von Wrocław ihre jeweiligen Logos auf dem riesigen Bildschirm ihrer mobilen Galerie Yapper. Jedes einzelne Logo unterschied sich so sehr von den anderen, dass ihre Zusammenstellung in einem mehrdeutigen Display mündete. Es war nicht einfach zu entscheiden, welche Absicht die Künstler damit verfolgten. Wollten sie eine Stellungnahme oder einen ‚Krieg' zu Fragen des Urheberrechts provozieren? Oder wollten sie darauf aufmerksam machen, dass ein Künstler heute schon etwas von einer mächtigen symbolischen Gewalt stehlen muss, um überhaupt noch Aufmerksamkeit erregen zu können? Tomasz Bajer benutzte das Logo des Pharmakonzerns Bayer und machte sich das Spiel mit den Buchstaben ‚Y' und ‚J' zunutze. Jerzy Kosałka verwendete das Logo von Coca Cola, während Andrzej Dudek-Dürer die Signatur Albrecht Dürers in Anspruch nahm. Durch ihre Verwendung verwandelten die Künstler die weltweit eingeführten Logos in eine ‚glokale' Version. Natürlich kommt diese Strategie, mit hybriden Logos kulturelles Kapitel anzuzapfen, aus der Szene der ‚Hacktivisten'. Sie entwindet den Logos ihre Aura als globales Totem. Yapper ruft in einer zeitgenössischen Variante die Idee der russischen Avantgarde auf, die Grenzen zwischen der Kunst und dem alltäglichen Leben aufzuheben. Gleichzeitig blickt Yapper – ähnlich wie die Neue Slowenische Kunst (NSK) – höhnisch auf die vermeintlich unabhängigen und kompromisslosen Helden der Avantgarde. Die Kunst schraubt ihre Ansprüche selbst herunter und zeigt auf, dass kein Vertrauen in ihre Werte jemals die Welt retten wird.

Anna Markowska (aus: Ambivalente Logos von Künstlern/-innen in der post-utopischen Standardisierung, Wrocław, 2007)

(…)In July 2007, at the Market Square in Wrocław, each of three artists—Tomasz Bajer, Andrzej Dudek-Dürer and Jerzy Kosałka—presented their logos, at gigantic screen of their mobile gallery Yapper. Each logo was so different, that displayed together they created an ambiguous object. When looking at them it wasn't easy to decide what the artists' aim was. Did they want to provoke some reaction or war about copyright law? Or maybe they wanted to emphasize the fact, that to attract attention artists today must steal something of a big symbolic violence potential. Tomasz Bajer used logo of Bayer—the pharmaceutical company—playing with letters 'J' and 'Y', while Jerzy Kosałka employed Coca Cola logo and Andrzej Dudek-Dürer used Albert Dürer's signature. The way the artists used original logos changed their universal meaning, they created a glocal version. Of course hybrid-logos that use and take advantage of culture's capital is a strategy of hacktivism. Such usage took away the aura of global totems. Yapper, which in a modern way recalls ideas of Russian Avant-Garde Art to combine art with everyday life also sneers, exactly like NSK did, at Heroes of Avant-Garde supposed to be independent and uncompromising. Art attempts to reduce itself to its own ambitions and shows that any faith in art and its values will not save the World. (…)

Anna Markowska (from: Ambivalent artist's logo in the post utopian standardization, Wrocław, 2007)

(172)
V 3 – Andrzej Dudek-Dürer,
Jerzy Kosałka & Tomasz Bajer
WROCŁAW / DRESDEN

(174)
Marc Floßmann
DRESDEN

MEDIALE FÜRSORGE
(Media care)

MEDIALE FÜRSORGE bot über zwei Monate an verschiedenen Orten der Stadt ein mobiles Kino an. Shoppingzonen nach Ladenschluss, ein Parkhaus am Hauptbahnhof und die Brühlsche Terrasse wurden zu Orten, an denen sich zielgerichtetes Publikum mit Passanten/-innen zu der temporären Gemeinschaft eines Filmpublikums zusammen fand. Die Auswahl der Filme und Orte waren aufeinander abgestimmt, sodass der städtische Raum und der Erlebnisraum des Films einander durchdrangen und sich gegenseitig verstärkten.

Mobilitätsversprechen und die Omnipräsenz des Medialen wurden in der Parkgarage angesprochen, auf der Brühlschen Terrasse wurde vorübergehend die zeitgenössische Filmproduktion von Künstlern/-innen inmitten des rein touristischen Blicks auf die Stadt sichtbar und in der Prager Straße war es die Gegenwart der Stadt selbst, die durch den Film erfahrbar wurde.

For two months, MEDIALE FÜRSORGE *set up a mobile cinema at different locations in the city: in shopping areas after the stores had closed, in a car park next to the main train station, and on the Brühlsche Terrasse. People who knew about the events, as well as passers-by, gathered to form the temporary community of a cinema audience. The films and locations were chosen in tandem, allowing urban space and the experiential space of the film to blend together and reinforce one another.*

In the parking garage, the promise of mobility and the omnipresent nature of the media were addressed; on the Brühlsche Terrasse, film productions by contemporary artists became visible in the center of a place normally reserved for the tourist perspective on the city; and on Prager Straße, it was the presence of the city itself that could be experienced through the film.

Filme / *Movies*:
Paradise Now (2006), *Andrea Knobloch*
Brazil (1985), *Terry Gilliam*
Parking (2001), *Erik Schmidt*
Blaupause (2005), *Henning Christiansen*
Sarajevo Guided Tours (2002), *Isa Rosenberger*
Pathos (2004), *Benja Sachau*
1. Orakel (Orakel von Prohlis) (2006), *Andreas Fohr*

(178)
Thomas Beck, Dorit Ehlers,
Erik Hable, Sabine Jenichl,
Gisela Ruby & Arthur Zgubic
SALZBURG

„Wir sitzen alle im selben Boot Bett" / *"We're all in the same boat"*

„alles kommt raus" / *"Everything must go"*

Wohnproben #1
(Living rehearsal #1)

RÄUME MIT AUSSICHTEN
MIETFREI, MÖBLIERT, MIT
MÖGLICHKEITEN

wo gibt es in salzburg das ‚beste' setting?
in den kulissen und studios von ikea.

während der normalen geschäftszeiten nutzte eine
gruppe von akteuren/-innen diese räumlichkeiten
für szenische miniaturen.

wir erstellten ein fotoalbum/bilderbuch.
hier zu sehen – erste fotos fürs fotoalbum vom
shooting in den größten und günstigsten ‚film-
studios salzburgs'. aus den schauräumen und
verkaufskojen des schwedischen möbelhauses.
jeder beitrag war willkommen, jeder schnapp-
schuss ein treffer.

filmst du noch oder spielst du schon?

fortsetzung folgt.

ROOMS WITH A VIEW
NO RENT, FURNISHED,
WITH POSSIBILITIES

Where is the 'best' setting in Salzburg?
In Ikea's studios and showrooms.

During normal opening hours,
a group of actors used these spaces to
create scenic miniatures.

We created a photo album/picture book.
Here you can see the first pictures for the
album from the photo shooting in the biggest
and cheapest film studios in Salzburg.
From the showrooms and display racks
of the Swedish furniture store. Every contribution
was welcome, every snapshot a success!

filmst du noch oder spielst du schon?*

to be continued…

* pun on an IKEA advertising slogan in Germany

Thomas Beck, Dorit Ehlers,
Erik Hable, Sabine Jenichl,
Gisela Ruby & Arthur Zgubic
SALZBURG

"shine on me"

„Wir sind das Maß der Dinge" / *"We are the measure of all things"*

(182)
Ulrike Gollesch, Petra Polli,
Melanie Schiefer & Severin Weiser
SALZBURG

TRANSFORMER-ZERTIFIKATE: Die Unterschrift auf dem Zertifikat berechtigt den Besucher/die Besucherin, den vormarkierten Pfad im Stollen abzugehen. Das likat wird in der *galerie5020* ausgestellt. / *TRANSFORMER-CERTIFICATES: The signature on the certificate authorizes the visitor to walk along the marked alley in the a duplicate will be shown in the* gallery5020.

TRANSFORMER
(Transformer)

Im Zuge eines Workshops im Rahmen von *Urban Potentials Salzburg* gründeten wir TRANSFORMER, eine autonome Interessensgemeinschaft, die sich der Kunst- und Kulturstadt Salzburg einmal anders als gewohnt nähern wollte. Wir waren dort, wo man weder Mozartikonen noch Festspielrummel vorfindet; eigentlich haben wir uns in der Stadt vor der Stadt versteckt, um genauer zu sein, wir sind in die stillen Tiefen des Nonnbergs geflüchtet, um uns mit dem Berginneren als Kulturgut an sich zu beschäftigen.

TRANSFORMER hat sich zum Ziel erklärt, den normalerweise abgeschlossenen Nonnbergstollen den Salzburgern/-innen für einige Tage zugänglich zu machen sowie eine Beziehung zwischen Besuchern/ -innen und Berg herzustellen. Für dieses Vorhaben wurde recherchiert und dokumentiert, um den Besuchern/-innen des Stollens dessen Vergangenheit in Erinnerung zu bringen. Der Stollen wurde 1943 als Luftschutzkeller errichtet und war in der Folge unterschiedlichen Nutzungen zugänglich – bis vor wenigen Jahren wurde er von einem privaten Unternehmer für eine Champignonzucht angemietet. In städtischem Besitz befindlich, gibt es aktuell weder ein kommunales Nutzungsinteresse noch eine öffentliche Zugänglichkeit.

Für unser Projekt erklärten sich die Stollenbegeher/-innen bereit, am hintersten Punkt eines von uns markierten Weges im Berg ein Polaroid von sich anfertigen zu lassen. Dieses wurde am Ausgang in einen vorgefertigten Folder gesteckt und gilt mit einem signierten und abgestempelten TRANSFORMER-Zertifikat als Dokument, Teil dieser einmaligen Begehung gewesen zu sein. Alle Duplikate wurden in der *galerie5020* ausgestellt, wo die Besucher/-innen weiters die Möglichkeit hatten, an einem dort markierten Standort die tropfenreiche Geräuschkulisse des Nonnbergstollens zu vernehmen.

As part of a workshop for Urban Potentials Salzburg, *we founded the autonomous association TRANSFORMER. We wanted to get close to Salzburg, the city of arts and culture, but off the beaten track. Thus, we went to a place with no images of Mozart and no Salzburg Festival hype; actually we hid ourselves within the city from the city. To be more precise, we fled to the quiet depths of the Nonnberg Abbey to focus on the inner mountain as a cultural asset.*

Usually the underground Nonnberg gallery is closed to the general public. TRANSFORMER's aim was to open it for several days to establish a relationship between the visitors and the mountain. We conducted some research and documentary work to remind the visitors of its past. The gallery was built in 1943 as a shelter and used in different ways in the following years. A few years ago, a businessman rented it to breed white mushrooms. The gallery is still owned by the city government, which, however, has shown no interest in using it or providing public access.

For our project, visitors agreed to have a photograph taken of themselves at the final point of a marked path in the gallery. The pictures were subsequently placed in a prepared folder, signed, and postmarked— proof that the visitors had taken part in this unique tour. Copies were shown in galerie5020, *which set up a sound installation that allowed people to hear the countless drops of water, as if they themselves were in the underground space.*

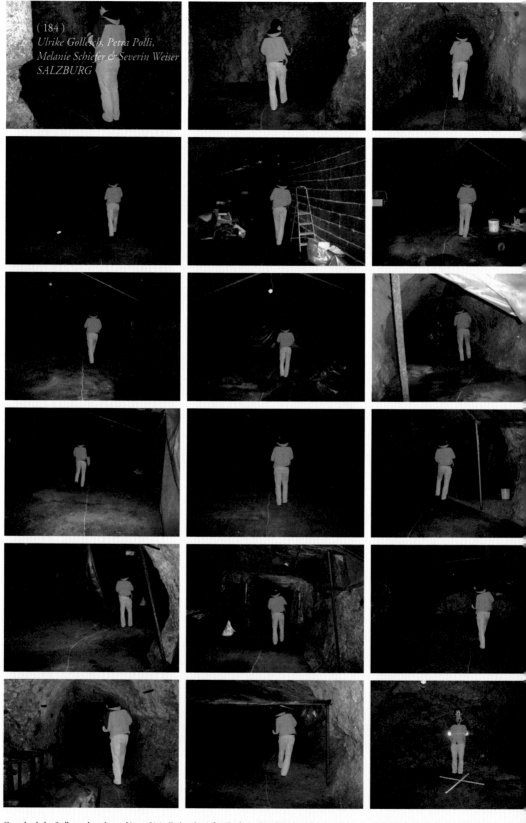

(184)
Ulrike Gollesch, Petra Polli,
Melanie Schiefer & Severin Weiser
SALZBURG

Gang durch den Stollen entlang der markierten Linie. Endpunkt: tiefster Punkt im Berg (Wendepunkt), an welchem von jedem/jeder Stollenbesucher/-in ein Polaroid ang
wird. / *Walk through the adit along the marked alley. Final point: a 'polaroid' will be made of each visitor of the adit at the bottom of the mountain (turning point).*

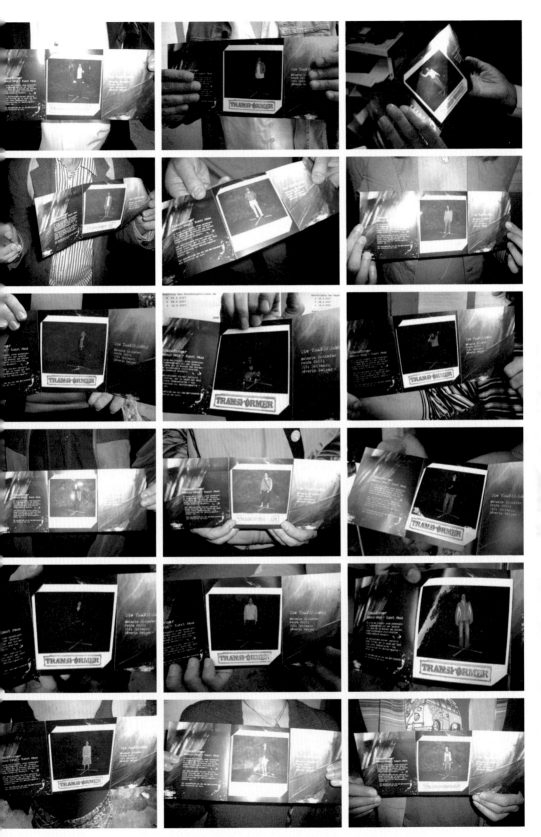

SFORMER-Folder mit Polaroids der jeweiligen Stollenbegeher/-innen im Berginneren. Die Fotos werden in digitaler Form in der *galerie5020* präsentiert. /
SFORMER-Folder with the 'polaroids' of individual visitors from inside the mountain. Digital prints will be presented in gallery5020.

Tomasz Bajer
WROCŁAW / DRESDEN

Kunst Kapsel
(Art Capsule)

Die Projekte *YAPPER* und *KUNST KAPSEL* erkunden unterschiedliche Erfahrungen und gewalttätige Reaktionen auf Traumata ebenso wie die umformenden Kräfte der Heilung durch eine öffentliche künstlerische Praxis. Diese Praxis bindet sozialen Aktivismus, um fortschrittliche Methoden zur Bildung von Gemeinschaft zu erkunden, ebenso ein wie den Prozess, individuelle und soziale Traumata zu bewältigen. Tomasz Bajers ungewöhnliche Uniformen und Aktionen begründen eine soziale Botschaft. Sollte die Interpretation des Empfängers an dieser sozialen Codierung vorbeilaufen, führt dies zu Missverständnissen.

The projects YAPPER *and* ART CAPSULE *explore variations in experience of trauma and violent responses to trauma, as well as the transformative forces of healing, accessible through public artistic practice. This practice integrates social activism, explored as progressive ways of creating community, and the process of coming to terms with individual and social trauma. Tomasz Bajer's special uniforms and actions constitute a social message. If the 'code of interpretation' applied by the receiver differs from the 'social code', this may lead to misinterpretations.*

Tomasz Bajer
WROCŁAW/DRESDEN

Andrzej Dudek-Dürer
WROCŁAW/DRESDEN

Living sculpture
(*Living sculpture*)

„Für mich ist Kunst ein Weg, eine Lebensoption, eine besondere Form der Verwirklichung, Kommunikation und die Möglichkeit zusammenzuarbeiten. Mein Leben ist Kunst." ADD – 1969 (im Jahr des tragischen Todes seines Vaters) glaubte Andrzej Dudek-Dürer die Reinkarnation von Albrecht Dürer zu sein und begann mit seiner ‚Lebens-Performance': Kunst der Schuhe, Kunst der Hose, lebende Skulptur, Kunst von Andrzej Dudek-Dürer – bis 1978 lebte er isoliert, anschließend begann er eine Reise durch zahlreiche Länder – Komponist, Performer, Video-Künstler, Bild-Dichter, Instrumentenbauer – lebt und arbeitet in Wrocław, Polen

"For me art is a way, a life option, particular self-realization, communication and the opportunity tocollaborate. My life is art." ADD—In 1969 (year of the tragic death of his father) he believed he was the reincarnation of Albrecht Dürer and started his life performance: art of shoes, art of trousers, living sculpture, art of Andrzej Dudek-Dürer. He lived in isolation until 1978, when he began a journey through many countries, working as composer, performer, video artist, visual poet, an instrument maker. He now lives and works in Wrocław (Poland).

(192)
Andrzej Dudek-Dürer
WROCŁAW / DRESDEN

(194)
Miklós Mécs
DRESDEN

Denkmal des kleinen Mannes
(*Monument to the everyday man*)

Dresden ist 800 Jahre alt.
Ich stand der Hetzerei, die Geburtstagspartys umgibt, schon immer verständnislos gegenüber. Zunächst stellt sich die Frage, wieso eigentlich das Geburtstagskind bei diesem Ereignis im Mittelpunkt steht. Auch die umgekehrte Situation wäre logisch, wenn aus Anlass dieses besonderen Tages das Geburtstagskind jene feiert, denen es das Leben und Dasein am meisten verdankt. Auf dieser einfachen Idee basiert das *Denkmal des kleinen Mannes*. Es lenkt den Blick auf die Dresdner Durchschnittsbürger/-innen, jene Zielgruppe, die ich als eine der größten Ressourcen der Stadt verstehe.

Wegen der riesigen Ausmaße des Sockels können wir die klein geratene Skulptur nicht richtig bewundern, nicht sehen, dass das äußere Erscheinungsbild mit Anzug einen weiblichen Körper verdeckt. Die Skulptur besteht aus einem folienartigen Material, mit dem Denkmäler im öffentlichen Raum zum Schutz vor verschiedenen Umwelteinflüssen abgedeckt werden. Sie wurde am Platz vor dem Rathaus aufgestellt. Der Sockel ist eine maßstabsgerechte, aber auf den Kopf gestellte Kopie der Sockel der vorhandenen Fahnenmasten.

Dresden is 800 years old.
I've never understood the hubbub surrounding birthday parties. One of the first things I ask myself is why the birthday boy or girl is always at the center of attention. After all, it would also make sense to do things the other way around, celebrating on our birthdays the people to whom we owe our lives and existence the most. The Monument to the Everyday Man *is based on this simple idea and focuses on the average resident of Dresden—the target group I identified as one of the city's greatest resources.*

Because of the enormous size of the pedestal we cannot really admire the small-scale statue, we cannot see the male-like suit covering a female body. The sculpture consists of a foil-like material used to cover statues in urban space to protect them against environmental conditions. The monument was positioned in front of City Hall. The pedestal was scaled to the existing pedestals of the flagstaffs, but turned upside down.

David Moises
SALZBURG

Steckenpferd
(*Hobbyhorse*)

Fahrräder – Übersetzungsinstrumente des Weges
David Moises, Vortrag und Vorführung in der galerie5020

Eine der weltweit weitverbreitetsten Maschinen mit einer geschätzten Milliarde ist zugleich auch eine der effizientesten – mit der Energie eines trockenen Brötchens schafft ein Radler die Strecke von fast 15 Kilometern, ein Auto dagegen nur 0,2 Kilometer. Nirgendwo sonst gibt es eine derart geglückte Symbiose von Organismus und Mechanismus. Mehr denn je ist das Fahrrad für eine urbane Bevölkerung beinahe wie eine unverzichtbare Prothese und für Städte ein willkommener Lösungsansatz für vielerlei Verkehrsprobleme. Seit sowohl Bürgermeister als auch Landeshauptfrau mit ihrem Fahrrad städtische Dienstwege bewältigen, wird in Salzburg diese Art der Fortbewegung in allen Gesellschaftsschichten geschätzt; im Städtevergleich ist das Radwegnetz eines der bestausgebauten, das urbane Potenzial der Landschaft, des Flusses, nutzend.

Der Vorläufer einer Energiekrise war mit schuld an der Kardinalserfindung des Karl Friedrich Drais von Sauerbronn, später Bürger Karl Drais, der auch eine Steno-Schreibmaschine, einen Klavier-Recorder und Geheimschriften ersann. Als Humanist fand er es verwerflich, in Zeiten einer Hungersnot Hafer an Transportpferde zu verfüttern.

Die Sezierung und der ‚Umbau‘ einer Kutsche stand gedanklich Pate für das später patentierte LODA (aus LOcomotion und DAda = Steckenpferd): Wenn das Pferd an der Deichsel nach hinten geklappt wird, fusioniert es mit dem Kutscher und dem Passagier zu einer Einheit. Eine Montage, ähnlich, wie ein Träumender gleichzeitig Produzent, Regisseur und Zuschauer ist. Und bei Testfahrten erwies sich der Prototyp viermal so schnell wie die Pferdepost auf der 50 Kilometer langen Strecke zwischen Karlsruhe und Kehl. Erfolg hatte das Veloziped erst nach der Hungersnot, als Gadget für junge Adelige und Studenten.

„Aus der umgeklappten Deichsel wird eine Lenkstange. Gesattelt wird nicht das Pferd, sondern der Wagen. Wenn der Langbaum des Wagens der Pferderücken wird, dann wird der Kutscher reiten. Wird der Wagen halbiert, wird das Pferd halbiert, wird der Reiter halbiert. Es bleibt: 2 Wagenräder, 2 Pferdebeine, ein Stück Pferderücken mit Sattel, ein Oberkörper, der die Zügel hält. (...) Dreiecksbeziehung zwischen Reiter, Pferd und Wagen: Der Reiter ist das Pferd und das Pferd ist der Wagen! Aber immer nur zur Hälfte! (...) So kann ein Rad aber auch ein Bein sein; das Reiterbein kann ein Reiterbein, aber auch ein Pferdebein sein, das Pferdebein kann ein Reiterbein oder ein Rad sein. Der alte Reiter aber ist ein neuer Reiter, (...) ein Draisinenreiter, und (...) der ist Kutscher als auch Fahrgast als auch Pferd.“ [1]

Die *Karlsruher Zeitung* schrieb dazu 1817: „Die Hauptidee der Erfindung ist vom Schlittschuhfahren genommen, und besteht in dem einfachen Gedanken, einen Sitz auf Rädern mit den Füssen auf dem Boden abzustossen (...) man hat dabei zur Erhaltung des Gleichgewichts ein kleines gepolstertes Brettchen vor sich, worauf die Arme aufgelegt werden, und vor welchem sich die kleine Lenkstange befindet, die man in den Händen hält um den Gang zu dirigieren.“ [2]

Die Analogie zum Schlittschuhfahren zeigt sich im dynamischen Gleichgewicht, denn auf Kufen fühlt man sich auch labil, wenn man steht und nicht fährt.

Die Kurbel war als Antrieb an kleinen Mühlen, Ziehbrunnen und Spinnrad seit der Antike bekannt. Drais hatte die Tretkurbel in seinen Laufmaschinen dann nicht mehr weiter berücksichtigt, was verwundert, aber es lief ja auch so. 50 Jahre der Verlinkung zwischen den Gewerben und Handwerken, den ‚Arts et Metiers‘, waren notwendig, bis das Micheaux-Rad dann in Paris entstand. Mit der Französischen Revolution breitet sich auch die Gewerbefreiheit aus und das Können und Wissen der Handwerke kann nicht länger ‚Geheimnis kramen‘. Netzwerke entstehen und der Schuster muss nicht mehr ‚bei seinem Leisten‘ bleiben. Erfinder schaffen das ‚Sinn stiftende Ganze‘ aus einzelnen Modulen, Komponenten und durch Vertauschen von Funktionen, Umgruppierungen und Herstellen neuer Verwandtschaftsbeziehungen. Auch einfachste Werkzeuge wie ein Hammer oder Zangen weisen sich bei näherer Betrachtung als Zusammenspiel komplexer Zusammenhänge aus.

1) *Die Erfindung der Methodik des Erfindens ist die eigentliche Erfindung des 19. Jahrhunderts*
(Alfred North Whitehead, britischer Mathematiker und Philosoph)
2) Krause, Joachim (1993): *Fahrrad, Auto, Fernsehschrank*, Hg. Wolfgang Ruppert. Frankfurt a. M., 86.

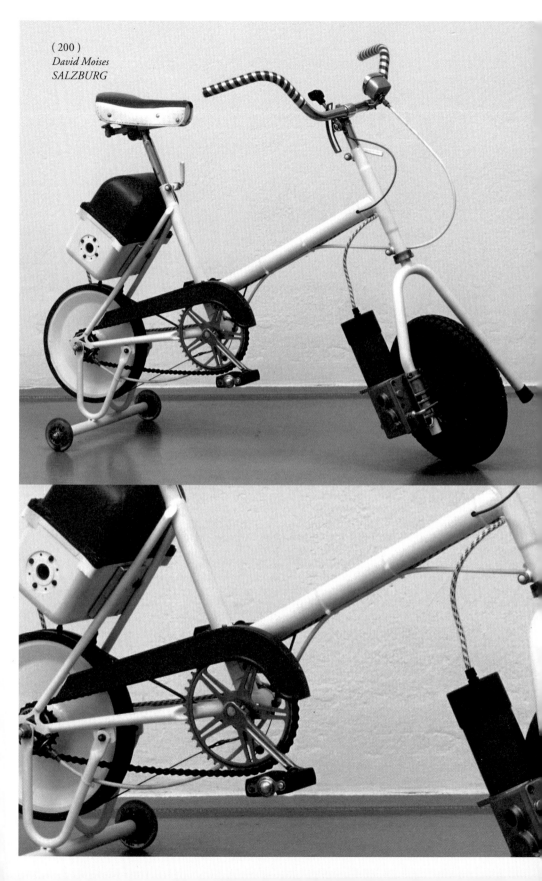

(200)
David Moises
SALZBURG

Bicycles—Instruments for Translating the Way Forward
Lecture and presentation by David Moises in gallery5020

One of the most widespread machines—an estimated billion of them are located throughout the world—just happens to be one of the most efficient machines, as well. Indeed, with the energy gained from a dry bread roll, a cyclist can cover a distance of fifteen kilometers, compared to a car, which could travel 0.2 kilometers on the same amount of energy.

Nowhere else will you find such a successful symbiosis of organism and machine. More than ever, the bicycle is an indispensable prosthesis for the urban population and a most welcome method for cities to deal with their various traffic problems. Ever since the mayor of Salzburg, and prime minister of the federal state of Salzburg, began to ride their bicycles to work, this form of locomotion has become even more highly valued from all walks of life in Salzburg. Compared to other cities, the network of bicycle paths in Salzburg is one of the best, and takes advantage of the Urban Potential of the landscape and the river.

A precursor of today's energy crises resulted in the velocipede—the key invention created by Karl Friedrich Drais of Sauerbronn, known later simply as Karl Drais. He also invented a shorthand typewriter, a piano recorder, and a system for writing in secret code. He was also a humanitarian and felt, for example, that it was reprehensible to feed valuable oats to cart horses in times of famine.

The section and backfitting of a coach served as inspiration for the so-called LODA (combination of Locomotive and DAda = hobbyhorse), which he later patented. When the horse at the drawbar is folded backwards, it merges with the coachman and the passenger—a montage like the dreamer, who is producer, director, and spectator at the same time. The prototype of Drais's invention completed the fifty kilometers between the cities of Karlsruhe and Kehl at four times the pace of the horse post. However, even after the famine the velocipede was successful as a gadget for young aristocrats and students.

"The turned-down drawbar is transformed into a handlebar. The coach, rather than the horse, is saddled. If the long rod of the coach becomes the horseback, the coachman will ride. If the coach is cut in half, horse and rider are as well. What is left: cartwheel, two horse's legs, a piece of the horseback with the saddle, the upper part of a body holding the reins. (…) A triangle of rider, horse, and coach: the rider is the horse and the horse is the coach! But only one half each! (…) Thus the wheel can be a leg, the rider's leg is the rider's leg, but can be the horse's leg as well, and the horse's leg can be the rider's leg or the wheel. But the old rider is a new rider, a hand-car rider now being coachman, passenger, and horse."[1]

In 1817, the Karlsruher Zeitung wrote the following about the invention: "The main idea of the invention is based on ice skating: the notion is simply to move a seat on wheels forward by pushing your feet from the ground. (…) To keep your balance, there is a little padded board in front where you can place your arms. In front of the board, there is the little handlebar, which you hold with your hands and use to change direction."[2]

The parallel to skating becomes apparent in the dynamic balance, because you feel unstable on skates, too, if you are not moving.

The crank has been known to humankind as a drive in mills, draw wells, and spinning wheels since ancient times. Drais neglected the crank in his velocipedes—which is astonishing—but it worked nevertheless. It would be fifty years, when crafts and handicrafts were finally brought together, before the 'Micheaux' wheel was invented in Paris. Freedom of trade spread after the French Revolution; the capability and the knowledge of the craftsmen could not be kept secret anymore; networks arose and the cobbler no longer had to stick to his last. Inventors gave sense to the 'whole thing' by putting together separate modules and components, by creating interchanging functions, and by rearranging and producing new correlations. Upon closer inspection, even the simplest tools, such as hammers or pliers, turn out to be a combination of complex relationship. "The greatest invention of the nineteenth century was the invention of the method of invention." (Alfred North Whitehead, British mathematician and philosopher)

1) Ibid.
2) Op. cit, 86

(202)
DIE STADT IST KEINE BÜHNE
Gregor Langenbrinck

———

English Text Page 310

Gelegentlich komme ich in Gesprächen auf die Frage, in welcher Stadt man sich vorstellen kann zu leben. Die Gespräche sind ebenso vergnüglich wie interessant: In der Gegenüberstellung des eigenen und des fiktiven Lebensmittelpunkts erfährt man etwas über den anderen, andere Städte sowie die Beziehung zu der Stadt, in der man momentan lebt.

Vor einiger Zeit tauchte in einem dieser Gespräche auch Dresden als potenzieller Anwärter auf. Allerdings nur kurz. Denn mit: „Dresden? Furchtbar! Alles nur Kulisse", wurde er von meinem Gesprächspartner sogleich wieder vom Tisch gefegt. Ich war irritiert, stand die Aussage doch im Widerspruch zu meinem nachhaltigen Eindruck, den ich während meines ersten Besuchs Anfang der 1990er Jahre gewonnen hatte.

Dresden – eine europäische Stadt

Damals, noch als Architekturstudent, faszinierten mich zunächst die historischen Bauten Semperoper, Zwinger, Brühlsche Terrasse usw. und die fantastische Silhouette, in die die Bauwerke, zu ihrer bestmöglichen Wirkung über die Elbe hinweg betrachtet, eingestellt schienen. Ich kann mich auch erinnern, dass ich mit Kollegen angeregt über die Qualität der Prager Straße diskutierte und sie als eines der wenigen gelungenen Beispiele der Nachkriegsmoderne einstufte. Daneben sind mir vor allem Postkartenständer aufgefallen. Jeder war mit Abbildungen bestückt, die das total zerstörte Dresden zeigten. So etwas kannte ich aus keiner anderen deutschen Stadt. Wie stark muss der Verlustschmerz der Dresdner nach so langer Zeit noch sein!

Doch all das wurde von einem anderen Eindruck überstrahlt: dem Lebensgefühl in der Dresdner Neustadt. Der Gang über die Elbbrücken war der Gang in ein anderes Dresden. Hier trat mir ein kulturelles Leben entgegen, das mich gleichermaßen beeindruckte wie mitriss. Die Straßen schienen vor Lebendigkeit zu sprudeln. Alles wirkte leicht und positiv. In vielen Häusern waren spontan Kneipen entstanden. In den Hinterhöfen spielten Off-Bands, gaben Theatergruppen Vorstellungen, stellten Künstler aus. Vieles von dem, was städtisches Leben ausmachte, schien hier zu passieren. Keine lähmende Bürokratie, kein Establishment konnte die Experimentierlust der Menschen offenbar in die Knie zwingen. Zweifellos hat meine Euphorie die Situation überhöht. Dennoch: Die Dresdner Neustadt stand massiv in Kontrast zum Rest der Stadt.

Dieses Gesamtbild von Dresden prägte sich mir nachhaltig ein: eine kontrastreiche Stadt, in der das Erbe der Moderne ebenso faszinierend wie erschreckend neben den großartigen Bauten, Straßen und Plätzen vergangener Jahrhunderte stand. Und zugleich regte sich, zumindest in einem Stadtteil, der Keim für ein besonderes städtisches Leben, das ganz aus der Situation und durch das Engagement seiner Einwohner zu wachsen schien. Zu einer Inkarnation der europäischen Stadt, dachte ich damals, könnte Dresden werden. Eine Stadt, die nicht nur auf ihr Bild, also in der Regel den Wert ihrer zentrumsnahen baulichen Substanz, reduziert wird. Eine Stadt, deren Bewohner das Ganze sehen, also auch die Bedeutung des städtischen Lebens als Voraussetzung für Innovation, die so nur in diesem besonderen Stadtkosmos entstehen kann. Eine Stadt, in der sich die ‚urbs‘, die Gebäude, Straßen und Plätze, und die ‚civitas‘, die Stadtgesellschaft, synergetisch entwickeln. Eine Stadt also, in der die Menschen der Entfaltung ihrer individuellen Möglichkeiten bestmöglich nachgehen können und sich dafür ein optimales infrastrukturelles wie bauliches Umfeld schaffen. Dresden hatte zusätzlich die Chance, diese Entwicklung mit den hohen Qualitätsstandards aus der eigenen Vergangenheit zu messen. Es schien prädestiniert, zu einem Vorreiter für eine Erneuerung der europäischen Stadt zu Beginn des 21. Jahrhunderts zu werden. Dieses nicht zuletzt auch vor dem Hintergrund der damals rosigen wirtschaftlichen Zukunftsprognosen.

Das war 1991. In den folgenden Jahren habe ich die Entwicklung Dresdens aus der Ferne verfolgt. Spektakuläre Neubauten wie Kino, Parlament und Gläserne Fabrik und der teilweise Neubau zerstörter Bauwerke in der Altstadt schienen mir ein Garant für die Fortführung einer hochstehenden Baukultur in Dresden zu sein. Und auch so manches Signal über das Dresdner Kulturleben ließ mich hoffen, dass die Stadt trotz der im Osten mittlerweile vielerorts desolaten Situation ihr spezifisches Potenzial auf dem Weg zu einer herausragenden europäischen Stadt ausschöpfen könnte. Selbst die Prognosen für die wirtschaftliche Entwicklung der Stadt blieben – bis heute – positiv. Allerdings war da ab einem bestimmten Zeitpunkt auch die durch meinen Gesprächspartner ausgelöste Irritation, dass Dresden nur Kulisse sei.

Seit einiger Zeit bin ich nun beruflich in Dresden. Mit Spannung habe ich die Orte aufgesucht, die mein Bild von Dresden geprägt haben. Mein erster Spaziergang führte vom Hauptbahnhof zunächst in die Prager Straße. Sie hat trotz aller Veränderungen ihr besonderes Profil erhalten. Ein in den Weg gestelltes Gebäude gegenüber dem Bahnhof mit einer eigenartigen Imitation des berühmten Dresdner Kugelhauses sowie zwei Baugruben ohne Aussicht auf Gebäude tun dem keinen Abbruch. Im Gegenteil zeigen der anstehende Neubau des Kaufhauses unter Verwendung von Teilen seiner ehemaligen Fassade und das Ringen um die Zukunft des (leider etwas eingebauten) Rundkinos, dass auch dieser Teil der Stadt in seiner Qualität und historischen Bedeutung erkannt ist.

Ich gehe weiter, verirre mich beim Eintritt in die Altstadt zwischen den vielen Alt- und Neubauten und lande unversehens am Postplatz. Eine riesige Baustelle. Hier wird mir zum ersten Mal eine Diskrepanz offenbar: Der Blick auf die Altstadt zeigt perfekt sanierte und neu gebaute Altbauten. Alle anderen Richtungen jedoch offenbaren Brüche. Viele Gebäude verfallen oder sind schon Ruinen. Neue, dazwischengesetzte Gebäude stehen leer und zeugen von geringer gestalterischer Qualität. Dieser Eindruck wird sich während meiner weiteren Besuche immer mehr verstärken.

Die Macht der Inszenierung

Beim Gang über die Elbe wird es dann sichtbar. Da liegt sie, die perfekte Silhouette, das Canaletto-Motiv, als sei, seit der Künstler sie malte, (fast) nichts geschehen. Einmalig – ich gebe es zu. Der Architekt und Stadtbaukünstler ist entzückt. Der Stadtforscher und -entwickler ahnt etwas. Diese Stadt ist eine Bühne! Sie sieht sich so. Alles scheint auf dieses Schauspiel hin organisiert. Die Gebäude als Teile einer gewaltigen Kulisse. Bestaunt und besichtigt von Touristen, zu Fuß, vom Schiff aus oder ganz unmittelbar von den Tribünen, den Elbwiesen. Vor ihnen die Elbe, der Orchestergraben, aus dem sanfte Klänge von Wasser und Wind emporsteigen und das Schauspiel dahinter wundersam untermalen.

Die Macht dieser Inszenierung ist gewaltig. Denn es sind nicht nur Touristen, die sie bestaunen. Auch die Dresdner zieht sie in ihren Bann. Sie besonders, scheint mir. So überzeugt sind viele von ihnen, dass sie glauben, dass selbst die Aberkennung des Welterbestatus für Dresden die ‚Zuschauerströme' nicht abreißen lassen wird.

Und das städtische Leben in der Dresdner Neustadt? Es ist noch da. Wenn auch domestizierter als 1991. So richtig über die ganze Stadt ausgebreitet hat sich der besondere städtische Impetus allerdings nicht. Eher sammeln sich in der Neustadt Menschen, die gezielt städtisches Leben suchen. Anderen Dresdnern scheint das egal. Einige blicken argwöhnisch und ablehnend auf die dortige Vielfalt und Offenheit.

Oft sitze ich nun auch auf den Elbwiesen und lasse meinen Blick über die Silhouette schweifen. Welches Schauspiel findet dort statt? Wer ist Zuschauer, wer Schauspieler in dieser Inszenierung?

Ich stelle mir ein Brecht'sches Lehrstück vor, Arbeitstitel *Runter von der Bühne*

Der Fremde: „Was seht ihr?"

Touristen: „Die Elbe, die Wiesen, den Goldenen Reiter."

Der Fremde: „Was noch?"

Städter (irritiert): „Gebäude, Straßen?"

Der Fremde: „Sind sie nicht wichtig?"

Städter und Touristen (einhellig): „Was soll das Fragen? Sie sind Teil der Stadt, doch wenn das eine oder andere fortgenommen würde, ist es uns gleich."

Der Fremde: „Aber hier, in der Altstadt, wäre es euch nicht gleich?"

Städter und Touristen: „Natürlich nicht, jedes ist ein Juwel, ein Schatz, im Herzen dieser Stadt."

Der Fremde: „Und das soll immer so bleiben?"

Städter: „Das soll so bleiben und noch viel stärker werden. Diese Monumente hier sind Dresden."

Der Fremde: „Und damit sind sie tot, denn sie dürfen sich nicht erneuern. Eine Stadt lebt aber nur, wenn sie sich erneuert. Und so sage ich: Auch die Altstadt muss sich erneuern."

Städter (bestürzt): „Du willst unsere Stadt erneut zerstören?"

Der Fremde: „Nein, ich will, dass sie lebendig ist. Die Stadt ist keine Bühne! Denn auf der Bühne wird ein Stück gegeben. Es erzählt vom Leben, aber ist es nicht selbst. Doch die Stadt ist das Leben – in aller Konsequenz."

Touristen und Städter (gemeinsam): „Was willst du uns damit sagen, Fremder?"

Der Fremde: „Ihr trennt zwischen dem, der hier lebt, und dem, der kommt. Schauspieler und Zuschauer. Doch die Trennung gibt es nicht. Denn wir alle handeln in der Stadt. Wer nur konsumiert oder zum Konsum bereitstellt, der zerstört. Denn die Stadt wächst durch unser aller Vielfalt, Austausch, Können und Geschick. Die Begegnung gebiert das Überraschende an Stellen, die noch keiner kennt."

Die Handelnden: „Was sollen wir also tun?"

Der Fremde: „Steigt von der Bühne in die Stadt und lebt."

Ich erinnere mich an die Postkartenständer und die Motive der kriegszerstörten Stadt. Ich frage mich, ob es nicht gut wäre, all diese Karten – wo immer sie noch zu finden sind – mit Sorgfalt wegzulegen. Denn ich glaube, dass jeder Blick auf eine dieser Karten die Macht der Dresdner Kulisse immer weiter stärkt.

Über Pläne – Vom Nutzen des Gemeinsinns

About Plans—The Benefit of Public Spirit

FLUCHTEN AUS DER
„ARBEIT AN DER GEMEINSCHAFT"

Gerald Raunig

———

English Text Page 312

Der Titel dieses Textes bezieht sich nicht ohne Grund auf einen als ‚klassisch‘ zu bezeichnenden Aufsatz aus einer ebenso avancierten wie ausschweifenden Debatte im Kunstfeld der späten 1990er Jahre. In seinem vor knapp zehn Jahren geschriebenen Text *Arbeit an der Gemeinschaft. Modelle partizipatorischer Praxis* (Kravagna 1998) rollt der Wiener Kunstkritiker Christian Kravagna mit einiger Vehemenz noch einmal die Kritikpunkte an jenen Kunstpraxen auf, die in den 1990er Jahren zwischen den Labels relationaler Ästhetik und Community Arts reüssierten. Seine theoretische Ausgangsfrage besteht hauptsächlich darin, „in welchem Maße ‚soziales Handeln‘ politisch ist bzw. ein soziales Interesse an die Stelle des politischen tritt". Die Kritik Kravagnas betrifft vor allem die *Heal the world*-Rhetorik der sogenannten New Genre Public Art, also neuerer Formen der Kunst im öffentlichen Raum, die Raum und Öffentlichkeit seit den späten 1980er Jahren nicht mehr als neutrale Gefäße verstanden, welche mit autonomen oder kontextualisierenden Kunstobjekten zu füllen wären, sondern soziale Prozesse initiieren wollten. Diese sozialen Prozesse sollten wohl zur ‚Gemeinschaftsbildung‘ beitragen, verbanden sich oft jedoch mit problematischen Aspekten der pastoralen Haltung von Künstlern/-innen und Kuratoren/-innen, des ‚Othering‘ und einer identitätslogischen Geschlechterzuweisung. Kravagna beklagt darüber hinaus „das weitgehende Fehlen politischer Analyze, während gleichzeitig viel von sozialer Veränderung die Rede ist". Diese Formen der Entpolitisierung koppeln sich mit dem Problem der Aneignung nicht nur symbolischen, sondern auch konkreten kognitiven und affektiven Kapitals durch die Künstler/-innen und mit der Hypostasierung von Dialog und Partizipation: „Aus der ‚dialogischen Struktur‘ der Einbindung der Community in den kreativen Prozess soll die [künstlerische] Arbeit ihre Relevanz für eben diese Gemeinschaft beziehen."

Dass die projektive Vorstellung der Verbesserung sozialer Missstände durch Kunst oder der Bildung einer kollektiven Identität durch künstlerische Anstöße in der Hauptsache depolitisierende Effekte zeitigt, ist nicht nur Christian Kravagnas Einzelinterpretation, diese Kritik wurde im Kunstdiskurs der zweiten Hälfte der 1990er ausgiebig verhandelt.[1] Sie kam dabei nicht von rechts, als Beharren auf einer Kunst, die nicht politisch zu sein habe, sondern von links, als Angriff auf den vor allem im anglo-amerikanischen Raum in die Kunst geglittenen Kommunitarismus und auf eine neue Qualität der Instrumentalisierung von Kunst als Mittel sozialer Integration im Werkzeugkasten neoliberaler (Kultur-)Politik.

Im Jahr 2007 noch einmal auf diesen Diskurs zurückzukommen, wäre im Prinzip eine eher fade Wiederholung ohne Differenz. Ich wähle diesen Ausgangspunkt allerdings dennoch, und zwar deswegen, weil ich in einigen Konferenzen und anderen Veranstaltungen der letzten Zeit den Eindruck gewonnen habe, dass diese gar nicht so weit zurückliegenden Debatten sowohl bei jüngeren Generationen als auch vor allem in den Nachbarschaftszonen der bildenden Kunst, etwa in der Architektur oder der Stadtplanung, nicht wirklich angekommen sind. Die diesbezüglichen Diskussionen der 1990er, die manchmal auch über das Ziel hinausschossen und partizipatorische, interventionistische und aktivistische Kunstpraxen ohne Unterschied als identitär oder inhaltistisch verabschiedeten, sollten jedenfalls zehn Jahre später weder dem Vergessen anheimgegeben noch einfach nur differenzlos wiederholt werden. Denn auch das gibt es: die gebetsmühlenartige Wiederholung der alten, noch so triftigen Argumente ohne die spezifische Differenz der aktuellen Verfassung des Kunstfelds. Zusätzlich verstärkt sich auf Seiten einer fundamental anti-aktivistischen Kunstkritik die taktische Vermischung und Verwischung der Differenz so verschiedener Praxen wie Community Art, partizipativer Kunst, relationaler Ästhetik, Interventionskunst, Kommunikationsguerilla und aktivistischer Ansätze. Das betrifft übrigens nicht nur das Feuilleton der *FAZ*, sondern auch scheinbar politische, avancierte Kunstmagazine wie *October* oder *Texte zur Kunst*. Die Labels aktivistisch, interventionistisch, partizipatorisch, relational werden hier oft vermengt, pauschal entwertet und – je nach Position – modernistischen oder romantischen Paradigmen gegenübergesetzt.

Ich kann vor diesem komplexen Hintergrund der vielfachen Differenzierung, aber auch Verunklarung der Diskurse einer reinen Wiederholung der alten anti-kommunitaristischen Argumente wenig abgewinnen, haben sich doch die Bedingungen der Kunstproduktion und Kulturarbeit durch verschärfte Ökonomisierung, Rückzug der staatlichen Kulturförderung und ein verschärftes Einsetzen neoliberaler Gouvernementalität auch in den letzten Jahren noch einmal massiv verändert und zugespitzt. Die Fragestellung der ‚Arbeit an der Gemeinschaft' müsste heute dahingehend angepasst werden. Wie wirken die zeitgenössischen Formen von postfordistischen Arbeits- und Lebensweisen, wie wirken Prekarisierung, fremdbestimmte Mobilität und extreme Flexibilisierung als neue, eher ‚repressive' Phase des neoliberalen Kapitalismus zusammen mit den eher smoothen Forderungen nach Gemeinschaftsbildung und sozialer Integration?

Statt also über die Subjektivierungs- oder gar Existenzweisen der Vergesslichkeit im kulturellen Feld zu lamentieren, sollte ich besser die Argumentation der 1990er weiter differenzieren und theoretische Alternativmodelle bedenken. In gewisser Weise kann der alte Diskurs durchaus wiederholt werden, aber eben unter Berücksichtigung der spezifischen Differenzen; indem man die Erkenntnisse aus dem Feld der bildenden Kunst mit jenen anderer Felder in Austausch bringt, etwa mit jenen der Architektur oder der Stadtplanung (wobei ein spezifischer Blick auf die generell höhere Bereitschaft zu funktionalen Herangehensweisen in diesen Bereichen notwendig ist), und indem nicht nur verallgemeinerte Kritik am Kommunitarismus geübt wird, sondern anhand der Diskussion von konkreten Projekten Involvierung und Partizipation als gouvernementale (Polizei-) Funktion, „Bürgerbeteiligung" als Funktion von Kontrolle und Ein- und Ausschlüssen, als Aspekt von Regierung durch *community-building* untersucht werden.

Auf theoretischer Ebene möchte ich, um nicht in die unfruchtbare Dichotomie von politischer und autonomer Kunst, oder allgemeiner von gemeinschaftlicher Identität und Autonomie des Individuums, zurückzufallen, eine Differenzierung vorschlagen, die diese Dichotomie durchkreuzt: Diese Differenzierung fragt nicht nach dem Wesen der jeweiligen Kunstpraxis (oder wahlweise stadtplanerischer Strategie) und deren Abtrennung, Abspaltung oder (Selbst-)Heteronomisierung, sie fragt weder nach dem Nutzen für ein Gemeinwesen noch nach dem Freiheitsgewinn für das Individuum, sondern macht einen Unterschied nach dem jeweiligen Verhältnis von Sozialität und Spatialität, nach dem jeweiligen Verhältnis von Sozialem und Raum. Am einen Pol geht es eher um inkludierend-exkludierende Partizipation, Integration und Kontrolle von Raum und Sozialität der vormals als Publikum identifizierten Figur: Die Kunst (oder Architektur oder Stadtplanung) soll hier helfen, schwer zu bändigende Multituden in ein überschaubares, im besten Fall sich selbst kontrollierendes Volk zu verwandeln. Während an diesem Pol identitäre und kommunitäre Strategien forciert werden, also solche, die den Raum verteilen, zählen und rastern, geht es am anderen Pol tendenziell darum, sich *im* Raum zu verteilen, ohne *den Raum* als vorgängig, fest und hierarchisch zu fixieren; einerseits also die Einsetzung einer abstrakten Form von Gemeinschaft, die in jedem Fall eine herrschaftliche Form von Bindung herstellt: fremdbestimmte Gruppierung, feste Bindung der Individuen aneinander, Rasterung, Hierarchisierung, passives Übersichergehenlassen der *Auf*teilung – und damit auch Segmentierung – von Raum, Ein- und Unterordnung in hierarchische Verhältnisse statt transversaler Verteilungen im Raum, in einem Raum, dessen Form auch während dieser Verteilung stets in Veränderung begriffen ist, in dem das Werden von Verkettungen sich in dem Maße ereignet, wie das Differente sich mit dem Differenten austauscht. Gerade anhand der Analyze partizipatorischer Kunst- wie Stadtplanungsprojekte ließen sich vor diesem Hintergrund gut zwei verschiedene Verteilungstypen und ihre Übergänge, Überlappungen und Überlagerungen konkretisieren: Partizipation als paternalistische Hilfeleistung vor dem Hintergrund eines vorgängig schon aufgeteilten Raumes und Partizipation als orgische, maßlose Aufteilung im Raum.[2]

Die Theorie der abstrakten Maschine als Flucht aus der Gemeinschaft

Das Problem liegt tiefer als in der Praxis von Kunst, Stadtplanung oder Architektur. Es ist das Problem einer Flucht aus Begriff und Begehren nach Gemeinschaft. Die Gemeinschaft zu fliehen, wäre die Möglichkeitsbedingung für die selbstbestimmte Verteilung im Raum. Es hilft hier auch nicht viel, den Begriff der Gemeinschaft durch radikale Umdeutung zu retten, wie es in letzter Zeit etwa Giorgio Agamben, Jacques Rancière oder Roberto Esposito versucht haben. Mit diesen zeitgenössischen Philosophien einer kommenden oder messianischen Gemeinschaft bleibt uns jedoch die grundlegende Frage gemeinsam, wie eine Verkettung von Singularitäten zu denken ist, die sich allen identitären und kommunitären Logiken entzieht.

In Anklang an die technischen und linguistischen Diskurse um Alan Turing, Norbert Wiener und Noam Chomsky haben Gilles Deleuze und Félix Guattari in den 1970ern, vor allem in ihrem umfangreichsten Buch *Tausend Plateaus*, den Begriff der abstrakten Maschine neu erfunden, und zwar unter radikaler Entfernung des Begriffs aus seinen ursprünglichen, beschränkten Kontexten, und selbst die Verbindung von Mensch und Maschine in den diversen Cybertheorien muss im Vergleich zum Maschinenbegriff von Deleuze/Guattari noch als beschränkt gelten. Man könnte sagen, diese radikale Erweiterung des Maschinischen vor allem ins Soziale entspricht genau der Problematisierung unserer Frage nach einer Form der Verkettung von Singularitäten, die ohne Gemeinschaft auskommt. Diese abstrakte Maschine Deleuze' und Guattaris zieht Fluchtlinien, die primär sind, kein Widerstand, keine Reaktion, kein *Gegen*angriff. Abstraktion heißt hier nicht Absonderung, Entwendung, Entfernung vom Realen. Die Trennung der technischen von der sozialen Maschine oder des Allgemeinen vom Besonderen ist es gerade nicht, was die Abstraktheit der abstrakten Maschine ausmacht. Im Gegenteil: Die abstrakte Maschine ist in ihrer Form-Unbestimmtheit die Voraussetzung für genau die Gefäße, die nicht zur Strukturalisierung und Schließung als/in der Gemeinschaft neigen. In ihrer Abstraktheit ist sie weder Universalie noch Ideal, sie ist einzigartig und virtuell-real: *„Das Virtuelle besitzt volle Realität, als Virtuelles"* (Deleuze 1992, 264).

Die abstrakte Maschine ist die Möglichkeitsmaschine, das Vermögen der Zusammensetzung: Vor und diesseits der Trennung von Zeichen- und Äußerungsgefügen, Ausdrucksformen einerseits und Körpergefügen, Inhaltsformen andererseits bestehen abstrakte Maschinen. Sie verkörpern sich in den konkreten Verkettungen, fließen mit ihnen zusammen, messen ihre maschinelle Konsistenz, so als würden sie Neuland vermessen. Konkrete Maschinen werden von abstrakten Maschinen aufgegriffen, eingesetzt, organisiert, ineinandergefügt. Abstrakte Maschinen werden in konkreten Maschinen wirksam, die ihrerseits Ausdrucks- und Inhaltsformen erschaffen. Die abstrakte Maschine ist die Beziehung zwischen Ausdrucks- und Inhaltsform. Die abstrakte Maschine hat selbst keine Form, konkrete Maschinen verleihen der abstrakten Maschine Form. Diese Ungeformtheit ist kein Mangel, sondern Voraussetzung für die Erfindung, für das Werden konkreter Maschinen. Abstraktion heißt daher schließlich Zerstreuung, die Differenzierung der Differenzen, die Gabelung möglicher Welten. Die abstrakte Maschine ist in diesem Verhältnis als anti-identitäre Nicht-Form und Potenzialität zu verstehen, die die Vielen nicht vereinheitlicht, sondern Vielheiten werden lässt.

Konkrete Maschinen und orgische Verteilung im Raum

Wenn abstrakte Maschinen die Möglichkeitsmaschinen für die Differenzierung der Differenzen, für eine orgische Verteilung im Raum sind, dann gilt es hier noch abschließend ein Beispiel von konkreten Maschinen vorzustellen, die sich der Kerbung, der Rasterung, der Aufteilung des Raums entgegenstellen. Wir tauchen dazu ein in die Welt der Globalisierungskritik, konkret in die Proteste gegen die G8 um Heiligendamm im Juni 2007. Zuerst das Beispiel für den Pol der

Kerbung, immer in dem Bewusstsein, dass die beiden Pole in ihrer dualen Darstellung zwischen Gemeinschaft und Maschine, Verteilung des Raums und Verteilung im Raum nicht als reine existieren, sondern ineinander übergehen. Als groteske Übertreibung der Aufteilung des Raums in rigide geschiedene gesellschaftliche Sektoren und Disziplinen muten alle Überlegungen über die Funktion von Kunst als Gegenüber von sozialer Bewegung an: Die Idee, einen ‚Kulturteil' zum ‚politischen' hinzuzufügen, geht aus einem durch und durch repräsentationistischen Ansatz hervor, der beides, Kunst und Politik, als reine Repräsentation missversteht und damit auch einen Mechanismus der gegenseitigen Abgrenzung und Denunziation anspringen lässt. Schon die ‚Kulturprogramme' der Sozialforen sind ein dementsprechendes Missverständnis.

Exemplarischer noch Adrienne Goehlers Projekt *Art Goes Heiligendamm* (www.heiligendamm.net), in dem gar nicht so uninteressante oder unpolitische Kunst als eine vermittelnde und deeskalierende Pufferzone benannt und funktionalisiert wurde. Mit Hilfe einer auffällig unsensiblen Praxis des Selbstmarketings kreierte die Ex-Kultursenatorin und Kuratorin des Berliner Hauptstadtkulturfonds ein Projekt, das, so Goehler, der Kunst einen „erweiterten gesellschaftlichen Resonanzraum" verschaffen und vor allem „vermitteln" und „deeskalieren" sollte.

Vermittlung und Deeskalation sind nun in jedem Fall Termini, die auf der Seite der polizeilichen Aufteilung des Raums liegen. Wo dagegen aktuelle Kunstproduktion sich als Maschine konstituiert, arbeitet sie daran mit, jene Zonen der Politik herzustellen, in denen es gerade nicht zu einer Aufteilung des Raums des Protests in Eskalateure und Vermittler/-innen, Chaoten und Vernünftige, in Bunt und Schwarz oder in Kultur und Politik kommt. Wenigstens vorübergehend sollen hier Kerbungen, Rasterungen, rigide Aufteilungen unterwandert werden, ohne dass damit gleich die Spezifität verschiedener Praxen des Protests verloren ginge. Dabei gibt es auch genügend Platz für künstlerische Kritik, die nicht aus der Position eines konstruierten gesellschaftlichen Außen spricht, die nicht das Politische durch „Vermittlung und Deeskalation" aus der Welt schaffen will, sondern verschiedene spezifische Kompetenzen innerhalb von sozialen Bewegungen und mikropolitischen Aktionen bündelt.

Etwa im Projekt *HOLY DAMN IT. 50 000 Plakate gegen G8*[3], in dem Künstler/-innen im Vorfeld von Heiligendamm ihre spezifische Kompetenz in einem alten Genre auffrischten, nämlich dem der Plakatkunst. *HOLY DAMN IT* war eine Plakatserie, für die zehn Künstler/-innen und Künstlerkollektive von vier Kontinenten jeweils ein Plakat gestaltet haben. Von der klassischen Gegeninformation bis zur postkolonialen Kritik an den G8, von der Aufforderung zur internationalen Organisierung bis zur Werbung für Blockaden reichten die Sujets dieser Plakate. Und darüber hinaus kamen in Rostock und Heiligendamm auch performative Praxen zur Anwendung, die die dualen Logiken der Trennung, der Zäune, der gekerbten Räume durchkreuzten und sich als konkrete Maschinen im Raum verteilten: etwa in den Interventionen der Superhelden vom Hamburger Euromayday, der interplanetarischen Clowns Army, deren Kohorten auf asymmetrische Art ‚für Sicherheit sorgten', und überhaupt in den vielen mikropolitischen Interventionen am weiten Feld um den Zaun von Heiligendamm.[4]

---

[1] vgl. Höller 1995 u.a.

[2] vgl. Deleuze 1992, 264

Analog zu diesen zwei Verhältnissetzungen von Sozialität und Spatialität konnte auch der Titel des Abschlusspanels der dieser Publikation vorangegangenen Konferenz *Urban Potentials* verstanden werden. Hier wurde nach der Funktion der Kunst als „sozialer Kitt" oder „Widerlager" gefragt.

[3] vgl. holy-damn-it.org

[4] vgl. transform.eipcp.net

Literatur:

Babias, Marius (Hg.) (1995): *Im Zentrum der Peripherie. Kunstvermittlung und Vermittlungskunst in den 90er Jahren*. Dresden/Basel: Verlag der Kunst.

Creischer, Alice/ Siekmann, Andreas (1997): „Reformmodelle". *springer*, 2, 17–23.

Deleuze, Gilles (1992): *Differenz und Wiederholung*. München: Fink, 264.

Höller, Christian (1995): „Fortbestand durch Auflösung. Aussichten interventionistischer Kunst". *Texte zur Kunst*, 20, 109–117.

Kravagna, Christian (1998): „Arbeit an der Gemeinschaft. Modelle partizipatorischer Praxis". *Die Kunst des Öffentlichen. Projekte/Ideen/Stadtplanungsprozesse im politischen/sozialen/ öffentlichen Raum*. Hg. Marius Babias und Achim Könneke. Dresden: Verlag der Kunst, 28–47.
www.eipcp.net/transversal/1204/kravagna/de

Kwon, Miwon, „Public Art und städtische Identitäten". www.eipcp.net/transversal/0102/kwon/de

Raunig, Gerald (1999): *Charon. Eine Ästhetik der Grenzüberschreitung*. Wien: Passagen.

Raunig, Gerald (2002): „Spacing the Lines. Konflikt statt Harmonie. Differenz statt Identität. Struktur statt Hilfe". *Dürfen die das? Kunst als sozialer Raum*, Hg. Eva Sturm und Stella Rollig. Wien: Turia+Kant, 118–127.

Rollig, Stella (1998): „Das wahre Leben. Projektorientierte Kunst in den neunziger Jahren", *Die Kunst des Öffentlichen. Projekte/Ideen/Stadtplanungsprozesse im politischen/sozialen/ öffentlichen Raum*. Hg. Marius Babias und Achim Könneke. Dresden: Verlag der Kunst, 12–27.

www.art-goes-heiligendamm.net/de

www.holy-damn-it.org/, und hier die kritische Stellungnahme von HOLY DAMN IT zu „Art Goes Heiligendamm": www.holy-damn-it.org/stellung.html.

www.transform.eipcp.net/ mit Beiträgen von Alex Foti

www.transform.eipcp.net/correspondence/1182944688, Tadzio Mueller und Kriss Sol

www.transform.eipcp.net/correspondence/1183042751, Ben Trott

www.transform.eipcp.net/correspondence/1183458348, Martin Krenn

www.transform.eipcp.net/correspondence/1183635966 und Gini Müller

www.transform.eipcp.net/correspondence/1183808175?lid=1184160383.

(214)
anschlaege.de
DRESDEN

„Eines konnte man über den 7. Stock immer sagen: Nichts ist unsicherer als seine Zu-kunft. Wer – wie wir – im 7. Stock zugehört, vorgetragen, gestritten, gefeiert und über Dresden geblickt hat, würde gern weiter auf diesen Ort und seine Mannschaft zählen kön-nen, von dem aus man einen Überblick gewinnen und Perspektiven entwickeln kann."

(Steffen Schuhmann von anschlaege.de /Auszug aus dem Editorial von *Türmen & Bleiben*)

"One thing you can always say about the 7th floor: there is nothing more doubtful than its future. Those who—as we have—listened, lectured, disputed, celebrated and looked over the city from 7th Floor would like to count further on this place and the crew to allow an overview and open up new perspectives."

(Steffen Schuhmann, anschlaege.de / excerpt from the editorial of Türmen & Bleiben *)*

Türmen *&* **Bleiben** *ein Heft über Dresd*

Türmen & Bleiben *a magazine about Dresden, chances lost, treasures to be found, blossom dreams and instruction manuals, edited by anschlaege.de, invited by 7th floor, for the project* Urban Potentials.

7. Stock
(7th floor)

versiebte Chancen, zu hebende Schätze, Blütenträume und

(218)
Erik Hable, Ralf Hoedt,
Fritz Rücker & Moira Zoitl
SALZBURG

Dresden, 328.3 km²
Salzburg, 65.7 km²

(220)
Erik Hable, Ralf Hoedt,
Fritz Rücker & Moira Zoitl
SALZBURG

 Siedlung

 Einfamilienhaus

 Fabrik

 Spielplatz

 Park

 Supermarkt

SPIELREGELN

Schritt 1........ Bestimmen Sie die Stadtzone

Schritt 2 .... Wählen Sie eine Aktion

Schritt 3 .... Setzen Sie die Spielfiguren
+ x   Figuren setzen
− x   Figuren entfernen
<>   Figuren tauschen

 Plattenbauten

 Schrebergartenhaus

 Wagenpark

 Container

 Brache

 Bevölkerung

(222)

,NEGATIVE' RÄUME POSITIV GESEHEN

Péter Gauder

———

English Text Page 315

Ich bin Architekt. Man wird aber sehen, meine vorrangige Tätigkeit ist, ein Moderator zu sein, ein Moderator zwischen den ‚Teilhabern‘, die in Budapest und den allgemein mittelgroßen Städten in Ungarn das Stadtleben prägen.

Meine Arbeit will Antworten auf das folgende Problem finden: Wie können wir soziale Interessen bei der Stadtplanung berücksichtigen und wahren, statt ausschließlich Grundstücksverwertungen zu planen? Was in Ungarn heutzutage geschieht, ist Architektur im engeren Sinne. Man baut Häuser. Zwischen den Häusern liegende Freiflächen, Zwischenflächen, Zwischenräume, öffentliche Räume, werden nicht richtig unter die Lupe genommen. Ich möchte mehrere Thesen dazu vorstellen, wie die Stadtplanung früher vorgegangen ist und warum jetzt die Probleme entstehen: Wie kann man sich selbst organisieren und mit Leuten zusammenarbeiten – was wir eigentlich gerne tun –, um alles, was wir denken, in eine richtige Richtung zu leiten? Was für Probleme bringt die moderne Stadtplanung mit sich und warum funktioniert das nicht richtig?

Mit der stärkeren Individualisierung – die Menschen haben das Zuhause zum Eigenheim umgestaltet – ist das Interesse an den Zwischenräumen deutlich gesunken, und die Stadt nimmt dieses Problem nicht in die Hand. Gemeinschaften können sich hier nicht bilden, obwohl das früher möglich war und auch heute möglich sein könnte. Aber diese Räume funktionieren nicht richtig, und in diesem Sinne sind sie negativ.

Die Häuser wurden wahrgenommen und nicht die Plätze, die kleinen Gassen oder die großen Straßen. Was wir dagegen versuchen, ist, sie als ein Forum zu benutzen, damit ‚städtisches‘ Leben wieder entdeckt werden kann. Die Stadtplanung hat sich in den letzten Jahren stark auf die Häuser fokussiert und nicht auf die Plätze. Es wurden vielleicht schöne Häuser gebaut, aber keine schönen Plätze, keine schönen Räume gestaltet. Der Entwicklungsplan für die Innenstadt von 2006 beinhaltet nur diejenigen öffentlichen Plätze, die schon vorhanden sind, und wie wir sie benutzen könnten oder wie wir sie neu, humaner gestalten können. Man kann sehen, dass der Hauptplatz von Budapest, der Heldenplatz, ganz schön öde ist, aber nicht nur der Heldenplatz. Auch auf den anderen Plätzen zeigt sich ein ähnliches Bild.

Da ist es, das Problem in der heutigen Planung – dass sie sich nicht mit diesem Mezzo-Scale, mit den mittleren Maßstäben oder mittleren Einheiten, beschäftigt, und zwar zunächst ganz im physischen Sinn. Es geht immer darum, dass ein Investor auf einem Grundstück ein Gebäude baut. Und dieser objekt- oder projektbezogene Städtebau verhindert die Bildung kleinerer oder mittlerer Gesellschaften. Wenn wir uns fragen, wo die Wurzeln dessen liegen, sind wir meiner Ansicht nach beim Bauhaus, bei Le Corbusier. Daher kommen viele Ideen, die im Städtebau nicht oder nicht mehr funktionieren, weil die Menschen nach einer Planung oder dem Bau einer Siedlung in diesen Gemeinschaften leben ‚sollen‘.

Was wir dagegen machen wollen, ist: nicht als Planer planen, sondern als Planer Moderator sein, der die Gesellschaft zusammen plant. Partizipatives Planen also, das bedeutet, verschiedene Leitbilder zusammen zu diskutieren und als Szenarios auf ein Blatt Papier zu bringen. Und das größte Problem dabei ist, dass wir meistens nicht genau wissen, was die Leute gerne haben wollen.

Ein Planer kommt und denkt, wie er denkt. Man kann sich seinen Lebenslauf angucken und dann erkennen, woher diese Ideen kommen. Ich selbst habe auch mal solche schönen Häuser gemacht. Für mich waren sie schön, aber die Benutzer fanden sie nicht alle gut. Es gab einige, die verstanden haben, was ich entworfen hatte, weil sie aus einem ähnlichen Milieu kamen, eine ähnliche Herkunft oder ‚Kultur‘ hatten. Aber die anderen haben ganz andere Kulturen, in verschiedenen Städten zum Beispiel, wenn ich dort Pläne gemacht oder Wohnungen gebaut habe, konnten die Menschen sie nicht benutzen. Weil ich nicht verstanden habe, welche Interessen sie haben und woher diese Interessen kommen.

Deshalb müssen wir überhaupt erst einmal klären, ob die Leute noch immer Interesse an dem öffentlichen Raum haben oder nicht. Und das hat sich in Ungarn in den letzten Jahren verändert oder es beginnt sich zu verändern. In den ersten Jahren nach 1990 wurde die Wirtschaft großgeschrieben und jeder war vor allem mit sich selbst beschäftigt. Jetzt langsam sind wir so weit, dass die

Menschen an dem Gemeinschaftsleben wieder Interesse haben und sich wieder dem Leben in ihrer Stadt zuwenden. Sie wollen eine schöne Stadt, die besser funktioniert.

Und hier spielen eben diese negativen Räume, diese Zwischenräume, die nicht in den Häusern, sondern zwischen den Häusern liegen, eine prägende Rolle. Sie ermöglichen eine Identifizierung mit der Stadt, und die Bewohner/-innen haben eine großes Interesse, an dieser ‚Identität' teilzuhaben und sie auch selber zu gestalten.

Denn auch die physische Realität einer Stadt, die Infrastruktur, die Funktionen, alles zusammen macht einen großen Teil unserer Lebensweise und Lebensqualität aus, die Umgebung spiegelt unser Leben, und die Gestaltung der Umgebung hat einen Einfluss auf unser Leben. Und das sollten wir den Stadtplanern oder anderen Fachleuten nicht allein überlassen, sondern wir müssen in diesen Diskussionen Koalitionen bilden und einen Weg suchen, wie wir das gemeinsam schaffen können. Denn daraus entsteht die ‚Symbolik' der Stadt, jeder Stadt, hier in Dresden oder in Budapest oder überall in der Welt. Wenn wir dort sind, dann ist in diesen Städten oder einzelnen Orten eine Symbolik, etwas, was wir gerne haben oder eben nicht gerne haben. Und auf jedem Platz, auf dem wir uns bewegen, gibt es diese Bedeutung, etwas, das uns im Herzen trifft, und dann lieben wir das oder lieben wir das nicht. Und diese Sache ist zu wichtig, um sie Architekt/-innen oder Stadtplanern/-innen allein zu überlassen. Wir müssen die Menschen einbeziehen, die dort wohnen oder vielleicht auch bei der Realisierung mitwirken können.

Um deutlich zu machen, wie unsere Arbeit dabei aussieht, möchte ich Projekte für zwei mittelgroße Plätze in Budapest anführen, bei denen wir auf der einen Seite mit den Einwohnern/-innen und den verschiedenen Ladenbesitzern/-innen zusammengearbeitet haben und auf der anderen Seite mit Zaha Hadid, einer weltberühmten Architektin also.

Ausgangspunkt war, dass diese Plätze nicht einfach ein bisschen schöner gemacht werden sollten, das reichte nicht, sondern sie sollten ‚gestaltet' werden. Eine Gestalt zu bekommen, ist aus meiner Sicht nicht nur für öffentliche Plätze, sondern für eine ganze Stadt wichtig, weil sich daraus ihre schon erwähnte ‚Symbolik' ableiten lässt. Wie machen wir das? Durch Selbstorganisation. Die Selbstorganisation zieht sich durch das ganze Projekt, die Beteiligten, die also gerne diese Zwischenräume oder diese negativen Räume, wie wir sie nennen, neu gestalten wollen, bringen ja ihre eigene ‚Symbolik', ihre Erfahrungen von anderen Plätzen, Erfahrungen aus ihrem Lebensumfeld mit. Und deshalb müssen wir sie als Experten betrachten. Der erste Schritt ist also, alle, die dort wohnen, und alle, die uns helfen können, zu verstehen, wie sie leben wollen und wie sie die Plätze benutzen möchten, alle zusammenzubringen und eine Gemeinschaft aufzubauen. Das gilt besonders für die Innenstadt, wo nicht nur, aber doch sehr viele alte Leute wohnen, die sich oft in ihre Wohnungen zurückziehen.

Nicht nur der Plan wird gemeinsam erarbeitet, sondern auch die Realisierung gemeinsam durchgeführt. Und hier ist interessant, dass die Menschen gerne kommen und gerne auf dem Platz ausleben, wie sie das gerne sehen wollen. Wir müssen also nicht mit dem Plan oder der Umgestaltung anfangen, sondern zuerst die Art und Weise, wie gestaltet werden soll, ausleben oder durchspielen oder praktizieren. Erst danach, wenn das funktioniert, kann man vielleicht mit einem Umbau beginnen.

Selbstorganisation ist also eine ganz andere Sache, als gemeinsam an einem Tisch zu sitzen und zu planen. Sehr viele Interessen kommen zusammen, ein gegenseitiger Lernprozess beginnt, angefangen von kleinen Gruppensitzungen, dann in größeren Kreisen, zuerst sich über den Status quo klar werden und dann fragen, was wir ändern können. Die Leute wollen schon Änderungen sehen. Und unsere Arbeit ist es vor allem, sie zusammenzubringen, und dabei entstehen ganz andere Vorschläge als die der Verwaltung.

Verwaltungen wollen meist mehr Ordnung schaffen, und das bedeutet, Regelungspläne zu erarbeiten. Es werden sehr langsam sehr viele Regelungspläne erarbeitet, und die Menschen verlieren das Interesse. Diese Regeln funktionieren nicht. Das können sie sehen. Also wird jedes zweite Jahr ein neuer Regelungsplan erstellt. Wir schlagen vor, zuerst eine neue Wirklichkeit zu gestalten und dann eine neue Regelung. Selbstorganisation steht also manchmal quer zum Status quo. Ein Chefarchitekt im fünften Bezirk zum Beispiel sieht Partizipation nicht als Hilfe, sondern als Bedrohung, dass er seine eigene Kompetenz abgeben soll und abgibt, wenn er eine Neugestaltung nicht selber umsetzen kann. Wenn er mit den Leuten spricht und ihnen seine Vorschläge macht, und die Leute wollen nicht, was der Chefarchitekt will, dann kommt es zum Konflikt. Nun hat jede Diskussion, jede Koalitionsbildung einen Konflikt in sich, weil die Dinge besprochen werden müssen, und dann muss man sich einigen. Aber man kann eben auch zuerst kleine Veranstaltungen organisieren, dann den Architekten einladen, noch eine Veranstaltung machen, wo man sich schon konkreten Planungsschritten annähert. Sie werden sehen, wie sehr die Leute daran teilnehmen, dann nimmt die Politik das wahr, und der Chefarchitekt bekommt eine Idee, dass er die neue Ordnung eben anders machen soll und diese neue Ordnung zusammen mit den Bewohnern/-innen entworfen ist. Das einzige Problem ist, dass wir das noch nicht gelernt haben. Nicht nur ich habe das noch nicht gelernt, sondern die ganze Gesellschaft, besonders in den südöstlichen Ländern, in diesen europäischen Städten hat man noch nicht gelernt, wie man das macht und wie viele Seiten man braucht, um den Status quo zu ändern.

Was ist das Problem mit der Stadtplanung? Die Stadtplanung in unseren Ländern hat nicht gelernt, was es bedeutet, mit anderen Einheiten als dem Staat umzugehen; was es bedeutet, wenn die Finanzierung von privater Seite kommt, und was es bedeutet, diese soften Methoden der Partizipation oder Selbstorganisation mit einzubeziehen, also die Nutzer/-innen, die Bewohner/-innen usw. einzubeziehen. Wir haben auch Probleme, mit Freiraum, den negativen Räumen oder den Zwischenräumen umzugehen, weil wir ihr ,Design' und ihre Grammatik nicht gelernt haben.

Der Architekturtheoretiker Bruno Zevi hat über das architektonische Planen einmal dasselbe gesagt. Architekten könnten den Raum nicht zeichnen, sie zeichneten immer nur Wände. Zevi hat vorgeschlagen, andere Möglichkeiten zu entwickeln, über Räume zu denken, und dazu eine Grammatik im Sinne einer grafischen Darstellungsmöglichkeit zu entwickeln. Doch für die Städte haben wir das noch nicht, es ist einfach noch nicht erarbeitet worden, genauso wenig wie differenziertere Wahrnehmungsformen der Syntax, wie eine Stadt funktioniert und wie sie richtig gegliedert und strukturiert ist. Denn was wir nicht wahrnehmen, damit können wir auch nicht arbeiten.

Wir müssen psychisch denken. Wenn wir über Symbolik sprechen, dann ist es nicht immer wichtig, ob ein Haus schön oder nicht schön ist. Es ist vielmehr wichtig, wie wir diese Symbolik aufnehmen und welche Bedeutung etwas für unsere ,mental map' bekommt. Bei unserem Projekt haben wir ja erst mal nicht mit Fachleuten diskutiert, sondern mit ,einfachen Leuten', Bürgern, die dort wohnen.

Bei dem zweiten Projekt haben wir mit Zaha Hadid zusammengearbeitet[1], ein großer Name, mit dem man natürlich einiges erreichen kann. Sie hatte zunächst für den Platz ein Haus geplant, sehr quadratisch und sehr streng, aber es hatte mit dem Platz keine Verbindung. Und dann hat die Architektin verstanden, dass es die Leute nicht interessiert, was für ein Haus dort stehen wird. Aber jeden interessiert es, wie der Platz organisiert wird. Es folgten Diskussionen über Durchgänge in den unteren Geschossen, über eine ,Aufschlitzung', sogar darüber, den Platz zu vergrößern. Also hat Zaha Hadid ein bisschen nachgedacht und das alles einbezogen. Das Haus und der Platz sind ein zusammenhängendes Etwas geworden. Es ist noch nicht fertig, es wurde nicht beschlossen, aber die Diskussion ging in eine positive Richtung. Und warum machen wir das? Weil die Beteiligung, die Selbstorganisation, die Planung und die Verwaltung zusammenkommen müssen. Dabei schlagen wir vor, immer mit kleineren Plätzen, wo richtiges Interesse besteht, anzufangen. Die beiden Beispiele zeigen, wie dies das erste Mal in Budapest funktioniert hat. Die Beteiligten kamen zusammen, haben diskutiert, und am Ende haben *sie* die Bürokratie und die Verwaltung beeinflusst. Und jetzt sehen wir, dass die Verwaltung und/oder die Politik Interesse hat, die Erfahrungen aufzugreifen und es auch an anderen Stellen so zu machen – nicht nur in der Innenstadt.

(226)

INTERNATIONAL INFORMAL STYLE?

Nach einem Vortrag in der Motorenhalle Dresden

Jochen Becker / metroZones

———

English Text Page 317

Was ist die Stadt jenseits der Civitas, die Stadt jenseits dessen, was wir die Europäische Stadt nennen? Ist Istanbul nicht ein Teil von Europa, genauso wie Belfast oder Beograd? Und was genau verstehen wir unter einer europäischen Stadt? Nach dem Fall der Mauer wurde die Europäische Stadt vom Stadtentwicklungssenat als ein Kampfbegriff eingesetzt für das Konzept der rückwärtsgewandten ‚Rekonstruktion‘. Dies provozierte enormen Protest, spätestens als die ersten Bauten der DDR-Moderne abgerissen werden sollten. Den Anfang machte die Schleifung des ehemaligen Außenministeriums – zeichenhaft für den Versuch der DDR, ein souveräner Staat zu sein. Aber diese Debatten sind durch diejenigen um den Abriss des Palastes der Republik schon wieder ins Vergessen geraten.

Die Senatsbauverwaltung wollte keinen sozialistischen Städtebau. Genauso wenig wollte sie die ‚japanische‘ oder ‚amerikanische‘ Stadt. Allerdings ist etwa der Potsdamer Platz sowohl von seiner Anmutung als auch vom Kapitaleinsatz her vom US-amerikanischen Modell geprägt. Wenn man in Erinnerung hat, dass noch kurz zuvor hier der sogenannte Polen-Markt war, also ein informeller Markt, der für viele Leute die Möglichkeit bot, Dinge zu verkaufen, sowie für ärmere Leute, in Berlin billig einzukaufen, so ist freilich auch diese Geschichte aus dem offiziellen Gedächtnis ausradiert.

Ist Léopoldville, das wir heute Kinshasa nennen, als ehemalige Hauptstadt von Belgisch-Kongo nicht auch eine ‚europäische Stadt‘? Und wurden umgekehrt nicht erst mit dem Reichtum, welcher unter Leopold II. aus dem afrikanischen Land herausgezogen wurde, die berühmten Achsen

Leopold II's urban extension:
a defining grand physical structure

oder der monströse Justizpalast in Brüssel finanziert? Das Tropenholz für die weltberühmten Art-déco-Bauten stammt aus Afrika: Die ‚europäische Stadt‘, die Hauptstadt Europas lässt sich als Effekt der Europäisierung afrikanischer Kolonien beschreiben.

Diese Infragestellung sollte am Anfang stehen, um sie im Hintergrund zu meinen Überlegungen zum *International Informal Style* mitdenken zu können. Der Titel bezieht sich auf die Ausstellung *International Style*, die 1932 im Museum of Modern Art in New York stattfand. Auf diesen Zusammenhang komme ich später zurück.

Über Nacht gelandet

„Über Nacht gelandet" ist die deutsche Übersetzung des Begriffs ‚Gecekondu‘; Gecekondu ist die Basis der informellen Urbanisierung Istanbuls. Es existieren europäisch geprägte Stadtteile, doch was große Teile Istanbuls ausmacht, ist eine durch das Muskelkapital der Zuwanderer/-innen vom Land entstandene Stadt, die nach und nach immer weiter verdichtet worden ist. Dabei kam den Neuankömmlingen das osmanische Recht zugute: Wenn du über Nacht ein Dach konstruierst, dann darfst du das – zumeist öffentliche – Land behalten. Und so wurde aus den Slums, wie die Gecekondus früher genannt worden sind, eine große Stadt.

Ich habe eine Aufnahme der türkischen Künstlerinnen der Gruppe Oda Projesi gespiegelt, und nun verweist das Selbstbau-Haus auf eine berühmte Ikone der Architektur-Fotografie: das

Case Study House #22 oberhalb der Innenstadt von Los Angeles, entworfen von Pierre Koenig und abgelichtet von Julius Shulman. Die pionierhaft entwickelten ‚Fallstudien-Häuser‘ waren ursprünglich mit der sozialen Idee der Moderne verknüpft. Inzwischen

sind diese Häuser äußerst begehrt, und der Taschen-Verleger, welcher schon einige Case-Study-Bücher auf den Markt geworfen hat, hat sich eines der Häuser selbst sichern können.

Die klassische Aufnahme wurde von Dorit Margreiter ein weiteres Mal inszeniert. Man sieht die Künstlerin im Gespräch mit der Besitzerin. Setzt man nun das Gecekondu nach Oda Projesi und das Case Study House nach Dorit Margreiter nebeneinander, kommen Zweifel, was denn hier nicht modern ist, oder was ‚die Moderne‘ eher repräsentiert: Können wir das formal verhandeln oder ist die Verhandlung nicht längst zu sehr auf Ästhetik reduziert worden?

Moderne als ‚International Style‘

Damit sind wir bei Philip Johnson und dem ‚International Style‘: Auf seinem Deutschlandtrip in den 1930er Jahren schaute sich Johnson nicht nur exemplarische Bauten der europäischen Moderne an, sondern liebäugelte mit dem deutschen Faschismus. Durch die Ausstellung 1932 im MoMA transferierte er gemeinsam mit Henry-Russell Hitchcock die mitteleuropäische Bau-Moderne an die amerikanische Ostküste, etablierte mit der Auswahl einen Kanon von Architekturklassikern der Moderne und beförderte ihre Rezeption als eines Stils mit bestimmten typischen formalen Motiven. Wenige Jahre später begann Johnson außerdem, Bauaufträge in den USA zu vermitteln, je nachdem, mit wem er gut konnte oder wer mit ihm gut konnte. Mies van der Rohes Karriere etwa hat hiervon profitiert.

Wenn man sich demgegenüber die kurzen Filme von Ella Bergmann-Michel anschaut, einer Künstlerin, die das Neue Frankfurt gefilmt hat bis zum Aufkommen des Faschismus, merkt man erst, was mit dem Ende der ‚offiziellen‘ deutschen Moderne verloren ging. In Filmen wie *Erwerbslose helfen Erwerbslosen* oder dem über ein Altenheim von Mart Stam repräsentiert sich das wirklich neue Frankfurt in seiner Anstrengung, dem sozialen wie baulichen Elend ein Ende zu bereiten. Dieses Soziale der Moderne, das Bemühen, die (Lebens-)Verhältnisse zu verbessern, dieser Strang wurde in der Präsentation des ‚International Style‘ gekappt und in einen Lifestyle oder eine Business-Moderne umgebildet nach der Hilton-Philosophie: Überall auf der Welt das gleiche Produkt, damit sich der Geschäftsreisende zurechtfindet.

Der US-amerikanische Architekt Louis Kahn wurde zu Beginn der 1960er Jahre von der ostpakistanischen Regierung beauftragt, ein Regierungsgebäude zu bauen. Der Bürgerkrieg 1971–73 machte wenige Jahre später aus Ost-Pakistan Bangladesh und aus dem Regierungssitz das Parlament in Dhaka. Fertiggestellt wurde das Gebäude allerdings erst 1983 nach Kahns Tod. Kahn trieb auf der einen Seite des Globus die Entwicklung der modernen Bauindustrie voran. Auf der anderen beschäftigte er auf den Baustellen vor allem einheimische Arbeiter, statt Baumaschinen wurde mit Muskelkraft und lokalen Techniken Einkommen geschaffen und zugleich das Bauen billig gehalten. Kahn hat vor Ort ganz neue Formen entwickelt, um sein Gebäude unter den Bedingungen vor Ort errichten zu können. Das Parlament beeindruckt immer noch, auch wenn heute dort Wäsche aufgehängt wird.

Erstaunlicherweise haben die entkolonialisierten Länder sehr darauf gedrungen, modernste Architektur bauen zu lassen. Als eine Begründung kursiert das Gerücht, man wollte dem von Le Corbusier inspirierten Hauptgebäude der Vereinten Nationen in New York nacheifern, da sich die

Länder durch die UNO erstmals international repräsentiert sahen.[1] Doch hat sich die Moderne jenseits der hauptstädtischen Stadtkerne oft nicht durchsetzen können beziehungsweise ist am Geldmangel der Staaten des Südens gescheitert. Hier prägen informelle Siedlungsformen, also Formen der Selbsthilfe, die Städte weitaus mehr.

Ali aus Kesan

Zurück in die Türkei und zur außergewöhnlichen Stadtentwicklung Istanbuls nach dem Zweiten Weltkrieg: Infolge des massenhaften sozialen Aufstiegs breiter Bevölkerungsschichten haben sich die anfänglichen Slums hin zu Mittelklasse-Siedlungen entwickelt, ein Erfolgsmodell, das sich allerdings nur schwer generalisieren lässt. Für die Zuwanderer aus dem ländlichen Raum, die im spät industrialisierten Umfeld des schnell wachsenden Istanbul Arbeit suchten, gab es keine staatlichen Wohnungsprogramme. Sie mussten sich also selbst helfen und verlagerten gleichsam ihre Dörfer und Siedlungen aus der Provinz an den Rand der Metropole, am ehesten vergleichbar vielleicht mit den sogenannten Ruhr-Polen, die mitten im Ruhrgebiet lange Zeit an der Kleintier- und Gemüsezucht festhielten. Auch hier prallten die Subsistenzwirtschaft aus den ländlichen Regionen und das disziplinierende Training zum Industriearbeiter aufeinander. Die Besetzung und informelle Besiedlung Istanbuls ging natürlich nicht ohne Konflikte vonstatten. Pläne zur Zeit der türkischen Militärdiktatur, die informellen Siedlungen zu räumen, scheiterten aber. Die bürgerliche Klasse und revoltierende Jugendliche aus der Metropole erklärten sich gegen den kommunalen und staatlichen Willen mit den ländlich geprägten ‚Häuslebauern' solidarisch.

Das später auch für das Fernsehen verfilmte Theaterstück *Keşanlı Ali Destanı* (*Die Ballade von Ali aus Kesan*, 1964) des an Brecht geschulten Autors Haldun Taner ist in seiner genauen Beschreibung sozialer Verhältnisse bemerkenswert. Taner zeichnet zum Beispiel den Kippen-Nuri, einen Gesucheschreiber, den Scherenschleifer oder den Lastenträger sowie eine Amme und die Klofrau Şerif als zentrale Akteure. „Alle Typen leben hier: / Diebe, Schläger oder Penner, / Tagelöhner, Arbeitsmänner / kamen sie von überall. / Aus Maraş, aus dem fernen Van, / aus Kemah oder Erzincan / Lasen, Kurden und Pomaken, / die das Schicksal hier verband." Die Wohnungen bestehen aus Kanisterdächern und rissig mit Sperrholz beplankten Wänden, die auf Müllbergen neben Ammoniakgestank und Abwasserkanälen stehen. Hier ist niemand in der formellen Industriearbeit gelandet: „Mal muss ich Zeitungen verklitschen, / dann wieder Schuhe blitzblank wichsen, / bin da, wenn Abflüsse verstopft, / der Wasserhahn hartnäckig tropft, / kann Autos waschen und polieren, / und brave Hündchen Gassi führen. / Ich kann den Babysitter machen / und auch die Babys – bei Bedarf."[2]

Was Taners Stück auch deutlich macht, sind die Aufstiegsmöglichkeiten innerhalb dieses Systems. Karriere zu machen war durchaus möglich, und dabei boten die Gecekondus eine Art sozialer Versicherung: War das besetzte Land einmal legalisiert, konnte man die Vororthütte abreißen und an deren Stelle auf dem Grundstück einen Block mit mehreren Wohnungen hochziehen, welche sich Besitzer und Bauunternehmer zumeist teilten. In einem Land ohne Altersversorgung und mit horrender Inflation bot dies Sicherheit für die vielen Akteure der Klientelwirtschaft. Das System ist jedoch an ein Ende gekommen, und die neuen Einwanderer/-innen von jenseits der nationalen Grenzen profitieren davon nicht mehr.

Planet of Slums

Wer aus dem Westen kommend nach Wien fährt, dem ist die Station Hütteldorf möglicherweise bekannt. Die dortigen Elendsquartiere, die man heute Slums nennen würde, sind historisch und von der Anmutung her betrachtet, gar nicht so weit entfernt von den sogenannten Bidonvilles in Algier oder den Wohnblocks in der venezolanischen Hauptstadt Caracas. Dort zeigt sich eine interessante Mischung aus Hardcore-Moderne und informeller Besiedlung im Umfeld der Hochhauszeilen. In den Lücken dieser Superblocks haben sich Leute angesiedelt, und nach Recherchen des Künstlerduos Sabine Bitter und Helmut Weber sickern die Bewohner nach und nach in die modernen Blocks ein. Diese sind nie richtig fertiggestellt worden und machten viele Arten der Aneignung, informellen Nutzung oder Besetzung möglich. Aus den Bewohnern/-innen speist sich eine starke Protestbewegung, die unter der neuen Regierung von Hugo Chávez durchaus auch angefeuert wird, die aber aus diesen informellen Strukturen heraus eine Art von Gegenmacht organisiert hat. Diese merkwürdige Ineinandergewebtheit von Bau-Moderne und informeller Besiedlung zeitigt eben auch interessante sozialpolitische Früchte. Dies wäre der ansonsten wichtigen Publikation *Planet of Slums* des US-amerikanischen Stadtforschers Mike Davis entgegenzusetzen, der diese Orte merkwürdig abgehoben von den Nutzern/-innen und Produzenten/-innen der Orte betrachtet.

Mitten in Algier stehen die Bidonvilles genannten Siedlungen neben europäisch anmutenden Blöcken. Doch sind auch die Bidonvilles kein außereuropäisches Phänomen. Mit dem Sprung über das Mittelmeer in die französischen Städte entkamen die armen Algerier nicht dem Elend: Ringförmig um die französischen Metropolen bildeten sich neue Bidonvilles. Als Bauarbeiter der rasch hochgezogenen Großsiedlungen in den Banlieues profitierten die Zuwanderer/-innen aus den ehemaligen Kolonien bald selbst von den Neubauten. Was ist aber mit den neuen Zuwanderern/-innen, die es gar nicht erst bis Europa schaffen, die also vor der weißen Stadt Casablanca in Marokko oder den Wäldern bei Ceuta stranden und dort neue informelle Siedlungen bauen?

Learning from ...

Nun wächst ja – glaubt man etwa den Studien des niederländischen Stararurbanisten Rem Koolhaas zur ‚Informalität' in Nigerias Megametropole Lagos – das Interesse an der Selbsthilfe jenseits des Wohlfahrtsstaates. Doch man wird das Gefühl nicht los, dass im Zuge eines radikalen Neoliberalismus hierbei auch die Zukunft der europäischen Metropolen studiert wird. Wenn also Koolhaas mit dem präsidialen Helikopter über die Märkte von Lagos hinwegfliegt, habe ich den Verdacht, dass hier auf eine modernisierte Form von Stadtentwicklung im Norden geschaut wird, die vermehrt auf Selbsthilfe, auf Subsistenz und sogenannte Bürgerarbeit setzt, weil ja angeblich die wohlfahrtsstaatlichen Ressourcen fehlen.

Hierzu passt der aktuelle Schwenk der Stadtentwicklungspolitik des Berliner Senats: weg vom Masterplan einer irrealen Boomstadt und hin zu etwas, das Zwischennutzung genannt wird, also die temporäre Nutzung von Flächen und Gebäuden. Die Initiative der kreativen Kräfte, welche der bankrotte Staat nur mehr moderiert, lässt den dauerhaften Anspruch auf diese Gebäude fahren. Diese Informalisierung der Stadtentwicklungs- und Sozialpolitik erinnert an ‚Hilfe zur Selbsthilfe', wie man das im Entwicklungshilfe-Zusammenhang nennt: Das sogenannte Quartiersmanagement moderiert Kräfte, die vorherrschen, und bedient sich aus Fonds, die nicht etwa die Stadt bietet, sondern die EU oder private Förderinstitutionen.

Diese schleichende Informalisierung ist auch in meinem Haus angekommen, wenn nach einer kräftigen Mieterhöhung eine Familie nun durch die Straßen zieht und Plastikflaschen sowie Zeitungen sammelt. Solche Bilder, die gemeinhin eher dem ‚Süden' oder dem ‚Osten' zugeschrieben werden, sind uns nicht mehr fern. Eingedrungen sind sie beispielsweise schon in die Rhetorik des zurückgetretenen SPD-Arbeitsministers Müntefering. Er erklärte kürzlich, angesprochen auf die prekäre Situation der Altersversorgung, in der *FAZ* ebenso ironisch wie zynisch: Da gäbe es ja verschiedene Methoden, zum Beispiel Riester-Rente, Balalaika-Spielen oder Lotto.

Zugewanderte Menschen, die zudem in die Illegalität gedrängt werden, haben garantierte Lebensverhältnisse schon längst abgeschrieben. Doch gibt es Unterschiede, zu studieren zum Beispiel am metroZones-Projekt *City of COOP* an der Berliner Volksbühne. Wir hatten hierzu Projekte aus Buenos Aires und Rio de Janeiro eingeladen. Während die argentinische Hauptstadt immer als die europäischste Stadt Lateinamerikas galt, sind die Favela-Siedlungen von Rio über Jahrzehnte städtische Realität geworden. Mit der ökonomischen Krise 2001 in Argentinien gab es plötzlich bis weit in die Mittelschicht hinein Armutstendenzen, die Krise konnte jedoch durch geschickte Entschuldung und den Rohstoffboom inzwischen abgewendet werden. Damals schien es allerdings, als sei Buenos Aires doch noch in Lateinamerika angekommen.

Eine Diskussion zwischen Buenos Aires und Rio zeigte Diskrepanzen, obgleich beide Städte in einer Krise steckten. Während Argentinier, die noch die Erinnerung an den Sozialstaat hatten, für eine Garantierung ihrer Lebensverhältnisse kämpften, existierten speziell in den Favelas von Rio solche Erinnerungen an sozialstaatliche Garantien nicht. Andererseits hatte man dort ein weitgefächertes Repertoire parat, wie man sich mit solch einer (Dauer-)Krise arrangiert, was wiederum den argentinischen Projekten zuerst fehlte.

Es ist nicht unwichtig, Elemente des Wohlfahrtsstaates aufzubewahren. In Deutschland wurde ja gleichzeitig – und wird immer noch – über die Zukunft der KSK gestritten, der Künstlersozialversicherung, bei der der Staat die Versicherung garantiert, indem er den Anteil des Arbeitgebers übernimmt, ohne dass der Versicherte einem Arbeitgeber unterstellt sein muss: ein Instrument aus der guten alten sozialdemokratischen Ära und ein praktikables Modell, trotz zunehmender Informalisierung ein besseres Leben zu ermöglichen.

[1] Ein Irrtum, den der kongolesische Befreiungspräsident Patrice Lumumba mit dem Leben bezahlte.

[2] Hier zeigen sich Jobbeschreibungen, die auch für die aus der Türkei nach Westdeutschland zugewanderte Generation von Gastarbeitern/-innen galten. Ein Motiv für ihre Anwerbung war ja die Annahme, die Verankerung der Arbeitsmigranten/-innen aus der Türkei in den Gewerkschaften sei weniger stark ausgeprägt und sie könnten deshalb als eine Art von Lohndrücker eingesetzt werden. Diese Annahme erwies sich allerdings etwa beim Ford-Streik 1973 als falsch.

(232)
Workshop
DRESDEN

Ein Haus der Arbeit in Zukunft
(A Future Place of Work)

Idee für die Nutzung eines Druckereigebäudes in Dresden, Juni 2007
Proposal for Using the Printing Works Building in Dresden, June 2007
Teilnehmer/-innen / *Participants*: Torsten Birne, Kurator/ *curator* Dresden; Katja Friedrich, Architektin/ *architect* Dresden; Mathias Heyden, Architekt/ *architect* Berlin; Andrea Knobloch, Künstlerin/ *artist* Düsseldorf ; Stefan Meißner, Soziologe/ *sociologe* Dresden; Silke Riechert, Künstlerin/ *artist* Berlin; Max Rieder, Architekt/ *architect* Wien/Salzburg

Das frühere Druckereigebäude steht seit mehreren Jahren weitgehend leer. Nach der Überschuldung des privaten Eigentümers versuchte die Bank ohne Erfolg, das Gebäude zu verkaufen bzw. zu versteigern. Derzeitiger Kaufinteressent ist ein Verein, der arbeitslose Jugendliche für die spätere Aufnahme einer Lehre oder Arbeit ausbildet. Schwerpunkt der Ausbildung sind handwerkliche Tätigkeiten. Der Verein benötigt für seine Arbeit Büro-, Seminar- und Konferenzräume sowie Werkstätten, kann aber das Gebäude nicht vollständig für die eigenen Zwecke nutzen. Derzeit ist das Erdgeschoss im Nordflügel belegt durch ein Architekturbüro und ein Grafikbüro als Neumieter, das Erdgeschoss im West- und Südflügel wird weitestgehend durch eine Autoreinigung belegt, im Bereich des südwestlichen Treppenhauses nutzt ein Künstler im 1. Obergeschoss Räume als Atelier. Das Gebäude liegt an der vielbefahrenen Großenhainer Straße. Zur Straßenseite hin befinden sich beiderseits der Einfahrt verglaste Ladenräume sowie Büroräume in den oberen Geschossen. Im hinteren Teil umschließen zwei Seitenflügel und ein rückwärtiger, fast an die anliegenden Bahngleise heranreichender Querflügel einen Hof, der derzeit vor allem als Parkplatz für die Kunden der Autoreinigung dient. Die Erschließung des Gebäudes erfolgt über den Hof und die an den jeweiligen ‚Ecken' befindlichen Treppenhäuser. Insgesamt stehen nach überschlägiger Schätzung 5000 Quadratmeter Bruttogeschossfläche zur Verfügung (ebenfalls überschlägig in Büroarbeitsplätze umgerechnet, entspricht dies etwa 100 Arbeitsplätzen). Die Bausubstanz ist vorbehaltlich einer genauen Prüfung in gutem Zustand, lediglich an wenigen Stellen ist das Dach schadhaft, die Stromversorgung ist gegeben, die Wasserversorgung in eingeschränktem Maße. Die Heizungsanlage muss erneuert werden. Das Raumgefüge setzt sich zusammen aus einem vorderen Trakt mit Büroräumen sowie den drei anschließenden Flügeln mit zumeist großzügig verglasten Räumen verschiedener Abmessungen (von ca. 10 bis ca. 200 Quadratmetern). Das Raumgefüge lässt sich durch Hinzufügen oder Entfernen von Zwischenwänden und Einbauten ohne großen Aufwand verändern. Insgesamt ist das Gebäude gut geeignet für eine schrittweise intensiver werdende Mischnutzung und eine schrittweise Sanierung auf unterschiedlichen Niveaus mit zunächst geringem Kapitaleinsatz und einem hohen Anteil von Eigenleistungen.

The former printing works building has remained mostly empty for some years now. Following the bankruptcy of the private owner, the bank attempted to sell it, but to no avail. One prospective buyer is an association that provides vocational training services to unemployed youth. The focus of the training program is on technical skills. To achieve its objective, the association requires office, seminar, and conference rooms, as well as workshops, but can not use the entire building for its own purposes. Currently, the ground floor of the north wing is occupied by an architect's office and a design bureau, both of which are new tenants. The ground floors of the west and south wings are used primarily by a car wash. Finally, in the area of the southwest stairwell, an artist has rented rooms on the first floor, which he uses as his studio. The building is located on a busy street called Großenhainer Straße. Facing the street on both sides of the entrance are rooms for shops, with glazed facades, as well as offices on the upper floors. In the rear part of the building, two side wings and a cross wing, which almost reaches the railway tracks, enclose a courtyard used primarily as a parking lot for customers of the car wash. The building is accessible through the courtyard and the stairwell located at each 'corner.' Approximately 5000 square metres of gross floor space are available (equivalent to working space for about 100 people). The building itself is in good condition, though this will need to be confirmed by a careful inspection. The roof is damaged in a few places, electricity is available, and the water supply system is partially functional. The heating system needs to be replaced. The building consists of a front section with office spaces, and three adjoining wings with generously glazed rooms of different sizes, ranging from approximately 10 to 200 square meters. The arrangement of the rooms can be modified easily by adding dividing walls and fixtures. Overall, the building is well suited to gradually more intensive, multipurpose use and step-by-step renovation at different levels, with a minimal initial investment and a significant amount of work on the part of the tenants.

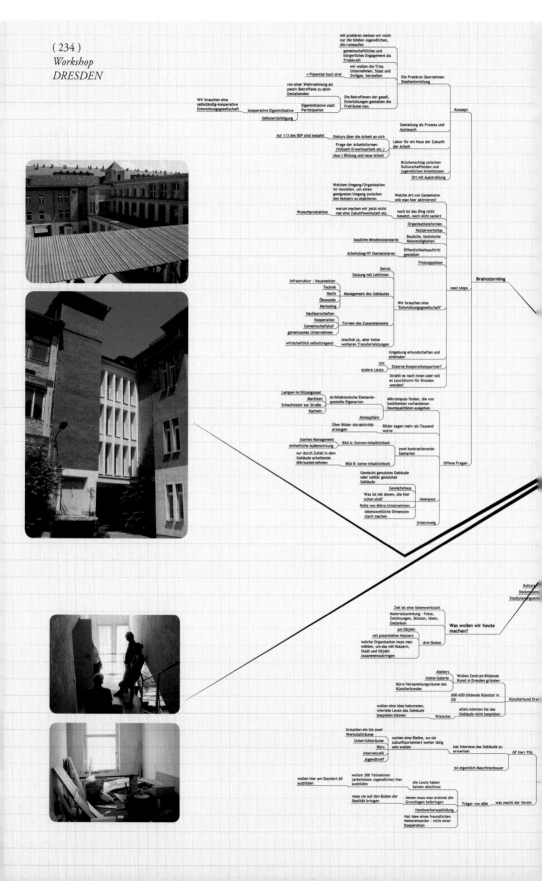

Brainstorming

Konzept

- mit prekären meinen wir nicht nur die bilden Jugendlichen, die rumsaufen
- gemeinschaftliches und bürgerliches Engagement als Triebkraft
- wir wollen die Trias Unternehmen, Staat und Ziviiges. herstellen
- = Potential hoch drei
- Die Prekären übernehmen Stadtentwicklung
- von einer Wahrnehmung als passiv Betroffene zu aktiv Gestaltenden
- Die Betroffenen der gesell. Entwicklungen gestalten die Freiräume neu.
- Wir brauchen eine selbständig-kooperative Entwicklungsgesellschaft
- kooperative Eigeninitiative
- Eigeninitiative statt Partizipation
- Selbsttüchtigung
- Gestaltung als Prozess und Austausch
- nur 1/3 des BSP sind bezahlt
- Diskurs über die Arbeit an sich
- Frage der Arbeitsformen (Vollzeit-Erwerbsarbeit etc.)
- (Aus-) Bildung und neue Arbeit
- Labor für ein Haus der Zukunft der Arbeit
- Brückenschlag zwischen Kulturschaffenden und jugendlichen Arbeitslosen
- Ort mit Ausstrahlung

next steps

- Welchen Umgang/Organisation ist vonnöten, um einen geeigneten Umgang zwischen den Nutzern zu etablieren
- Welche Art von Gemeinsinn will man hier aktivieren?
- Wunschproduktion
- warum machen wir jetzt nicht mal eine Zukunftwerkstatt etc.
- noch ist das Ding nicht besetzt, noch nicht saniert
- Organisationsformen
- Nutzerworkshop
- bauliche Mindeststandards
- Bauliche, technische Notwendigkeiten
- Arbeitsbegriff thematisieren
- Öffentlichkeitsauftritt gestalten
- Findungsphase
- Beirat
- Satzung mit Leitlinien
- Infrastruktur · Hausmeister
- Technik
- Recht
- Ökonomie
- Marketing
- Management des Gebäudes
- Nachbarschaften
- Kooperation
- Gemeinschaftshof
- gemeinsames Unternehmen
- Formen des Zusammenseins
- wirtschaftlich selbsttragend
- Anschub ja, aber keine weiteren Transferleistungen
- Wir brauchen eine "Entwicklungsgesellschaft"
- Umgebung erkundschaften und einbinden
- Uni
- andere Leute
- Externe Kooperationspartner?
- Strahlt es nach innen oder soll es Leuchtturm für Dresden werden?

Offene Fragen

- Lampen im Sitzungssaal
- Markisen
- Schaufenster zur Straße
- Kacheln
- Architektonische Elemente · spezielle Eigenarten
- Mikroimpuls finden, die von bestimmten vorhandenen Raumqualitäten ausgehen
- Atmosphäre
- Über Bilder Attraktivität erzeugen
- Bilder sagen mehr als Tausend worte
- starkes Management
- einheitliche Außenwirkung
- nur durch Zufall in dem Gebäude arbeitende Mikrounternehmen
- Bild A: Extrem-Inhaltlichkeit
- zwei kontrastierende Szenarien
- Bild B: keine Inhaltlichkeit

Ideenpool

- Gemischt genutztes Gebäude oder solitär genutztes Gebäude
- Gewächshaus
- Was ist mit denen, die hier schon sind?
- Rolle von Mikro-Unternehmen
- lebensweltliche Dimension stark machen

Unterzweig

Kulturamt
Denkmalamt
Stadtplanungsamt

Was wollen wir heute machen?

- Ziel ist eine Ideenwerkstatt
- Materialsammlung - Fotos, Zeichnungen, Skizzen, Ideen, Gedanken
- am Objekt
- mit potentiellen Nutzern
- drei Skalen
- welche Organisation muss man wählen, um das mit Nutzern, Stadt und Objekt zusammenzubringen

Wünsche:

- Ateliers
- kleine Galerie
- Wollen Zentrum Bildende Kunst in Dresden gründen
- Büro/Versammlungsräume des Künstlerbundes
- 600-650 bildende Künstler in DD
- Künstlerbund Dres...
- wollen eine Idee bekommen, wieviele Leute das Gebäude bespielen können
- allein könnten Sie das Gebäude nicht bespielen

- brauchen ein bis zwei Werkstatträume
- Unterrichtsräume
- Büro
- Internetcafé
- Jugendtreff
- suchen eine Bleibe, wo sie zukunftsorientiert weiter tätig sein wollen
- hat Interesse das Gebäude zu erwerben
- GF Herr Pilz
- ist eigentlich Maschinenbauer
- wollen hier am Standort 60 ausbilden
- wollen 300 Teilnehmer (arbeitslose Jugendliche) hier ausbilden
- die Leute haben keinen Abschluss
- muss sie auf den Boden der Realität bringen
- denen muss man erstmal die Grundlagen beibringen
- Handwerkerausbildung
- Hat Idee eines freundlichen Nebeneinander - nicht einer Kooperation
- Träger von ABM
- was macht der Verein

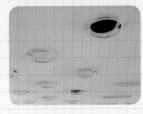

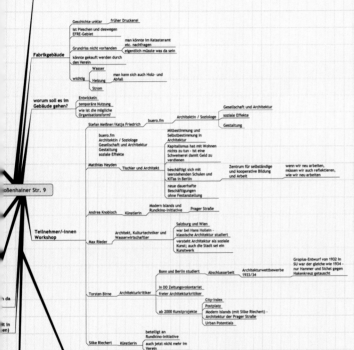

oßenhainer Str. 9

- **Fabrikgebäude**
  - Geschichte unklar — früher Druckerei
  - ist Pieschen und deswegen EFRE-Gebiet
  - Grundriss nicht vorhanden
    - man könnte im Katasteramt etc. nachfragen
    - eigentlich müsste was da sein
  - könnte gekauft werden durch den Verein
  - wichtig
    - Wasser — man kann sich auch Holz- und Abfall
    - Heizung
    - Strom

- **worum soll es im Gebäude gehen?**
  - Entwickeln
  - temporäre Nutzung
  - wie ist die mögliche Organisationsform?

- **Teilnehmer/-innen Workshop**
  - Stefan Meißner/Katja Friedrich — buero.fm — Architektin / Soziologe
    - Gesellschaft und Architektur
    - soziale Effekte
    - Gestaltung
  - buero.fm
    - Architektin / Soziologe
    - Gesellschaft und Architektur
    - Gestaltung
    - soziale Effekte
    - Mitbestimmung und Selbstbestimmung in Architektur
    - Kapitalismus hat mit Wohnen nichts zu tun - ist eine Schweinerei damit Geld zu verdienen
  - Matthias Heyden — Tischler und Architekt
    - beschäftigt sich mit leerstehenden Schulen und KiTas in Berlin — Zentrum für selbständige und kooperative Bildung und Arbeit — wenn wir neu arbeiten, müssen wir auch reflektieren, wie wir neu arbeiten
    - neue dauerhafte Beschäftigungen ohne Festanstellung
  - Andres Knobloch — Künstlerin
    - Modern Islands und Rundkino-Initiative — Prager Straße
  - Max Rieder — Architekt, Kulturtechniker und Wasserwirtschaftler
    - Salzburg und Wien
    - war bei Hans Hollein - klassische Architektur studiert
    - versteht Architektur als soziale Kunst; auch die Stadt sei ein Kunstwerk
  - Torsten Birne — Architekturkritiker
    - Bonn und Berlin studiert — Abschlussarbeit — Architekturwettbewerbe 1933/34 — Gropius-Entwurf von 1932 in SU war der gleiche wie 1934 - nur Hammer und Sichel gegen Hakenkreuz getauscht
    - in DD Zeitungsvolontariat
    - freier Architekturkritiker
    - ab 2000 Kunstprojekte
      - City-Index
      - Postplatz
      - Modern Islands (mit Silke Riechert) - Architektur der Prager Straße
      - Urban Potentials
  - Silke Riechert — Künstlerin
    - beteiligt an Rundkino-Initiative
    - auch jetzt nicht mehr im Verein

Erik Hable & periscope
SALZBURG

geschmacks
verstärker
jetzt ns.

Geschmacksverstärker.
sunday soup & talk

GESPRÄCHE ZU THEMEN DER BILDENDEN KUNST
TALKS ABOUT THEMES IN VISUAL ART
Eine Kooperation mit / *In cooperation with* „periscope für Kunst und Zeitgenossen"
Projektidee & Durchführung / *Project design and implementation*: Erik Hable

---

5. November 2006 / *5 Nov 2006*
Bedingungen zeitgenössischer Kunstproduktion in Salzburg
Conditions of Contemporary Art Production in Salzburg
mit/*with*: Eva Heitzinger (Künstlerin/*artist*), Wolfgang Schäffer (Künstler/*artist*)

---

12. November 2006/ *12 Nov 2006*
Gewalt und Sexualität als Themenverflechtung in der Malerei
Violence and Sexuality as Intertwined Themes in Painting
mit/*with*: Stefan Heizinger (Künstler/*artist*), Peter Keller (Kunsthistoriker, Leiter des Dommuseums/ *art historian, director of the Dom Museum*) und Hildegard Fraueneder (Kunsthistorikerin, Leiterin galerie5020/ *art scholar, director of galerie5020*)

---

26. November 2006/ *26 Nov 2006*
„Was machst du als nächstes?" Präsentations- und Produktionszusammenhänge in der zeitgenössischen Kunst.
"What are you doing next?" Contexts of Presentation and Production in Contemporary Art
mit/*with*: Bernhard Gwiggner (Künstler/*artist*), Clemens Kogler (Künstler/*artist*) und Moira Zoitl (Künstlerin/*artist*)

---

3. Dezember 2006/ *3 Dec 2006*
Gschichtldrucker. Über narrative Strukturen.
'Gschichtldrucker' – About narrative structures
mit/*with*: Ines Häufler (Lektorin, Script Consultant/ *editor, script consultant*),
Bernd Rohrauer (Künstler/*artist*) und Elisabeth Schmirl (Künstlerin/*artist*)

---

17. Dezember 2006/ *17 Dec 2006*
Zeichnung. Ohne weiteren erklärenden Untertitel.
Drawing. Without explanatory subtitle.
mit/*with*: Tania Hölzl (Kunsthistorikerin/ *art scholar*), Marianne Lang (Künstlerin/*artist*),
Bernhard Lochmann (Künstler/*artist*), Robert Neuhauser (Künstler/*artist*)

---

14. Januar 2007/ *14 Jan 2007*
Hoit's zsamm – Sammeln & Archivieren
Hoit's zsamm – Collecting & Archiving
mit/*with*: Elke Zobl (Kulturwissenschaftlerin/ *art scholar*), Haydeé Jiménez (Kulturarbeiterin/ *cultural worker*) und Alexandra Schüssler (Kulturanthropologin/ *cultural anthropologist*)

→ Urbane Potenziale im kulturellen Leben einer Stadt wie Salzburg lassen sich nicht nur durch das Einrichten neuer Orte und Infrastrukturen, Förderungen oder mehr oder weniger intensives Bewerben erschließen; sehr oft geht es darum, Austauschprozesse und Diskussionen in Gang zu bringen, einen Rahmen zu finden, in dem Vernetzungen stattfinden und weiterwirken können. Das Austauschen von Meinungen und Ideen, das Vorstellen von Positionen und die Weitergabe von Informationen passieren im privaten Bereich und unmittelbaren Freundes- und Bekanntenkreis täglich mit einer gewissen Selbstverständlichkeit. Was hingegen oft fehlt, sind Orte, Formate und Möglichkeiten, um diese Diskussions- und Auseinandersetzungsprozesse auf eine breitere Basis zu stellen und mehr Leute daran zu beteiligen, ohne dabei in alte Muster von Rede/Gegenrede oder sprechen/zuhören zu verfallen.

Das Soziale als Superbasis, das Prozessuale der Kultur, im Sinne von aktiven Möglichkeiten wird an diesem Punkt deutlich.

sunday soup & talk – BYOB bring your own bowl
(6 Gesprächsrunden zu Themen der bildenden Kunst)

Wer wird adressiert im Sinne einer Ermächtigungsstrategie? Wer ist Ober- oder Unterplayer, oder gar keiner, und welches institutionelle und habituelle Setting weist ihr/ihm diese Position zu? Wer darf, kann wann, wo, wie, worüber sprechen? Was heißt sprechen? Ad hoc fällt mir „es spricht" von Lyotard ein, es spricht heißt, man weiß nicht, was man sagt oder: das Sprechen öffnet einen imaginativen Raum von Bedeutungen, die man selber (manchmal) nicht kennt (man tritt ein in eine Sprache wie in ein unbekanntes Land oder aber auch Gefängnis, reproduziert halbbewusst reaktionäre Diskurse); das, was man sagt, wird (hoffentlich) different decodiert.

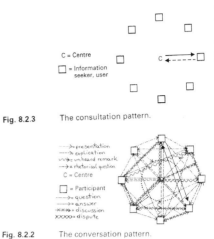

C = Centre
☐ = Information seeker, user

Fig. 8.2.3   The consultation pattern.

──⟩ = presentation
──⟩ = explication
〰⟩ = unheard remark
┄⟩ = rhetorical question
C = Centre
☐ = Participant
┄⟩ = question
──⟩ = answer
✕✕✕ = discussion
✕✕✕✕ = dispute

Fig. 8.2.2   The conversation pattern.

Trotz seiner inneren Unübersichtlichkeit bleibt auch dieses Modell so seltsam starr und bieder wie seine Vorgänger: Der Kreis der TeilnehmerInnen ist abgeschlossen, sie unterhalten sich zwar kreuz und quer untereinander, aber wie lässt sich dieser enge Kreis durchbrechen, wie die darin mehr oder weniger fruchtbaren Diskussionen und Prozesse in die Außenwelt / raus aus dem Modell tragen?

Textfragmente von / *Textfragments by* Tania Hölzl und / *and* Stefanie Grünangerl

(240)
white club
SALZBURG

Wir gehen auf Reisen!
(We hit the road!)

white club – verein für junge kunst – ist ein Zusammenschluss von jungen Künstler/-innen (Johannes Kubin, Marianne Lang, Birgit Pleschberger und Gerald Schicker) aus unterschiedlichsten Sparten, die spontan und ungezwungen miteinander kommunizieren und ihre Projekte und Ideen autonom entwickeln und umsetzen:

Leer stehende Gewerbeflächen werden temporär adaptiert und umgewidmet; Stadtteile bevölkert, die keine markierten ‚Kultur- oder Weltkulturerbeorte‘ sind; Projekträume für junge Künstler/-innen werden temporär installiert.

Mit anderen Offspace-Organisationen werden Dialoge gepflegt und Kooperation eingegangen, wie mit dem *7. Stock* in Dresden. Künstler/-innen wollen wohl immer was neu besetzen und müssen dies auch, mit Spaß und viel Selbstironie kann so auch ein Mondgrundstück ein potenzieller Ort sein. Unser (Space) Shuttle ist ein Bus – ein mobiler Kunstraum: Einfach und ohne weitere Genehmigungen kann in öffentlichen Räumen agiert werden, können in ‚Lücken‘ verschiedene Orte und Modelle erprobt werden.

Die Bezeichnung *white club* spielt mit dem Begriff ‚White Cube‘ und stellt bewusst eine zunehmende Tendenz zur Eventkultur im Bereich der (bildenden) Künste zur Diskussion. Primäres Ziel ist es, mit unkonventionellen Mitteln die Kommunikation und Interaktion zwischen Künstler/-innen in Österreich und dem Ausland zu fördern, um eine Plattform zu generieren, die selbstorganisiert und frei von Zwängen des dogmatischen Kulturbetriebs agieren kann.

white club—verein für junge kunst—*is a group of young artists (Johannes Kubin, Marianne Lang, Birgit Pleschberger, and Gerald Schicker) from a wide variety of disciplines. Their aim is to communicate with one another naturally and spontaneously as they develop and implement their autonomous projects and ideas. They temporarily adapt and reconfigure empty commercial and industrial spaces, populate neighborhoods that are not designated as 'World Heritage Sites', and install temporary project spaces for young artists. In addition, they pursue regular dialog and cooperative efforts with other off-space organizations, such as* 7th *Floor in Dresden.*

Artists will probably always want to—and, in fact, have to—appropriate new things. With a bit of fun and self irony, even a piece of property on the moon can serve as a potential place of experimentation. Our (Space) Shuttle is a bus—a mobile art space that makes it easy to operate within public places without any additional permits, turning 'gaps' into locations where different models and ideas can be explored.

The name white club *is a play on the term 'white Cube' and is meant to question the increasingly pervasive trend towards entertainment and sensational events in the (visual) arts. Its primary objective is to promote communication and interaction among artists in Austria and abroad as a means of generating a platform that can operate in a self-organized fashion, free from the restrictions of a dogmatic cultural industry.*

white club auf der Reise / white club on the journey

white-club-Projekt mit M. Belobrovaja, *Öffentliche Abschiebung*, Zürich 2007
white-club-project with M. Belobrovaja. Öffentliche Abschiebung (public deportation), *Zurich 2007*

Andrea Knobloch & Silke Riechert
DRESDEN

rundkino_modell: station

In autumn 2006, an improvised spatial structure spread between the rows of tree in Dresden's Prague Strasse: the rundkino_model by Andrea Knobloch and Silke Riechert. The structure illustrated the artists' proposal for a future use of the rundkino cinema, empty since 2002. The artists have elaborated a Wunschformat (Tableau of Wishes), somewhere between a laboratory of the future and a research center.

The rundkino_model was sited on the pedestrian zone for four weeks and, through public discussions and a music program, made the case for a civil space in which economic, social and cultural opinions can be articulated open-mindedly and responsibly and in which the compatibility of shared interests can be tested with the aim of fostering social and cultural progress.

As a result of their commitment to a new cultural-based use of the rundkino, Silke Riechert and Andrea Knobloch founded the Institute of City Development and Artistic Research (Salon des Belles Utopistes) in autumn 2006. The institute acts independently of any location. Its purpose is to link the perspective of artistic practice with the question of how a manifold civil society can participate with equal rights in city planning and city development.

---

rundkino_modell: station
29.09.2006 7. p.m.
Future of the city's center: commercialization and musealisation or city of citizens?
A discussion in collaboration with
the project *Urban Potentials*
guests: Torsten Birne (critic and art historian, Dresden), Gregor Langenbrinck (Center of excellence for town planning as revitalization, Görlitz), Frank Eckhardt, ('workshop for the future'/Zukunftswerkstatt Dresden), Christoph Heinemann (Institute of Applied Urbanistics, Berlin), Oliver Lücking, Jan Winkler, Kristina Hermann, Denise Ackermann (rundkino association)

---

rundkino
07.10.2006
Guided tour
students of Technical University (TU) Dresden

14.10.2006
Presentation of a feasibility study for the future use of the rundkino
by students of the TU Dresden and the Zeppelin University Friedrichshafen
guests: Oliver Lücking (rundkino assocoation), Prof. Dr. Karen van den Berg (Zeppelin University, Friedrichshafen), Manfred Wiemer (department of culture, Dresden), Prof. Dr. Hans-Rudolf Meier (TU Dresden)

Workshop
05.05.–07.05.2006
Interdisciplinary workshop to compile a utilization concept for the rundkino
in association with the Zeppelin University Friedrichshafen, TU Dresden and Andreas Waschk (Consulting, Cologne)

---

rundkino
15.09.2006 from 12 midnight
Cleaning performance at the rundkino
with students of the study course
Preservation of Monuments & City Development, TU Dresden

15.09.2006 5 p.m.
Opening of rundkino_modell: station
Prague Strasse

---

rundkino_modell: station
16.09.2006 3 p.m.
An invitation by the rundkino association
to coffee and 'rundkino'-cakes – students of the Preservation of Monuments & City Development course present their workshop results

---

rundkino_modell: station
22. 09. 2006 7 p.m.
Music station music and visionary favorite movies of the 60s and 70s

---

Andrea Knobloch & Silke Riechert
DRESDEN

POSITIONEN

VEREIN
VERWALTER
BESITZER
STADT
KULTURSZENE
HOCHSCHULEN
INTERESSENTEN
KUNST

Im Herbst 2006 wucherte zwischen den Baumreihen der Prager Straße eine improvisierte Raumstruktur: das *rundkino_modell* von Andrea Knobloch und Silke Riechert. Es sollte verbildlichen, was sich die Künstlerinnen im seit 2002 stillgelegten Rundkino künftig als sinnvolle Nutzung vorstellen. Aus ihren gemeinsamen Überlegungen heraus haben sie ein Wunschformat entwickelt, das sich zwischen Zukunftslaboratorium und Forschungsstation bewegt.

FILMKULTUR IN DRESDEN

RÄUMEN
AUPLÄNE ZWISCHEN
RUM, VISUALITÄT, GESCHLECHT
ID ARCHITEKTUR

INETECTURE
LM. ARCHITEKTUR. MODERNE
. WEI HSMANN

INEMA AND THE
TY
LM AND URBAN SOCIETY
A GLOBAL CONTEXT

XIETY OF THE SPECTACLE
Y DEBORD

HEATER, KINO, MACHT.
IN GRAHAM

"THEATER, KINO, MACHT"
(DAN GRAHAM)

THEATER DER ERINNERUNG

TEATRO DEL MUNDO

TOTAL-THEATER (GROPIUS)

GOETHEANEUM

Das *rundkino_modell*, insgesamt für vier Wochen auf der Prager Straße gelandet, setzte mit Gesprächen und einem öffentlichen Musikprogramm ein Zeichen für ein stadtgesellschaftliches Milieu, in dem sich wirtschaftliche, soziale, kulturelle Interessen offen und verantwortungsvoll formulieren, gegenseitig Schnittstellen orten und ihre Anschlussfähigkeit testen können, um so sozialen und kulturellen Fortschritt auf den Weg zu bringen.

Aus ihrem Engagement für eine kulturelle Neunutzung des Rundkinos haben Silke Riechert und Andrea Knobloch im Herbst 2006 das Institut für Stadtentwicklung und künstlerische Forschung (Salon des Belles Utopistes) gegründet. Das Institut agiert standortunabhängig und will den Blickwinkel künstlerischer Praxis mit der Frage verbinden, wie eine vielfältige Stadtgesellschaft gleichberechtigt an Stadtplanung und -entwicklung teilhaben kann.

ÖFFENTLICHER NORMAL

KIOSK FÜR NÜTZLICHES WISSEN

Silke Riechert & Andrea Knobloch
DRESDEN

—Veranstaltungen

Workshop, rundkino und TU Dresden
05.05. - 07.05.2006
Interdisziplinärer Workshop zur Erarbeitung eines kulturellen Neunutzungskonzepts
für das Rundkino in Zusammenarbeit mit der Zeppelin University Friedrichshafen, der TU Dresden
und Andreas Waschk Consulting, Köln

Rundkino
15.09.2006, ab 12 Uhr
Putzaktion am Rundkino von und mit Studierenden des Masterstudiengangs
Denkmalpflege & Stadtentwicklung, TU Dresden

rundkino_modell: station
15.09.2006, 17 Uhr
Eröffnung der *rundkino_modell*: station
auf der Prager Straße vor dem Rundkino

rundkino_modell: station
16.09.2006, 15 Uhr
rundkino dresden e.V. lädt ein zum Kaffetrinken mit Rundkinotorten. Studierende des Masterstudiengangs
Denkmalpflege & Stadtentwicklung stellen ihre Untersuchungsergebnisse zum Rundkino vor

rundkino_modell: station
22.09.2006, 19 Uhr Musikstation
Musik und visionäre Lieblingsfilme der 60er / 70er

SIND KRISEN
INTERESSEN?

DAS GEFLECHT DER
MIT FINANZIELLER
& POLITISCHER MACHT
AUSGESTATTETEN
INTERESSEN BES-
TIMMT DIE GESTALT
DER STADT

WIE KÖNNEN VOR
HIERARCHISCH
MILIEU WACH

ndkino_modell: station
.09.2006, 19 Uhr
kunft der Innenstadt: Kommerzialisierung und
usealisierung oder Bürgerstadtraum?
ne Gesprächsrunde in Zusammenarbeit mit
r Ausstellung *Urban Potentials*

ne Gesprächsrunde in Zusammenarbeit
t der Ausstellung *Urban Potentials*
äste:
rsten Birne, Architekturkritiker und
nsthistoriker, Dresden
egor Langenbrinck, Kompetenzzentrum
revitalisierenden Städtebau, Görlitz (angefragt)
ank Eckhardt, ZukunftsWerk Stadt Dresden
ristoph Heinemann, Ifau (Institut für angewandte
banistik, Berlin)
iver Lücking, Jan Winkler, Kristina Hermann,
enise Ackermann, rundkino dresden e.V.

ndkino
.10.2006
hrung im Rundkino
t Studierenden der TU Dresden

ndkino
.10.2006
rstellung einer Machbarkeitsstudie zur
künftigen Nutzung des Rundkinos
n Studierenden der TU-Dresden und der
eppelin-University Friedrichshafen

äste:
iver Lücking (rundkino dresden e.V.)
of. Dr. Karen van den Berg
eppelin University Friedrichshafen)
anfred Wiemer (Kulturamt der
ndeshauptstadt Dresden)
of. Dr. Hans-Rudolf Meier (TU Dresden)

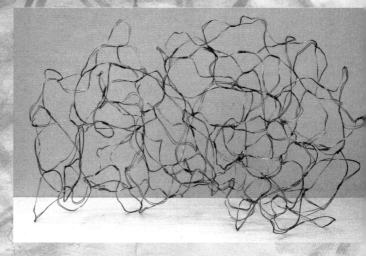

(250)
Moira Zoitl / Ralf Hoedt
SALZBURG

Salzburg – Stadtplan & Booklet
(*Salzburg–city map & booklet*)

**Stadtplan & Booklet mit Erläuterungen und Erzählungen
über individuelle Stadtnutzungen von acht Bewohnern/-innen.**
*City map & Booklet with explanatory notes and stories by eight residents
about their individual paths through the city.*

Stadtpläne und Reiseführer sind Hilfsmittel, die die Orientierung in einer Stadt, oftmals einer fremden Stadt, erleichtern sollen. Das Projekt *Salzburg*, bestehend aus einem überarbeiteten Stadtplan Salzburgs und einem Booklet mit Erläuterungen, orientiert sich formal an diesen Kartierungsformaten, füllt sie jedoch mit den individuellen Erzählungen von acht Bewohnern/-innen der Stadt. Die Erzählungen und Erläuterungen handeln von besonderen oder alltäglichen Orten, Plätzen und Wegen, die von den einzelnen Befragten frequentiert werden. Die beschriebenen Orte wurden von uns aufgesucht und durch den dokumentarischen Prozess angeeignet. Zum Teil vermischen sich die gegenwärtigen soziogeografischen Aktionsräume mit jenen aus der Vergangenheit, die im Gedächtnis als bedeutend abgespeichert sind. Die Beschreibungen zeigen auch, dass die Wahrnehmung der Stadt Salzburg durch unterschiedliche Interessen, den soziokulturellen Hintergrund und mediale Vorstellungsbilder geprägt ist. Übersetzt auf den Stadtplan, ergibt sich ein Geflecht aus markierten Orten, das die selektive Nutzung des Stadtraumes aufzeigt. Es entstehen acht verschiedene individuelle Kartierungen Salzburgs. Ein kleiner Ausschnitt aus einer Vielzahl an Möglichkeiten. Natürlich könnte man 150.269 solcher Geschichten sammeln und verzeichnen.
(Moira Zoitl, Ralf Hoedt)

Maps and travel guides are tools to help us get our bearings, often in foreign cities. The Salzburg project consists of a modified map of Salzburg and a booklet with explanatory notes. Although the map is based on standard cartographic formats, it is filled with individual stories told by eight residents of the city. Their stories and explanations focus primarily on special or everyday locations and routes. We visited the places the participants described and appropriated them through the process of documentation.

In the project, some of today's sociographic action spaces blend with locations from the past that were significant to the participants and left lasting memories. The descriptions also show that perceptions of Salzburg are shaped by different interests, sociocultural backgrounds, and media images.

Translated onto the city map, these stories result in a meshwork of marked places that reveals the selective use of urban space. Eight different, individual cartographies of Salzburg appear before us. But this is only a small sampling of manifold possibilities—after all, one could conceivably collect 150,269 stories and draw each of them on a map.
(Moira Zoitl, Ralf Hoedt)

Herausgeber/-innen/*editors*: Ralf Hoedt, Moira Zoitl, galerie5020 Salzburg, Hildegard Fraueneder

Vertrieb / *distribution*:
galerie5020. IG Bildende KünstlerInnen Salzburg
Sigmund-Haffner-Gasse 12/1
A-5020 Salzburg
Tel. 0043-662-848817
galerie5020@aon.at
www.galerie5020.at

Moira Zoitl / Ralf Hoedt
SALZBURG

...Wir haben unsere Schulfeste immer in der alten ARGE gemacht, wir haben uns früher dort getroffen, es war ein super Platz, den wir auch wirklich genutzt haben, und wie die dann einfach geschlossen worden ist, war klar, dass da was fehlt. Auf jeden Fall ist die Idee aufgekommen, dass man sie halt einfach weiter nutzt, während sie leer steht, und das hat sich dann bis zu einer richtigen Besetzung hochgespielt. Es waren teilweise ganz viele Menschen involviert, die Musik machten und einfach Proberäume brauchten. Platz, wo man selber auflegen kann. Dann war sie am Ende auch total schön verziert mit allen Arten von Graffitis, sehr großartig. Das war alles möglich ... (Maria Sendlhofer / Studentin)

...We always used to have our school parties in the old ARGE. It was a great location, and we made good use of it. When it was closed so suddenly, there was something missing in our lives. Eventually we figured we'd just keep using it, even though it was empty, so we basically ended up taking over the premises. Sometimes there were lots of people involved, making music, or people who just needed rooms to practice in—places where they could spin records or perform. In the end, everything was totally covered with graffiti—it looked great. Anything was possible there ... (Maria Sendlhofer / Student)

Mónika Bálint, Balázs Horváth,
Rebeka Pál & Kata Soós
BUDAPEST

Film-Picknick
(Film picnic)

Der *Köztársaság tér* (Platz der Republik) ist die größte öffentliche Grünanlage im 8. Bezirk von Budapest. Die Geschichte des Ortes ist ablesbar an der Geschichte der ihn umgebenden Straßen und Häuser, obwohl ihre Nutzung und ihre Eigentümer/-innen in den vergangenen beiden Jahrhunderten häufig gewechselt haben. Von dem früheren *Pferdemarkt* bis zum *Neumarkt* und benannt nach Kalman Tisza, dem ungarischen Premierminister von 1875–1890, wurde der Ort einer der schönsten und elegantesten Parks in Budapest mit stilvollen Steinbänken und geschmackvoll gestalteten Rasenflächen. 1911 wurde hier die Volksoper eröffnet.

Spätestens seit den 1940er Jahren aber wurde der Park zu einem Schauplatz der Politik. Zuerst bezogen die ungarischen Organisationen der Nationalsozialisten ein Gebäude, in das später die Kommunisten einzogen. In der Folge fanden hier mit die schwersten und blutigsten Kämpfe nach dem Einmarsch der Roten Armee 1956 statt. Bis heute ist dieser Ort so stark von der Erinnerung daran geprägt, dass nur neue und unabhängige, nicht politisch dominierte Konzepte – und natürlich Zeit – eine Neubestimmung in Aussicht stellen können. Die Umgestaltung ist in vollem Gange, und große Erwartungen verbinden sich mit dem Bau einer Station der neuen U-Bahn. Trotzdem sehen wir in dem Gelände des Parks noch zahlreiche zu entwickelnde Potenziale. Die Bevölkerung hat ihn noch nicht wirklich angenommen, immer noch liegt er etwas isoliert zwischen den stark befahrenen Straßen Rákóczi und Népszínház. Die ordentlichen Bänke, Rasenflächen und Spielplätze warten noch auf ihre Nutzer/-innen, die den Platz für etwas anderes halten als einen Ort, den Hund auszuführen.

Das erste Film-Picknick machte einen Vorschlag für die öffentliche Nutzung dieser Grünanlage. Die Einwohner/-innen konnten vom Rasen aus die Filme anschauen. Und sie konnten ihren eigenen Beitrag zur Programmgestaltung leisten.

The Köztársaság (Republic) square is the biggest green public place in the eight district of Budapest. The history of the square was shaped by the fate of the surrounding buildings and streets, thus its function and assessment has changed a lot in the past two centuries. From the former Lóvásár *(Horsemarket) and then* Újvásár *(Newmarket) square between the two world wars, with the name of Kálmán Tisza (Hungarian politician and prime minister between 1875-1890) this square had become one of the most beautiful and elegant squares in Pest, where families seeking relaxation found stylish stone benches and neat lawns. The* Népopera *(People's Opera) was opened here in 1911.*

However, from the 1940s the square was increasingly burdened by political relations. First the brother organizations of the German Nazi Party moved into a building in the square, which after the war was occupied by the Communist Party. As a consequence, the square was one of the most bloodstained spots of the invasion of the Red Army in 1956, which determines the assessment of the square till today. The history of the square is such a burden that can only be processed by new conceptions, independent, not only party political initiations, and, of course, time. The square has developed a lot recently, and great expectations accompany the construction of an underground station of the new metro-line. Nevertheless, our impression is that many yet un exploited opportunities lie in the park. The local citizens have not really populated it; it still stands a bit isolated between the busy highways (Rákóczi road - Népszínház street). The orderly lawns, the new benches and playgrounds are still waiting for their users, the local inhabitants who could also use this open air area for other purposes than dog-walking.

The first Köztársaság square film picnic makes a proposal for the communal use of the park in the form of picnics and a cinema. The citizens can view the screenings seated. They take an active part in the

Mónika Bálint, Balázs Horváth,
Rebeka Pál & Kata Soós
BUDAPEST

Programm

Die Lieblingsfilme: Vor der Eröffnung des Kinos sprachen die Organisatoren mit den Einwohnern/-innen in der Nachbarschaft und gaben ihnen eine zuvor zusammengestellte Liste mit Filmen, über die sie abstimmen sollten. Gezeigt wurden die beiden Filme mit den meisten Stimmen.

Kurze Werbespots: Bestandteil des Programms waren außerdem kurze Werbespots, die in Zusammenarbeit mit den Einwohnern/-innen gedreht wurden. Wie üblich wurden diese vor dem Hauptfilm gezeigt mit Werbung für die Läden und Geschäfte der Umgebung. Produzenten/-innen der Werbespots waren: Mónika Bálint, Dávid Dunai, Balázs Horváth, Kata Soós, László Strausz, Csaba Vándor, András Vince.

Filme über Budapest: Als ein Teil des Public Art Festivals wurden Filme, Videos und Dokumentationen über Budapest gezeigt, über die Vergangenheit und die Gegenwart der Stadt und die Zukunftsentwürfe ihrer Bewohner/-innen. Das tägliche Programm dauerte etwa von 21 bis 23 Uhr.

Am 15. Juli wurden die Anwohner/-innen eingeladen, an einem Spiel teilzunehmen. Das Spiel hieß *Budapest My Home* und diente dazu, Meinungen zu sammeln. Die Anzeigenzeitung *Budapest Piac* stellte wertvolle Preise zur Verfügung.

Konzeption und Organisation: Mónika Bálint, Balázs Horváth, Rebeka Pál, Kata Soós,
mit besonderem Dank an Eszter Ágnes Szabó

The program

The inhabitants' favorites: *Before the establishment of the cinema the organizers make contact with people living in the neighborhood and conduct a small poll to determine which films inhabitants would choose from a selected list. In this section we show the two movies that received the most votes.*

Mini commercials: *In the programme of the open air cinema there is an unconventional series of commercials that was shot with the involvement of the inhabitants of the neighborhood. Before the feature films, in the place of the usual commercials the local inhabitants' own advertisements are shown, presenting a subjective picture of the nearby stores and workshops. (the makers of the commercial-series: Mónika Bálint, Dávid Dunai, Balázs Horváth, Kata Soós, László Strausz, Csaba Vándor, András Vince)*

Budapest films: *As part of the public art festival we are screening films, videos, and documentaries about Budapest. These films show the present and past of the city, and the future prospects of the local citizens. The screenings run from about. 21:00-23:00, every day.*

At 17:00, July 15 the picnickers are invited to play games. The Budapest Piac is drawing valuable prizes on the spot in the framework of the opinion-collecting game called Budapest My Home.

Conception, organizers: *Mónika Bálint, Balázs Horváth, Rebeka Pál, Kata Soós,
special thanks to Eszter Ágnes Szabó*

„Es ist kein Zufall, dass in der Geschichte der Kunst Szenen mit einem Picknick in der lieblichen Natur so oft zu finden sind. Man braucht bloß das Essen zu Hause zuzubereiten und es dann draußen essen, unter freiem Himmel. Mit dem Film-Picknick wollten wir die in der Umgebung lebenden Menschen animieren, diese populäre Handlung wiederzubeleben und festzustellen, dass die öffentlichen Plätze in Budapest dafür geeignet sind." (Eszter Ágnes Szabó)

"It is not an accident that in the history of art the scene of a group of friends having snacks in Nature's bosom appeared so many times. This event is the picnic. All you have to do is to prepare the snacks at home, which are eaten outdoors, under the open sky. With the picnic event we organized we would like to suggest that the people living nearby relive this once popular activity, and realize that the public places of Budapest are suitable for such a use." (Eszter Ágnes Szabó)

Urban Potentials
EXAMINING THE POTENTIAL OF
URBAN SPACES AND CONTEMPORARY
ART IN EUROPE
Frank Eckhardt

————

German Text Page 14

An important impetus for *Urban Potentials* was the tension in Dresden between the continual lack of contemporary art in the urban environment and the repeated rejection by much of the population for initiating short- and long-term projects.

From this starting point, the idea arose to create an internationally focused contemporary art project that would also engage thematically with local circumstances. The artwork was to be a tangible provocation in the midst of the urban sphere, and was to represent ideas, proposals, designs, and commentary on possible developments within the urban public good.

After reflecting on these projects, which were to define urban space in Dresden and elsewhere, we sent invitations to a range of curators who possessed a critical perspective on the matter, and who would be able to create a public space for discussing the internal microstructures at work in the field of art.

The theoretical and artistic core of *Urban Potentials* was therefore meant to encompass a variety of stimulating and engaging displays and processes in a number of different media and at various urban locations. Emphasis was placed on using existing urban structures, and on including lesser-known, but promising social, physical, or other spaces. In this way, the public interest in urban living space came to form the heart of the project, while the traditional concept of public space, and its conflicted involvement with various interest groups, did not.

After initial discussions in Dresden, it appeared that the project would be impossible to realize considering the city's delicate financial situation. It floundered at loose ends for a time, but was eventually incorporated into the city's anniversary celebration in 2006, as part of the so-called *FutureCity Work* project

under the aegis of the municipal government. With this decision, *Urban Potentials* had the chance to reach a broader audience, and to enter public discourse as part of this expanded framework.

A number of collaborative partners came to the project. Beyond the Dresden Organizational Office and *Kunsthaus Dresden*, the *Studio of Young Artists* from Budapest, *TENT* from Rotterdam, *galerie5020* from Salzburg, and *Galeria Awangarda* from Wrocław were invited. These cities were comparable to Dresden to the extent that they all suffered through similar experiences: like Dresden, Rotterdam and Wrocław were heavily damaged during the Second World War, and the effects are still visible today in different ways. Rotterdam has carefully targeted art and artists to change its image; and Budapest has become a booming center in the East and is all but overflowing with memorials. There, as in Wrocław, there is no tradition of situation-specific contemporary art in urban space. Salzburg is comparable to Dresden as a cultural capital struggling to maintain its relevance and its finances.

On the other hand, among these partnering cities there has been a strong difference in the patterns of development over the last decades. Each city has had its own affiliation with political blocs or positions, its own varied parameters in socio-economic standing and social and welfare systems, has faced either abrupt change or steady growth, and has chosen its own path in managing an urban redevelopment process and associated structural transformation.

The curators from these partner organizations were integrated from the start in the concrete planning of the program and its many elements. At an early stage, both the curators and the participating artists were invited to preparatory workshops in Dresden, which created a common basis of information and a consensual direction for the project while preserving artistic autonomy.

Nonetheless, *Urban Potentials* decided against creating a central curatorial authority, since its basic idea was to develop a wide variety of ideas within the participating cities, and to decide there about the project's content and about which of its components might also work well in another partner location. In this way, the curators and the individual artists had the ability to decide which areas of interest and conflict should be included.

At the same time, Dresden remained the necessary central hub for focusing the project in terms of substance and publicity, for handling questions and conflicts, and for targeting the inspiration, concepts, and even utopian tone of the project at the appropriate population segments and development areas. Dresden was the logical geographic center of the project, but its experience with a rapid transformational process (albeit only a German domestic one) also put it squarely between the experiences of Rotterdam and Salzburg, on the one hand, and Wrocław and Budapest, on the other.

By virtue of this collaborative framework for *Urban Potentials*, the participating artists, curators, and institutions held fast to the belief that their individual designs, perspectives, and visions could be implemented. The point was not to underline the theme of the loss of identity or image of a European city center. Rather, the intent was to undertake experiments in the productive transformation of these concepts—to make the city a laboratory and a place of constant reflection on these processes. The participants from the different cities were able to bring varied experience, forms of reflection, and thought processes to this discourse.

Large cities are not typically cozy places where societal warmth is created. From the perspective of *Urban Potentials*, they are instead spaces in which political and social conflicts appear in clear relief—places of confrontation more than of equilibrium—perhaps places of tolerance, but more likely of indifference toward particular ways of life. Cities are also a locus for capital—not merely financial capital, but cultural, social, and evolutionary or even subversive capital as well.

For these reasons, the project was meant to focus on important, unrealized potential in the participating municipalities. Artists were invited to find and discover such potential, to explore it with regard to its relevance to specific development projects or general wish-lists, and to bring it to the forefront of thought and discourse in the heart of urban space. The artists were asked to consider possible developments, as well as ideas or activities among citizens, groups, or other communal initiatives; to integrate into their work the notion of the self-representation of a city and its citizens; and to focus on empty and commercial lots, on public spaces, and on buildings.

The artists' research was designed to incorporate this expansive questioning, and intended to result in a pitch to citizens and city officials alike. *Urban Po-*

tentials was represented in each of the participating cities as a way to expand upon the conventional rationalized, technocratic concept of urban planning in favor of a discursive model that would stimulate openness and visionary thinking for the urban future. In a word, this project was meant as an attempt at creating ideas and visions that would gain an unimposing but conspicuous public presence.

This approach assumed quite different forms in the various participating cities. While small-format projects were preferred in Wrocław and Rotterdam, the presentations in Budapest, Salzburg, and Dresden combined a multiplicity of ideas, perspectives, and methods.

With such a premise, being able to mount *Urban Potentials* at exactly the same time as Dresden's anniversary was a tremendous stroke of fortune. The great opportunity lay in using this somewhat complicated framework to execute a project that took contemporary art beyond its now conventional role of mere criticism. The ideas, designs, and approaches of the project instead offered a connection to the contemplation of citizens, and a focus on the potential for public visibility and discourse.

Of course, there is a contradiction inherent in all of this. Contemporary art must use its own language if it is to be in a position to postulate its own expansive symbols or to emphasize its own emancipatory actions. This language is surely an international one within the art world, but is not necessarily common in the general population. For this reason, an initiative from within the various, mostly autonomous areas of discourse in contemporary art could be a very worthwhile undertaking, but only if it is possible to avoid ritualizing these as a closed and highly ideologized system.

But can the demands made by contemporary art be applied outside their own immediate circumstances? Can they become a catalyst for understanding urban life today, or provide answers to the complex, overlapping questions surrounding the need for sustainable urban development? Is it even desirable to achieve such an implicit hegemony of artistic articulation? Or should the traditional political concept within artistic discourse be expanded upon by a more pragmatic, constructive notion of the public?

Such questions were used for feedback during the development of *Urban Potentials*, although they were not the focus of the project's artistic exploration. Yet these questions were brought into clear relief through the varied approaches to imagined opportunities within urban social space, and through the different methods chosen to convey the artistic images of the project.

Rotterdam
*DESIGNS, PERSPECTIVES AND
PERCEPTIONS OF THE
CONTEMPORARY VISUAL ARTS WITH
REGARD TO THE FORMATION OF THE
URBAN COMMUNITY.*
Thomas Meijer zu Schlochtern

German Text Page 21

No city in the Netherlands has had to so conscious-ly rediscover its identity during the past century as Rotterdam has. Starting with nothing, Rotterdam built a new heart for itself after 1945. Modern ar-chitects and urban planners transformed the waste-land to a modern, functional metropolis with 600,000 residents. Businessmen and ordinary citi-zens put together a new economic infrastructure. And a culture developed gradually that almost by necessity had to look to the future. After all, leaving aside the odd vestige, culture had to be created from a void.

New buildings and economic and cultural re-development went hand in hand. There developed between city government, architects, businessmen and artists a marriage of true minds.

The physical reconstruction is now almost com-plete and the monuments of the new century that are being erected in the city bring a sense of pride.

Since the end of the 1970s the city administra-tion has pursued an internationally oriented cultur-al strategy. There has been investment in new insti-tutes. The KunstHal, the Netherlands Architecture Institute (NAI), the Netherlands Photographic Mu-seum and Witte de With Center for contemporary art were all established within a brief space of time. This has given the city a distinct identity that has at-tracted well-known architects and designers from all over the world (In 1978 Rem Koolhaas' Office for Metropolitan Architecture—OMA—was estab-lished in Rotterdam.).

In 2007, the second largest port in the world has with its museums, art centers, artists' initiatives and art training facilities, an incomparable cultural infrastructure.

Moreover, with its Internationale Beelden Col-lectie [International Visual Arts Collection IBC] and with the long-term efforts emerging from the Centrum Beeldende Kunst [Center for Visual Arts][1], Rotterdam has unequivocal expertise and reputation in the area of visual arts in public spaces. These qualities ensure that the city is an interesting example for other cities. Precisely now, when throughout the entire world the debate on urban

development is focusing increasingly on public space, Rotterdam has much to offer.

IBC, Internationale Beelden Collectie [Inter-national Sculpture Collection] CBK [Center for Visual Arts] (IBC, *International Sculpture Collection CBK*) & Beeldende Kunst in de Openbare Ruimte (Visual Arts in Public Spaces BKOR)

From (war) memorial to urban symbol
The International Sculpture Collection is a collec-tion of sculptures that the City of Rotterdam has had in its keeping, sometimes for a very long time. The oldest sculpture of the most famous Rotter-damer, Desiderius Erasmus, dates from 1622 and has survived religious disputes, wars and occupa-tions. The collection is of outstanding, internation-al quality and unique in the Netherlands.

Only after the Second World War was Rotter-dam enhanced on a major scale with sculptures. The main reason for placing them was to provide visual variation in the heart of the city that was entirely de-fined by empty surfaces after the Nazi bombing of 14 May 1940 and—after 1945—by reconstruction activities.

It started in 1951 with the gift of Zadkine's sculp-ture *the ruined city*, a private initiative on the part of the then director of the Bijenkorf (major department store), and the first of a series of monuments and sculp-tures that commemorate the Second World War.

Since the 1960s works of sculptors of internation-al fame have been placed at prominent locations in the city. In addition to decorative value, raising of public awareness was a significant argument. A municipal re-port from 1957 notes: "because sculptures in the open air facilitate spontaneous contact with the visual arts, even for those who do not seek to visit museums." Mu-seum quality was therefore one of the aims.

Not only the rebuilt center of the city, but also the newly established suburbs served as a location. The purchasing committee in charge began to buy increasingly more work from living artists who were experienced in sculpting for modern, urban and pub-lic areas. This transpired to be in many ways more sat-isfactory than the previous retrospective purchases.

Until the beginning of the 1980s the munici-pal committee *Images in the City* advised the munic-ipal council on works of art for public areas and funding was provided by the City Decoration Fund. There was also the Percentage Scheme, a provision that one percent of the contract sum for council buildings would be applied to art objects.

In 1982 the advisory functions of both com-mittees were transferred to the Department of Visu-al Arts in Public Spaces of the Center of Visual Arts. This department is the center of expertise in the area of recommendations, guidance, realization and management of public art projects.

In 1999 the mayor and aldermen installed a new International Visual Arts Committee that operates autonomously but is from a legal standpoint answerable to the Center for Visual Arts. This was a direct response to the preparations for *Rotterdam Cultural Capital 2001*.

2001 provided a fresh impulse to thinking about the function of sculptures in the city. The haphazard placing of sculptures in the city had to stop. The committee did, however, express the wish to opt for "strong autonomous sculptures from renowned international artists who are making a positive contribution to an altered urban image." Proponents of "experimental exploration of the boundaries of the art concept" had to give way to those who opted for autonomous works of art.

With this a boundary, whether conscious or not, was drawn between the policy of the IBC and BKOR committees. A predominantly museum and urban planning oriented view of public areas and public art is diametrically opposed to a view in which demand orientation, public participation and cultural range are paramount.

The Center for Visual Arts believes that art in public areas requires a broad acceptance and has in that process of acceptance much more a facilitating than a directive role. It is, after all, the artist himself who controls the process of substance and artistic charge. Art as social intervention will have surplus value only when it is 'autonomous' and when those interventions are socially artistic. Art speaks its own language and places its own emphases. Artists are not there to implement policy, however noble that might be. This art practice is also by no means unique when examined in a wider European context. The Netherlands, with its mandatory regulations and interventionist government, and with the network surrounding art a monopoly of administration officials and civil servants, is more an exception. Art is actually evolving under the influence of an increasingly distant government into a model that always applied outside the Netherlands.

Public art: the art of urban renewal

Many Rotterdam artists empathize with the fate of their city. They often take with great commitment the side of the residents who are often the potential victims of urban renewal. There is not a city in the Netherlands that has so many organizations, collectives and individual artists that direct their attention so explicitly to public areas and subject them to discussion. What is 'the public area'? Congealed democracy, through traffic, space for everybody and

nobody? And what is the public area without public, without people? These questions generate a lot of discussion and debate because the accessibility, safety and quality of life affect us all.

The last ten years have seen a substantial change in the spheres of political influence in the Netherlands and, as already noted, the government has withdrawn from certain areas. There is an increasing lack of clarity on the part of government and citizens as to who has what to say where. That has consequences for the public area. Perhaps that is the reason why artists who work for the public area prefer to involve neighborhood residents and public in the realization of a piece of art. This involvement is so important, according to some artists, that the public is assigned the principal role. At the same time it is apparent that more people are literally letting go of the public areas as not representative of them.

The Rotterdam philosopher Henk Oosterling is even more clear-cut; he draws a distinction between the extent to which a work of art is subordinated to the surroundings in which it appears or exercises independent influence on them. He has introduced a dynamic concept of the public area that, under the influence of the art, contracts, expands or even emerges from nothing. Oosterling's argument begins with the observation that the distinction between what is public and what is private is becoming steadily harder to draw. Private and public merge with each other. Every visible private conversation is public property and reproducible. At the same time with 'headphones on and the GSM ready to go' there are signs of increasing privatization of the public area. Public area has changed from place of residence to area of through traffic. Is there still a place for art in a world like this?

For this reason oosterling sees the relation between art and public area in several ways. Sometimes the surroundings transmute the art, sometimes the art transmutes the surroundings and sometimes the art creates the surroundings.

He distinguishes four ways in which art can be discussed in relation to the public area, ascending to the extent to which art tries to influence the surroundings or even adopts them as candidate for change. 1. Art in the public area, which means art that emerges within the public area. 2. Art of the public area, which means art that defines the public area. 3. Art as public area, which means art that adds public area. 4. Public area as art, which means that public area is determined from an artistic viewpoint.

In practice

In a qualitatively attractive public area, the city comes to life and new and unexpected encounters are realized. Moreover it provides economic benefit improving as it does conditions for business development within the city.

In the case of Rotterdam, with a population of which forty-seven percent is from elsewhere and where there are more than 160 nationalities, the public area is the place where people can meet and learn about each other's customs and traditions. An effectively functioning public area contributes to a greater commitment to the city and increases feelings of security, safety and self-awareness in a neighborhood or area. It contributes to upgrading of neglected and disorderly public zones.

A recent example of the association of visual art in the public area and urban renewal is the redevelopment of a number of neighborhoods on the left bank of the city that were built between 1910 and 1940, the so-called *Pact op Zuid* with the boroughs of Feijenoord, Charlois and IJsselmonde. The *Pact* was a response to the neglect that Zuid had incurred for many years.

Zuid has a relatively high proportion of low incomes,[2] high unemployment and little variation in housing. The neighborhoods have few distinguishing features and the educational level of the residents is relatively low. An excessively one-sided population pattern, with in some cases seventy to ninety percent predominantly underprivileged ethnic minorities, is threatening to turn some areas into ghettos. Despite the renovations of recent years many young families are leaving Zuid. Against that, however, Zuid has the advantage of a young population, abundant parkland, a sound infrastructure and accessibility, beneficial economic clusters and a favorable location beside harbors, river and access roads.

The *Pact op Zuid* is a revitalization program of the Municipality of Rotterdam involving the deployment of visual arts. For the past year the boroughs, housing corporations, business sector and artists have been working together on the social, economic and physical qualities of Zuid. The aim is to improve education and participation in paid employment, to preserve the middle-income group and to stimulate employment and business. Initiatives for the built-up environment are an important factor in meeting the aims for the 'Pact.' One billion Euros has been reserved for this for the next ten years.

Alliances

Every location requires its own approach. Getting things done always requires collaboration between the various interested parties. It has been a long time the government alone developed strategies for the public area. Government, other public agencies and businesses need each other. Businesses, artists, architects, cultural enterprises and companies in particular that operate on the edge of government and market are keen to take responsibility and to develop their own visions and strategies for their own neighborhoods. The formation of alliances is the recipe for building bridges between all of the parties involved. The challenge for the municipality is not being afraid to relinquish control and accepting the role of facilitator. This is the Rotterdam approach.

[1] Foundation Center for Visual Arts started in 1982 as municipal agency and was privatized on 1 January 2006. The CBK is responsible for improving the position of the visual arts and artists in Rotterdam. The core activities are: information and public relations, presentation, lending and selling, representation and granting of commissions.
The collection aims to provide the city with an assembly of images that do justice to leading artists and developments within the modern visual arts. The emphasis lies on the art of the last sixty years.
A collection of thirty-eight works has been assembled in recent decades in which many of the greatest artists of the twentieth century are represented: Rodin, Picasso, Gabo, Zadkine, Moore, De Kooning. And recently work has been realized or bought on commission from young sculptors (McCarthy) and artists who had not previously created sculptures.

[2] Of the four major cities Amsterdam, The Hague, Rotterdam and Utrecht only Rotterdam displays incomes that are below the national average. In 2005 the average disposable income in Rotterdam was 13.4 thousand Euros, almost a thousand Euros below the Dutch national average.

Salzburg
"… A BURIAL GROUND OF FANTASIES AND DESIRES, PRETTY ON THE SURFACE, BUT FRIGHTFUL UNDERNEATH …"
(THOMAS BERNHARD)
Hildegard Fraueneder

German Text Page 27

Salzburg, it is said, is an exceptionally beautiful city. Gazing from the central bridges over the waters of the Salzach river, rarely hurried in their flow, we can make out the most important architectural sights, let our eyes wander across the skyline of towers and domes, underneath which rank the closed façades of the houses, and enjoy the view of storybook scenery crowned by the Hohensalzburg fortress and ringed by the city's mountains. Salzburg is a singular city— at least at its core, in the city center. Here the façades have been polished up, the markets staged, the city squares liberated from the struggles of labor and the passions of life, and functions and living spaces thoroughly distinguished and separated from one another.

Salzburg is a city from which authors have taken inspiration for poetic texts, and which painters praised, from the nineteenth century until well into the twentieth, for its 'natural beauty,' themselves contributing, through their productions, to the creation of the myth of the 'beautiful city.' The many literary and artistic works include sarcastic remarks and critical examinations, as well, in particular those from the recent past. We always experience the city in general and a specific city in particular through symbols and metaphors, writes the cultural critic James Donald (see Donald 2005:35). Even today, it is most often images that present to us what a city has to offer—what we can expect from it and should wish to experience in it. Indeed, perceptual and thematic patterns are grounded in these often internalized images. For in the ideal case, a city will stand for something in particular—for culture, for progress, for urban diversity, etc. Only then can the prestige be formed that has become so important to cities as they seek to remain competitive against their urban counterparts. And it is through this prestige that the uniqueness of a city is created in retrospect. Thus Salzburg, a relatively small city, is considered to be, even more than it is said to be, a 'beautiful city'—a tremendously attractive city of culture.

But what does this assertion mean, that a city is a city of culture? Viewed closely, it is a questionable statement justified only insofar as the cultural offerings of Salzburg are relatively large, in particular the internationally famous *Salzburger Festspiele*, which the city brought into being. Even though the founding of the *Festspiele* in the 1920s was an expression of anti-urban intellectual currents, the image of Salzburg as 'world city' has been connected to this institution ever since, and a surprising number of townspeople share the festival visitors' assessment that Salzburg is a 'world city' solely during this event. This assessment may only be situated, however, in the old town, which presents itself for the most part as the 'exhibited city'—as a closed ensemble of structures, squares, and other sites that are to be read as having always been the way they are now. Although the old town of Salzburg was thought for many years to have been one of the losers in structural economic change, which saw the emphasis in the creation of new economic and residential areas placed on the periphery, the old town always enjoyed benefits from these processes nonetheless, even though these benefits did not correspond to any of urbanism's demands. The old town is not only the central place for tourists to spend their time, but also an essential region of identification for the townspeople themselves: this is an identification for which Gerhard Vinken has introduced the concept of the 'special homeland zone' (*Sonderzone Heimat*), through which the 'old town as a construct' may be seen through the lens of something asserted to be one's own, which serves the creation of collective memory and self-assurance. (As part of the *Urban Potentials* presentations, Gerhard Vinken presented a lecture here in Salzburg on these topics in December 2006.)

The old town of Salzburg does not have the character of an urban living environment, nor does it include areas that have been allowed to fall into decay or significant neglect. Salzburg has one of the oldest laws on inner-city preservation. (Of particular importance were the 1980 amendments to the law of 1967, which extended the scope of the law from façades to building interiors. In 1983, the inner-city preservation authority was awarded the European Prize for Historical Preservation for its work.) The city administration is currently preparing a renewal of the laws protecting the old town, as well as of the Green Spaces Declaration (the *Grünland-deklaration*, first enacted in 1985 and renegotiated this year, which protects certain green areas and open spaces in the city). The city's politicians and inhabitants alike feel that the two bodies of law are more significant and worthy of attention than the old town's status, awarded in 1997, as a UNESCO World Heritage Site. To be sure, the planners' lopsided focus on the city center in the 1960s and 1970s led to the neglect of urban planning in the other areas of the city, whose 'wild growth' was not to be stopped until the creation in 1983 of the City Layout Advisory Board (the *Beirat für Stadtgestaltung*, with members selected every one to two years from among internationally known architects and urban planners). Its area of competence ends at the boundaries of the center city, which, under the laws mentioned above, is overseen by the Old Town Commission (*Altstadtkommission*), an arrangement that often leads to factionalism and infighting, the motives for which usually lie in fundamentally different points of view: if the Old Town Commission bases its work on a concept of protecting and maintaining structures (against new influences)—i.e., on an attitude of conservation—the City Layout Advisory Board encourages a more progressive, development-oriented understanding of its tasks. In this way, the separation and zoning of the city into one sector designed and configured for tourism and audience perception, and another for residents and businesses, are manifested and reinforced. These factors also make clear, however, just who gains from the aforementioned 'benefits' in the old town.

Salzburg's intensive development as a tourist destination goes back to the nineteenth century and has included campaigns to promote the city internationally using different overarching brands and various cooperative agreements. In 2003, for example, Salzburg was grouped together with Berlin, Budapest, Dresden, Munich, Prague, and Vienna under the name 'Seven Stars of Central Europe' for the American market. This past year, the city and Austrian federal state of Salzburg have been branded with the slogan, 'SALZBURG feel the inspiration!'

Despite all the brandings, the city of Salzburg was advertised for decades as the 'Stage of the World,' a title it assumed after tourism industry professionals determined that the earlier slogan 'A city preserves its image' ('Eine Stadt bewahrt ihr Gesicht') to be lacking in dynamism. But it is exactly this past that is prized, by tourists and inhabitants alike. However, is it the same history? For many tourism entrepreneurs and tourists, *The Sound of Music* plays a significant part. (For seventy per cent of all tourists from Asia and the English-speaking world, the film musical is the main reason to a visit Salzburg, and in many Salzburg hotels the film, made in 1964-65 by director Robert Wise with Julie Andrews and Christopher Plummer, runs non-stop on a dedicated television channel.) Despite this, many women and men from Salzburg know neither the films about, nor the story of, the von Trapp family. A suitable site for a *Sound of Music* museum has been sought for years; at present, the site appears to have been found in the garden of the Schloss Mirabell (in the spaces presently occupied by the Baroque Museum, which is set to be moved to a new location). It is up to the politicians to decide whether this will further propagate the von Trapp family myth (which comes from the world of fiction and is relentlessly reinforced in whatever form it is reproduced) through the search for new mytho-poetic details, as has been done through *Sound of Music* tours showcasing the original filming locations—or whether the museum will create a place for Salzburgers in which a story can be reflected.

The City as Theme and as Performance

Urban Potentials was not the first artistic project to analyze the city apart from the myth, marketed worldwide, as 'Salzburg.' The projects *Public Space / Öffentlicher Raum / Lehen* (1997/98), *Trichtlinnburg* (2005), and the festival *kontracom 2006* have been of particular note, and all of them may be characterized as falling under the vague term of 'art in the public sphere.' Each of these projects concentrated on a specific urban space: the first on the city's district of Lehen (see the eponymous catalog), the second on the topic of mass tourism and urban development in the old town on the right bank of the Salzach (see www.tricht-linn-burg.org), and *kontracom* on the entire old town. Yet it seemed to us, as we began the project, that we should take on Urban Potentials in the entire city: the built city and the people; daily life in the city and social-spatial processes; and the constellations that facilitate or obstruct them. Our aim was not only to identify the dominant power relationships, but also to sketch ways out of them—to indicate factors with the potential to reveal an urban, or manifold common existence.

For the symposium *Amadeus steht Kopf. Kunst und Öffentlichkeit*, which we designed and organized in cooperation with the Museum der Moderne and which took place at the museum in early July 2006, the central question was what art in urban space can be, and above all what it (still) should seek to be. The occasion for the symposium was the art projects of the Salzburg Foundation (which has placed a new work of art in the city each year since 2002) and the temporary festival *kontracom*, mentioned above, which was curated by Max Hollein. Both campaigns explore a number of issues related to 'art in the public sphere,' although they do so in very different ways. The Salzburg Foundation's art project, which is taking place over a period of ten years, aspires to transform the city center into an internationally esteemed sculpture park. Each year, works by renowned artists, including Markus Lüpertz, Anselm Kiefer, and most recently Stephan Balkenhol, are installed at prominent places throughout the center of the city, financed by proceeds from private investments. And the Salzburg Foundation, like the *Festspiele*, shapes a site in, and explicitly in concert with, this city—a site that guarantees attention, where the 'gift of patronage' can be celebrated and is thus a site for the gratification of prestige. The motives for this investment in Salzburg have been articulated in speeches and publications as deriving from the city's beauty and its history of patronage of the arts, and—put a bit provocatively—as prophylaxis against the peril of cultural 'dilapidation.' However, attempting to compensate for neglect by public bodies, and thus not only obscure, but take advantage of, the ongoing dismantling of communal budgets, contributes little to discourses on urban spaces and their potential for constructing public spheres that exist outside of commercial interests; such efforts should always also be understood as an appropriation. Nor is the city of Salzburg a 'work of art' to be preserved and elaborated upon, as the Foundation's brochures and public statements suggest—though the city is and remains a focus of desires, of very diverse interests that must inevitably give rise to antagonisms and conflicts.

The art projects that have been realized in the city center through *kontracom* have themselves run up against substantial opposition among the residents of Salzburg, in particular a helicopter by Paola Pivi lying on its rotor blades on Residenzplatz and the extremely controversial project *Salzburg bleib frei* by Christoph Büchel, a collection of signatures for a petition to exclude contemporary art from the old town's public places for five years. Though there were sufficient signatures to oblige the city to survey the population at large, the city was not willing to shoulder the costs. The entire affair can be described as an awkward misunderstanding—not so much because of the result (less than two per cent of those entitled to vote took part, with ninety per cent of those persons voting in favor of the moratorium), but rather due to the shifting of costs onto the festival organizer. What was in fact an instrument of democracy could thus be used and politically defused as an ironic and flippant art action.

Most of the works of art hardly touched upon the central curatorial goal of changing the perception of urban spaces and of renewing the ways in which they are experienced, with the exception of the construction fencing that Hans Schabus placed in front of the entrance to the baroque gardens at Schloss Mirabell. The artists were accused of lacking knowledge of the sites they selected, and the project as a whole was said to smack of Disneyland, harmless entertainment, and, above all, wasted public funds. The scandal fomented in the mass media created an atmosphere of anger and vehement rejection, making thoughtful discussion and argumentation largely impossible. When the works were taken down, the discussions fell silent, too.

The striking aspect of both projects is how they revealed the extent to which people still approach art in public places from the angle of conventional sculptures—i.e., their restrictive view of how to react to, or within, urban situations and spaces. Another important revelation was the emphasis placed on the experiential, 'funfair' character of urban spaces. In examining the question of whose interests are thus represented by means of art, it becomes clear that both the city and the artists benefit from a contribution to the aestheticization and/or cultural charging of the cityscape as a marketable quantity, on the one hand, and from the granting of 'exclusive surroundings' for the individual works of art, on the other.

Testings, Temporary and Ephemeral

An examination of both projects was fundamental in shaping the contours for the conception and planning of *Urban Potentials*. What is more, the thematic orientation towards *Urban Potentials* made it possible to engage not only with 'art in the public sphere' discourses, but with specific urban planning concepts as well, such as community-building initiatives. As is the case in other cities, Salzburg has a variety of institutions and professions working on questions and perspectives of urban development. This diversity of working structures means that transparency, dialog, and listening between these institutions and professions only rarely extends beyond a specific occasion. To us, it seemed at least worth a try to probe how bringing together people and institutions who would otherwise hardly come into contact might be made productive (or indeed might not be). A variety of forums were selected for this: walks through the city, symposiums, workshops, presentations and panel discussions, a newspaper project, and a magazine were worked out as the final choices, and each provided inspiration for artistic projects. Temporary collaborations between participants and artists came about both through these forums and through constellations of temporary collaboration that went beyond informal exchange. What was essential for us was that this two-year project would not so much yield singular artistic products to be installed in urban space for general view, but rather promote a networked effort at accompanying the various intellectual developments in the city with a discourse on urbanity. This means a discourse to be borne by a variety of different positions, perspectives, and ways of seeing, so as to make possible an understanding of urbanity that will gather together a diversity of elements. We were likewise less interested in pursuing the still-fashionable goals of interdisciplinarity and hybridity, than we were in understanding spaces (spaces of thought and spaces of articulation alike) as meeting places and as sites of confrontation, sites where antagonistic and conflicting interests become negotiable without, in so doing, being minimized or harmonized. The artistic context of the project gave us space for experiments that could not have been realized within the regular city administration, or even in the scope of an institutional program. The actions did not, for the most part, serve the representation of situations so much as the production of situations as specific public spaces, which in turn were able to address a highly specific group of people, carried over, in parts, from one project to the next, and thus continually reformulated as well. In hindsight, a characteristic that seems essential to me is the relatively large number, in comparison to other cities and art projects, of artists, participants, academics, and contributors involved. And every act of participation is based upon a 'bringing of the self into a relationship with the city' that goes beyond the everyday, as well as an articulation of and reflection on this. The activities and realized projects, for their part, set in motion the visitors' processes of articulation and reflection, although no action addressed those visitors in a participatory-pedagogical mode with the intent of bringing them into contact with art. The actions' real potential lay in incitement and excitation (still an open exit), in displaying possibilities of intervening in urban contexts and critically encountering permanently self-effecting economic and political processes.

Some of the projects realized in *Urban Potentials salzburg* could not be reproduced in this catalog, or could be reproduced only indirectly. This includes the two symposiums *Amadeus steht Kopf. Kunst und Öffentlichkeit* and *Stadtspaziergang. Geschichten über das Verschwinden öffentlicher Räume*, as well as Gerhard Vinken's lecture *Sonderzone Heimat. Altstadt und moderner Städtebau*. The two workshops *YOUR HOME MUST BE DESTROYED IN ORDER TO SAVE IT* with Robert Jelinek and *Nicht einmal Hundescheiße. Instrumente zur theatralen Erprobung von Stadträumen* by and with Ed Hauswirth and Peter Haas, both of which were essential driving forces behind the artistic projects, can only be mentioned here, but not meaningfully documented as artistic efforts; the one-day performance *RÜCKGÄNGIG* by Sylvia Winkler and Stephan Köperl cannot be included in this catalog for legal reasons. On the other hand, certain events have yielded new catalog materials: Michael Zinganel's lecture here at the *galerie5020* was expanded into a new text, and Gregor Langenbrinck, who was involved with the newspaper project, also contributed an additional article for the catalog. The reproduction of the texts and discussion contributions from all the people I selected to speak at the symposium in early June of 2007 in Dresden does more than enrich this catalog. It expresses the necessity of bringing together both sites of urban conflict and their potentials, all observed from a variety of points of view, interests, and motivations—not to reach solutions or to formulate a 'common best answer,' but to place beside the conceivable beside the visible, and to create spaces of confrontation in ever-new configurations.

Thus, a great deal transpired in Salzburg, and yet it should be added that, really, nothing happened, since all of the actual problems were left untouched. This does not mean, to be sure, that no effects resulted from *Urban Potentials* in Salzburg; it is merely that counting these off would not only be presumptuous, but would also indulge a manner of presentation that would reduce the project to economics and economic conditions. Whether the hoped-for networking of artistic, activist, and theoretical groups was achieved is a matter to be considered elsewhere. What remains is a wealth of experience.

References:
Amanshauser, Hildegund, Mare Pedanik, Hinrich Sachs (Ed.) (2005): *Trichtlinnburg. Ein städtisches Abenteuer.* Salzburg-Maastricht
Bernhard, Thomas (1975): *Die Ursache. Eine Andeutung.* Salzburg
Donald, James (2005): *Vorstellungswelten moderner Urbanität,* Wien: Löcker
Fraueneder, Hildegard and Stooss, Toni (Ed.) (2007): *Amadeus steht Kopf. Kunst und Öffentlichkeit.* Salzburg
Galerie Fotohof, galerie5020, Initiative Architektur und Salzburger Kunstverein (Hg.) (1998): *Öffentlicher Raum Salzburg Lehen.* Salzburg: Pustet
Hoffmann, Robert (2002): *Mythos Salzburg, Bilder einer Stadt.* Salzburg: Pustet
Raunig, Gerald / Wuggenig, Ulf (Ed.) (2005): *Publicum. Theorien der Öffentlichkeit.* Wien: Turia + Kant | www.tricht-linn-burg.org

Wrocław
LIVELY CULTURE
Jolanta Bielańska

——

German Text Page 35

The Urban Potentials project enables Tomasz Bajer, Andrzej Dudek-Dürer, and Jerzy Kosałka to take up a dialog with the independent art of the 1970s and 1980s, which was considered a kind of rebellion against the state system and was often active in public spaces.

As a consequence of political transformation, the scene in Wrocław in the first half of the 1980s was highly splintered and could not put the conspiracy phase behind it. Countercultures and forms of goal-oriented contradictions were not social aberrations—for years there were efforts to find alternative solutions to the existing order, as reactions to hierarchies and privileges and expressions of mistrust of the bureaucracy and institutions.[1] After 1989, there were two forms of radical change: from socialism to capitalism and from the post-Soviet to the postmodern age. The change did not occur in stages or as an evolution but was instead convulsive.[2]

Until 1989, public space in socialist Poland was dominated by the type of monumental sculpture paying tribute to what was then the only legitimate system. There were, however, exceptions, including the actions of the so-called Sensibilists in the 1950s and the first Polish happenings of Tadeusz Kantor in 1965. The majority of projects by conceptual artists were never realized in public spaces. During the famous *Wrocław '70 Symposium*, whose goal was to create a new urban planning structure for the city, Zbigniew Gostomski proposed a project that was intended to break with unified form and coherent compositional structure. *It begins in Wrocław but . . . it could begin anywhere. / It begins in a certain place / but need not end there. / It is a potential infinity …* One of the few testimonies to this symposium is *Living Monument* (also known as *The Arena*) by Jerzy Beresia, installed on the Sand Island: a tree with its roots pointed upward. The artist's intention was that the roots of the dead tree would be repainted green every spring and that there would be a bench nearby for viewers. Henryk Stazewski's composition for lights, *Nine Light Beams on the Sky*, was also realized.

The *Studio for Emotional Composition*, which existed from 1970 to 1981 under the direction of Jerzy Ryba, Wojciech Sztukowski, Grzegorz Kolasiński, Zbigniew Jez, and Jerzy Mańkowski, concentrated its activity on urban space. Jerzy Grotowski's *Theater of Thirteen Rows* was also very influential on the Wrocław scene. In the early years of her career, Ewa Benesz was associated with this theater; over time, however, she gave up the *imperialism of acting* as she no longer wished to impose herself on her audiences. She presented her work in villages, homes, community centers, large cities, churches, and meadows. She read from the works of Goethe and Rilke—sometimes for many people, sometimes for just a few audience members.

The routines of the artists associated with the *Luxus* group and the happenings of the *Orange Alternative* in the 1980s introduced a larger process in which art was moved out of galleries and fused with the rhythm of the city and the lives of its residents. The so-called "second and third rotation" was the source of an alternative culture in Poland that resulted from the rejection of the patriotic, religious movement associated with *Solidarność* (Solidarity). Artists from Wrocław had very close contacts to Berlin in the 1980s. Friendly connections to the alternative scene in Germany made it possible to take weekend trips to attend openings and concerts. This lively exchange led to, among other things, the first Polish fanzines. One of the best known was *Luxus*, which was prepared by hand by members of the Luxus group, and *Xuxem*,[3] which advocated the idea of hybridism and the simultaneous end of avant-garde art. Many artists decided to emigrate in the face of poor prospects or took paid jobs that made it impossible for them to keep up their artistic activities. In the 1990s, such processes nearly led to the destruction of the stage for art in Wrocław. A society that adapts the lifestyles of its residents to processes of technical efficiency rather than individual wishes and ambitions has something inherently irrational about it, and this situation endures in Poland right up to the present.

The Confrontation of Desires and Collective Reality

The artists invited to the Urban Potentials project were shaped by various milieus and experiences and had never worked together previously. They decided by mutual agreement on the form of the artistic project, which is supposed to result from a synthesis of individualism and social concerns.

Jerzy Kosałka mentioned his dream to found an artistic *Hyde Park*, within whose framework artists of a wide variety of views could express themselves through art and the world. Unfortunately, the idea was rejected, and the space available for it was taken by someone else who had no close connection to the city and its context. Thanks to lectures at the University of Wrocław, however, he can continue his mission and bring the language of contemporary art to the students.

Andrzej Dudek-Dürer has been offering his "life performances" since 1969, presenting *The Art of the Shoe*, *The Art of Pants*, and *Living Sculpture* in public spaces, which is the natural place for his work. Dürer's oeuvre was long misunderstood, because it did not fit with the common conventions of the conceptual art of the 1970s and was not dependent on a gallery space or curatorial concept. It should be recalled that he has only recently begun to be invited to participate in national exhibitions, even though he has long been recognized outside Poland's borders. Andrzej Dudek-Dürer was the first artist to present his films in the mobil gallery *Yapper*, under the titles *Meta … Yapper I, II*, and *III*.

Tomasz Bajer has shown himself to be an uncompromising artist ever since the Geppert competition in 1998.[4] By presenting his objects—his "art bombs"—he exploded the classical conventions of that competition, which until that time had been reserved for painting. The jury split right down the middle into two camps, with the result that the prize he had been awarded was blocked. For several years, he had no opportunities to present his work in Wrocław, so he supported the idea of an independent gallery that could be active with the superfluous ballast, local animosities, conditions, and political agreements—such places are rare in Wrocław.

The *Yapper* project was Tomasz Bajer's idea, but the object itself was realized in collaboration by all three artists. It is a mobile multimedia gallery with its own energy supply. Its form recalls an enormous version of the loudspeaker from the days of totalitarian propaganda known as a *szczekaczka*. For the Wrocław edition of *Urban Potential*, as part of the *Wrocław Non-Stop Festivals*, Yapper served as a platform for the exchange of ideas and thoughts, for a meeting of various artistic views. For one entire night, it fulfilled the function of a summer traveling cinema. More than twenty artists signed up to participate in the project, including: Anna Adamczyk, Przemysław Chodań, Children of Aurora, Andrzej Dudek-Dürer, Tomasz Domański, Dziecięca Wytwórnia Filmowa Alicji Jodko, Maja Godlewska, Marek Ranis, Monika Golisz, Regine Hempel, Kamil Kuskowski, Małgorzata Kazimierczak, Mniamek, Aki Nakazawa, Agnieszka Paszkiewicz, Anna Płotnicka, Rafał Piekarz, Adam Stefaniak, Jan Verbeek, Kalina Wińska, Wojciech Wilczyk, Kathrin Maria Wolkowicz, Jacek Zachodny, Tadeusz Złotorzycki, Maria Zuba, and Dorota Zyguła.

V3 in Dresden [5]
At the presentation of the *Yapper* project in a public space in Dresden, the artists used humor and multimedia presentations to try to establish contact with German passers-by. Many of these conversations might give the impression that they were kindred spirits with Oskar Matzerath, the hero of Günter Grass' *The Tin Drum*, who discovered right after he was born that he had taken an instant disliking to this world. "Ossis," that is, former East Germans, cannot accept the new reality. The majority of higher-ranking civil servants come from West Germany and ride roughshod over the local historical and cultural conditions. The exodus of the population from the former German Democratic Republic to find work and better living conditions in West German states such as Bavaria and Baden-Württemberg still continues. The eastern German states and their residents have changed considerably. "Wessis," the West Germans, for whom everything remained the same, did not experience such upheavals. They did not have to learn to adapt to new laws, the rules of the market economy, or a different lifestyle. From the first day of German reunification, not a day has passed without complaints, many opportunities slipping past, and many mistakes made. [6]

Unaware of these tensions and animosities within Germany, Jerzy Kosałka brought *Polish anger* [7] to Dresden, in the form of barrels filled with yellow paint and model V3 rockets that he took everywhere. At the entrance to the *Motorenhalle*, he placed a photograph showing a someone lying on the grass smoking a pipe and wearing a yellow blouse with the phrase "do you like grass?" Several interpretations can be made of this, but the liveliest one related to the historical context, in which Günter Grass had, after many years, decided to unburden his conscience and confess to having served in the *Waffen-SS*, which caused an enormous scandal and media tempest. The conservative Polish government concentrated on the past, and political relations with its Western neighbor cooled considerably. The frustration and antipathy resulting from the so-called *Potato Affair*, in which a satirical article about the Kaczyński brothers was published in *die tageszeitung* for June 26, 2006, and the electoral defeat of the party Civic Platform (Platforma Obywatelska)[7] as a result of the news that the grandfather of Donald Tusk, the head of the party, had been drafted into the *Wehrmacht*, increased with the cheerful nature of the artist, who was in the habit of playing with consumer accessories. Kosałka's work had never before been so politically engaged.

During the opening at the *Motorenhalle*, there was an interaction between Andrzej Dudek-Dürer, Tomasz Bajer, and Jerzy Kosałka: dressed in dark uniforms and carrying fake Kalashnikovs, they guarded Andrzej Dudek-Dürer's *Living Sculpture*, which they themselves described in a grotesque fashion. The *Sponsors' Vitrine*, with single examples of *CosalCa* and *Bajer's Remedium* [8]—bottles, a two-sided light box with the logo of the artists in the same room with the stylistically different digital photo collages of Andrzej Dudek-Dürer: with a portrait of Albrecht Dürer, the artist's likeness rising above the square at the Frauenkirche, and the artist's shoe standing on a metal sewer cover in Dresden.

Dudek-Dürer's work reveals a continual change of identity under the influence of meditation and religious practices that enabled the artist to come to know his earlier incarnations. In his dialog with Pop Art, Jerzy Kosałka touches on problems of "cultural identity" that result when the many influences to which the individual is exposed are mixed. If a person's identification with the culture is incomplete, "cultural dissonance" results, which in turn inspires the work of Tomasz Bajer, who grapples with the crisis of the individual and national identity.

Fortress Wrocław: The Art of Survival
Contemporary art is the least supported sector and always brings up the rear in municipal investment plans. Another paradox of public life is the fact that a bad politician will be shown in the media more often than an interesting artist. In a country ruled by

technocrats and populists, the achievement of becoming an artist should not go unappreciated, which is why the rigorous work and passion that characterises Andrzej Dudek-Dürer, Jerzy Kosałka, and Tomasz Bajer is admirable.

Wrocław has specialized in festivals of music and theater. The Wrocław *Non-Stop Festival* is a relatively recent event with a formula that has not yet crystallised, which is why the *Urban Potentials* project could be included on the festival program. The *Archicooking* project, under the direction of Marcin Szczelina, ran parallel with it; it made it possible to see and compare the work of such artists as Mirosław Bałka, Ania Kuczyńska, Artur Rojek, Fat Architecture, Kurt Fleckenstein, Laurent Perbos, Medusa Group, Sand Box, and Via Grafik, as well as Aaron Betsky, the director of the Cincinnati Art Museum. This event also led to 'my' colleagues being invited to Mysłowice in Górny Śląsk (Upper Silesia) for Industrial Art, as part of the *Off Festival*. The high quality of these festivals ensures these cities a rich cultural life as well as media interest and, last but not least, offers the artists an opportunity to realize their work. It takes time to understand this mutual dependence.

Andrzej Dudek-Dürer prepared a multimedia presentation that was projected on the municipal government building in Wrocław. The *Meta-Coexistence Circle* is an example of a contemplative, artistic film based on the principle of images that interpenetrate one another at random and the employment of many graphic filters. The figure of an artist and his characteristic shoes, which emerge from the tides, from a cityscape, or in a space broken down into pixels—that is the most common motif. This implementation is part of the artist's further reflection on reincarnation, the ephemeral, and transformation. Andrzej composed original music for it using samplers and audio editing software. One innovation here is the use of four sound and image sources placed one above the other. The perception of his music changes according to the listener's position relative to the loudspeakers. This work has given new momentum to Andrzej Dudek-Dürer on a large scale. Over thirty years, he has managed to get the citizens of Wrocław to get used to his conceptual art a little and even more so on his intellectual practice, which eliminates the boundaries between life and art. There are certainly more people now who share his faith in reincarnation and religious syncretism than in the 1970s when he began his work. Today's young audience seeks traditions with more profound values that ensure people can identify with them.

"When you're a little kid and you're holding a helium balloon, (flying) has to cross your mind," said Kent Couch once, who flew 193 miles on a lawn chair to which 105 brightly colored helium balloons were attached. Jerzy Kosałka no longer has any of these childhood dreams, and one of the elements of his artistic strategies is based on, as he puts it himself, "pushy promotion of my artistic attitude and advertising his own name in public spaces." When he crisscrossed Wrocław's streets with a five-meter-tall balloon with the *CosalCa* logo, he attracted the interest of the public, which wanted to hold the string of his red zeppelin at least for a brief moment. The artist's self-critical assessment is, in my view, highly exaggerated, if one compares these balanced, self-ironic actions with the enormous inflatable flowers and other installations of Paul McCarthy, one could hardly describe Kosałka as pushy. Jerzy Kosałka is constantly adding to his collection of objects with forms of visual identification he creates himself, thereby creating, much like Andrzej Dudek-Dürer, the elements of his own myth. There is nothing abnormal about that: creating and marketing oneself if one of the most powerful human imperatives.

If one dispenses with the gallery as a place that stands in a certain relation to the viewers, then theoretically the entire world becomes available. Tomasz Bajer has explicitly explored his interest in the world, politics, and social concerns. In a smaller version of the mobile gallery he presents films documenting,[9] among other things: the death of John F. Kennedy, the effects of apartheid in Africa, the wars in Iraq and Afghanistan, photographs from the Indo-Pakistani War, and other crisis situations. *Art Capsule* and a multimedia vest that was part of a paramilitary uniform enabled him to dive into the crowd of passersby and move through the shopping areas, lanes, and streets of Wrocław without colliding with anyone. The anarchistic actionism of Tomasz Bajer is distinct from the actions of his colleagues: unlike them, he tries to conceal his identity behind dark glasses and constantly change uniforms. A certain similarity remains, as does his haircut: à la Karl Valentin in the 1920s. Like to take up contact with him. Their proximity, unpredictability, and the lack of distance are the elements of his work.

The role of the audience in the artistic experience has undergone a significant transformation over the years. There was a time when the audience could only understand or reject the artist's 'transmission' and was completely passive. The artists themselves are tired of the academic discussions and the restriction of their work to the space of the 'White Cube' with always the same audience. The attempts to participate actively in artistic actions again point to the emotional value of the sort event in which a human being finds contact to other human beings. For that reason, I would like to conclude by thanking my colleagues, the artists and curators, as well as the people who helped organize this project for the exciting experiences of teamwork and for their perseverance.

1　This stance taken by the head of the National Galleries is problematic and anachronistic because it makes the possibility of using EU funds to promote culture increasingly remote.

2　Throughout the 1990s the cultural sector remained poorly funded; at the same time, the recommendations from above pointed to the necessity of seeking funding outside of the standard budget. To receive funds from the European Union, one needs to fill in the appropriate application forms and gain a proper command of English, including the special bureaucratic jargon. In addition, a new leadership style and the ability to work in a team were needed—something for which state institutions are still not prepared. Finally, the poverty affecting independent artists makes it impossible for them to found associations or foundations.

3　XUXEM—edited and published by Aleksander Sikora, founder of the *Neue Kultur Foundation*. I own all four copies of *Xuxem*.

4　The Eugeniusz Geppert Competition is one of the most important competitions for young artists in Poland.

5　The artists brought the group V3 into being; as intended, it lasted for several months after it had fulfilled its purpose.

6　See Claus Christian Malzahn, Deutschland. *Kurze Geschichte einer geteilten Nation* (Munich, 2005)

7　Civic Platform (Platforma Obywatelska)—a liberal-conservative party founded in Poland in 2001 (sees itself as party of the center)

8　Bajer's Remedium is part of a larger project by Tomasz Bajer, who appropriated the logo of a German pharmaceutical company and redesigned it.

9　From the YouTube portal.

Budapest
I SPY WITH MY LITTLE EYE …
Rita Kálmán

———

German Text Page 43

… a city in Central Europe! More specifically, it is a capital city that is divided into two parts by the Danube. Yet it combines these two city districts in its name. Does anyone know the answer? Yes, exactly, that can be only B-U-D-A-P-E-S-T!

Art in the public sphere is often divided into two categories in Hungary: monuments and everything else. For some inexplicable reason, we Hungarians have fallen victim to a cult of the monument. We can easily claim to be world champions for quantity, if unfortunately not quality, in the field. I know of no other parliament building surrounded by as many sculptures of politicians or signs of remembrance as is the case in Hungary. The basis for this monument-building tradition surely has something to do with the dramatic changes in Hungarian history over the past few hundred years. It is a commonplace, after all, that new rulers of all political inclinations use art and artistic means of expression to shape their identity in the public mind. This is just the normal order of things on Planet Earth. Our problem is that the fathers of modern Hungary could not rid themselves of the deep-seated reflex that urban space should be used exclusively for purposes of political display. Thus, the city administration and other political and bureaucratic structures greet any initiatives for art in the public sphere with utter incredulity, unless the art in question is related to monuments. And, of course, it is always best to forbid anything with which one is not familiar, or which one does not understand…

It follows logically that the history of public art in Hungary is very short. The first major group show in this genre took place in 1993 and was not originally intended for public urban space at all. The *Soros Center for Contemporary Art* sought to present its annual exhibition, which took as its theme the artistic examination of current social processes, at the *Műcsarnok/Kunsthalle Budapest*. The director at the time, however, did not wish to mount any exhibitions that would be, as he put it, "politicizing." Thus the shift of the exhibit to the public sphere was an emergency solution. The presentation of the subject did, to be sure, legitimate the selected site. It was only a coincidence that *Polyphonie* (Soros Center for Contemporary Art (SCCA), 1993), as the exhibition was called, mutated into a public art project, and was doomed to failure by that fact alone. Although the artistic works were, for the most part, placed on public sites, such as a bridge pylon or an advertising space at the side of the road, the artists did not really interact with the specific environment. Viewers will look in vain for the usual criteria of artistic interventions in communal urban spaces, such as relatedness to context and site or an understanding of urban space in its social setting.

The next major exhibition project, *Moskau-Platz-Gravitation* (Ludwig Museum Budapest, 2003. www.ludwigmuseum.hu/moskvater), would not come for exactly ten years, but engaged with a specific site: Moscow Square on the Buda side of the Danube 2003. However, the main reason this initiative achieved so high a place in the Hungarian art scene's collective memory was because so little had been done in this area before then.

Next in the chronology come two editions of *Precisely!Here!Now! (ARC, 2004/2005. www.pontittmost.hu)*, an art project that set out to vanquish the spirits of the obsolete tradition of monument building and to reform that genre.

The three exhibitions noted briefly above are milestones in the history of public art in Hungary. Although art projects in the public sphere in Budapest have enjoyed a boom in recent years, there has been little expression of the many opportunities for contemporary art to contribute to and shape social developments in urban city space.

As curator of the Budapest program of *Urban Potentials*, I faced a set of problems surrounding the fact that the other participating cities (Dresden, Salzburg, Rotterdam, Wrocław) were much smaller, with an altogether different level of significance in their own countries. While working out the hidden potentials of Budapest with the invited artists, I realized that the art projects would have to be concentrated in a particular area of the city. Otherwise the project would run the risk of falling apart and quite simply going under in a city as large as Budapest. It would have to be an area where all the different kinds of problems we had identified could be found, thus serving as a test case for the city as a whole. In addition, it was important that the works of art be installed on lively streets and well-trafficked squares, allowing city-dwellers to encounter them.

Urban Potentials Budapest ultimately included five art projects focusing on five prominent sets of problems in the city that artists had not yet examined:

– the relationship of the city to the Danube
– determining the functions of, and redefining, public squares
– possibilities for expanding the green spaces in the city center
– proposing alternative uses for empty stores and shop windows
– promoting an awareness that city-dwellers can play an active role in shaping their urban environment

In truth, my task was an easy one, since hidden potential lies everywhere you look in Budapest. Budapest is a slumbering city. The strengths that transformed it into a progressive modern metropolis in the second half of the nineteenth century were forgotten and are hidden today. In the brainstorming sessions, the participating artists wrote pages upon pages of ideas, which formed the basis of the creative proposals that were ultimately realized as part of *Urban Potentials*.

Given the fact that the individual works of art are presented in detail elsewhere in this cata-log, I would merely like to make reference here to the Budapest art project website (www.up-budapest.hu), which provides information and photographic documentation on the works by Sándor Bodó Nagy, Gábor Kerekes, Miklós Mécs, and the Randomroutines, as well as on the temporary formation by Mónika Bálint, Balázs Horváth, Rebeka Pál, and Kata Soós.

An important goal, in addition to focusing on unlived possibilities for Budapest, was to make clear to representatives of the city administration that the experimental and critical potential of contemporary art must be considered in the design of public spaces. The generous financial, technical, and organizational support given to *Urban Potentials Budapest* by the municipal Department of Cultural Affairs represented a tentative first step in this direction. I must confess that I stumbled onto a favorable moment, since the city administration's slogan in 2006 just happened to be the renewal of public squares. The mighty proclamations, as is well known, were followed by a dearth of original ideas and specific plans for projects.

Taking as a starting point the experiences I gathered curating an art exhibition in the public sphere, I organized two roundtable discussions that tracked the subject matter and the mission of *Urban Potentials*. During the first evening, the guests and the audience examined the conditions, procedural steps, mechanisms, and rules of play imposed by the administration on the realization of art projects in the public sphere. What role do contemporary art and its representatives play in the administration's decision-making processes? Does artistic production have an effect on urban politics? Do artistic initiatives have these kinds of ambitions in the first place? Or, conversely, what artistic ambitions do politics have? Where are the intersections and the possibilities for collaboration?

The next evening's discussion was devoted to analyzing important art projects in the public sphere, both according to their artistic and curatorial concepts, and to the visibility and impact of these art productions. How did the media, the wider public, and the art scene react to these programs? What were visible problems, unattainable goals, restraining or influencing factors? How could the public audience successfully be integrated into an art project? What criteria must apply to a successful artistic intervention in public space?

The Budapest activities of *Urban Potentials* were originally planned to end at this point, but suddenly I found myself in a fortunate position: unexpected additional support for the project was approved. Since I did not wish to organize a second art project in the public sphere with the same focus, I looked for a format in which to continue the content of *Urban Potentials* on a theoretical basis.

The *In-between-Zone* (IBZ) workshop, which took place from June 16–23, 2007, was a critical investigation of Budapest's so-called rust regions. These areas are located in the outermost part of the city center. Though they are excellent places to live, they are only now beginning to be discovered by investors for urban development projects. The *Corvin Promenade* Project, currently the largest urban planning and renovation program in Hungary, is slated to rebuild entirely an area of over 80,000 square meters. The old buildings are to be torn down and the current residents relocated. A new city center is to be built, comprised of architecturally rather unremarkable office and residential buildings and including the now-indispensable shopping centers. Similar processes are underway in neighboring districts (the seventh and ninth districts), processes that are leading to the complete alteration of these areas at breakneck speed.

The workshop analyzed the aforementioned sectors of the city from four different perspectives, grouped according to the following issues and ideas:

1. Art in the Public Sphere and Urban Planning / Conditions for 'Constructive' Criticism Can artistic projects play an active role in urban regeneration projects? For whom are these projects made? This group used Hungarian and international examples to discuss various approaches (to time, space, the various participants, and social and political structures as they relate to artistic expectations) and attempted to work out proposals in the local context.

2. Strategies of Individual and Collective Interventions with Regard to the Use and Shaping of Personal Living Space Contemporary urban planning focuses primarily on economic interests, and it forces us into a fragmented life made up of working and consumerism. Conventional urban planning projects make no allowances for space dedicated to social activities. The participants in this group engaged with the emotional character of selected urban sites and together drew up a psycho-geographic street map. The group used numerous walks through the city to sound out urban city spaces that would be suited for purposes related to civil society, but currently have a different purpose, or indeed no function at all. The participants sought to capture the key experiences that motivate us, as city-dwellers, to make active use of a public space.

3. Grassroots in the City / Grassroots and Do-It-Yourself Initiatives versus Urban Planning / Potentials, Visions, Scenarios for the Future The participants in this group took on the task of investigating the effectiveness, indicators of identity, and possible positions of alternative, self-organized initiatives in a city. How can these groups react to social, political, and economic developments? What strategies exist, and what mistakes are most often made? What informal groupings exist alongside alternative art and civil-society initiatives? How are these structures connected to one another? How can urban spaces be recaptured with the aid of alternative networks, and what is the meaning of such activities?

4. Limits of Urban Development Projects / Planning for and Analyzing Mistakes / A Critical Appraisal of the Creative City This group, led by two young architects, worked out a fictive realizability study for transforming the city sectors under discussion in the workshop into a field for creative experimentation. The result was an exemplary test of the boundaries of urban planning, progressive architecture, critical thinking, and cooperation with local residents and politicians in an ideal situation where the post-socialist urban context and the dominant planning rules played no role.

The workshop began with a two-day introduction, in which the history of the different city areas was explored, focusing on area-specific problems and current developments by means of talks, special tours, and spontaneous conversations. After this, the thirty Hungarian and international participants embarked on their work in one of the aforementioned groups. The participants came from numerous disciplines and included artists, architects, sociologists, urbanists, philosophers, writers, landscape architects, and city administration employees. The group's colorful mix, the collision of differing and striking ways of seeing, automatically provided the workshop with impetus.

Cultural headlines in recent weeks: 4000 green umbrellas on the Széchenyi Chain Bridge! The Spanish artist Maider López invited residents to take part in a 'living puzzle.' A simple mass choreography—an opening of the umbrellas and holding them overhead—was to raise the river symbolically up from its banks, or, from the perspective of the bridge, the bridge was to be covered over and to melt together with the Danube. The performance spotlighted, at least for an hour, an inevitable yet hidden potential of Budapest. On tiptoes, progressiveness is sneaking into the city!

Dresden
*MORE MIRACLES
FROM DRESDEN*
Christiane Mennicke

German Text Page 49

Dresden is a city where time seems to have been frozen at an important moment, or rather where decades have been leapt over, left out, or simply undone. The 'miracle of Dresden'—a term used in a tabloid headline on the occasion of the dedication of the reconstructed Frauenkirche—is meant perhaps to describe something different: the use of concepts that function as the legitimizing backbone for describing a whole variety of phenomena, and which elsewhere might be limited to the advertising slogans of middle-sized businesses. 'Tradition and modernity' are called upon by Dresden's steel and glass VW factory; the same slogan is claimed by the newly rebuilt Neumarkt, and of course by the Frauenkirche itself—likely the most prominent example of reconciliation. While theories and concepts on the postmodern composure of our culture, on a second modernity, or even on the end of the modern 'project,' have been widely debated and are a thing of the past, they are paradoxically quite alive in Dresden, where modernism has survived a long winter hibernation. Both tradition and modernity are indeed things of the past and therefore 'fake,' one could argue. But that argumentation carries no weight in a city that continues to act like the royal capital it once was, and where intellectual predominance belongs to the trades and to administrative culture (Moser 2006). Therefore—as Dresden's contemporary fairytale goes—we live in two rhetorical pasts, the traditional and the modern, which market their fictitious coexistence as a form of progress.

In the face of this odd embrace, there is evidently very little room in the discourse for the present, for society's current events, or for contemporary art. Cases like the one cited below (where a city government committee rejected changes to the base of an equestrian statue proposed as part of a contemporary art project) are shockingly symptomatic of this problem: "The equestrian statue, as a political manifestation of the power of the baroque ruler, cannot tolerate any additions or changes to its structure (…). Further, the proposed installation would distort the iconographic power of the statue, robbing the ruler of his power and predominance, both literally and metaphorically" (Dresden city government committee, 2003). Yet there is a place for the *schadenfreude* of these local supporters of modernism: looking at Adam Scrivener's *The City as Will and Representation* (Scrivener, 2006)—an expert filmic analysis of ideology and aesthetics in the city of Dresden—one finds an interesting image. A façade element is hanging in front of an old building under reconstruction at the Neumarkt, and a passer-by makes the comment from off-screen that this type of new, historicizing architecture resembles the East German concrete prefab buildings more than the baroque residence the reconstruction was to emulate. "Even the dead will not be sure of their enemy when he wins," Walter Benjamin once commented, in a much more serious context related to the corrupt misuse of historical buildings by each subsequent generation of users (Benjamin, 1992). This is to say that 'modernism' has quite clearly vanquished tradition, and not just in the visual sense. The number crunching that leads us to believe such architecture must be lucrative is surely responsible for its prevalence.

In urban sociology, the consideration of a city's individuality, and the concept of its attitude or behavior (Lindner/Moser, 2006), have been widely discussed. This does not, however, change anything with regard to the self-willed style of managing the past, or the rhetorical elimination of the postmodern present, in Dresden or elsewhere. What are these constructs, if not (in the worst sense) postmodern? We can calm our nerves, nonetheless, because these phenomena allow us analysis and comparison. The cities that participated in the project *Urban Potentials* have nothing in common other than their partnership with Dresden, and yet in individual comparisons there are ties: there is Salzburg, the cultural capital, whose brilliantly marketed city center, just as Dresden's, represents only a small fraction of the city's actual area (in this case, no more than a square kilometer). Around this center, there is a different reality to life. There is Budapest, which like Dresden seems to fall into two separate ways of life, depending on which side of the river one lives on—'Altstadt' (old city) or 'Neustadt' (new city), Buda or Pest. There is Wrocław, whose city center at least has been rebuilt (even under socialism) according to historical models. Last but not least there is Rotterdam, a city whose identity cannot be described without reference to its complete destruction during the Second World War. All these cities, with the exception of Rotterdam, are also unified by the fact that contemporary art plays but a marginal role, recognized primarily in an instrumental function in support of the city's appearance and stylized urban life, and only to the extent there is support from government or philanthropic sources.

Contemporary cultural practices do exist beyond the dominant discourse and the 'attitude' of these cities. One main reason for their survival and ongoing development despite the local rhetoric indicated above is the emerging global frame of reference in which they operate. The continued evolution of such a global orientation, with its established (and rejected) themes and methods, is the only thing stopping contemporary culture from sinking into the local or municipal attitudes and habits. This is particularly applicable to urban artistic projects, which are rarely anchored in colleges or other institutions. On the assumption that such projects are relevant to the continued formation of values in the global context, this is where it is possible to take the biggest leap from the completely local into the fully global, from the artistic 'position,' which may be directed at the local micro-structures, and yet may embody the conventions of a system of art which spreads from Salzburg and Vienna to Istanbul, Halle, Zagreb, and New Delhi. These art projects are often rooted in a distant frame of reference, making them at times invisible in terms of the local context. For the same reasons, it is not surprising that such projects can cause confusion, lead to disappointment, or meet disinterest locally, since they do not necessarily relate in their mission to local needs, whether on the part of residents, planning authorities, small businesses, or municipal politics.

It would be helpful to sketch out some of the noteworthy public art projects, whether they are labelled interventions or urban art. *Skulptur Projekte Münster, Sonsbeek, documenta x* (Kassel 1997), or *Salzburg Lehen Public Space* (1998), can be used as positive reference points, while *Außendienst* (Hamburg 2000/2001) and *Potsdamer Platz* in Berlin represent major departures from the possibilities of public art in urban space. Neighborhood or 'participative' projects were represented by the project *Culture in Action—New Public Art in Chicago* 1992/93, while the projects of the Austrian group *Wochenklausur* are a borderline case, on which opinions are divided, and *Park Fiction* in Hamburg and the *Sarai Media Lab* in New Delhi must be judged positively for their high standards and long-term local appeal. Since Walter Grasskamp's book *Unerwünschte Monumente* [*Unwelcome Monuments*], in which he questioned the charitable function (and intention) of the 'Art for Everyone' movement (Grasskamp, 1992), there have been a number of publications that have substantially changed thinking on art in the urban environment. In the 1990s critical analyzes rained down on the scene, by Miwon Kwon (most recently Kwon, 2004) and other authors; *Art in the Public Interest* (Raven, 1993) successfully proposed a change in goals as well as other, new artistic practices. On the other hand, *Stadt als Beute* [*The City as Prey*] (Ronneberger et al., 1999), *The Cultures of Cities* (Zukin, 1995) and *Evictions: Art and Spatial Politics* (Deutsche, 1996), presumed pessimistic views on developing urban areas and integrative spaces.

Urban Potentials—what could this be from the artist's viewpoint, and from the curatorial standpoint in Dresden? From observing previous projects, like *Potsdamer Platz* or *Außendienst* in Hamburg, it seemed senseless at the time to install sculptures when it was, in reality, *Urban Potentials* that were to be put on display. Previous experience in Dresden with the work of international artists invited to the city to develop urban artwork showed that even high-quality work found little lasting attention in the media.[1] In this case there was not even a reasonable budget to invite the artists or provide minimally for their work, and despite the innovative 'participatory' intentions, there was very strong concern on the curatorial side. It appeared that using external talent was out of the question, since doing so would require a larger budget and more man-hours, and on top of that there was the question of exactly who should invite whom to do what. This call for participation seems to have shifted in recent years from a notion of equal collaboration on a specific goal to a mere gesture of animation. Activating as large a number of people as possible is the foremost goal, while the activity itself is simply exhibited and remains without consequence. This appears to be the symptom—rather than the cure—of a democracy that is suffering from the sullenness of its people.

Sustainability became a sensible operating model, even in the sense of the curatorial approach to handling the local vs. global context described above. At the time, projects needed to make their way into the public eye, not in the sense of an 'intervention' but rather out of self-interest, and in coordination with circumstances already at play in Dresden. The use of the term 'urban' aims at a particular form of community held together by architectural ensembles, wastewater systems, and communications technology, but also by informal gatherings, parties, and rituals. *Urban Potentials* is about the possibilities or potential for art in the urban environment. But what could be a better proving ground for urban co-habitation, particularly in a city celebrating its 800th anniversary, than the actual spaces in which this community can arise? The very notion of 'urban' lives from the paradox of loneliness among the masses, from informal intersections, from the possibility of community, and from allowing people to experience being different.

Three art projects in Dresden—*7. Stock, rundkino_modell: station,* and *MEDIALE FÜRSORGE*—have worked with these paradoxes. *MEDIALE FÜRSORGE,* a project by Dresden artist Marc Floßmann, was the result of Floßmann's long-time wish to create a mobile cinema at locations around the city; it lasted for over two months. The locations were an underground garage at the central train station, the downtown shopping area around Prager Straße, and the Brühlsche Terrasse. A temporary community came into existence, with interested film audiences joined by parking garage attendants, Dresdners on their way home at the end of the day, and tourists just out for a walk. This community might last for just a few seconds, or for the length of a film or of a longer acquaintanceship, yet speaks to the potential to create such a casual yet formalized urban moment in the flicker of the city's evening lights. The films and locations were coordinated in order to maximize the effect of the film experience on the urban space (and vice versa). Classic Hollywood productions, with their urban technological fantasies and the omnipresence of media, were combined in the program with artistic urban analytical films, as well as work by artists at the Dresdner Art academy, allowing for a heterogeneous program.

7. Stock, an initiative by young artists, together with academics from the humanities and social sciences, came together on the top floor of an unused building that had been built in the late 1950s at the end of a demonstration route in the city center. From this location, with a view over the city, they created a space for art, music, readings, and film screenings, as well as discussions on current topics of social relevance. Since 2003, an almost weekly rhythm of happenings has continued at the location in the Wilsdruffer Straße, including informal evenings with invited guests, while a separate floor has been turned into studios. "Leere Räume—voller Potentiale: 7. Stock" ["Empty Rooms full of Potential: 7th Floor "] was the March 2006 celebratory article in a city magazine covering the prize for contemporary art awarded by the city of Dresden. During the same summer the project was, however, in jeopardy, the building having been put up for sale to the city's newly privatized housing authority. Of course one cannot assign guilt to a single party, even in such cases where the profit motive seems responsible for the end of such projects. But it is still regrettable that the state does not prioritize maintaining spaces for creative work, and that it appears to believe the sale of public goods and commercial exploitation are a panacea for urban development.

The founding principle of *7. Stock* is inviting outside guests for events, and so the invitation of the Berlin artist group *anschlaege.de* to the *Urban Potentials* project was logical. This group integrated principles of sustainability in its proposal for the project, and initiated a questionnaire for creative practitioners on the quality of life in Dresden, organizing an office space together with *7. Stock* for a week during the exhibition. Through the questionnaire they collected voices of resignation, apathy, rage, and satire, presenting a publication and a collection of ideas for future projects by *7. Stock.* They also documented the status of the project, stuck somewhere between official recognition and the de facto powerlessness of cultural interest groups. Further contributions in their publication palpably testify to the cultural climate that exists beyond the duality of 'tradition and modernity,' standing for an open Dresden, unafraid of conflict and full of zest for life.

Rundkino_modell: station is an artistic project by Silke Riechert and Andrea Knobloch, who used drawings and fragile wood constructions to demonstrate the relationship between the exhibit space in the *Motorenhalle* and a specific situation from urban life. Through this relation, viewers were inspired to reflect on what a work of art is actually meant to achieve. In this case, there was subjectivity, self-reflective questions on the work itself, and utopian (in the positive sense) designs for the *rundkino* cinema, a unique form of movie theater design from the Dresden of the 1970s. The wood constructions and drawings also recreated the spatial structure in which the events—organized together with graduates of Dresden's cultural management program—took place. A further motivation behind the project was the interest in preserving the cultural value of this particular architectural phenomenon, with its reference to modernity in 1960s' and 1970s' East Germany.[2] This alliance of young cultural practitioners formed around the question of possible social and cultural progress within this neighborhood dominated by chain stores, and is fuelled by their own drive for professional fulfillment.

In Dresden, as in other cities around the world, increased commercial exploitation of urban space stands in awkward contrast to rundown and neglected buildings and entire neighborhoods. Dresden is in the unique position to be able to use such empty spaces, even in the center of downtown, for urban development purposes that go beyond simple commercial interests. Three art projects were introduced by Dresden participants of *Urban Potentials* that illustrated the available range of uses for such city spaces, and also the threat of missing the opportunity at hand. All three projects represented an appeal to the city, in which modernity and postmodernism should each be allowed to have its own history, and which should remain open to the unknown of the future.

Thanks are due to the curators and artists from Salzburg, Budapest, Wrocław, and Rotterdam for their stimulating and lively ideas and work, and also to the participating artists from Dresden, as well as to all those who helped make the project possible with their professional commitment.

1 At this point, it might be interesting to create one's own timeline of art in public space in Dresden. A brief overview, including only a few examples, might appear as follows: *City Index* 2000, *City Brache* 2002, *DresdenPostplatz* 2003, *Modern Islands* 2003, *info offspring* 2002–2006.

2 Unfortunately, the slogan 'tradition and modernity' does not encompass the period of architectural modernism in Dresden. A more suitable phrase would be 'Traditions of Modernity.' The *rundkino Initiative* came about as part of an artistic initiative spearheaded by Andrea Knobloch within the framework of *Modern Islands* 2003 and is thus a rare positive example of how projects like these have found firm and long-term footing within the urban landscape.

References:
Benjamin, Walter (1992): *Über den Begriff der Geschichte*, Stuttgart, 144 (orig. 1940)
Deutsche, Rosalyn (1996): *Evictions: Art and Spatial Politics*, Cambridge, Mass.
Grasskamp, Walter (1992): *Unerwünschte Monumente*, 2nd ed. Munich
Kwon, Miwon (2004): *One Place After Another: Site-Specific Art and Locational Identity*, Cambridge
Lindner, Rolf and Johannes Moser (2006): Dresden. Der Habitus einer Stadt, in *Dresden. Ethnographische Erkundungen einer Residenzstadt*, eds. Rolf Lindner and Johannes Moser, Leipzig, 11–34; see also Martina Löw's essay "A City's Own Logic: The Perspective of Spatial Sociology on Urban Theory" in the present volume.
Moser, Johannes (2005): "Distinktion und Repräsentation. Dresden—die 'schöne' Stadt", in *Grenzen und Differenzen. Zur Macht sozialer und kultureller Grenzziehungen*, eds. Thomas Hengartner and Johannes Moser, Dresden
Raven, Arlene (1993): *Art in the Public Interest*, 2nd ed. Michigan Regierungspräsidium Dresden (2003), letter dated 5 Nov 2003, 'Versagung der denkmalschutzrechtlichen Genehmigung für ein Projekt von Andreas Siekmann' [Rejection of Andreas Siekmann's application for permission to create a temporary installation around a historical landmark statue]; cited, among others, by Karl-Siegbert Rehberg on the occasion of the opening of *Mythos Dresden* at the Deutsches Hygiene Museum in 2006.
Scrivener, Adam (2006): *Stadt als Wille und Vorstellung*, documentary film premiered at the exhibition Wildes Kapital/wild capital, Kunsthaus Dresden
Ronneberger, Klaus, Lanz, Stefan, Jahn, Walter (1999): *Stadt als Beute*, Bonn
Zukin, Sharon (1995): *The Cultures of Cities*, New York

TOURIST BUBBLE EVERYWHERE
Tourism, Difference, and the Touristification of the Everyday
Michael Zinganel

German Text Page 58

A Critique of Tourism Criticism

In its view towards the tourism practices of the majority of the population, the culture industry of the German–speaking world has long been dominated by Hans Magnus Enzensberger's seminal thesis that tourism is nothing more than an escape from the seemingly alienated living conditions of the industrialized cities. Instead of attempting to change everyday living conditions for the better, residents of the cities use their leisure time to escape political responsibility as quickly as possible and to recover from the strain of urban life. (Enzensberger, 1958)

In contrast to Enzensberger, the educated classes fancied themselves to be exempt from this criticism, claiming to travel differently or, in any event, 'better' than the uncritical, robotic masses, bringing home more from their trips than just snapshots and souvenirs, but rather cultural learning and commensurate gains in insight for the good of the foreign country and, most importantly, their own culture. Indeed, the introduction of package holidays, in which know-how, marketing, transport, and services are economically and expediently rationalized for people with limited time and financial resources, provided the elite with a perfect and lasting symbol of the typical holidays of the lower classes—a form they strongly frowned upon.[1]

When Enzensberger's essay was first published in 1958, the magnitude of today's mass tourism was inconceivable. Looking at the history of tourism reveals that, for quite some time, the urban elite kept to themselves in their escape attempts, initially preferring destinations such as 'spas,' then later lakes, beaches, and mountains. In particular, they fancied the supposed authenticity of simple, rural life and the aesthetic sensations of sublime nature to be a type of counter-world to the civilized, yet alienated, life in the city. In contrast, Thomas Cook's first charter trip in 1841 took travelers on a tour of cities,[2] visiting not only centers with old humanistic roots, relics of his travelers' own bygone high culture, but also sites that posed a challenge to contemporary society; Cook's first tour of Europe in 1855 led travelers to the iniquitous capital of the nineteenth century, Paris. One of the main attractions was the morgue, in which anonymous corpses were put on display to be identified by the public.

Image Production or Performance

Image-oriented disciplines have attempted to suggest that the traveler's touristic experience consists almost exclusively in the consumption of signs and images, or even in the comparison between images experienced *in situ* with those of the professional tourism industry. These disciplines would also have us believe that tourists are passive—entirely at the mercy of the image producers' guidance (Urry, 1990). Not only brochures and catalogs, but also literature, films, art works, and, of course, the photographs and souvenirs of the travelers themselves participate in the production of images. Showing the latter as an indicator of one's own success produces additional desire in one's circle of acquaintances. The German sociologist Karlheinz Wöhler deems this cycle of central importance in the construction of new attractions; according to him, *all* attractions could, theoretically, be marketed as tourist attractions as long as significant images of the destination are produced and the cycle discussed above is set in motion (Wöhler, 1997).

Sociologists stress that tourists consistently live and move about within one or more protective bubbles created specifically for them during their trips (Urry). These bubbles filter their gaze and their social contacts, shielding them from 'dangers,' but also from opportunities for cultural exchange with supposedly authentic local cultures. After their charter flights, the travelers transfer to shuttle busses to self-contained hotel complexes, private beaches, touristified sightseeing- and consumer zones, etc. All of these socio-spatial zones are designed for undisturbed consumerism. The extraordinary experience and the alleged authenticity sought are performed or entirely staged by professional service industry workers in manageable, consumable doses. The travelers are integrated into the temporary and non-committal circle of a substitute family—the travel group—which, in turn, is caringly supervised by trained substitute parents (e.g., tour guides, hotel staff) (Urry).

Performance theories, on the other hand, stress that touristic production is always a co-production of all parties involved. On the part of the travelers, this begins before their departure, in that they have already set their sights on the audience for the experiences that will be brought back. One's own scripts are geared toward bringing back successful indicators that one has experienced the extraordinary. Accordingly, of central importance for the conception of the trip, for the selection of everything from photo ops to souvenirs, is the question of the audience for which the post-vacation slide show will be staged.

What holds true for all target groups is that a minimum of opportunistic behavior is necessary in order to ensure one's belonging to a group. A certain amount of readiness to make distinctions is sensible if one wants to distinguish oneself from the masses of travelers—or even merely from the travel habits of one's own parents. In many milieus it is thus indispensable to take the road less traveled and to introduce new images into circulation. In this way, every form of holiday subculture develops its own 'hunter jargon' with whose help nearly all experiences can be dramatized to extraordinary sensations: good experiences become particularly good, bad become catastrophic, etc. In addition, the circulation of images is nowhere near as hermetically sealed as system-theory researchers of tourism would have us believe. To be sure, from a historical perspective, the production of desire generally originated within the elite in the city centers and was projected onto the travel destinations in peripheral locations. Yet, in reality, local residents or service workers at those locations are able to disturb, deny, or undermine the consumption of the expected images, designing their own images and offering them up for consumption. Should these counter-images meet with acceptance, they, too, will be put in circulation. This applies, for example, to deviant youth cultures, whose improvised clubs—like other insider tips—are not immune to being overrun with masses, even one or two seasons after opening, due to the alleged 'authenticity' to be found there.

On the Prehistory of Tourism

In the time before tourism, the world was still manageable: travelers' regions of origin and destination were clearly discernible, and the journeys were long, difficult, and sometimes dangerous. Missionaries, colonizers, and salesmen traveled for work, and pilgrims, noble knights, and, later, young aristocrats and sons of the bourgeoisie were called to take their Grand Tour. Even to this day, the Grand Tour serves as a model for the middle-class educational trip. Such trips were imbued with a function similar to rites of passage,[3] limited as they were to the critical stage of life in which a young man becomes an adult. It made sense to send young men as far away from home as possible so that they could relieve their aggression potential, balance their intellect and hormone levels, and become versed in the roots of our religion and civilization, in order to later fulfill their role as caretaker of hearth and home in a more urbane manner.

Another rule governing the European middle classes' chosen form of holiday travel is its cyclical nature: travel happened and continues to happen in cycles. Each year, thousands of middle-class families commenced and continue to commence their well-deserved vacation in coordination with work and school holidays. Hardly anyone can wait a day longer than absolutely necessary to flee the everyday—in summer, to the sea or ocean, in winter to the mountains. Even today, the laws of holiday—with its escape from the everyday—deviate from those of the home.

This deviation applies not only to the legal state of exception in vacation camps, but also speaks to a conspicuous need to regress, be it in reference to one's own stage of life or historical societal epochs (Henning, 1997/Spode, 1996). The fact that these epochs are in the past or in a state of passing is of primary importance, for it means that they can be romanticized as being more authentic than one's current situation. Thus, when grown men build sand castles on the beach or exhibit adolescent drinking and courtship behavior in bars, they are regressing in terms of their own stage of life. Similarly, when travelers visit historical excavation sites, memorials, or industrial complexes, they are regressing historically. Yet it is really one's own body that can promise the truly authentic experience—in the form of contemplative self-absorption (relaxation and recreation) or in the form of excess (extreme sports, parties, gluttony, and sex).

Preconditions of Mass Tourism

A series of preconditions were necessary for the development of mass tourism: legally binding minimum wages, the right to holiday and leisure time, and statutory limits on working hours finally allowed the democratization of travel to follow the democratization of desire through mass media, albeit with due delay. Technological developments tapped into ever newer destinations for elite tourism, and later for mass tourism. The development of the railroad represented the first radical acceleration of a pace of travel that had remained nearly constant for millennia. On a smaller scale, bus tourism provided added flexibility in the choice of travel destination. However, it was only when the number of train passengers in the 1960s was eclipsed by the number of travelers with a private automobile—and then in the 1980s by airplane passengers—that the geographic limits constraining holiday travel were truly broken.[4]

This development, however, did not only produce winners; thanks to railway tunnels and motorways, travelers suddenly bypassed once attractive destinations or flew over them with charter planes; and they discovered destinations with more favorable climates, where services could be better streamlined, or where wages were so low that the middle-class could afford the services despite the greater distance.

Models of Experiencing Difference

The promise of experiencing difference is key to the success behind the tourism-related production of desire. As a rule, difference is geographic: there is something to see, to smell, and to do that does not exist in the same form or intensity back home—or something that the respite from the everyday makes special. And yet the difference always has a social component. After all, for many people holidays represent a switch between serving and being served—a temporally limited reversal in the social hierarchy.

It is self-evident that the collision of expectations between tourists, service workers, and locals cannot always run smoothly; service workers must support the former's need for care and recreation, and locals, willingly or not, become extras in this experience of difference. In this triangle, which has been described by sociologists as a 'tourist event space' (Bachleitner/Weichbold, 2000), those involved have adapted successive protective mechanisms with which to guard against disappointment and painful experiences: the travelers themselves leave their culture of origin for a vacation culture, and the locals in the culture of the destination region pass over into a service culture (Thiem, 2001). And this cultural transfer is usually structured by a stage-like setting.

As early as the 1950s, Erving Goffman introduced the metaphor of the stage as a socio-spatial model of interpersonal interaction, a metaphor that juxtaposes the proscenium, the place of interaction, with a protected backstage area. Here, though, tourism theory assumed for a long time that tourists played the part of the thankful audience in a staging by professional local actors, who in turn hid their real life backstage. Later, this model was expanded to a multilayered continuum of stages and back stages, and the different levels of this stage landscape were equated with various degrees of authenticity: from superficial stagings to the 'true' authentic anthropospheres of the locals. And just as tourists dare venture behind the scenes in varying depths, so, too, do the locals and service workers move among the backstage landscapes, albeit not all with the same freedom of movement.

Not all tourists, however, rely on the construction of theatrical landscapes: an animating atmosphere often results from the heightened will to experiment within the non-quotidian nature of vacation, encouraging travelers to construct, in addition to the play produced on previously existing stages, arbitrarily asymmetrical stages for self-dramatization. Thus, in contrast to the passive consumption of directed theater, more pleasurable tactics are enabled that displace the stage and cause a permanent rotation between the perspectives of the actors and audience.

Dislimitation of the Theory

The problematic triangle among tourists, service providers, and locals that spans the tourist event space is, however, in no way limited to the actual vacation spot. Many service workers in tourism are migrant workers who travel mostly from structurally weak regions with significantly lower wages for the purpose of their seasonal employment and—like the tourists—transgress borders of nations, national alliances, or even continents.

In this way, there exist streams of migrant workers and tourism that flow not only in opposite directions, but also parallel; they run in opposite directions when seasonal workers from the South meet tourists from the North; and parallel when guest workers and tourists from northern Europe vacation in the South at the same time in the summer; or at the beginning of winter, when seasonal workers from eastern Germany arrive at their jobs in the ski areas of the Tyrolean Alps only days before the first German tourists (Zinganel, 2006). If we expand this simple model of the tourist event space to include the travel experiences of all those involved, it appears significantly more complex than a single triangle: in their home towns, travelers can also become the locals who are being visited, or even serve other travelers as service workers. Locals and service workers also travel and make use of services on their trips, confronting the locals there with their own culture of origin. Thus, what started as a locally grounded triangle becomes a sheer infinite connection of triangles spanning a large area of the globe, like a fragment of Buckminster Fuller's geodesic dome.

The direction of movement between regions changes according to the configuration of people involved. The images of the production of desire, the staging and its stages interact in both directions. That which is an everyday experience for some is a coveted experience of difference for others—and yet for others merely a prop in a play. The stage landscapes are not an impermeable stage curtain, but rather moving, foldable, porous, and permeable structures that span a dislimited space of tourism.

Diffusion of Difference in Post-Fordism

Due to the development of tourism, formerly rural destinations in the Alps or along coastlines have been built up to seasonally concentrated agglomerations with enormous infrastructures. In addition, centers of tourism distinguish themselves through the fact that people want to find, live, and negotiate cultural differences *in situ*. Even though this cultural transfer is meant to be filtered through rituals, stage landscapes, or even through the membrane of the tourist bubble, a modest exchange between travelers and locals can counteract self-isolation. The experiences gained through tourism can also have positive effects on the development of the people involved. For the French social theoretician Henry Lefebvre, density of development is not the criterion for a society's level of 'urbanization'—indeed as he saw it, the developed cities were no longer 'urbanized'—but rather the willingness to recognize differences, to face them and negotiate them. While, according to this, travel destinations become increasingly 'urbanized' due to tourism, the 'developed' regions of origin, long imagined to be homogenous, are increasingly segregated, frayed, and perforated—not only with regard to their infrastructure but also their social coherence.[5]

It is not only tourists and service workers who have become more mobil, but also the industrial production sector. Communications technologies and the expansion of transportation have accelerated the worldwide exchange of goods, capital, and ideas and in the process the accompanying successive displacement of production-oriented processes from traditional industrial zones in the United States and Western Europe to countries with low wages on the southern peripheries, in Eastern Europe and Asia. While new markets are arising there and the new elite is gaining access to a form of prosperity we know well, the old markets are falling under pressure to reposition themselves as competitive business locations in the service sector and in research and development.

For this reason, tourism is regarded worldwide as a market of hope, as a substitute for other sources of income that have fallen away with deindustrialization—or as a chance to participate in the purchasing power of wealthy cultures. Indeed city trips are among the most stable segments of the tourism industry today. They also have a function that far exceeds economic gains: the image, the symbolic capital that can be generated with city tourism is supposed to contribute to attracting business or a highly mobile, educated, and comparatively wealthy elite to settle in the cities or spend a part of their education or career there. Here, cultural events and art institutions play an important role, as do, in particular, the visible presence and the lifestyle of art-proximate milieus and subcultures that stimulate the creative productivity of workers in the fields of research and development. However, if cities lie far from airports or beyond globally connected sightseeing routes, they run the risk of fully disappearing from view. Despite their past importance or beauty, many places have reached a stage of functional irrelevance.

With this heightened competition with other destinations, it is understandable that once location-specific attractions are being imported into the metropolises and agglomerations of urban sprawl: theme parks, temporary artificial sand beaches, climbing walls, ski halls, temporary ski or snowboarding events, etc. Tourism-related structures and attractions today span all landscapes. If the primary function of vacation under Fordism was recovery from work, in post-Fordism it is supplemented by other needs. Indeed, individuals today are less concerned with fleeing 'alienation' and more interested in finding and probing their identities—not merely one single identity per individual, but rather different identities that can be tested in numerous cycles of vacation, which, in turn, are becoming shorter and shorter and can even take place in one's own city.

The Role of Art

Before the age of tourism artists, painters, and writers fueled the production of desire with their images and stories, thus opening up new travel destinations for the wealthy and educated classes, including natural spaces or dangerous areas such as the 'ocean' or the 'mountains.' However, it was not long before the artists began to feel their privilege of 'authentic' experience threatened by masses of tourists. In a paradoxical flight reflex, the artists avoided exactly those people that tried to follow their attractive images.

Driven by this reflex and their desperate search for 'authenticity,' artists developed into regular 'space pioneers'—not only in terms of mobility in their own city, but also with regard to their travel destinations. Searching for affordable spaces to work and live in, they repeatedly opened up new marginalized neighborhoods that soon developed into insider tips for the wealthy creative milieus that had put the appreciation of such neighborhoods in motion. As a result, groups with low purchasing power, and often the pioneers themselves, were successively displaced by rising rents and replaced by financially strong groups.

The preferred travel destinations today are no longer the cradles of Western culture, the aesthetic sensations of sublime nature, or the alleged authenticity of pre-modern cultures in touch with their environment. The search for the non-quotidian and for authenticity is leading artists increasingly to the darker sides of our society—to the places of marginalized groups on the periphery. But even here they meet other travelers who find the dark edges just as attractive as do the artists themselves, for what is perceived to be unusual and authentic is always dependent on the status and bearing of those involved. Thus, it can be observed that students of architecture, sociology, and ethnology—like artists, typically members of the middle class—increasingly search out suburban mass housing projects during their city trips in order to stroll through them, sometimes with ironic distance, sometimes with open admiration (Tue Halgreen, 2004). While some of these travelers may criticize the inhumane circumstances and the buildings as proof of the tragic development of the social and cultural history of modernity, as unhappy consequences of the unconditional belief in progress—others make a primarily aesthetic argument: the tenement blocks are fascinating because of their enormous dimensions that recall the visionary dreams of equality. Their brutal appearance merely mirrors a brutal planning process, the more brutal the better. They serve the students as an object of a nostalgic longing for a past era in which society still believed in big theories, planned for the long-term, and had the courage to accomplish these goals.

Many students mentioned in conversation the tension and emotional shock of roaming among the old, the unemployed, and idle youth—often from immigrant families—to whom they attributed a direct, physically oriented form of interaction, an 'authentic' form of rawness, belligerence, and accordingly heightened sex appeal.

Large parts of the culture industry (including the author) are characterized by the tendency to search for the remainders of authenticity—of which our modern enlightenment or postmodern serenity has dispossessed us—in the difficult working and living conditions of disadvantaged groups. In their own patterns of thinking, they attempt to assimilate themselves into those who have a much harder fight for existence, or to authenticate their artistic or scholarly work by positioning themselves in the margins. With this, however, the artistic milieu falls back on tried-and-true traditions: beginning no later than the urban novels of the 1830s and with the rise of urban sociology in the 1920s, utopian potential was ascribed to outsiders, the Other, and the sharp eye of the 'excluded.'

In extreme cases ghettos, slums, and camps are now being discovered as new travel destinations. Ethnographically motivated, these trips resemble 'dark tourism,' a term coined by British writers—in other words, trips that search for and find ultimate authenticity at the site of catastrophe, massacres, or impending or actual death (Foley/Lennon). When strong texts, striking metaphors, and attractive images emerge from these journeys, then these works serve as a guidebook that, in turn, encourages other artists to embark upon research trips to the margins of our society and to introduce their aesthetic trophies into the discussion on the art industry.

If we do not doubt the mechanisms behind the production of desire in the field of tourism, then they should—I propose—function analogously in the field of the art industry; in the art industry, as well, there exists a network of tour guides, informants, and agencies. Within this field, too, there are dominant images and counter-images, traveled paths and small deviations. An 'artist's gaze'—the typical critical gaze of the artist—stands directly opposed to the typical 'tourist gaze' (Urry). And while some drift on one or more 'tourist bubbles,' the others do so in an 'artist bubble.'

Escape, it would seem, is futile. Thus, the true members of the avant-garde in the art industry visit the destinations of mass tourism for their research, which they problematize as 'camps,' 'heterotopias,' 'third spaces,' 'non-places' etc.—or they go one step further and, as theory-schooled meta-tourists (Köck 2004), they analyze with enthusiasm the set design and staging of these places, much like theater or performance critics.

Package holidays appear to be necessarily destined to failure without exception, at least as their critics would have us believe. According to the rules of Freud's pleasure principle, only the first days of a holiday like this can be exciting; afterwards, with each passing day, the excitement of more new attractions dwindles. According to Freud, extreme pleasure can only occur episodically, and frustration, boredom, or melancholy immediately follow a surge of emotions (Schwarzer, 2005, 31). The fact that this criticism has not been applied to all forms of travel is likely a result of a need for distinction.

1   On July 5, 1841, Thomas Cook organized a railroad trip from Leicester to the nearby city of Loughborough for 570 activists from the abstinence movement, all for the special price of one shilling per person. Excursions to Liverpool (1845), Scotland (1846), and to the *World Expo* in London (1851) followed.

2   Pre-modern societies used rites of passage to mitigate the destructive power of disturbances to the order of social life caused by spatial, temporal and social transitions (van Gennep); during these rituals, social hierarchy, authority, and obedience in the community were temporarily reversed. While some claim that this reversal can have the effect of allowing social differentiations to emerge more pronounced than they had been previously (Turner), others ascribe a certain utopian, or at least productive, potential for societal change to this liminal state (de Certeau).

3   To put the numbers in perspective, it should be mentioned that fifty per cent of all Germans still go on holiday in Germany, and that long-distance trips account for no more than five per cent of holiday travel. The remaining fourty-five per cent are trips offered by discount airlines to nearby destinations around the Mediterranean.

4   The French architect and urban planner George Candilis propagated the enormous vacation resorts that he conceived in the 1960s as laboratories of modernity in which subjects could regain a lost sense of community beyond the realm of the everyday (Avermaete, 2005).

References:
Avermaete, Tom (2005): *Another Modern. The Post-War Architecture and Urbanism of Candilis-Josic-Woods*, Rotterdam

Bachleitner, Reinhard and Martin Weichbold (2000): *Die multioptionale Gesellschaft. Von der Freizeit zur Tourismusgesellschaft*, Vienna. http://www.univie.ac.at/OEGS-Kongress-2000/On-line-Publikation/Bachleitner-Weichbold.pdf
Enzensberger, Hans Magnus (1958): "Vergebliche Brandung der Ferne. Eine Theorie des Tourismus", *Merkur* 12, 701–720.
Foley, Malcolm and Lennon, John (2000): *Dark Tourism. The Attraction of Death and Disaster*, London/New York
Goffman, Erving (1967): *Wir alle spielen Theater. Die Selbstdarstellung im Alltag*, Munich
Halgreen, Tue (2004): "In the Concrete Desert", *Tourism Mobilities, Places to Play, Places in Play*, eds. John Urry and Mimi Sheller, London, 143–154.
Hennig, Christoph (1997): *Reiselust. Touristen, Tourismus und Urlaubskultur*, Frankfurt/Main
Judd, Dennis R. and Susan S. Fainstein (eds) (1999): *The Tourist City*, New Haven/London
Köck, Christoph (2004): "Kult und Metatourismus. Die Erlebnisse der Erlebnisgesellschaft", *Erlebniswelten. Zum Erlebnisboom in der Postmoderne* (= *Tourismuswissenschaftliche Manuskripte*, 12), eds. Jürgen Kagelmann, Reinhard Bachleitner, Max Rieder, Munich/Vienna, 88–95.
Lefebvre, Henry (1972): *Die Revolution der Städte*, Munich
MacCannell, Dean (1999): *The Tourist. A New Theory of the Leisure Class*, New York
Schwarzer, Mitchell (2005): "Architecture and Mass Tourism", *Architourism. Authentic, Escapist, Exotic, Spectacular*, eds. Joan Ockman, Salomon Frausto, Munich, 12–33.
Spode, Hasso (ed.) (1996): *Goldstrand und Teutonengrill. Kultur- und Sozialgeschichte des Tourismus in Deutschland 1945 bis 1989*, Berlin
Thiem, Marion (2001): "Tourismus und kulturelle Identität", *Aus Politik und Zeitgeschichte*, no. 47
Urry, John (1990): *The Tourist Gaze*, London
Wöhler, Karl-Heinz (1997): "Imagekonstruktion fremder Räume. Entstehung und Funktion von Bildern über Reiseziele", *Voyage. Jahrbuch für Reise- & Tourismusforschung*, ed. Hasso Spode et al., vol. 1
Zinganel, Michael and Peter Spillmann (eds.) (2004): *Backstage*Tours. Reisen in den touristischen Raum*, Graz
Zinganel, Michael et al. (2006): *Saison Opening. Kulturtransfer über ostdeutschtirolerische Migrationsrouten*, Vienna

A CITY'S OWN LOGIC. THE PERSPECTIVE OF SPATIAL SOCIOLOGY ON URBAN THEORY

Martina Löw

German Text Page 72

Poverty has not only been reduced to a sound bite of city politics since Berlin's mayor Klaus Wowereit characterized the city as "poor, but sexy." Rather, 'poverty' has been effectively formulated for public consumption as a question of specific local conditions. Even academia must admit that very little knowledge exists on living conditions in specific, impoverished urban areas. We suspect, more than we actually know, that being poor in an affluent city such as Munich or Stuttgart is different to being poor in Berlin or Bremerhaven. At the same time, poverty in Bremerhaven is not sexy at all, while in Berlin it can be an accepted and spun as a cultural trait—as part of the city's scenery or its orientation towards the future.

The theoretical tools we possess to reflect on 'the city,' or on Urban Potential, have for decades limited us in our interest in the individuality of a particular city. The exploration of that potential is made more difficult by the fact that most academic approaches presuppose the 'city' to exist in opposition to rural areas, and speak generally only of societal changes in the city, making it into a fixed principle of modern life.

Beyond the stiff logic of such concepts as 'European urban development,' we know nothing systematic about patterns of urban development in 'modern, global cities.' Naturally, there are numerous urban studies, but we have no concept of the Urban Potential that exists beyond national or continental boundaries, or even beyond something as banal as comparing cities by their size. Do Istanbul, Vienna, and Lisbon share a common approach to their evolution as, for example, London, Frankfurt, or Mumbai, which follow a different approach? We do not know. This void is not merely a gap in research, but rather a relatively new and limited perspective on cities, which I would argue consistently ignores the perspective of spatial theory.

In the present article, I would like to demonstrate the way in which urban research in the past decades has lost its curiosity about drawing clear distinctions. Using spatial theory, I propose a new perspective on examining and understanding cities.

I am quite aware that art and the social sciences have always been curious about the 'city' in all its individual cases. I do maintain, however, that the theoretical work in sociology, geography, and political science, etc., has led in most cases to an inability to rely on any systematic way of understanding individual nuances. The results of a given study are often assumed to apply either generally to cities, in the plural, or believed to be confined only to one city.

The analogy with biographical studies is clear. For example, most people would think it absurd to analyze the results of a particular human's life and conclude that humans, generally, are the same. Similarly, the claim that each human is individual and distinct does not help in the research of common human traits or reactions. We allow ourselves to categorize humans into various groupings, such as in Sigmund Freud's typology, still applicable today, of choleric, phlegmatic, melancholic, etc. For his part, Pierre Bourdieu uses a person's career milieu as a basis for groupings. However much we try to think in terms of similarities and differences among humans, there is a constant attempt in scholarship to balance the forces of individuality, socialization, and habituation in our understanding.

But with urban theory, we sound the alarm: some say each city is unique, while others refer to a set concept of city life, as if it could be applied equally to New York or Tokyo, Tel Aviv or Ljubljana, Munich or Berlin.

The History of a Strategic Choice in Shaping Urban Theory

The urban sociologists Hartmut Häußermann and Jan Kemper posed the rhetorical question in a recent publication of *Soziale Welt*: "Can 'the city' function at all as an object of scholarly inquiry in the field of sociology? Or should urban sociology be focused on urban lifestyle or life choices instead?" Their answer: "It has become quite problematic to assume 'the city' as such an object" (Häußermann/Kemper 2005, 25). A very powerful tradition has retained a hold on urban theory since the late 1970s, whereby cities are seen as laboratories for the analysis of various societal practices. The unwillingness to investigate the city as its own entity—in fact the explicit rejection of such an approach—has featured prominently in the work of Henri Lefebvre, Manuel Castells, and David Harvey.

During the postwar reconstruction boom in the 1960s, academic urban research focused on investigating and advising state housing and redevelopment projects. By the late 1970s, research on urban planning had become heavily dictated by the city administrators' need for information. A young generation of urban theorists began to battle for a new form of research, turning against an apolitical focus aimed at practical applications, and towards analyzing urban development in terms of its functional logic in capitalism and the 'question of class.' Häußermann and Siebel write, "The question is not what urban life means compared to rural life, but rather, what urban development means with respect to the differences between the classes?" (Häußermann/Siebel 1978, 496) The authors argue for theoretical and empirical emphasis on the conditions inherent in society's capacity to reproduce, and against sociology as a practical tool in planning, or as an analytical tool of local structures (as in the case of community sociology).

Their arguments for transforming the interest in urban epistemology include the desire to politicize the research, and above all the fact of rapid urbanization of society, and the fusion taking place between social processes and the administrative sphere. They argue that, in an urbanizing society, urban theory cannot take on the city as an isolated fact of social life. At the same time, the polarization of city and countryside has dissolved, they contend, "more or less of its own accord" (ibid. 486). Unlike the cities of antiquity, Walter Siebel (1987) continues, the city of today is no longer a self-contained entity, but has been integrated into a system of national laws and social policy, of federal and state political processes, and of global markets. Because we can no longer systematically distinguish between urban and rural (or ex-urban) manufacturing and lifestyle, the "investigation of the city is in reality the investigation of 'modern' (read: industrial) society in general. The city is merely the place where society appears most conspicuously in its structures and conflicts" (ibid. 11).

The second argument takes aim at the "causal relationship between spatial factors and societal phenomena" (Häußermann/Siebel 1978, 486). As long as the city is treated as a subject of scholarly research, we must accept 'spatial' categories (or, more precisely, territorial categories) as a basis of sociological analysis. That is to say, we explain societal phenomena with non-societal tools. The consequence is that blame in times of conflict or crisis would appear to rest with the city itself, obscuring the greater societal responsibility.

Because these arguments have had powerful influence for many years, I would like to consider them a moment longer. The one with the most powerful consequences is that of the urbanization of society as a whole. There is a weighty consideration in whether to differentiate categorically between urban and rural areas—a consideration that goes beyond the mere fact of dissenting expert opinion on equating the differences between the two (e.g., Ipsen; Inhetveen/Blasche)—and the associated question of how to define 'rural.' Defining the city in polar opposition to the countryside is a simplistic theoretical operation that ignores the variety of spatial configurations, such as village, countryside, suburbia, region, etc. (cf. Schäfers 1989). It is also far too comfortable as a sociological premise.

The city became an object of investigation among the social sciences and humanities with the Industrial Revolution, just as the changing experiences of the city became a reason for creating these disciplines. For example, Karl Marx (1984, orig. 1890, 371) saw the division of labor for commercial purposes as the basis for the division of city and countryside (see a more detailed discussion in Berking and Löw, 2005, 9). In this manner, the city makes itself into an academic object by virtue of its opposition to a non-modernized, non-industrialized entity (cf. a classic example in Simmel, 1984, originally 1903). This oppositional definition is also founded on the conceptual separation of culture vs. nature, and urbanity vs. barbarism (cf. Schroer, 2005, 329ff.). It allows the creation of an entity that is characterized by internal unity and unified structures. In the event that 'countryside' is removed from this oppositional discussion, even if only semantically, I would conclude that the city need not also disappear with it, as is often assumed, but that we might instead open our investigation to the differences between cities.

A number of new publications reject such comparative academic research, arguing that towns of 2,000 inhabitants in Brandenburg, for example, have no possible basis of comparison with cities of a million or more in the Americas, Africa, or Asia (see particularly Häußermann and Kemper, 2005, 25). The politically defined entity of a 'city,' they continue, also contains too much varied material for scholarship to consider the 'city' as its object. This argument seems shocking at first glance, because it is only used in the field of urban studies. No one has entertained the idea of halting all research on families, religions, biographies, etc., merely because there are different concepts of these in Asia, Africa, and Brandenburg.

Indeed, the argumentation is paradoxical. The criticism of the Western desire to think in generalizations leads to the conclusion that we should simply give up, not researching cities themselves but only the processes within them. In principle, a further insight may be somewhat helpful: Georg Simmel (1984, originally 1903) found it permissible to write about the 'essence' of urbanites after his observations of Berliners. But no one would succeed today in generalizing in such a way on the fundamental habits of urban inhabitants on the basis, say, of research done in Mumbai. The fact that today's urban theorists begin their analysis with the disclaimer that similarities between country towns in Brandenburg and large cities in Africa are limited, does not mean that cities cannot be an object of scholarly investigation. Rather, to my mind, it implies that the local context leading to any knowledge collected must be considered systematically and reflected in the scholarly process (cf. Crang/Thrift 2000).

Comparing the city with other societal institutions, such as the family, religion, or biography, which themselves are not under the same suspicion—namely, the inability to function as an object of inquiry due to questions of global comparability—one comes across the possible explanation that the administrative boundaries of cities and the demarcation of territory lead to the very problem of comparability. In the end, this is the case when comparisons of cities of different sizes (the Brandenburg village of 2,000 residents vs. the large city), considered so problematic, are made. To accept this structural-theoretical pre-condition (i.e., we will investigate the logic of urban reproduction process, not the city itself) means forgetting what René König stated in 1956: "The community as a social reality stands at the forefront; this is doubtless something completely different from the administrative entity called 'the community.'" (König 1956, 2) Finally, König explicitly puts forward the insight that cities create their own realities, which can be an object of research.

In principle we are very aware of a body of knowledge on the differences in the various professions (e.g., planning), but also in the daily life of cities like Cologne, Munich, Berlin, Hamburg, and Frankfurt, or even between neighboring cities like Cologne, Düsseldorf, Duisburg, Dortmund, even Bensheim and Heppenheim, which despite their similar socio-economic conditions and building stock, are quite different. But scholarship has yet to find a common theoretical ground for considering these differences. Ljubljana, Slovenia is contrasted with its neighbor Trieste, Italy, while New York enters competition with far-away Tokyo. Where the city boundaries of Cologne, Ljubljana, or Tokyo are drawn is certainly not of interest to sociology, whereas the field of comparison in which Cologne and other players appear is.

What historic, social, economic, or political conditions, or those of urban development, have made Cologne a social entity worthy of consideration? Why are cities that are comparable in their social structures so different in the degree of their economic prosperity? What imaginary geography is laid out between cities, leading to a variety of economic, political, and societal consequences? What cities, for what reasons, are excluded from scholarship's causal and comparative system?

The reality of a city's administrative boundaries certainly does not lead to the irrelevance of distinct forms of urban thinking. Nor does the development of decentralization or institutional networking within areas of urban sprawl, or city's integration within state infrastructure or for that matter within global markets. In fact, the opposite is true: the less cities rely on a historical definition of their center, and the less they take themselves as a political, economic, or even military entity, the more we must investigate the constructs of urban originality, and the inter-relations and networking taking place among cities.

From within the globalization debate, it helps little in answering this question to imagine the city as a place of resistance against the process of homogenization—an argument that is often brought up in connection with the redevelopment of historic city centers. Holding fast against the tide of homogenization, Frankfurt is supposed to become more Hessian, and Dresden more baroque. On the global-local compendium, exploitation and victimhood are firmly placed on the local end. Manuell Castells' statement is quite strong: "Capital is global, labor is local" (1996, 475). Since resistance is only imaginable on the local level, it becomes an increasingly present facet of social reality. The trouble with this argumentation is that it follows the logic described above: the city is uniformly influenced by the dominant societal structures (read: globalization), and becomes victim to them. The hope is then that no structural force can be totally dominant, and that local resistance is therefore still possible.

The conceptual problems of a simplistic micro vs. macro scheme of argumentation are not new. The micro-level (town or city) is reserved for the individual, the informal, and the 'small,' while the macro-level stands for the supra-individual, the organized, the 'large.' Thus, as part of the micro-dimension cities are placed in opposition to the larger and more complex force: society. It seems that, within cities, we can closely study phenomena such as poverty, exclusion, and discrimination. Strictly following this logic, we examine the city as a micro-dimension of reality for its potential for resistance against national or global homogenization (see a critical challenge to this in Massey 2006), putting the city in a position of powerlessness, and seeing in it an increased likelihood of resistance.

But the city ultimately can not have such an obvious position in the relation between micro- and macro-levels, despite the insistence of so many pre-existing conceptions. To wit, the city can just as easily be conceived as a macro-dimension relative to the individual, or as a micro-dimension relative to society as a whole. One solution, claiming the city simply as a laboratory (i.e., as a micro-dimension relative to the macro-structures), remains unsatisfactory from a theoretical standpoint. This would push things too far in the direction of the macro, leaving the micro-macro relationship oversimplified in its theoretical structure. I would like to suggest the following way out: to conceive of the city beyond its spatial limitations, which themselves are no longer thought of in territorial terms, but in terms of relations (see a more complete discussion in Löw 2001).

Space and Difference

Spatial concepts, together with the theory of 'scaling,' allow us to stop imagining the local level as necessarily the normatively smaller, powerless, resistant, oversimplified entity. By reflecting on the meaning of scale, we can fuse, from the very beginning, two important aspects of the inquiry: time analysis and methodology. Heightened awareness of scaling processes can be explained by the observation that modern capitalism's urban reconstruction projects produce new spatial formats, which in turn increase disparities in society. On the scale of local, national, and global this viewpoint gains ground, as globalization compromises the nation-state's scale level, and intensifies the sub- and supra-national organizational structures instead (Brenner 1995, 52).

At the same time, scaling represents the challenge of conceptualizing all social phenomena in scholarly and artistic works on multiple scalable levels—or for that matter of ensuring the imaginary scope of one's projects. In this way, scale is more than merely a term of spatial theory used to reinstitute the micro-meso-macro compendium. Scales are not to be understood as predetermined territorial units. Rather, they are social constructs, which vary in measurement throughout history. In this sense, scale represents territorialization as a process of evolution (as applied to globalization, nationalization, regionalization, and urbanization). That is to say, scale's interpretative power is not derived from spatial units existing since before social structures. Rather, scale is the conceptual terminology appropriate to express the physical and social evolution of modern ways of life.

At the same time, scaling must be understood in relative terms. Each dimension (local, national, global) derives its plausibility in its distinctiveness from the others. And yet that is where scaling ends in its capacity as a societal diagnostic tool. Precisely because these spatial dimensions are not distinct, container-like structures, we can assume a transformation of the hierarchies of scale (currently, for instance, the decreased importance of the nation-state). Simultaneously, this relativity disallows the assignment of power potential to the individual levels, as Doreen Massey relates: "When space is conceptualised in relative terms, localities become specialized factors within the far-reaching power-geometry. If we take the oft-cited mantra seriously that local and global are oppositional, then the local is not simply 'victim' and certainly not a mere product of the global. Quite the opposite: locales are factors through which the global is itself constituted. That is, there is not just a global construction of the 'local'; there is also a local construction of the 'global.'" (Massey 2006, 29)

If in this sense of scale we are able to comprehend the local in relative terms, and as a social construct, then statements on social processes in cities (the local level) are not just statements on national processes. Instead they become determinations on the actions and experiential quality of social reality. It also follows that they can not be applied to other cities without careful testing.

The concept of space expresses coexistence like no other concept (e.g., Massey 1999, 28/ 1993). Space is the one concept which can express simultaneity within the organizational forms required by living in close proximity. If space is a result of combinations, and of a practice of placement, then space is also a category which points out that local objects and groups of objects can be fused into spaces. Spatial concepts do not help to order sequences (such as time), but encompass instead the field of simultaneous processes. In this way, when one thinks spatially, one is forced to think in terms of differentiation.

To think of cities in their full variety in the future, we must have an understanding of their physical boundaries. Dirk Baecker argues that the historical need to watch over a city, expressed most fully in the walled in cities of the Middle Ages, has been writ large on the collective conscious, resulting in a cognitive, emotional, and aesthetic construct with related thought patterns of the 'internal' and the 'external.' According to Baecker, the city is therefore an emotionally charged entity (Baecker 2002, 12–16).

An observation by Gerd Held corresponds as well with this thought. Building off the work of Fernand Braudel, Held (2005) argues that the modern city and territorial nation-state represent competing spatial structures or orders. It is the difference between the logic of spatial inclusion, or structural openness, of the modern city, versus the logic of spatial exclusion practiced by the modern nation-state (and the related 'container' model), which determine society's spatial construction—not the oppositional model of city and countryside discussed above. The state's territorial construction is based on drawing boundaries, allowing for and preserving inner homogeneity. The model of the medieval city, with its structure of barriers and exclusion, is thus transferred in our time to the territorial form of the nation-state.

The character of the modern city, however, is defined by the openness of its boundaries and by its heterogeneity. Seen this way, modernism has not made the difference between city and countryside disappear by virtue of urbanization; instead two extreme societal forms—'territory and exclusion' vs. 'city and inclusion'—have solidified a differentiation in spatial understanding. The modern city thus represents its own societal form, as the necessary counterpart to the nation-state's logic of border, homogenization, and homeland. When the city walls of a bygone era have been replaced by speed limits, traffic-control systems, and orbital motorways, when growth is still a city's only hope, then 'inclusiveness' becomes a sign of insider-outsider thinking and the pretension of this construction's openness. In the system of societal meaning the city is lodged as an experiential entity with its resulting fundamental differentiation vis-à-vis other cities, but without simultaneously necessitating the logic of exclusion tied to the entity's unique construction (cf. Gehring 2007).

There is no empirical evidence that the experience of living in or beyond the city is disrupted by commuting, transit networks, suburban areas, shopping centers out in the country, or the like, neither for a given city nor in comparison to another. The particular social and material logic of any given locale is simply far too strong. For example, the attempt to establish the 'Randstad' in Holland, which was to comprise the territory of Amsterdam, Rotterdam, and The Hague failed, while the convention of seeing these three cities separately is obviously stronger (Sudjic 1992, 296). This goes to say that in modern society's system of meaning the city is lodged as an experiential entity and can be considered in comparison with other cities.

My suggestion, therefore, is that the concept of local logic in urban theory takes off from the observation that cities—along with their own production of logic—are quantifiable fields capable of comparison. Each city develops along its own unique lines of historically motivated narrative, or the interpretation of various forms of materiality, as well as political and economic figurations—with each unique city logic rooted in early-defined practices, and yet not limited to them.

For example, the laws on professionalizing prostitution are structured differently in Duisburg than in Munich. Carnival is celebrated quite differently in Cologne than in Berlin, while export hits from America vary in character as well: the Gay Pride parade comes across as a consumer event on the Ku'damm, while in Kreuzberg it is a political demonstration. Similarly, in Frankfurt the city grieves over AIDS deaths while Cologne is celebrating carnival yet another time. It is often students in Germany who prepare Gay Pride in working groups. Thus, the specific logic of place allows even sub-groups to become central city-specific models.

Place is a specific factor and is created in a specific way, determined by the qualities of action and experience. For a particular locale, finding, creating,

and reproducing its own specific quality is a matter of practices which are tied to its own narrative, strategy, and developmental path. Pierre Bourdieu (1997, 159ff) calls this the 'local effect,' claiming the existence of interpretive patterns, practices, and power figurations, which are more plausible for a given locale than for any other. I do not presume to force spatial determinations on behavior patterns. Instead, I believe the idea is that place develops its own logic based on socially constructed phenomena, which rest on the experiential patterns of the inhabitants.

The concept of place does not denote anything substantial; it is instead a 'relational form' (Simmel 1995, orig. 1908, 716). What we are able to say about a city, what people feel within it or how it smells, depends not just on pre-established, plausible interpretive patterns, but on which 'field' of comparison exists with comparable cities. The local logic is dependent on the way other cities, deemed relevant, determine themselves. This is how Frankfurt can promote itself as an Americanized city, while Cologne, Berlin, and Hamburg do not. At the same time, though, Frankfurt has to demonstrate its openness to homosexuality in order to play in the same league with these other large cities.

Similarly, Tel Aviv is the embodiment of modern Israel—a Western metropolis—while a mere hour's drive away Jerusalem is the 'holy city.' Tel Aviv is able so easily to express its beach-life, leisure-time activities, and gay culture precisely because the religious anchor of society is located elsewhere (cf. Fenster 2004). Cities are integrated in a network of objective relationships. For this reason the logic of place needs a corresponding term to encompass the alternate practices of demarcation and relationship-creation with or against other cities—locally, nationally or globally. This would be the focus on connectedness.

The necessity of differentiating the logic within urban research results from some scholarly blind spots. These include misplaced generalizations on phenomena and their city-specific characteristics, the lack of knowledge on city-specific potential or on forces growing out of local logic, also on city networks and the coalitions which develop around them. The investigation of cities, plural, instead of individually, allows the tracking of local logic from the perspective of a city's own evolution, resulting in an analysis of the city-specific creative forces and practical structures. The logic of place removes the city-specific arrangements based on sociality and materiality, and constitutes itself within a system of global, national, and local reference.

Within the context of inter-city connectedness, the city-specific logic of one city can be reshaped in relation with other cities. This connectedness indicates that local logic is not explained by historic relations alone, but also by the comparative process with simultaneous constructs of similar form. Urban theory, Eike Hennig (2006) writes in his discussion of collected new works, is "strangely fixed, and not open enough to results. A normative model of the ideal city, based on the past, guides and shapes research from the start… Transformation seems to come across as deterioration rather than as opportunity" (ibid., 34). Instead of searching for confirmation of the mostly negative effects of capitalist evolution in cities, urban research has the capacity to remain open to an understanding of cities' own logic. From this foundation, it is also possible to look for 'family similarities,' in the sense of Wittgenstein (Wittgenstein 1984, orig. 1952, § 67). In the middle of this relational scheme of thinking, there is a movement with the aim of framing issues in terms of a city's character (see Bourdieu 1974, 33ff). Maybe they do exist, the choleric and phlegmatic cities?

References:

Baecker, Dirk (2002): Platon oder die soziale Form der Stadt. *polis: Zeitschrift für Architektur und Stadtentwicklung* 14, 1, 12–16

Berking, Helmuth/Löw, Martina (2005): Wenn New York nicht Wanne-Eickel ist … Über Städte als Wissensobjekt der Soziologie. *Die Wirklichkeit der Städte.* ed. Helmuth Berking and Martina Löw. Baden-Baden, 9–22

Bourdieu, Pierre (1974): Z*ur Soziologie der symbolischen Formen.* Frankfurt a. M.

Bourdieu, Pierre (1997): Ortseffekte. *Das Elend der Welt. Zeugnisse und Diagnosen alltäglichen Leidens an der Gesellschaft.* ed. Pierre Bourdieu et al. Konstanz, 159–167

Brenner, Neil (1999): Beyond State-centrism? Space, Territoriality and Geographical Scale in Globalization Studies. *Theory and Society* 28, 1, 39–78

Castells, Manuel (1996): *The Rise of the Network Society.* Cambridge/Oxford

Crang, Michael/Thrift, Nigel (ed.) (2000): *Thinking Space.* London/New York

Fenster, Tovi (2004): *The global city and the holy city. Narratives on Knowledge, Planning and Diversity.* London

Gehring, Petra (2007): Gebauter Nahraum und innere Fremde. Nachdenken über die Stadt. *Phänomenologie der Responsivität. Festschrift für Bernhard Waldenfels.* ed. Kathrin Busch, Iris Därmann and Antje Kapust. München

Häußermann, Hartmut/Kemper, Jan (2005): Die soziologische Theoretisierung der Stadt und die 'New Urban Sociology.' *Die Wirklichkeit der Städte. Soziale Welt 16.* ed. Helmuth Berking and Martina Löw. Baden-Baden, 25–53

Häußermann, Hartmut/Siebel, Walter (1978): Thesen zur Soziologie der Stadt. *Leviathan,* 4, 484–500

Held, Gerd (2005): *Territorium und Großstadt. Die räumliche Differenzierung der Moderne.* Wiesbaden

Hennig, Eike (2006): "Planning, Building, Breaking, Rebuilding: Stadtforschung und die Norm der europäischen Stadt." *Soziologische Revue* 29, 26–35

Inhetveen, Heide/Blasche, Margret (1983): *Frauen in der kleinbäuerlichen Landwirtschaft.* Opladen

Ipsen, Detlev (1991): Stadt und Land—Metamorphosen einer Beziehung. *Stadt und Raum—Soziologische Analyzen.* ed. Hartmut Häußermann, Detlev Ipsen et al. Pfaffenweiler, 117–156

König, René (Hg.) (1956): "Soziologie der Gemeinde." *Kölner Zeitschrift für Soziologie und Sozialpsychologie* (Sonderheft 1). Opladen

Löw, Martina (2001): *Raumsoziologie.* Frankfurt a.M.

Marx, Karl (1972, orig. 1890): *Das Kapital. Band 1. Marx/Engels Werke vol. 23.* Berlin

Massey, Doreen (1993): "Power-Geometry and a Progressive Sense of Place." *Mapping the futures: local cultures, global change.* ed. J. Bird, B. Curtis, T. Putnam u.a. London

Massey, Doreen (1999): *Power-geometries and the Politics of Space-time.* Heidelberg

Massey, Doreen (2006): Keine Entlastung für das Lokale. *Die Macht des Lokalen in einer Welt ohne Grenzen.* ed. Helmut Berking. Frankfurt a. M./New York, 25–31

Schäfers, Bernhard (1989): Stadt- und Regionalsoziologie: Ausgewählte neuere Ansätze. *Kommunalwissenschaften in der Bundesrepublik Deutschland.* ed. Joachim J. Hesse. Baden-Baden, 387–403

Schroer, Markus (2005): *Soziologie des Körpers.* Frankfurt a. M.

Siebel, Walter (1987): Vorwort zur deutschen Ausgabe. *Soziologie der Stadt.* ed. Peter Saunders. Frankfurt a. M./New York, 9–13

Simmel, Georg (1984, orig. 1903): Die Großstädte und das Geistesleben. *Das Individuum und die Freiheit.* Stuttgart, 192–204

Simmel, Georg (1995, orig. 1908): Der Raum und die räumliche Ordnung der Gesellschaft. *Georg Simmel—Soziologie: Untersuchungen über die Formen der Vergesellschaftung.* ed. Otthein Rammstedt (complete edition, vol. 11). Frankfurt a. M., 687–790

Sudjic, Deyan (1992): *The 100 Mile City.* London

Wittgenstein, Ludwig (1984): Philosophische Untersuchungen 1 (1952). *Werkausgabe in 8 Bänden.* vol. 1. Frankfurt a. M., 225–580

DELTAVILLES.
European Urban Development Under Economization, De-Democratization, and Self-Staging
Yvonne P. Doderer

German Text Page 96

The term *Deltavilles* is a reference to French director Jean-Luc Godard's 1965 film *Alphaville.* Godard's film was not conceived as a vision of a possible future, but rather functioned as a sharply formulated reflection of current socio-political realities as seen against the background of residual fascism. It also traced the wave of urban redevelopment taking place in France at the time.

In the film's mixture of science fiction and *nouvelle vague,* a metropolis is ruled by a computer intelligence, which is in turn run from behind the scenes by a lone scientist. The city's inhabitants have lost their souls, their ability to love, and their creativity and have become mere functionaries. This aspect of Godard's vision and interpretation of society is no longer exactly current. Today we are confronted far less with recognizable hierarchical power structures (alpha), as we are with diversified ones (delta). In today's modern 'control society,' lock-step totalitarianism has been replaced by the systematic appropriation of productive differences between members (i.e., subjects) of society. Here I understand 'productive difference' to mean a plurality of voices, a polyphony of possible identities, subjectivity, and collective freedom, not 'difference' in the sense of 'division.'

Since the 1970s these productive differences have taken shape in various socio-political, urban movements or subcultures, such as the women's movement or the visibility of homosexual lifestyles. After a period of belligerent freedom, these productive differences succumb to the hegemony of normality—or at least to those mechanisms of normalization and discipline that feed capitalist exploitation—in many cases fading to meaninglessness shortly after their emergence. (This is a dilemma that socio-political movements often face—i.e., between resistance and conformity. The dilemma does not, however, detach itself from forms of action and self-organization, nor from critical reflection. Grassroots democratic organizations can indeed be successful, as demonstrated most recently by the demonstrations against the G8 summit.) In this light, the current multiplication of possible identities seems to represent a form of freedom: it does not lead to basic changes in societal structures, nor does it mean an increase in the extent of democratic freedom. Instead it merely serves the continued modernization of capitalist exploitative cycles and the creation of new markets.

Therefore, on the one hand, there is an attempt to reduce the productivity of difference down to individualization, decreased solidarity, and societal division. Existing differences (in the sense of inequalities) will be thus solidified, affirmed, and furthered. On the other hand, difference is eliminated, since state power is created more than ever through the elimination of distinct social, political, and economic spheres. In the latter case, the social sphere in particular is unprotected and exposed to annexation by the economic sphere; in fact, it becomes a part of the economy. It is not important what lifestyle I choose, my subjectivity and productivity, my individual and collective identities are already part and parcel of an inexorable economization that is steadily overpowering all areas of life. This applies equally to ruling and being ruled, since the importance of economy—in the sense of rationalizing rationality—is becoming the basis of state power.

In the present article, I will trace this development and its consequences using examples from the politics of European urban development. As the sociologist Georg Simmel notes, the productivity of a city is not merely driven by its size, population density, or the extent of its highly specialized division of labor, or by its cultural and social heterogeneity or the percentage of foreign-born inhabitants. As my thesis would have it, the productivity of a city is also determined by the extent to which difference can become productive. Productive difference does not mean division, as has already been mentioned; it means the facilitation of self-determined and autonomously organized diversity. Such heterogeneity needs space, and must acquire that space—physically and societally—in order to become productive. (I follow here the concept of space and city as defined by the French philosopher Henri Lefebvre: 'space' is considered societal space.) This reading of urban productivity stands in contrast to spatial politics that prefer a comprehensive economization and exploitation of urban space to a concept of spatial acquisition based on pluralism and equality.

The New Order of European Space

With the fall of the Soviet Union, German reunification, and EU expansion, the new organization of European territory has taken on increased importance. In the context of a nearly unhindered expansion of capitalism, and in connection with accelerated technological developments, transformation and modernization processes have been introduced that have led to massive restructuring and shifts within the European urban system (as seen in the changes to the previous model of the so-called 'blue banana'). All Central, Southern, and Eastern European cities and regions share this kind of marked structural transformation across all sectors. This transformation makes itself apparent in a decrease in industrialization in favor of a global division of labor, liquid capital flows and investment activities, an expansion of the service sector including its related processing of information, generation of knowledge, and the coordination of production and distribution systems. The result is a continued increase in competition for production, distribution, and financial centers.

While many cities and regions struggle with their own shrinkage—like eastern Germany, Great Britain, and France—others experience new waves of growth in economy, investment, immigration, and the expansion of existing infrastructures. Next to customary global economic players like Paris and London, cities like Hamburg, Vienna, Barcelona, Madrid, Oslo, and Amsterdam profit from these developments. At the same time, in other cities like Berlin, Naples, and Lisbon, the negative side-effects, for example increased unemployment and the growth of gray labor markets, are evident. Even on the micro-level, inside individual cities and metropolitan areas, existing segregation can deepen or new patterns can be created. This segregation affects city structures, labor and housing markets, and influences demographic trends and immigration patterns in these spaces.

On the one hand, emigration is readily evident in certain regions—in eastern Germany it is primarily young women who are emigrating; on the other hand, economically strong centers and metropolitan areas are experiencing a surge in immigration. In the context of these spatial and social processes of diversification, regions of growth in Europe are experiencing a massive reconstruction of city structures and infrastructure. The entire European transportation network, especially the rail network, is being restructured to accommodate main European lines and axes, while major stations have become shopping-center playgrounds and unprofitable rail routes have been eliminated.

According to the law of a given local market, the desirability for investors and real estate brokers is focused primarily on urban areas with high rents, with the promise of high return on investments and high tax credits. In addition to the sought-after inner-city locations, new high-end living spaces, shopping malls, service centers, and urban entertainment centers are being built on lots previously used by the military, industry, transit, or even harbor authorities. State investment in the arts and culture also contributes to the increased value of such sites and properties.

The Economization of Spatial Production and Urban Politics

This transformation of European cities and growth regions began in Central Europe and Great Britain in the early 1980s, and is part of the process of capitalist and market-based interests forcing their way to the detriment of the public economy and social needs. In March 2000 the so-called Lisbon strategy was passed by the leaders of the European Union. The goal of this strategy is the economic and social renovation of Europe, with the aim of making the EU the 'most competitive and dynamic knowledge-based market in the world' by 2010 (www.eu2007.de).

In the meantime, taking stock at the halfway point, it is evident the EU has modified its initial social goals in favor of a much stronger market orientation and market conformity. The basis of this European-wide policy lies at the level of national politics, and even at the local and municipal levels, despite all the obvious, specific distinctions. These basic principles include, for instance, the completion of a border-free market for services, the opening of previously protected economic sectors, the privatization of public goods and services, and the generation of conditions friendly to business. The labor market is to become more flexible and people should be forced to take more responsibility for their own education, health, and retirement. These policies evidently are part of a comprehensive economization spawned by the introduction of 'economic rationality' in state and local activities. According to this neo-liberal logic, the state itself must become efficient and economized, and must act in accordance with the laws of the market: the social-welfare state will be replaced by the competitive state.

Alongside state privatization schemes (the sales of state property), there are also the privatization of state responsibility (or duties of the state), and finally the privatization of the state itself. The latter refers to "subsuming the 'core areas' of classic sovereign rule" (Pelizzari 2001, 24-25)[1] under the normative processes of market and private economies. This political shift is always rationalized with the argument of impending government financial crises. Yet even with the state's tax revenue base, which is dependent on private economies for tax revenue, it is quite clearly the case that the largest category of tax revenue is the income tax from the wage-earning majority classes. The European press service EUROSTAT writes in its "Report on Taxes in the EU from 1995 to 2004"[2]: "Tax on wages remains the largest source of tax revenue in the EU 25, representing around half of all tax revenue. Capital taxes represent 22 percent of total revenues, and consumption taxes 28 percent"(www.europa.eu).[3]

Along with the question of tax revenue sources, there is also that of expenditures. Two fundamental areas of expenditure can be identified: first, those which are designed to support the "profitability of private economic activity" (Pelizzari 2001, 35), such as urban and spatial planning, transportation, etc.; and secondly, those which arise from the takeover of social and other external costs, such as social services, support for arts and culture, environmental protection, etc. In the end, it is a question of societal capacities and political negotiation that determines which of these costs can be considered to be duties of the state.

These two aspects—the questions on the source and type of revenues and expenditures—make it apparent that governmental financial crises are structural in nature. The state is in conflict between fulfilling basic public services and welfare needs on the one hand (for example, on the spatial level—the requirement to create a common standard for quality of life), and on the other hand the support of private economy (for example, infrastructure projects and subsidies). So when the welfare state conflicts with the tax state, and when it sinks into a financial crisis, we witness the battle for the distribution of resources (i.e., tax revenue). We also see a question of how politically to style the state's duties and the fulfillment of basic social needs.

Shifting public attention toward the expenditure side and the systemic financial crises serves as an instrument to create pressure for reform, and allows a further shift in expenditures, and in the perception of the government's role, toward support for capital and private economies. As a result of these changed political premises and priorities, economizing strategies are being introduced throughout Europe under the general term 'New Governance.' More specifically they are collectively referred to as New Public Management (NPM). New Public Management defines itself as "the introduction of market-based, customer-oriented public services" (Bogumil/Holtkamp/Wollmann 2003, 31), and is based on a comprehensive reorganization of public services and finance in health, education, and welfare. These changes include measures toward deregulation (in construction and historic landmark protection, for instance), as well as the introduction of new tax models. A further central element of New Public Management is the reorganization of the bureaucratic system itself, which is to be economized by means of private sector criteria and standards (such as product creation and management in budget planning, cost controls and merit evaluations, internal restructuring and layoffs, and other operating controls).

On the communal level, another aspect of NPM is the introduction of public-private partnerships (PPP), or cooperation between governmental bodies and private sector companies and other non-governmental organizations. Public services are 'marketized' via private sector corporate structures, such as the GmbH (similar to a limited liability company) and AG (similar to a public limited company). The city will now be run as a business, and as in any private business the bottom line will be a matter of presentation and interpretation. Certain numbers need not be made public, and reserves do not have to be disclosed. In this way, with the rubric 'NPM' European cities and municipalities are now subject to the rules of the market, and the European city has now become 'the city business.'

Governmentality and De-Democratization

Significant loss of democracy is tied to the practice of NPM and the restructuring of cities into businesses. The newly created mass of corporations, wholly-owned companies, PPPs, various systems of competition and negotiations, as well as participation guidelines, leads to a lack of transparency. Neither the city's public eye nor its individual citizens, let alone its elected representatives, are capable of steering and controlling this new animal. The loss of control leads to "erosion of political responsibility" (ibid., 96) and therefore to a loss of democracy, toward autocracy and corruption of state and communal structures and their administration. It is also not surprising that the word 'participation' has been replaced by 'public involvement' in planning discourse and urban policy-making. In most cases, this form of involvement is limited to commentary which is ineffective in legal and policy terms. Decisions on urban policy, for example the sale of communal or low-income housing,[4] take place today without the citizens' input. Alternatives in urban development are not allowed, and other designs or suggestions are systematically suppressed in official discourse. Examples include the Stuttgart 21st Urban Development and Expansion Programs, the London Riverside, the Oslo Fjord City or Hamburg Hafen City. These projects are not tailored to the needs of city inhabitants, but rather to the interests of investors and new high-income classes. Neighborhoods near such projects come under the pressure of exploitation, with gentrification, higher rents, and the repurposing of existing structures. These processes can be seen in almost all European cities and metropolitan areas.

Seen from a larger perspective, these developments can be captured in terms of French philosopher Michel Foucault's concept of governmentality. While early liberal concepts of government saw the restriction of excess market freedom as a central duty of government, today the market "itself is an organising and regulating principle of the state" (Lemke 1997, 241). The state does not, of course, divorce itself of all its duties, but its 'concern' is now the introduction and creation of supposed economic rationality in all areas of society. Ironically, it is precisely the social democratic governments in Europe (in some cases joined by green parties) which are laying the path for this 'third way' and ending the social welfare state with recurring reference to financial and budgetary crises.

This political change is accompanied by the neo-liberal discourse machines of the media, such as the 'New Social Market Economy Initiative' in Germany (www.chancenfueralle.de). The prevailing economic, political, and media elite has boxed its way into nearly all levels of European society. This new hegemony is particularly manifest in urban areas: under 'New Governance,' European cities are subject to the dictates of investors and shareholders, and with that to a rhetoric of modernization which makes the city itself into a product.

The Staging of City and City-Space

This product wants to be sold. The previous image of the modern industrial city can no longer fulfill the demands of the post-national, post-industrial, and post-social acquisitive regime, which will change its locations and its flow of goods, humans, and capital depending on where profit can be maximized. Creating a new urban image—positivist and future-oriented, from which the old, dark shadows have been banished—appears to be all the more necessary. Thus urban branding is the new rage in city administrations. European cities are becoming 'cities of knowledge,' 'art and cultural capitals,' 'sports cities,' 'media cities,' 'entertainment capitals,' etc., and above all they are 'clean and safe cities.' Urban branding means forming a narrative version of the city which creates the most convincing identity for investors, business owners, tourists, and other potential mediators. The reality of the city, with all its complexity and contradiction, is reduced to a textual and visual design representation, which offers a smooth overarching narrative. Urban branding is most successful when even the inhabitants begin to believe the newly charged, positivist image of their city. What resident of Berlin, for example, even if he or she is originally from the countryside, would not see in the city's poverty and ugliness nonetheless its unique pop urban cultural scene, and defend it to the last?

Berlin is indeed an excellent example of successful urban branding. After the fall of the Wall and subsequent reunification there was nothing to restrain the city from its new future. Among the first undertakings was to replace the old, graying bear used in the city's coat of arms with the Brandenburg Gate. Then a new company, Berlin Partner GmbH, was formed to create the 'Destination Berlin' image in films, poster, and advertising campaigns worthy of the city's creative future (www.berlin-partner.de). The city's history before the fall of the Wall, on the other hand, was disposed of or condensed into various memorials. The success of the newly created mythic Berlin—as a postmodern, experimental, knowledge-based, creative, and subcultural metropolis cum capital city—was expressed in the indignation found in the art pages in Berlin's and other German newspapers on the occasion of the third *Berlin Biennale for Contemporary Art* in 2004. At this time, the curator, Ute Meta Bauer, had dared to evade this mythological historicizing of Berlin, and to challenge the revisionist future orientation with a selection of Berlin-specific and international artistic viewpoints.

A city's many festivals are also a central element of urban marketing. Beyond the traditional city and cultural festivals, there are the public viewings, techno and multicultural parades, and even Gay Pride (known in German as 'Christopher Street Day'), all undeniably part of a coordinated attempt to foster an image of presumed urban tolerance and freedom. These temporary productions on the city landscape are solidified and made permanent through architectural transformation of urban space, including dedicated structures.

This image and the desires of paying consumers are also kept alive through new urban islands of an experiential consumer economy. Shopping is enhanced through art and culture, and made palatable for the distinguishing third of the population that benefits from the successful implementation of neoliberal policy. After a first wave of new museum construction in the 1980s, a second wave of ever more spectacular structures is already rolling through European cities (cf. Puhan-Schul 2005).[5] Historical urban structures, like those in Valencia or Bilbao, are 'enhanced' by new museums, science centers, or exhibition halls which turn their host cities themselves into museum-like backyards. Inner-city building ensembles are purportedly improved upon by historically questionable reconstructions. For example, behind the city palace in Brunswick, which was torn down in 1960 and rebuilt in 2007, one can find the 'Palace Arcades,' a shopping mall that occupies two-thirds of the palace, with the rest reserved for cultural use. In this way the physical transition between culture and consumption in many cities is instantaneous: there is hardly a distinction between a museum and the advertisements claiming "Geiz ist geil!" (a wildly successful and controversial marketing slogan used by the German consumer electronics retailer Saturn between 2003 and 2007; it can be translated roughly as "Stinginess is awesome!" or, perhaps more fittingly, as "Greed is groovy!").

Art and culture are used to polish consumption and commerce: Bazon Brock speaks of "re-urbanization through cultural armament" (Brock 2002). State and local support for culture are now rationalized via their potential economic advantages and benefit to efficiency. The demand is no longer for quality, but for the number of ticket sales of an exhibition, since cultural institutions must now justify their existence on these grounds. They must be capable of competition with businesses that have their own art programs, which build their own museums and present themselves as national art and cultural service providers. Just one look at the availability of financial resources makes it clear in which direction this competition will head in the future.

Spatial Appropriation and Utility Value

But it is not merely mainstream art and culture, or that which conforms to the whims of the private economy, which is included in the calculations of city advertising. Alternative forms of art and culture, subcultures and youth cultures are also mentioned and processed into city marketing campaigns. The so-called 'creative industries' benefit from the creative input of urban areas with strong intercultural and subcultural elements, as the spatial economist Dieter Läpple comments: "The less corporations insist on an operating model with 'normal operations' and 'normal working conditions,' the more the specific conditions of an urban milieu will influence them". Inner-city spaces "with a high degree of economic, social, and cultural diversity' offer expanded possibilities for businesses, leading to an important ability to create an unexpected 'home-base business context" (Läpple 2003, 72).

This function(alization) of specific urban milieus and their various subcultures often stands in stark contrast to the lack of support for urban free spaces and living spaces on the part of city politics. The requirement for autonomous, self-initiated and organized space is not a 'Disneyfication' of urban space, but the creation of utility value. I understand 'utility value' to mean, in the urban sense, a public space that is available to all segments of the population, not the phenomenon described by American sociologist Sharon Zukin as "pacification by cappuccino", or, to extend the analogy, 'pacification by security' or 'pacification by high art and culture.' Utility value also comes about when affordable living spaces are available, instead of tearing down low-income housing, or when self-organization is allowed in city areas with their own culture, instead of top-down regulation and discipline through city programs. Utility value means allowing "a sum of possibilities" to arise, as the situationist Guy Debord put it. For so-called shrinking regions, utility value may offer a perspective for appropriating space in the future. There are certainly plenty of suggestions, but the necessary condition is urban and spatial policy which prescribes creating an even standard of living, instead of encouraging talk of 'parallel societies' or 'overtaxed neighborhoods.' For these concepts do not contribute anything to changing the existing and deepening divisions in urban areas, such as the uprisings in the French *banlieues*.

French sociologists have long since analyzed the situation in the suburbs and indeed predicted conflict would arise. But the cause of conflict is not the commonly cited ethnic and cultural differences, but rather the "contradiction between extreme cultural assimilation and limited social integration", as many sociologists emphasize (Dubet/Lapeyronnie 1994, 25). (The *banlieue* residents' lack of a political voice is in fact embedded in French voting laws, which have each district represented by one vote in the Assemblée nationale, regardless of the population size in the voting district - cf. Ghorra-Gobin 2006). [6] Instead of active politics, the French city administrations knowingly add fuel to the fire with speeches about supposedly criminal districts, while removing the police and social workers from such areas. The inhabitants are thus systematically pushed out into the cold, and their neighborhoods allowed to decay in preparation for tearing down buildings and rebuilding the area with higher-end housing, as in the case of La Coudraie in Poissy. Referring to this situation, sociologists use the term 'relégation,' which has a connotation of French colonial politics.

While these speeches and practices treat such districts and their inhabitants purely as a 'security problem,' there is an interpretation which sees them as productive. It is repeatedly ignored that without *demos*—that is true participation and democratization—it is not possible to reach a socially functional, transnational and intercultural urban society. Particularly cities with condensed social spaces have always been heterogeneous, hybrid, and pluralistic. The construction of homogenized identity and space is an urban illusion. To think that urban societies are free of conflict is one piece of this illusion; the other is the creation of a supposed consensus within society.

Outlook

The polarization of growth zones and recession zones in the so-called European urban landscape is likely to increase in the future. The preferred dismantling of government and local services in recession areas is also likely to continue, leading to a deurbanization of certain cities. In growth areas, on the other hand, key cities will undergo restructuring and utilization processes, which in turn will intensify the existing urban social segregation and increase the enormous cleft between privileged and neglected neighborhoods.

These increases come in the context of ongoing de-industrialization, which itself leads in certain urban areas to unemployment rates as extreme as over 50%, not just 10% to 15% (cf. Häußermann 2000, et al.). Increased demand for living space in the growth centers also leads to the expulsion of low-income groups and to the discontinuation of public low-income housing projects. The living conditions for more and more urban inhabitants are becoming precarious. In France, for example, 3.2 million out of 60 million French are considered to be living 'in poor housing conditions (www.spiegel.de), and there is a dearth of one million low-income housing units. (In Germany there is no statistic for the homeless, except in North Rhine Westphalia and Berlin, which both demonstrate a growing trend toward homelessness—cf. www.habitants-nrw.de)

The quality of existing infrastructure and public services is decreasing while the costs are increasing at the same time, whether through privatization or communal cost rationalization. Competition is increasing, not just between cities, but between city inhabitants, leading to greater individualization and commercialization of urban life. Access to resources, such as education, paying work, living space, infrastructure, etc., will fall along new lines of conflict, resulting in greater social inequality, fragmentation, precariousness, and polarization, with city life becoming far more complicated for many.

At the same time, informal economies—shadow economies, underground economies, alternate, private retirement planning, unpaid domestic work and volunteer work, self-help and group-help—will all increase in prevalence. Already in Berlin, for example, one out of five euros is earned illegally on the black or gray market. This 'fourth world' is not remote terrain; rather, it is the flip-side of European economic cycles. In the future, however, movements countering these trends will likely also increase: cities have always been space in which differences can become productive in the form of political emancipation, socio-political resistance and urban social movements. In this manner, life in European cities will remain exciting.

1 See Bodo Zeuner, 'Das Politische wird immer privater. Zu neoliberaler Privatisierung und linker Hilflosigkeit,' in Globalisierung und Perspektiven linker Politik, ed. Michael Heinrich (Munich, 1999), 292.

2 EU25—1 May 2004: accession of Estonia, Latvia, Lithuania, Malta, Poland, Slovenia, Slovakia, Czech Republic, Hungary, Cyprus; EU27—1 January 2007: accession of Bulgaria and Rumania

3 http://europa.eu/rapid/pressReleasesAction. do?reference=STAT/06/62

4 After purchasing approximately 140,000 flats from Viterra, Deutsche Annington became the largest residential housing company in Germany with over 230,000 flats–"The elephant in the German housing market," according to Dr. Franz-Georg Rips, director of the German Tenants Association in Berlin (see: http://www.mieterverein-hamburg.de)

5 Between 1980 and 1999, for example, the number of museums in the Netherlands increased from 485 to 902, of which 109 were art museums. During the same period in the Federal Republic of Germany, the number of museums increased from 1454 to 4523, and the number of art museums from 200 to 486.

6 Based on a contribution to the panel discussion "Parallel lives. Cultural diversity and inequality in the urban space," which took place at the 19th European Meeting of Cultural Journals in London from 27-30 October 2006.

References:

Bogumil, Jörg/Holtkamp, Lars/Wollmann, Hellmut (2003): „Öffentlicher Sektor und private Akteure in der Stadt der Zukunft". Studie im Auftrag der Enquetekommission des Landtages von Nordrhein-Westfalen ‚Zukunft der Städte in NRW.' Berlin/Hagen, 31

Brock, Bazon: (2002): Der Barbar als Kulturheld–Bazon Brock III: Gesammelte Schriften, Köln, 350

Dubet, François/Lapeyronnie/ Didier (1994): Im Aus der Vorstädte. Der Zerfall der demokratischen Gesellschaft. Stuttgart, 25

Ghorra-Gobin, Cynthia (2006): "Political representation as response to urban rioting." A comparative perspective. eurozine, November 2006

Häußermann, Hartmut (2000): „Die Krise der sozialen Stadt". Aus Politik und Zeitgeschichte 10/11

Läpple, Dieter (2003): Thesen zu einer Renaissance der Stadt in der Wissensgesellschaft. Jahrbuch StadtRegion. ed. Norbert Gestring et al. Opladen, 72

Lemke, Thomas (1997): Eine Kritik der politischen Vernunft. Foucaults Analyze der modernen Gouvernementalität. Berlin/Hamburg, 241

Pelizzari, Alessandro (2001): Die Ökonomisierung des Politischen. New Public Management und der neoliberale Angriff auf den öffentlichen Dienst. Konstanz, 24–25, 35

Puhan-Schul, Franziska (2005): Museen und Stadtimagebildung. Bielefeld

Zeuner, Bodo (1999): Das Politische wird immer privater. Zu neoliberaler Privatisierung und linker Hilflosigkeit. Globalisierung und Perspektiven linker Politik. ed. Michael Heinrich. München, 292

www.europa.eu/rapid/pressReleasesAction.do?reference=STAT/06/62

www.berlin-partner.de

www.chancenfueralle.de

www.eu2007.de/de/Policy_Areas/European_Council/Lissabon.html

www.habitants-nrw.de/international/ungass2001/statement/Default.htm

www.spiegel.de/politik/ausland/0,1518,457496,00.html

RETURN OF THE CITY?
Urban Upheaval in
Eastern Europe

Regina Bittner

German Text Page 106

The transformation of cities like Moscow or Sofia with shopping centers, large office parks, and megastores signals the presence of Western brands and media, and of the attempt to integrate these cities into a global urban nexus. The Eastern Europe expert Karl Schlögel, however, sees something beyond these obvious efforts at promoting Western influences in Eastern Europe—namely, the 'return of the city.' Schlögel writes: "The most apparent thing today in Eastern [European] cities is the end of the city as a child of the state, and the rebirth of the citizen's city. Banks that had become museums are again banks, fur stores which had been turned into fish markets are once again fur stores. The stock exchange has again become the stock exchange" (quoted from Kil 2001, 235).

What does 'the end of the city' as a child of the state mean? In Eastern Europe, massive disruptions in the daily life and perspective of urban inhabitants accompanied the deterioration of the state's political system as a result of the fall of the Iron Curtain. Old structures disappeared without being replaced by new ones. Privatization became the magic word for the transformation from socialism to capitalism, and affected state industry, work and living spaces, and social and cultural institutions. The fall of socialism in Eastern Europe did more than disrupt these areas of society, however. It set loose an erosion of cultural institutions and existing patterns of thought and perception.

Nothing short of an ideological vacuum came about with the fall of the Iron Curtain, and privatization became more highly valued than the return of property to its prior owners or the dissolution of state-run industry. Indeed, privatization became the determinant ideology for society's transformation process in Eastern Europe. Everyone was forced to become master of his or her own fate—only some were more lucky than others.

This wave of privatization, as Boris Groys puts it, took place in "an empire of collective feelings that were released in favor of the creation of an individualist capitalist soul, and its acquisitive tendencies" (Groys 2004, 9). Schlögel interprets the 'end of the city as a child of the state' simplistically, though it is likely coupled with the radical deregulation of daily urban life. His observation takes into account two overlapping transformational forces in Eastern Europe: the rapid opening to world markets coupled with the general structural change of cities in the wake of post-industrial economic globalization. This structural shift has been under discussion with regard to Western European urban agglomeration for over ten years, albeit under different terms. 'Wild West capitalism,' 'rags-to-riches,' 'pioneering,' and 'neo-capitalism' are terms with which the societal transformation of Eastern Europe is described.

There has been much recent scholarship on this particular model of post-communist transformation. In short, one can claim that the former Soviet and Southeast European states are examples of the 'return of the market.' Much more so than in Central Europe, in these places economic development took place by equating capitalism directly with the markets. In cities, the result of this mentality is remarkable: privatization has penetrated everything from public housing to infrastructure and services. We are all familiar with the images in Sofia, Moscow, or Bucharest of oversized billboards, which line the façades on the Stalin-era 'prospects' or boulevards. The residents living behind these advertisements in Bucharest have leased their window surfaces to multinational companies for marketing purposes. They prefer having this income to having daylight. The ubiquitous kiosks, stands, and fly-by-night lone merchants defined the metropolis for ten years until they were pushed out by supermarkets. And global brands have long since had a beachhead in Eastern European capitals. Urban forms typical of the postindustrial city, considered by urban theory under the rubric 'thematic worlds'—such as shopping malls, showrooms, amusement parks, and public exhibitions—are readily visible here as well.

While the deterioration of old 'microrayon' state housing projects continues, new, well-situated middle-class living quarters are cropping up everywhere and assuming a global stylistic ideal for a home. Schlögel's observation illustrates the parallels within the dual transformation, and the rapid speed of developments, which have extended their influence to Western cities as well. Berlin is certainly a special case, in which both transformational forces have a presence. The notion of the citizens' city forwarded so emphatically by Schlögel resonates with urban discourse, which took leave in the last decade of the concept of a city ordered and structured in a Fordian manner by the state. The postindustrial urban landscape, according to this poststructural urban theory, is no longer a system of clear categories. While the industrial city is described as having a center, a periphery, and various regional links, the postindustrial city becomes a center-less, pluralist focal point far less defined by utopian notions of law and order as by the heterogeneity of isolated views and values. Through this viewpoint, the city is no longer a unitary system of common forms, but a differentiated space (cf. Klein 2005, 19).

This trend in urban theory is mirrored in concepts of the 'entrepreneurial city' or the 'creative city.' In this way, the postindustrial urban transformation is tied to a notion of the city as both a place of possibility for multiple agents and activities, and an authority that charges its inhabitants with various rules and responsibilities. In these cities, according to Alexa Färber, the agents are under permanent challenge to take active part in the city's transformation. More concretely, through its deregulation and transformation the post-industrial city becomes a kind of 'agency' for a new type of city inhabitant (Färber 2005, 11).

Urban life is changing from a planned, normative concept to an aesthetic experience of the urban landscape as shared by inhabitants and travelers or tourists. Häußermann and Siebel had identified this shift away from the concrete mental and physical city towards a pattern of lifestyle experience. Gabriele Klein emphasizes that the aesthetic stylization of daily life also blurs the boundaries between art and non-art. According to her theory, the new urbanity creates a dialog between the artistic and the scientific, theoretical, experiential, and practical perspectives, with the city as a result of the relevant collective social practices and challenges of its inhabitants. The topic of Urban Potential also relates to this theory. With the example of two nearly opposing cases of 'Urban Potentials'—in the sense of temporary, stop-gap urban life practices—I would like to discuss the ambivalence inherent in these tendencies.

Berlin's New Situationalism

A number of urban ethnography studies have proved Berlin to be a strong breeding ground, if not an El Dorado, for a variety of entrepreneurial innovations. These came in the wake of the reunification via the city's open structures, its postindustrial transformation, and the return of its status as Germany's capital. For a brief moment in history, the city appeared to be a place of limitless possibility and a magnet for agents of change. Empty spaces, left completely unused, fostered a communicative approach to Urban Potential, including alternative means of mentally mapping the urban topography with performances and temporary installations, etc. "The accent is shifted to the future tense—to the city as a vessel of possibility," writes Urs Füssler in *Archplus* (Füssler 2003). Ad hoc practices evolved that went well beyond mere antagonistic response to circumstance, but rather offered stimulus for thought, planning, and progress. Cultural innovators, architects, designers, and artists competed for symbolic attention for their various ideas: offices were used for parties, or open-air installations were used to self-invent a commission. These people were catalysts, agents, and designers of urban transformation all in one. Their performative practices—frequently referred to as 'new situationalism'—reinforce the absence of a clear representational model for the city as a unified structure. Through localized projects, a subjective means of accessing the city is preferred, while demarcating the impossibility of objective theories of using and interpreting space. In this way they demonstrate the postindustrial, post-Fordian transformation of the city that has been treated under the term 'new urbanity,' and the 'new situationalism' in Berlin stands for this trend.

The blend of art with daily life takes place not merely in the aesthetically synchric mix of events, parades, and festivals, which together make up a *Gesamtkunstwerk* of lifestyle. Rather, the artistic maxim 'Be creative' has become the categorical imperative of urban cultural innovators, and their presence in the city is akin to a residency permit in the 'geography of creativity.' Richard Florida's studies on the 'creative class' belong in the canon of investigations into the relationship of urban space and creativity. Here the creative class seeks out a particular city not because of its architectural interest, local culture or infrastructure, but because of its economic prosperity. A particular attraction is in the heterogeneity, innovative capacity, and the tolerance of these cities (Florida 2005). Berlin is an example of how the agent's ability to innovate is tied to the transformational potential of a particular urban space. At the same time these agents belong to a specific network of international proportions, allowing the dissemination of their products, services or information between cities. Such urban capital is as essential a resource as knowledge or creativity.

Without entering the debate on the urban creative economy, it is interesting that these urban figures' productivity is simultaneously an aspect of the urban topography and the city's social structures. Christopher Dell comments on Berlin's *Off-Szene*, "the agents of cultural innovation improvise their way into new forms of community within the urban environment, like the social version of a small jazz improv band" (Kuhnert/Schindler 2003, 14). They choose this 'sociability light' freely, and it is an essential function for bridging temporary down-time between projects. Clubs, lounges, and bars with homey, living-room décor function as an ersatz home. Dell sees friendships as a core motivational factor in today's urban life. These 'combos' also result in inter-urban networks reaching far beyond a city's physical limits; the social network is an existential bulwark in the precarious economic lives these people lead. In short, according to these agents' logic the city is on the one hand a topography of limitless possibility, and on the other hand requires permanent activity for survival.

Russia

I would like to examine a second case of emerging forms of urban inhabitation in the wake of postindustrial deregulation: that of kiosk owner/dealers in Russian cities. The entrances at the Ismailovsky Market metro station in Moscow are constantly overflowing with people. This market at the former Olympic site is a massive collection of warehouses, temporary stands, open-air markets and a half-built amusement park. The adjoining parking lots are littered with cardboard boxes and bags tied or pieced together on bus roofs, with labels indicating the cities Saratov, Krasnodar, or Smolensk. The traveling salesman have already had a long day, often taking overnight trips twice per week just to sell their wares in Moscow.

Moscow has been a hub for the cross-border 'suitcase' trade for years. Merchants from China, Pakistan, Turkey, Uzbekistan, Tajikistan, and the Caucasus cross paths here. The products on offer are made at textile and leather manufacturers in Turkey or in China's massive production sites.

We change scenes to the Kiselyovka kiosk market in Smolensk, which is in the middle of the Papovka/Kiselyovka microrayon development at the end of the number 7 Tram route. Through the end of the 1980s there were six rows of garages for the neighborhood's Moskvitches, Ladas, and Zaporozhets. Since the mid-1990s, these garages house kiosks, not cars. At the Kiselyovka market one can find retirees selling potatoes or carrots on wooden boxes, or former accountants, secretaries, and teachers in pharmacies or boutiques built inside the garages. Some of these people commute once or twice per week to Moscow by bus to sell their wares cheaply. In Smolensk the city government has been tough on the kiosks. With the transformation of consumption patterns and the consolidation of extreme income spreads there is a tendency to restrict the ad hoc style of 'wild capitalism' in the city.

We change scenes again to Istanbul's Laleli district, which has been a center of textile trade between Turkey and the former Eastern bloc since the early 1990s. Once the borders opened, the inexpensively made Turkish textiles drew masses of female Russian merchants to Istanbul. They would buy as much as they could carry in their own suitcases and return to Moscow to sell what they had. They not only stimulated consumer demand in Russia in this way, but helped the Turkish economy to a massive upswing. Early on this pattern was called 'the Natasha trade,' and was widely associated with prostitution. In the meantime it has been professionalized, with hotels offering shopping tour packages to the businesswomen from Sunday through Thursday—allowing the goods to make it to Moscow for Saturday market. Most dealers in Laleli speak Russian well now, and have tailored their inventories to the tastes of the Russian buyers. Signage is bilingual, and the currency used is the dollar.

These three cases illustrate different locales in an emerging model of multinational private economies in Eastern Europe, in which urban space is networked as a participant. The commuting merchants are a new class of urban actor, whose activity creates a geography of international human, product, and capital flows.[1]

Kiosks have been the little guy's answer to radical societal upheaval in Eastern Europe since 1990. While the Central European countries plodded through the 'transitional recession' brought on by privatization, the downhill slide in Russia was delayed until the millennium.

The Russian state had long protected jobs in heavy industry for political reasons, a practice which was only possible with massive wage reductions. Many people's income was guaranteed, but so small that the cost of living could only be met with a combination of odd jobs, subsistence farming, and formal employment (Neef 2003, 263). The rapid opening to world markets after 1990 allowed goods and laborers to flow largely unregulated, and the wild swings in prices and exchange rates brought about a major cross-border trade and smuggling economy.

During these years Istanbul's Laleli district experienced its economic high-water mark, while Moscow sank in a sea of kiosk markets. People of all imaginable backgrounds and careers took to commuting between the two cities regularly, bringing back vast quantities of textiles and fabrics for sale in Russia's cities. The Turkish sociologist Deniz Yükseker sees in this phenomenon a restructuring of the global markets and a renaissance of the market model. Fernand Braudel has expanded upon this view in his analysis of economic life: the market is a zone with strong competition, small profit margins, high personal risk and insecurity, in opposition to the model of capitalism as a zone of high capital concentration, monopolization, and great profit. The so-called 'shuttle trade' is a cross-border activity not unlike that of multinational companies.

Deniz Yüseker sees two separate processes responsible for the rebirth of the Braudel market model. On the one hand there is a cross-border expansion of social space, with migrants, refugees, and tourists who all carry images, goods, and cultural symbols with them where they go. On the other hand, there is an erosion in the ability of national economies to regulate globalization (Yükseker, www.colbud.hu). The cities in the former Soviet Union are the stage for the return of the market—through the activities of the shuttle trade new urban space is created, in which local and cross-cultural practices mix together.

The kiosk business is what could be described as an informal market activity. Access to the market is simple, the capital investment required is small, and the profits are modest, especially considering the amount of work required. Similarly, societal recognition of the trade is limited, and the exploitation of workers (and even 'self-exploitation') is quite common (Altvater/Mahnkopf 2002, 93). At the same time, the kiosk trade reminds one of the shadow economy in the former Soviet Union. Informal relationships exist within far-reaching family networks or among friends, neighbors, and colleagues, a channel which was absolutely essential to daily life under communism. In this way a person could transform his existing social capital via day-to-day interactions into another form.

Alena Ledeneva has examined the cultural significance of *blat*—the Russian word for this type of interaction—in distinct terms from other types of interaction such as gift-giving, trade, or barter. *Blat* takes place in an existing community between people who interact on a regular basis. The reciprocity of the *blat* relationship is based on a mutual understanding of fairness and trust, through which each side takes on part responsibility for the satisfaction of the other (Ledeneva 1998, 158ff).

How did such relationships change after 1989? The change in the saying, from 'You may not have 100 rubles, but you have 100 friends,' to, 'You may not have 100 friends, but you have 100 dollars,' speaks volumes about the radical monetarization of Russia's social relationships. It shows that money has become the true medium of exchange in place of personal relationships and networks. Many studies claim despite the change in conditions in the 'economy of favor,' and in the character of the informal networks, that such character is nonetheless not completely gone. After all *blat* is particularly essential during times of difficult transition for those without extensive resources. Such people are dependent on this form of social capital to find a second job, or to get a loan to start a small business. *Blat* used to be crucial in smoothing out the dearth of goods on the market. Now it compensates for a lack of liquid money, and may well be responsible for helping the majority of people survive the turbulence of transformation.

The persistence of these normative relationships is partly explained by the fact that they have effectively filled the void created by the lack of regulations and new institutions in Russia. Where trade relationships are not supported by the rule of law, or by guarantees of property rights, and the sanction of official institutions, the economy can only function on the basis of mutual trust. In post-communist Russia mistrust and competition have also caused small businesspeople to retreat into relying on their circle of family and relatives, which has the further effect of locking them into a limited moral and social network.[2]

This phenomenon was visible all the way to Istanbul. The relationship between Russian businesswomen and Turkish dealers was based totally on trust, built over years of cultivating reliable relationships, even to the point of extending informal credit when there was not sufficient cash on hand. These relationships are, in fact, so tight that the vast majority of this market was based solely on them, to the point that outsiders might find it off-putting or difficult to access.

The social life of these agents is also based on the same network. The precariousness of their socio-economic status, the high risk involved with their private entrepreneurialism, and the breakdown of reliable social structures all contributed to the bulwark of this family-like model. As I've attempted to demonstrate in the case of the 'shuttle trade,' this model operates on an international scale and has resulted in new urban realities in the metropolis.

Artists and migrant workers belong to the group of agents whose urban life consists of networks of relationships anchored in a city, and yet reaching beyond it. Hannerz recognized this phenomenon in the early 1990s in his concept of 'world cities' (cf. Hannertz 2000, 161ff). These groups of agents represent the balancing act between possibilities and demands in the globalized city. But while the Urban Potential of Berlin's 'situationists' corresponds cleanly with the images of a city in transition, the precarious small business life of the Russian cross-border merchants presents a provocation to Moscow's elite. In the meantime, all of the markets like Ismailovsky, which were smoothly functioning components of the economy, are to be closed.

Urban Potential, Urban Imagineering, Urban Thread

I would like to consider the 'surplus value' of the above cases in light of a reference from the 1950s which is applicable to 'new situationism,' by examining the difference in urban creative types of today from the movement activists of around fifty years ago, and the commonalities among the new situationism and the old.

The situationist manifest relied on a critical analysis of late capitalism, its purported increasing separation between subject and object, and the anonymous effect of bureaucratic overload in cities, which had come to be seen as a space of power and ruling authority. Once the Paris of the surrealists—with its nooks and crannies and underground rumblings—had disappeared, and the city's trend towards standardization and interchangability had become apparent, Paris was forced to respond by considering itself holistically with questions about its basic structures.

A city-wide 'psycho-geographical' study resulted as a kind of rebellion against an emotionally dead urban reality. At the heart of this effort was the creation of various situations intended to bring the city's inhabitants back to a form of emotional contact with their surroundings. The urban territory was to be formed into a 'matrix of subjective experiences of moods, passions and desires.' *Flaneur*-like wanderings (Derive) were to enable a process of sensitization towards the fields of emotional energy present in a city. A cartographical chart emerged as the psychological map of the urban landscape, combining the subjective experience of fields of energy of varying intensity with empirical data on urban topography. The fusion of the two was to be used for the sake of urban planning. Constant Niewenhuis claimed that the construction of new urban situations was the key to transforming the urban environment (quoted from Debord 1995, 17). The search for an urban utopia or heterotopic space, and the unveiling of lost or forgotten urban treasures, is confronted with today's dynamic of postindustrial urban cultural economies.

In this light, does new situationalism follow the requirements of the entrepreneurial city? And which of these urban designs is being debated here? The point of attack of the situationist movement was the city as a center of power and control, a locus of capitalist economies. According to this argument, societal concepts of order are written into the fabric of the city, its urban design, and infrastructure, and became visible every day as evidence of an oppressive power structure. Turf wars in the city were equivalent to battles for the greater social potential in claiming individual space. This tradition was followed by the autonomist movement in the 1970s and 1980s, which was united by the concept of the city as a social product, a result of conflict between various social agents on the meaning, function, and form of the city. Particular focus was placed on the city's utility value, the assertion of collective autonomy, and the strength of local self-administration. Squatters who temporarily occupied a location were following a pattern of cultural revaluation, and might seem today to be a welcome presence in cities competing for global creative geography.

One can see a correspondence in the shift in conceptualizing urban space with the shift in academic criticism of capitalism. Eve Chiapello and Luc Boltanski make this comparison in their book on the new spirit of capitalism. Artists' criticism during the 1968 movement was aimed primarily at authoritarian organizational forms and working conditions, and led to a gain in autonomy, flexibility, and creativity in governance and strategic planning, in business or otherwise. Nonetheless, this criticism of the lack of autonomy and freedom, did not correspond with patterns in the criticism of capitalism, which had customarily focused on justice, unions, and collective bargaining and job security.

In their analysis of management literature, the authors establish that concepts like 'project,' 'network,' and 'creativity' appear more and more frequently—claiming this as proof that the above mentioned artist criticism has effectively been integrated into accepted models in the working world—while earlier components of criticism, such as the terms 'wage' and 'justice' are no longer prevalent (Boltanski/Chiapello 2001, 459–477).

I would like to propose that a parallel exists here with urban discourse. The academic discussion of the city as a fluid structure and creative knowledge base, as well as the language used by cities for marketing purposes—the 'dynamic location,' for example—appear to have integrated successfully the situationist artist criticism discussed above. The demand that a city exist as a sphere of possibility, or as a system of diversity and pulsing vitality, is part and parcel of the marketing repertoire today.

Similar to the shift in the criticism of capitalism, certain themes and motivations in urban criticism appear to have been pushed aside; namely, unemployment, social deprivation, exclusion, and poverty. As an example, the privatization auction of state-owned housing in Dresden caused very little open protest. It seems the utility value of the city—a topic which preoccupied urban movements for so long—has lost interest in comparison to the necessity of having an urban sphere of creative possibility.

The large metropolis also exists as a sphere of possibility for the merchants operating in cross-border networks. It allows these people to expand upon their entrepreneurial activity, and with this they have created a new reality in Eastern European cities. Cities like Moscow became an international center of the suitcase shuttle trade in the 1990s, a trans-shipment center for goods flowing between East and West. With the demise of the Soviet Union, migrants from the former Soviet republics and other Asian countries were the main actors in this activity in Moscow. Their activity was responsible for creating new urban spaces and realities—in the case of Russia, the territorial battles of post-communist society took place with growing social unrest and insecurity as the backdrop, forcing the various national, ethnic and local actors to secure a new awareness of community.

In this context the merchants were seen in the Russian urban environment as a threat. While the Enquete Commission regarded this kind of ethnic activity in Berlin as a 'multicultural shadow economy,' referring to its innovative potential (Färber, 14) and interpreting it as a win for the city, these activities no longer exist in Moscow. (A political attempt to decode the shadow economies rests, however, on the fact that the job market for migrant workers is effectively closed). Many studies also refer to a return to nationally motivated policies, claiming that the ideological vacuum in the post-communist era was not the sole cause, if at all. Rather, they claim such a shift exists in the context of the experience of a closed society: the psychic core of Russian life was as closed as the social space, particularly given the lack of mobility of the citizenry (recall the limited travel opportunities and the *propiska* regulations). With this mentality in the background, the suitcase merchants have been labeled as the source of Russia's problems, because their very existence means the flow of products across borders (Humphrey 1999, 22ff). In times of uncertainty and a lack of orientation, local territory effectively represents the last bastion of collective certitude, a reality that has been reflected quite obviously in the strategy behind the Putin administration's recent policies.

Moscow as a business city operates gladly under the image of a successful economic metropolis, using the potential of the international art scene as an amplifier of its global urbanity. But the diversity of immigrant cultures is being repulsed from the city's stage, remaining in many cases only as a consumer item in certain ethnic restaurants.

Instead, the shining example of the self-made entrepreneur has become the 'new Russian,' with Moscow's urban deregulation leading to the creation of this type of businessman. The 'new Russians' are indeed largely the result of a specifically Russian style of transformation: former party cadres were effectively able to cash in their privileges for economic capital, even in the case of the managers from the 1970s. These middle-aged and well-educated managers actually made significant contributions to opening up Russia's economic capital (Eyal/Szelenyi/Townsley, 90). In most cases they are now working as entrepreneurs in import-export, in the banking sector, or as financial consultants. Only very few of them earn their living in the manufacturing sector. They cooperate and compete in their economic life with other actors, including corporate directors, successful small businessmen, and government officials.

These new elites are in lock-step with international actors on the principle of monetarization, which may explain why the rags-to-riches myth in Russia—the journey from washing dishes or running a kiosk to becoming a millionaire—is so persistent. Without going into great detail, it can be said that monetarism held a strong fascination on the Eastern European technocrat elite. It was they, after all, who were blocked in their lives by communism, and who then later steered towards a radical transformation of society, with monetarism's goal of minimal state interference in the economy. When social activities are monetarised, they can no longer be regulated by a government budget. With this background, individual entrepreneurialism takes on powerful meaning.

In this context, was it unavoidable that the 'new Russian' would become the guiding light of post-Soviet society in Russia? Carolin Humphrey notes the problematic nature of the term 'new Russian,' and emphasizes that it encompasses a mentality and a desired status rather than a defined social stratum. Of course any such term has its connotations—here it surely refers to the image of those with a new and foreign mentality, who are materialistic, acquisitive, and shockingly successful financially. "In short: new Russians are new because they do not give precedence to various hoary Soviet values…the value of honest labor, of supporting the collective, of respect of the working masses…These new people are understood not to be intrinsically other but indeed to have derived and spun away from us, the unmarked mainstream. Furthermore it is felt that they may indeed represent Russia's future"(Humphrey 2002, 177). At the same time the author notes the presence of a cultural construct in the term, used to create a discrete identity. The figure of the 'new Russian' seems to be a screen onto which the hopes and longings of post-Soviet society are projected. Russian youth's images of the future, for instance, are filled with the same trappings of wealth, with the notions of ruthlessness and unabashed success, which are attributed to the 'new Russian': Victorian dachas outside the city, Mercedes with tinted windows, and heavy baroque or empire-style furniture.

Is this the only model capable of uplifting a society in transformation? Against this background, can the 'Urban Potential' demonstrated by the suitcase shuttle trade be understood in another light? In cities like Moscow the ruling ethic is that everyone is 'master of his fate,' and the myth of upward mobility—from kiosk operator to millionaire—still holds fast. Certainly the utopia of such urban practices must be questioned, as the societal segment represented by the kiosk trade demonstrates, with its closed network of family and friends and its cross-border expanse. Despite the narrow normative framework this sector offers its members, it is for them the only certainty amid the uncertainty of globalization. It seems unlikely that new forms of international solidarity, or of finding common solutions, will result from the predominance of this market ideology.

1 The studies referred to are excerpted in a publication on kiosks in Eastern Europe; cf. Regina Bittner, Wilfried Hackenbroich, and Kai Vöckler, Transiträume (Berlin, 2005).
2 See also Alena Ledeneva's article in Regina Bittner, Kai Vöckler, and Wilfried Hackenbroich, Transiträume (Berlin, 2005).

References:

Altvater, Elmar/Mahnkopf, Birgit (2002): *Globalisierung der Unsicherheit*. Münster, 93

Bittner, Regina/Hackenbroich, Wilfried/Vöckler, Kai (2005): *Transiträume*. Berlin

Boltanski, Luc/Chiapello, Eve (2001): Die Rolle der Kritik in der Dynamik des Kapitalismus und der normative Wandel. *Berliner Journal für Soziologie*, 4, 459–477

Debord, Guy (1995): Einführung in eine Kritik der städtischen Geografie. *Der Beginn einer Epoche.* ed. Roberto Ohrt. Hamburg, 17

Eyal, Gil/Szelenyi, Ivan/Townsley, Eleanor (2000): Making capitalism without capitalists. *The new ruling elites in Eastern Europe.* London, 90

Färber, Alexa (2005): Vom Kommen, Bleiben und Gehen. *Hotel Berlin. Formen urbaner Mobilität und Verortung. Ethnographische und ethnologische Beiträge.* ed. Alexa Färber, issue 37, 11ff.

Florida, Richard (2005): *Cities and the creative class.* New York

Füssler, Urs (2003): *Das Carambole-Prinzip.* Archplus 166, 16ff.

Groys, Boris (2004): Privatisierungen oder Künstliche Paradiese im Postkommunismus. *Zeitgenössische Kunst aus Osteuropa.* ed. Boris Groys. Frankfurt a. M., 9

Hannerz, Ulf (2000): "Thinking about Culture in Cities." *Understanding Amsterdam. Essays on economic Vitality, City Life and Urban Form.* ed. Leon Deben. Amsterdam, 161ff.

Humphrey, Caroline (1999): "Traders, Disorder and Citizenship Regimes in Provincial Russia." *Uncertain transition. Ethnographies of change in the Postsocialist World.* ed. Michael Buroway, Katherine Verdery. Oxford, 22ff.

Humphrey, Caroline (2002): "The Villas of the New Russians. A sketch of consumption and cultural identity in post-soviet landscapes." *The Unmaking of Soviet Life. Everyday economies after Socialism.* ed. Caroline Humphrey. London, 177

Kil, Wolfgang (2001): Neun Notate. *Berliner Barbaren.* ed. Uwe Rada. Berlin, 235

Klein, Gabriele (2005): Die Stadt als Szenen. Zur Einführung. *Stadt. Szenen.* ed. Gabriele Klein. Wien, 19

Kuhnert, Nikolaus/Schindler, Susanne (2003): Off-Architektur. *Archplus* 166, 14

Ledeneva, Alena (1998): *Russia`s economy of Favor.* Cambridge, 158ff.

Neef, Rainer (2003): Zum Begriff und zu den sozialen Funktionen der Schattenwirtschaft in Osteuropa. *Soziale Welt*, 54, 263

Yükseker, Deniz (2002): "'Embedding' Trust in a Transnational Trade Network. *Capitalism, the Market and Socialism.* "
http://www.colbud.hu/honesty-trust/yukseker/pub01.doc

Closing panel of the
Urban Potentials conference
*COUNTER-SITES OR SOCIAL GLUE?
WHAT IS THE INFLUENCE OF ART
AND HOW DOES IT OPERATE WITHIN
GLOBAL INTERACTION SPACES?*

**Participants: Moira Zoitl, artist, Salzburg
Marcin Szczelina, curator, Wrocław
Stefan Bendiks, architect, Rotterdam
Presented by: Christiane Mennicke,
director of Kunsthaus Dresden**

German Text Page 148

Christiane Mennicke: I'm pleased that you've all stayed with us until this final event. We now have the difficult job, after all of these high-profile lectures that have underscored the complexity of the situation in which we're currently working, of moving from theory to practice. One of the main objectives of this conference was to provide a forum not to only to scholars and theorists, but also artists, architects, and curators—the people getting their hands dirty, so to speak. I thought the speech given by Mr. Wiemer [head of Dresden's Cultural Office] at the opening of this conference was, paradoxically, a successful start. I was impressed by his clearly formulated call for a sensibility for public spaces in art. It inspired me to reflect on what would happen if we were to transpose this approach to other situations related to cultural policies. For example, if someone at the opening of a conference on contemporary music were to demand that people play more cheerful music in the future—music that we could even dance to. So this speech officially defined one of the frames of reference in which we're operating.

Before I introduce the three participants on the panel, I'd like to turn briefly to our title and our topic: 'Abutment or social glue? What is the influence of art and how does it operate within global interaction spaces?' This question has accompanied the *urban Potentials* project from the very beginning. How are we to understand the role played by art within current circumstances? And what is the appearance and manner of art in this field to begin with? The debate about the affirmative or critical potential of art and its relationship to the notion and practice of the public sphere has become increasingly intense since the early 1990s. In a way, it's comforting to know that today, fifteen years later, we still haven't come up with a solution. An important example that arose during this debate and greatly impressed me was the project *Culture in Action—New Public Art in Chicago 1992/93,* which at least in the German-speaking and English-speaking worlds was a hot topic of debate in the mid-1990s. As far as I can remember, it was the first time a classical sculpture biennial had been taken and developed into a format in which contemporary artists and curators worked together with administrators, local officials, and citizen's initiatives to transform an entire neighborhood; it included, for example, a range of garden projects.

It was a very political, very sustainable, and very community-oriented project, and yet soon everyone was confronted with the question of instrumentalization—that is, whether art was assuming tasks that were not really part of its domain and shouldn't have been placed in its charge to begin with. But instrumentalizing the community for asking it to take charge of tasks in which the government had failed was also criticized—in other words, a movement from 'social glue' to the 'social painting over' of current conditions. Another important project, from roughly the same time, took place in Le Corbusier's Unité d'Habitation in Firminy in 1993; it involved several artists who would help influence the discussion about public art in the years that followed. Here, too, especially for Renee Green, the focus was on the 'how' of living and maneuvering within modernist residential housing complexes—on one's own role and the question of whether social conditions were being embellished in some way by artistic practice. Another important contribution was the discussion surrounding the *Wochen-Klausur* group from Austria, which wanted to improve living conditions with very concrete measures. This was also a practice that quickly came under fire, and its critics used similar arguments: instrumentalization, self-instrumentalization, withdrawal of the state from its responsibilities. On top of this, the question was raised as to whether the artists really possessed the skills necessary to bring about the positive changes they had envisioned. All of this just to recap the discussion.

The question that seems most important to me today is how experiences and discussions like these can be transposed into a completely new European context. Topics that were discussed back then in the English-speaking and German-speaking worlds—that is, in the West—received little or no attention in the formerly socialist parts of Europe that were in a state of upheaval at the time. Naturally, we can't answer the question about art, as abutment or social glue, in a universal manner; rather, the key question is whether experiences can be transposed at all.

Enough introduction, however—now I'd like to introduce today's three speakers: Moira Zoitl is an artist, born in Salzburg, who has lived for quite some time now in Berlin. I feel that her work can be situated quite clearly in relationship to the discussions that took place in the mid-1990s. Moira implemented two projects that are very important for cities as urban spaces of interaction, but that did not necessary take place on the streets. *Von der Arbeit leben*, one of the most recent projects, which she developed together with Doris Berger, focuses on the recognition afforded to women artists and art professors, their professionalization, and their potential status as an 'urban proletariat.' The second project I'd like to mention is *Chat(t)er Gardens,* which she's been working on for the course of several years. It's a series of interviews that deal with the situation of migrant laborers in Hong Kong. I think you'll be presenting the other projects in just a few moments.

I'm also delighted to introduce Marcin Szczelina, a long-term resident of Warsaw who now lives in Wrocław. He works as an architect and curator, and I hope that we'll learn more about your, as I understand it, critical yet good-humored analysis of architecture. And lastly, we have Stefan Bendiks. In his work, he also navigates between different forms of practice: architecture, urban planning, and social sculpture, for example. The projects are backed by his office *Artgineering* and some are explicitly dedicated to enhancing small-town, urban spaces. Perhaps Moira can begin and Marcin and Stefan will pick up the conversation right after her.

Moira Zoitl: I'd like to briefly introduce two projects I worked on together with Ralf Hoedt. The first was called *On stage—Platform to enhance artistic and cultural diversity* and was realized in Ústí nad Labem in the Czech Republic in 2006, along with protagonists from different cultural fields and with children and youth from various youth centers and schools.

We came up with the idea of creating a platform in public space in Ústí during a bus tour through the city and its surroundings. The aim was for artists participating in the *Public Dreams* project to present the city from the perspective of its 'sore points'—for example, the proximity of the chemical industrial plant to the city center and the dangers this poses to the local residents, or the ghettoization of the Roma, roughly one-third of whom lost their citizenship, and thus a number of fundamental rights, after the split of Czechoslovakia. Also, we were told by various people in the art community that they felt their institutions had been disconnected from the city and isolated, and that their work was being overlooked by the majority of residents. Their stories served as impetus for us to provide the different social groups and persons active in the fields of art and culture with the chance to develop a live program in public space.

The onstage platform was conceived as a framework for these activities and was placed directly in front of the town hall, fittingly occupying public space at the same time as a political party staged an advertising campaign for the local elections, on the main square just 200 meters away. There were eight live acts over two days, including a group of Roma youth called *Northsidebreakers*. There were also a variety of other performances. The broad range of presentations and participants attracted a similarly diverse audience. Some of the performers, like the Roma group, brought along their own fan clubs, whereas other appealed more to passers-by. Based on the different performances, we designed a collage, which we hung up in the Design Department, the starting point of this project. The collage, in turn, made reference to the poster that could still be seen throughout the city. In other words, in the end the silhouettes on the poster were replaced by photos of the participants, and thus filled with life.

The second project was realized just recently in the context of *Urban Potentials*, together with Ralf Hoedt. It's the *Salzburg* project and consists of a re-designed map of the city with a booklet and explanations. From a formal perspective, it's based on cartographic formats like city maps and travel guides, but it's filled with the individual stories of eight city residents. The stories and explanations are about special or everyday places or routes frequented by these people.

We interpreted the descriptions as instructions or a kind of brief, visiting the different locations and appropriating them through the process of documentation—for instance the former ARGE (Working group) cultural site. That's a pretty good example, actually, because it shows that it was an interesting place for someone—a place that no longer exists. It was torn down and rebuilt nearby, but became increasingly institutionalized. But the old ARGE, which allowed much more participation by local residents, doesn't exist anymore. This is an example that kept popping up in different people's stories.

Another thing we noticed was that some of the descriptions mingled the sociographic 'spaces of action' that exist today with those from the past, from their memories. These also show that perceptions of the city of Salzburg are influenced by different interests, by one's sociocultural background, and by idealized images. Translated into a city map, these descriptions result in a meshwork of marked locations that reveal a selective use of cityspace. So we have eight different, individual cartographies of Salzburg—Ignaz-Harrer-Straße in a district in Lehen, for example, with its high percentage of migrants, or the entrance to the former Elisabethbühne, which was important for several of the participants, or a bathing place, etc.

Marcin Szczelina: I'd like to touch briefly on the situation of art in public space in Poland, something that has undergone dramatic changes in recent years. Well into the nineties, people couldn't relate to art in public space. Even artists, although they were familiar with the strategies of critical art in this context, failed to appropriate these strategies or forms. This is a fundamental problem. The idea of art in public space was limited to a specific type of sculpture. By the same token, in Polish cities, we have a very specific atmosphere related to our problems with our own history.

I'd like to describe one of the successful projects in public space, organized by IMS Outdoor Gallery

between 1998 and 2002. It was unique because it was the first project to blend commercial advertising with contemporary art in public space. It was a critique, by the artist Katarzyna Kozyra, of the media and consumerism, and we had lengthy debates on how it should be presented in public, which, after all, is something completely different from presenting a work in a closed gallery space. It involved a confrontation between the advertisements and the art, combined with a critique from a feminist perspective. It was very provocative work, and presenting it in our country was very courageous. Although it was a sign that the situation has changed, it's still very difficult [in Poland]. You always need to take a close look at the specific context of each work. It's about politics, sociology—everything overlaps.

The second project is one of my own works. It took place over the course of two weeks in Wrocław, and it was called *Archicooking*—a combination of architecture and cooking in public space. Artists were invited to set up installations in one of the most important and busiest streets in the center of Wrocław. To help our listeners understand this work, I'd like to talk for a moment about Aaron Betsky, who currently heads the Cincinnati Art Museum and was previously director of the Netherlands Architecture Institute. He's a very popular figure who has even made it onto the front pages of lifestyle magazines. He's written many books about design, contemporary art, architecture, and the various interfaces between them. He's also written several books on gender in architecture, in which he attempts to determine whether buildings—the way they're constructed and the way they appear—are more male or female. Ultimately, Betsky describes places he calls transsexual—places he believes offer more potential for public space. This is the question I posed to the invited artists, including Fat Architects, Sand Box, Deadline Architects, or the Medusa Group.

Stefan Bendiks: I'm originally from Germany, studied architecture at a good technical university in Karlsruhe, and have lived transiently for ten years now in Rotterdam—enough said on temporary use and subsequent use! I'd like to talk about two projects. As to the context, I'm an architect, and I don't at all see myself as an artist. But I'm also not a classical architect. I work together with the *Artgineering* bureau in many different areas related to public space, especially with streets, with the infrastructure of public space. Perhaps this is very specific for the Dutch context—we see the possibility of using streets or, rather, the difficulties of using them, as the source of spatial and social problems. This afternoon, the slogan 'Reclaim the street' was mentioned, and just how much this involves 'claiming' or 'reclaiming' is the question that's being addressed in many projects: streets as a natural public space that, per definition, is used collectively.

I'd like to describe a number of different strategies that we use repeatedly in our work in these areas, the public space of streets—strategies that have been discussed in different variations throughout the conference: the bottom-up approach, the activation of potential from below, giving people themselves the opportunity to voice their opinions. Our goal is to activate the potential of bottom-up processes. This also leads to identification. It's very important that people can identify with their spatial and social surroundings. You can already achieve a great deal through reinterpreting certain places or circumstances, without having to change things physically. That's why reinterpretation is an important tool for us: to change things, even if just psychologically at first. Then the notion of community was discussed; we also believe that spaces should be used communally.

I'd like to briefly describe these instruments, these strategies, or rather these tactics and how we've applied them in different, usually self-initiated projects—projects, that is, that first examined where something wasn't working and how we could intervene. An everyday, banal phenomenon, for example, is the traffic jam, which regardless of how you approach it just can't be solved with hardware, with laying more asphalt. The more streets you build, the greater the demand. The problem itself doesn't change, even though politicians always promise that it will. So as a planner, an architect, or a developer, you have to try another approach. And this is what we did for the *Architecture Biennial* in Rotterdam in 2003, which also focused very strongly on physical and aesthetic interventions. We developed a *Traffic-Jam Kit* and distributed it to traffic-jam victims, as we called them, on Rotterdam's Ringweg—a type of welcome pack for people stuck in traffic jams. It was a way to show that you can use the time you spend in a traffic jam differently, to help people see traffic jams and freeways more as public spaces with the possibility of interaction. The kit had some quite playful things in it, like a water pistol or a plastic flower or a book. On the back there was a message board with a pen and suction cup so you could stick it on the window. We also developed a kind of traffic-jam Esperanto to enable simple communication. The idea wasn't to commercialize a product, but to make people aware that a traffic jam is a spatial condition that can be used in different ways.

The second project, as direct result of the first, is *mijN470,* which takes place within the framework of an art manifestation. In this context, we are also referred to as an art collective. As part of the project, a new federal motorway is to be built—right through the countryside. People reject it, just like they reject infrastructure in general: it stinks and it's loud, it's expensive, people don't want to see, hear, or smell it, but everyone enjoys getting into their cars and driving on it. We thought it was very interesting that this kind of traffic space is viewed this way, whereas city streets are seen as a natural part of public space, a space that can be appropriated, albeit with increasingly difficulty due to traffic regulations or people's obsession with safety.

With this project, we also wanted to examine the extent to which people can or want to appropriate this space. The concrete suggestion was to subdivide the road and give it up for adoption by the residents for a day, allowing them to create whatever they wanted: garden allotments, camping sites, or even parties—just like on Queen's Day, when it's normal in all of Holland to go outside onto the street, mark off an area, and sell things there. We decided to use thermoplastic paint to mark each parcel with the name of the person using it; that's also where the title *mijN470* comes from. So for the opening we would have used a gas burner to burn the name of the 'owner' onto the asphalt. The negotiations for the project proposal were going very well right up to the penultimate political level—and then it was cancelled.

The reasoning was that, later, people driving along the road would slow down to look—'Oh, this is where I had my barbecue' or 'Hey, that's my bit of property'—and cause accidents. So it was an obsession with security that prevailed in this case. So now we're opening up the street for a day so that local residents and future users can explore it by foot, bicycle, or car. The theme is 'The most fun traffic jam in Holland,' just like the traffic jams you see at the outside borders of the EU, where people are stuck for hours—and interaction happens quite naturally.

The last project was also self-initiated and involves city branding. In 2001 we were asked to do a project on city branding for Utrecht for one of the many cultural projects in Holland. The subject was, of course, a touchy one, and we intentionally chose a city district that had nothing to do with branding. The city center was already one big brand—there's the City Hall by Miralles, the beautiful Old Town, canals, and all sorts of things that are easy to sell. In contrast, the district we focused on, Kanaleneiland, is one that everyone overlooks, despite its strategic location. Eighty percent of the inhabitants are Moslems.

The [district's] image is a disaster. People don't feel safe, and in Holland you can hear talk of a 'black' neighborhood with 'black' schools. Despite this, the district is well developed, there's an express tram, good access to the motorway—everything, basically. We went on to look for other positive facts and opinions and found, for instance, a school with students who had scored incredibly well on a nationwide test. Another example was a newspaper article about a nearby 'white' housing estate called Leidse Rijn, where mostly middle-class people live. The headline read 'Leidse Rijn Is a Big Yawn.' We printed these positive media reports and distributed them throughout the neighborhood on advertising stands.

In addition, we alluded to local referendums in the project, a common political instrument in Holland. Not long before, there had been a vote on artworks in public space: one avant-garde, the other conservative, and another provocative. Naturally, the conservative proposal won, as was to be expected. Shortly afterwards, there was a referendum on three proposals for restructuring the train station area, and the winner was the one with a lot of greenery—which is always predictable and prone to manipulation.

So, in the end, we chose the referendum as a format to critique this kind of direct survey. Here in Dresden there was that nice referendum about the *Waldschlösschenbrücke*—a similar case. Our referendum—unauthorized, of course—was on three possible visions for the future of the neighborhood: one tended towards the official approach, focusing on building flats that the current residents would regrettably not be able to afford. The other two visions were designed as marketing-style slogans: *Erotic Socialism* and *Salam Hi-Tech*, the latter being related to indigenous Moslem traditions together with a progressive idea for the future. The whole thing was conceived as a provocation, of course—and in this sense it was a success because, for the first time, planners and many other people from the city center showed interest in this particular neighborhood. Another positive aspect was that the project provided the impetus for an exchange of views between urban planners and residents.

Christiane Mennicke: Thank you for the three short presentations. Compared to one another, your approaches and practices are very heterogeneous, but I'm now going to take a risk and attempt to find common elements. Fist, however, I'd like to ask few, more abstract questions. I'll start perhaps by asking Stefan Bendiks about our title: '*Abutment* or social glue.' Does this kind of comparison mean something to you, and do you think it's a longing for harmony or rather conflict that predominates?

Stefan Bendiks: At the beginning it's often impossible to say what our stance is. First of all, it's an experiment; it starts with participation as an 'abutment,' and it usually stays that way. In this regard, the *MijN470* project was a difficult one, because we didn't put it on the agenda ourselves. At the same time, it's not necessarily social glue, because we're really only taking something as our theme and pointing out a problem. And in *MijN470* we were clearly also in a position to be instrumentalized, because our clients were the ones we were criticizing when we focused on the fact that streets are designed so that they can't be used in any other way. In Holland, this tendency is very widespread. I think it was Schäuble who said that once you protest, you're immediately part of it. That's the first aspect. And then we have to consider that people probably think a lot less about these things than, say, the people in this particular discussion group do. In my opinion, a group like this would be inconceivable in Holland, because everybody says: so what?

Christiane Mennicke: Moira, my next question is for you. For me, it was somewhat surprising that the projects I mentioned in the introduction see the city as a triggering factor, as the backdrop, but not necessarily as the space in which people are supposed to take action. In contrast, the projects you described intervened strongly and actively in public space. What does this real, existing urban space in the projects mean to you? What is its relevance?

Moira Zoitl: I'd like to start with the project that you mentioned in the introduction, because it provided the idea for Ústí nad Labem. In Hong Kong the situation is such that the women themselves practice this self-empowerment. I think it would be very strange to intervene in this in any way. Every Sunday, thousands of women gather in public places, for lack of any other space, to talk, sit, eat, drink, sleep, and also to celebrate. They stage performances, political events, demonstrations, etc.—a broad range of activities. I made a documentary of it. But in 2006, for example, I also put together a newsletter for a women's refuge in Kowloon, where women who had problems with their employers or who had been sexually abused could stay while awaiting court proceedings, something that can take two months—or two years. The refuge uses the newsletter for fundraising. So this is the more activist part of the project.

I've also worked together with a woman photographer from the Philippines who has been documenting the situation in Hong Kong for many years now, including the activities on the streets and the various actions taken by NGOs. In this regard, there are no interior spaces; everything takes place outside. In Ústí nad Labem, things are different: there's not much happening in the city's public spaces, and certain groups remain invisible, with the exception perhaps of the informal sector, such as flower sellers, etc. So we became interested in initiating something during the city elections when a very conservative party was presenting its campaign platform. This gave the project a quite different purpose, and we were fortunate enough to be able to stage it in front of the town hall.

Christiane Mennicke: I think that answers the question very well. Marcin, over the past two days, we've had many discussions about the development of cities and city marketing strategies, or branding, in the context of global competition. Is this discussion taking place amongst artists in Poland, too, and how do you view initiatives like yours, such as the off festival you organized this year, in this context?

Marcin Szczelina: I think we're a decade behind in this discussion in Poland. The situation after communism was such that, apart from churches, many supermarkets were built. Those are the most popular buildings, so we have lots of advertisements in public space—billboards and the like. Among artists, this led to a strong focus on media-related questions, and they often work with new media—it's a simple reaction. In doing so, the focus is often on one's own identity: how do I perceive things? What are my preoccupations in the field of art? Those are still the most important questions. In my opinion, imparting theoretical concepts, [like those of] Zygmunt Bauman or Diane Ghirardo for example, is what doesn't work in Poland. And there's the complicated political situation: we're not an open country at the moment, and tend to seal ourselves off from the rest of the world. But it's my hope that that the project I presented will bring about a tiny bit of change, because the second part is taking place in Israel. The overall situation is still very complicated, however. Was that understandable?

Christiane Mennicke: Some of the points were, but perhaps I should rephrase my question to focus on one aspect of our original question. In what context would you like this festival to appear? Does it show up, to mention just one point of reference, on the municipal website, and would you be okay with this?

Marcin Szczelina: As I mentioned earlier, it's very difficult at the moment to present ambitious art projects in public space. I've organized a number of festivals in large cities, and the people are very interested in pop culture; they want to enjoy life. So I decided at one point to combine both—to arrange a concert and exhibit art—and it worked well. At least some of the people who wanted to go to the concert were curious about what was going on and gave the work some thought. This seems to me to be the only way to go at the moment. And then I was a curator for an art project in a very peculiar Polish city with lots of industrial architecture. It is one of the poorest cities [in the country]. The people have no money whatsoever—all they have are their TVs and that's it. So it's a lengthy process trying to introduce them to these kinds of projects. We tried to find housewives who would be interested in taking part in a cooking project, and we put ads in a women's magazine—[it's about taking] small steps.

Christiane Mennicke: A transition, perhaps, back to the work of Stefan Bendiks and his colleagues. It seems that you rely on two types of participation: a serious invitation to participate and, to a certain extent, a satire of this invitation. Could I ask to add to this, or perhaps draw a connection to what Marcin has described?

Stefan Bendiks: The project in Utrecht made no serious attempt to ask the local residents about their opinions. It focused more on the professionals in Holland who are active in this culture of participation, which has such a long tradition, but unfortunately no longer works. So the project was a critique of existing structures. You'll have up to thirty people sitting there around a table, ranging from the fire service to shop owners, and then they go through a list of questions and just tick them off: do you want more green areas in the city? Should there be a heliport? Things like that—and they're waved through. Other projects that we're also doing involve a kind of neighborhood agreement. This usually takes place in certain districts and there's a certain amount of money available that needs to be allocated. We start by doing short courses, excursions with the residents to confront them with the reality of spending money. Ok, you all want more green areas, but that will cost this much. And if you want the park, then there's no money left for this or that. But it all remains very experimental—precisely from the perspective that the normal participatory projects are so institutionalized and deadlocked.

Christiane Mennicke: I'd like to introduce this flexible notion of participation to the debate and, in doing so, return again to our original question: abutment or social glue? Here in Dresden, we have had a range of events, all in different configurations, dealing with art in urban space, possibilities for interventions, etc. One of the recurrent themes in this context has been the hypothesis that the critical or political potential of art can only arise when there is conflict, when conflict is possible. For instance, Oliver Marchart puts forward the view that a work or action can only 'become political' if it positions itself within an antagonistic context. However, this is not necessarily something that can be controlled, which means that the question of 'abutment or social glue' is not entirely controllable, either. Profound social harmony can, once it has been established, prove to be unruly or at least undesirable; Martina Löw touches upon this kind of reference model. Not every kind of harmony can be commodified or based on economic principles. So this is the expanded question I'd like to pass on to the audience for discussion.

Hildegard Fraueneder: Since I'm the person responsible for the title, I'm personally interested in shaking up the expectations that have been associated with it. To begin with, four of the five cities that took part in the project are represented here. These cities have always differed from one another. And then we have the individual artists, curators, and architects, or rather part of the *Artgineering* office, all of whom are different to the various cities. In other words, equating Moira Zoitl with Salzburg is nonsense, and the same can be said for everyone here. So the title is closely related to the different meaning in the individual cities. In cities like Berlin or Vienna or Salzburg, the question of how art can be positioned in urban space, in public space has been addressed very extensively. And looking at Wrocław, where at the moment entirely different dynamics are possible, one might, at first glance, say, "Oh god, we've been there, done that—i.e., with art in urban space working with posters, but treating the posters like visual media." But that's precisely what's exciting about this, and it's exactly these processes of negotiation that the title is focusing on. At the beginning, Christiane Mennicke pointed to the discussions in the 1990s, with labels like *New Genre Public Art*, and to a paradigmatic model like the work of the artist group *WochenKlausur*; Florian Haydn includes these in his book on [the] 'temporary use' [of urban spaces]. We mustn't forget how heterogeneous the expressions or interactive forms of art in public spaces are in the different cities. In Salzburg

it ranges from only a partial understanding of art projects to a tendency among artists to withdraw into small spaces of negotiations—projects that are not communicated at all, but are invisible, informal, remain secret, and only become somewhat public by means of rumors or networks. Two things are important to me in this context: firstly, that we don't conflate actions or events that take place outside with actions or events that take place in public space. And, secondly, that we ask ourselves how far these coalitions of art projects go along with social matters or other areas, and which forms of renunciation or materialization or consolidation appear.

Question from the audience: I have a question about the project in Ústí. How did it come about that certain people participated—for example the Roma and Sinti? The fact that they were included, was that a conscious decision based on the knowledge that there are problems in the Czech Republic—in other words, were you presenting the trickiest issues? Also, how did audiences there react to this?

Moira Zoitl: I'll start with your last question. I can't say much regarding the general public. Some of the people who came to the event were fans; others were passers-by, people who just happened to be on their way to the bus or coming for a shopping center. Their reactions were diverse. Naturally, the young women singing pop songs were more attractive than the jazz guitarist improvising music. The whole plaza where this took place was filled with different reactions and moods. The jazz guitarist, for example, used a variety of equipment to loop his own performance, and was improvising all by himself up on the stage. In contrast, the Roma youth performed as a group and occupied the entire plaza so that even the passers-by couldn't get through—a completely different situation. We approached the people with the help of the organizer, who was always present and translated for us. Other than this, we designed the event as an open platform where anybody could sign up and say they wanted to do something.

Gerald Raunig: In the 1990s I had a very positive impression of *WochenKlausur* and wrote about them, too. It started to become problematic for me, however, when they expanded their radius at some point to include a project with Macedonia at the Biennale in Venice and then in Japan. I don't want to talk about cultural differences, but claiming to have competence to do an educational project in Japan over the course of several weeks seemed impossible to me. What was this like for the project in Ústí?

Moira Zoitl: As I mentioned, it was conceived as an open platform. It's a risk worth taking, and people were interested. It's something that would be almost impossible in Salzburg—just setting up a stage—at the very least simply because the city is already overflowing with stages in the summer. In Ústí nad Labem it was out of the ordinary, because before that public space had been used only by the political parties.

Gerald Raunig: On the same level as my critique of *WochenKlausur*, I'd still find it problematic to assert that artists are so-called experts in forms such as the open stage. Why artists, of all people, in milieus that are unfamiliar to them?

Moira Zoitl: I don't think they necessarily have to be artists. The first partner [in the project] was the theater; they took up the idea and sponsored the stage, which set the whole thing in motion. They said they should have done something like this a long time ago. Naturally, there are certain structures—which in this case included a project by the EU—that make things possible in the first place. After all, we weren't the only ones participating in the Public Dreams project; there were some ten projects involved, altogether. Other than that, there just aren't many financial resources or public funds available in Ústí nad Labem. I'm not sure if that answers your question.

Marcin Szczelina: I just wanted to draw attention again to the crazy aspect of this project. We're all talking here about a problem, but the problem is something completely different in the individual cities—for example Stefan Bendiks' project on streets. Obviously we also have problems with traffic in Poland, but they're completely different. We also have an entirely different tradition in art, which is why everything in Poland is very spontaneous and improvized.

Christiane Mennicke: But is there a real difference? One could just as well assert that things develop in a very similar manner. The reconstruction of city centers, the privatization?

Marcin Szczelina: Sure, but the extent is different, as are the periods of time [over which these developments take place]. That's the difference, I think.

Christiane Mennicke: I'd like to reply to Hildegard briefly. I didn't want to criticize the title or the question; on the contrary, we're dealing with a topic that has only ostensibly been dealt with. In reality, it undoubtedly determines our actions and thinking. Especially the question of the *abutment* [as an architectural metaphor]: what can serve as something that is robust and resistant; what kind of movement could oppose the colonialization of all areas of life? I suspect we still think that it's the duty of art to take on this role. Here, however, I'd like to see other types of experience produced—art not as a provide of a service or as grease for the gears of different processes. This doesn't have to result in disharmony at all levels. A certain way of being alert. What does it mean?

Torsten Birne: But back to the title—clearly, the 'or' suggests one level: either you do one thing or the other. After the debates at this conference, I felt it was possible to assert a kind of identity for 'abutment' and 'social glue.' 'Social glue' is not such a bad thing. And perhaps it's even conceivable at the moment to define 'social glue' as an 'abutment,' because many of those who stand opposed to it intend to water down the 'social glue.' A variety of speakers here have described just as much.

Gerald Raunig: I have to disagree with that insofar as I'm certain that no identity can be asserted, but rather the relationships between the terms are continually shifting. The old image of the wooden shoe just occurred to me—the shoe that's thrown into the machine. It's an old Fordist image of resistance. Then the machine stopped working for a while, and when you were sent, you weren't caught. That's almost a postmodern idea—this invisible model of resistance. It seems to me to be more like a model that fits to the present day: always trying to develop new models of resistance. This small lead in forms of resistance, which always arises anew. I wouldn't underestimate it. It's the potential that has perhaps always already existed, not identity.

Hildegard Fraueneder: What I see in the projects that Moira Zoitl does together with Ralf Hoedt are what one calls 'research projects' in art jargon—projects that, already very much in advance, assume that there will be conflict, things to do—and in this way they can offer information that runs counter to mainstream sources of information. When *Chat(t)er Gardens,* for instance, presents the situation of domestic workers from the Philippines, you think: that's so far away. But then you discover that it extends all the way into your own household organizations. Docking onto these important everyday subject is also important—much more so than discussing alternative public forums, so that one never forgets more or less to value these forums. An example is the G8 summit in Heiligendamm, where this separation between people prone to violence and people willing to engage in dialog is being sold yet again to the media—separating people into groups who want to escalate the situation and those who want to de-escalate it. This black-white, either-or can be portrayed and renounced differently. That's why I think this is so important.

Christiane Mennicke: Our discussion has given rise to a tangible need to differentiate between criticism and affirmation, but also to the need to question the societal location of a given artistic work. But I don't see it being summed up as an appeal that's related to formal criteria or simple contrasts.

Hildegard Fraueneder: I'd like to conclude by thanking all of you for moderating the discussion, for your contributions. A big thanks to all of the speakers—the whole team here—for their excellent work and for the wonderful technical and organizational support. Without this setting, it wouldn't have been nearly as pleasant. Thank you very much.

AMBIVALENCE AND CONTRADICTION IN THE TEMPORARY USE OF SPACE
Florian Haydn

German Text Page 164

Let me list a few numbers to start, numbers that reflect the increasing presence of temporary uses since the year 2004. If one accepts the search engine Google as a relevant parameter, then the figures say the following: entering the words 'temporary' and 'uses' as search terms resulted in 6,400 hits. The German terms 'temporäre' and 'Nutzungen' delivered some 200 hits. More than half of these were in direct relation to *Urban Catalyst*, a project to which I contributed. The day before my presentation at this conference, I ran a new query with the search engine. Now I got 500,000 hits for the terms 'temporary' and 'uses' and 600 hits for 'temporäre' and 'Nutzungen.' These numbers are perhaps one of the ambivalent elements with which we are faced, and I would like to leave it simply at that. In any case, they reflect the growth of intensity with which the topic is being discussed.

In the present essay, I would like to emphasize the potential of temporary uses, which are important in strengthening a sustainable, social, municipal, and urban community and which foster democratic processes. For me, it is not the temporary uses themselves that take the front seat but rather the actions that lead to the formation of community. I would like to list a selection of thoughts and correlate these with examples of projects that manifest the formation of community. The thoughts are taken not only from my own texts but also from those of colleagues and from various events and publications we hosted. One of these events was the symposium *tempo..rar*, which took place in Vienna in May 2003. I limited myself to listing single thoughts, taken from a larger context, that perhaps at first seem torn from their context but that can at least delineate the majority of ambivalences and contradictions. I also do not want to neglect to put forward my personal approach to the concept of urbanity in conjunction with the project's emphasis.

In principle, the formation of a community and its potential in relation to interpersonal, social, and informal interaction are at the core of our architecture studio's work. In order to embrace this emphasis, we also understand ourselves as agents for urbanism—and this because we want to separate ourselves from classic city planning, in which the goal is to establish a master plan. For us the process is the first priority; agents support the process.

A sustainable community is created through participatory decision-making processes. The intensity of the processes' visibility or, rather, their ability to be perceived in public or even semi-public space is a gauge for the degree of urbanism. These processes require structures for negotiation. Public space is not an objective fact. The borders of public space constantly construct themselves anew on the basis of negotiation and appropriation. Public space is made up of concrete occasions, questions, and objects. Temporary uses make participatory decision-making processes visible and are directly related to the degree of a city's urbanism.

Temporary Uses
Temporary uses help inspire possibilities and can be the start of a general project. Through trial and error, temporary spaces test a program for later, long-term uses. Temporary uses are a meaningful part of democratization and planning processes. Actions and activities that come of temporary uses can be interpreted as decisions, requirements, necessities from below that become visible. 'Bottom up' acquires more meaning than 'top down.' Space for temporary uses—appropriate, appropriated, or

available space—supports the informal actions of a city's community. Temporary uses lend these actions the space to take action or negotiate. Temporary uses are innovators of the urban economy. Temporary uses are born of the context and current situation. Temporary uses try to utilize what is already there rather than invent everything anew. Temporary spaces, in relation to city planning processes, are the antithesis of a master plan. A master plan stems from a distant goal.

Contradictions

A fundamental contradiction emerges when temporary uses are disguised as being 'bottom up' but are in reality 'top-down' directives. One example can be found in the event-oriented cultural policies of European cities, which clearly address a high-income class of cultural consumers, who, nevertheless, do not buy into the conservative trappings of preceding generations. Ambivalence occurs when temporary 'top-down' projects are brought to life by persons or groups who relate to the social, but more likely use it ornamentally. The next step into the entanglement of contradictions is the idea of making money through direct contracts, such as when temporary activities are discovered by the advertising industry and are coupled, even in a social disguise, with the promotion of lifestyle products like sneakers or jeans.

The first example bears the project title *ADD ON* (add-on.at), and this project is also documented in our book *Temporäre Räume—Konzepte zur Stadtnutzung* (Temporary Spaces—Concepts for Urban Uses). In the case of *ADD ON*, the initiators were approached by a Dutch ad agency with the offer to reproduce their temporary installation in other European cities as part of marketing a jeans label. The agency merely knew the project from the book. Along with the critical description of the project, we had also put forward an argument that, from the agency's perspective, spoke not against but for the project's replication. The project *ADD ON* was one of the projects, described above, that leans on social aspects but employs them as ornament.

Although the *ADD ON* initiators accepted the agency's invitation to meet in Amsterdam, they politely kept their distance from the offer on the table. Perhaps they did so because they were already aware of the fine line they had been walking even during the early planning stages. Here a few words about the project: in various scenarios, *ADD ON* addresses basic human functions such as living, sleeping, and working at the intersection of the public and private spheres. Citations of typical ways of living, these convey themselves to the outside world through their respective visual symbols. The inter-

preted exposure of functional units allows well-known processes to emerge in a new context. With contradictory uses, the project reacts to stereotypical functionality and thus overtly negotiates the social aspects associated with it.

Quotations

Christa Kamleithner: "We can extract two basic approaches that work by similar means but lead to quite different results: the first based on clear economic considerations, with the goal of enhancing the property or neighborhood; the other carried by the knowledge of not knowing the 'correct' goals—an attempt by way of temporary uses, through a process of trial and error, to find new urban programs." (Haydn/Temel 2006, 9)

Christa Kamleithner: "The principle of property in the city is contingent on an interesting paradox: the dynamics of urban development and the citizens' needs oppose static ownership, which represents a persisting factor in a fast city. In this way, temporary users can productively make use of the resulting gaps." (Haydn/Temel 2006, 10)

Klaus Ronneberger: "Governing by community is of increasing significance. It has to do with a form of power technology that relies on self-responsible communities and is above all deployed to push through integration programs in so-called 'problem areas.' The best examples are independent communities that aim to generate as few costs as possible and make possible the reappropriation of governmental interventions. The misuse of community governance threatens the democratic principle of participation in city planning." (Haydn/Temel 2006, 14)

Andreas Spiegel/Christian Teckert: "Regarding an empty or unused space as economic wasteland is the result of a logic of production cycles that defines such spaces as unused capital. The principle behind this view depends on a functionality that assumes uselessness in the dysfunction of that which is unused and empty." (Haydn/Temel 2006, 10)

Christa Kamleithner/Rudolf Kohoutek: "Before advocating that temporary uses become the rule, one should keep in mind that they are most closely associated with war, eviction, and natural disasters. Temporary uses emerge primarily during a state of scarcity. To spin this into something positive is anything but self-evident, and yet it corresponds to the same positive point of view with which the nineteenth-century metropolis is considered today." (Kamleithner/Kohoutek 2004, 14)

Walter Siebel: "Urbanism arises from economic scarcity, which due to a dearth of living space—caused by an unregulated apartment market—forces inhabitants into public space. The nineteenth-century city is characterized by the logic of a real estate market based on production cycles and not the desire to reach ideal conditions, thus traversing a functionalist application of architecture. What came out of this was the disintegration of foreseen and practical uses and an on-going recycling of older buildings—one version of possible definitions of urbanism." (Siebel 2003, 29)

I relate one approach to temporary uses with my own story. During my studies I started thinking about how I could be active as an architect directly after graduating. What can and what did I want to do in the city without a concrete client or plan? The 'we,' the group, becomes important. In conversations we kept turning to places in the city, places that were important to us in one way or another and had things in common. We started to define these places with a term, naming them *HIRNSEGEL* (brain sails). For us, these places held a potential that was impossible to describe with the learned architectural forms of expression. Our first approach to the place, and the conceivability of its meaning, was comprised in our naming it *HIRNSEGEL* and successively tagging the place with graffiti of the same inscription. We wanted to make others aware of these places with potential and have them enter into people's consciousness. We roamed Vienna and tagged the spaces of possibility, the places, with *HIRNSEGEL*. The places' tags alone soon created interest, the consequence of which was to be the building of a new *HIRNSEGEL* location. We found an interesting piece of land under the train's overpass, a bottleneck that connected Vienna's fourth district to the tenth. The bridge's columns are wildly plastered with posters pointing to events in different parts of the city—that is, to programs scattered throughout the city. We thought it would perhaps be possible to reverse the situation. The plan emerged from the city itself, and we assumed for ourselves the method of poster plastering for decorating the location. We stretched a plastic tarpaulin, white, around the bridge's pillars, and this defined a closed-off room that could be entered through a slit. A poster that did not point to another place but rather was itself the space for an undetermined program. To build ourselves a space according its own needs—this was our first activity as architects. We put a time limit on the space, the constructed *HIRNSEGEL*, and left it after one week to its own devices. Rumors spread throughout the city, con-

veying the possibilities to its potential users. An exhibition project, kick-the-can tournaments, buenasDIAS, mission SWOUND took place, and the book on the project, *97 Stühle* (97 Chairs), was presented.

Another approach to the contradictions and ambivalences of temporary uses came from the *Urban Catalyst* project. *Urban Catalyst* tested the roll of temporary projects in city development. The project thesis was that temporary projects act as catalysts for formulating future programs. The fives cities of Naples, Berlin, Amsterdam, Helsinki, and Vienna were compared. We conceived the test for Vienna. Temporary projects such as *Permanent Breakfast*, *Wochen-Klausur*, and the project *PhonoTAKTIK* were some of those at the heart of our more precise reflections (see, for example, wochenklausur.at). After documenting the reference project we came to the conclusion that true statements can only be made from the perspective of a person or group with concrete needs. We developed the concept of the 'city cat'—the same, in essence, as a stray city cat. By means of a stray, meandering symposium, we brought together questions related to temporary uses and the formulation of programs in architecture and city planning. The event itself took place in four locations over two weeks in the immediate vicinity of areas of new urban development. The symposium's further topics were: on what basis do we plan and build? What connections are there among the programming of uses, property and city planning? How can one support the development of programs? What do we even mean by a program on which basis a building or an entire district is developed? Presentations and audience contributions became the basis for the book *Temporäre Räume—Konzepte zur Stadtnutzung (Temporäre Räume 2006)*.

A current project that I would like to present here is a European competition we won for Schwechat near Vienna. Our contribution to the procedural development of the district began with a walk through the grounds of an old brewery; residents of Schwechat came along with us to take part in our imaginings. With the help of a folder, we provided poetic inspiration but also made concrete suggestions for using the property. The idea was to use our first contact with the residents to lay a cornerstone of our social platform. We wanted to provoke actions that would reappear in later programs.

In conclusion, I would like to present a few more thoughts on the 2006 trip that took us to Detroit, Paris, Bucharest, and Sofia (see paper01), cities that find themselves in the most different stages of development in relation to their uses of space. In Detroit, one finds traces, similar to scorched earth, of industry's exodus. Processes of change are happening in Sofia at the cost of an urban, walkable, and informally used space. For example, the melon seller—also representative of a temporary use—who spreads out his melons on the grass in front of a pre-fab apartment building and hangs his price tag in the best available location. In the immediate vicinity of the melon seller, the supermarket BILLA is building its stores directly between the buildings. The following figure lets us surmise the upcoming process of displacement: the density of BILLA branches in Bulgaria is only one percent (see rewe.com) of the density in Austria. We can assume that their goal is to have a similarly dense network of stores in both countries. Functioning, neighborly relations disintegrate and are displaced. The newly developed spaces in Detroit prove a different ambivalence. Buildings in Detroit's center stand empty. The abandoned and dilapidated houses, too, have something romantic about them. This is surely an ambivalence. The beauty of destruction; the beauty of the ruins; the reversion of what was left behind or the openness of the forbidden. I should mention from Detroit the *Heidelbergstreet* project by Tyree Guyton (see heidelberg.org), which we visited. He accepts what was left behind and works in Heidelberg Street first and foremost with children, transforming the houses and erstwhile gardens—now large fields—into a giant playground.

References:
Temporäre Räume—Konzepte zur Stadtnutzung. Published by Florian Haydn and Robert Temel. Berlin / Basel / Boston, 2006.
Kamleithner, Christa/Kohoutek, Rudolf (2004): Temporäre Nutzungen, Deregulierung und Urbanität, *dérive* 14, 14.
Siebel, Walter (2003): Strukturwandel der europäischen Stadt, in: Hubeli, Ernst/ Saiko, Harald/Vöckler, Kai, *100% Stadt. Der Abschied vom Nicht-Städtischen*, ed. Haus der Architektur, Graz, 29.
www.add-on.at
See www.heidelberg.org
See paper01 on the website www.000y0.at
See www.rewe-group.com
See www.wochenklausur.at, www.permanentbreakfast.org, www.000y0.at

THE CITY IS NOT A STAGE

Gregor Langenbrinck

―――――

German Text Page 202

From time to time, I am asked in conversations what cities I can imagine living in. These conversations are as enjoyable as they are interesting: the juxtaposition of the center of one's own and one's fictive lives provides an experience of Otherness, of other cities, and of one's relationship to the city in which one, for the moment, is living.

Some time ago, Dresden came up as a candidate in one of these discussions. Only briefly, to be sure. For my conversation partner swept the city off the table with a cursory, 'Dresden? Awful! Nothing but a backdrop.' I was baffled, since the statement contradicted the lasting impression I had taken with me from my first visit in the early 1990s.

Dresden—A European City

At the time, I was an architecture student, and what first seized hold of my imagination were historical structures like the Semperoper, the Zwinger, and the terraces along the Elbe, as well as the fantastical skyline into which these works, it seemed, had been arranged for the best possible view over the Elbe. I also remember excitedly discussing with my colleagues the quality of Prager Straße; I classified it as one of the few successful specimens of postwar modernism. Beyond all this, I was struck most of all by the postcard displays. Every single one carried photographs depicting the total destruction of Dresden. I had seen nothing like it in any other city in Germany. How great the pain of loss must be for this city's people, and after so long a time!

Yet this was all outshone by a different impression, that of the feeling of life in Dresden-Neustadt. Crossing the bridge over the Elbe was a journey into another Dresden. Here I was confronted by a cultural life that impressed and engulfed me in equal measure. The streets were practically bubbling with vitality. Everything felt relaxed and positive. Impromptu bars had been set up in many of the buildings. Bands played in the back courtyards, theater groups performed, artists exhibited their work. A great deal of what constitutes urban life seemed to be happening there. It was clear that no crippling bureaucracy, no establishment could break the people's joy in experimentation. Surely my euphoria inflated the situation. Yet even so, Dresden-Neustadt stood in stark contrast to the rest of the city.

This conception of Dresden as a whole stayed with me over the years: a city of contrasts, in which the legacy of modernism stood, at once fascinating and terrifying, side by side with the great edifices, streets, and public squares of past centuries. And, at least in one district, there also stirred the germ of a special kind of urban life, one that seemed to grow entirely from the situation and commitment of its inhabitants. Dresden, I thought at the time, could become an incarnation of the European city. A city that could not be reduced only to its image, to the value of the building stock in the city center. A city with inhabitants who see the whole, who recognize the significance of urban life as a precondition for the kind of innovation that can only emerge in this particular sort of urban cosmos. A city society in which the 'urbs,' the buildings, streets, and squares, and the 'civitas' develop in synergy. A city, in sum, whose people have the best opportunities to pursue the expression of their individual talents, and in which people create an optimal infrastructural and built environment for their self-expression. What is more, Dresden had the chance to measure this development according to high standards of quality derived from its own history. Dresden seemed predestined to become a trailblazer for a renewal of the European city at the start of the twenty-first century. All this seemed possible not least because of the rosy economic forecasts of the time.

That was in 1991. In the years that followed, I watched Dresden's development from afar. Spectacular new buildings like the UFA Kristallpalast cinema, the new parliament building, and the *Gläserne Manufaktur* (Transparent Factory), along with the partial reconstruction of destroyed buildings in the Altstadt, seemed to guarantee the continuation of a high architectural culture in the city. And the occasional signal emitted by Dresden's cultural life gave me hope that the city could overcome the largely desolate situation in former East Germany; it would realize its particular potential on the way to becoming an outstanding European city. The prognoses for the city's economic development stayed positive, as they remain today. After a few years, however, there also came the perplexity, prompted in me by the words of my conversation partner, as to whether Dresden might be nothing more than stage scenery.

My work eventually brought me back to Dresden, where I have been for some time now. I have excitedly sought out the sites that influenced my first impressions of the city. My first stroll took me from the central station to Prager Straße. Despite all the changes, it still has its special character. This is not disrupted by an idiosyncratic imitation of the famed Dresden Kugelhaus that has been put in an obstructive position across from the station, nor by two construction sites with little prospect of being home to new buildings. On the contrary, the construction currently taking place on the old department store, making use of segments of its original façade, as well as the struggles over the fate of the *rundkino* (circular cinema), unfortunately somewhat swallowed up by the surrounding buildings, shows an appreciation for the quality and historical significance of this part of the city as well.

I walk on into the Altstadt. I get mixed up by the profusion of old and new buildings and end up, without meaning to, at the Postplatz—an immense construction site. Here I note a discrepancy for the first time: the view of the Altstadt shows perfectly renovated and newly reconstructed historical buildings. Gazing in any other direction, one sees disruptions. Many buildings are decaying, if not already in ruins. New buildings, unused and poorly designed, have gone up between them. This impression has deepened as I have continued to visit Dresden over the years.

The Power of Enactment

Things come into view when one crosses the Elbe. There it is, the perfect skyline, the motif from Canaletto, as though (almost) nothing had happened since the artist painted it. Singular—I must admit. The architect and artist of urban space is delighted. The researcher and developer of cities senses something. This city is a stage! It understands itself as such. Everything appears to have been organized around this piece for the theater. The buildings are parts of a mighty set design. Tourists watch and marvel at the city, whether on foot, by ship, or straight from a front-row seat in the fields along the Elbe. The fields face the city's orchestra pit, from which rise the sweet melodies of water and wind, those wondrous accompaniments to the drama being played out behind them.

The power of this staging is great, for it is not only the tourists who marvel at it. The people of Dresden are in its thrall themselves. The townspeople in particular, it seems. Many of them are so taken with the city that they refuse to believe that the revocation of Dresden's status as a UNESCO World Heritage Site would diminish the influx of tourist audiences.

And urban life in Dresden-Neustadt? It goes on, if in a more domesticated way than it did in 1991. To be sure, the special urban impetus has not really spread to the city as a whole. Instead Dresden-Neustadt draws in people who specifically seek urban living. Other people in Dresden do not seem to care for urban living. Some of them look on the diversity and openness in Dresden-Neustadt with suspicion and distrust.

These days, I often sit on the banks of the Elbe and let my eyes wander across the city skyline. What drama is taking place there? Who is the audience, who is the actor in this production?

I imagine a didactic play in the manner of Brecht and with the working title *Down from the Stage*:

The Stranger: What do you see?
Tourists: The Elbe, the fields, the Golden Horseman.
The Stranger: What else?
City-dwellers (*puzzled*): Buildings, streets?
The Stranger: Don't they matter?
City-dwellers and Tourists (*in unison*): What kind of a

question is that? They are a part of the city, but if one or the other were taken away, we would not mind.

The Stranger: But here, in the Old Town, you would mind?

City-dwellers and Tourists: Naturally we would. Each building here is a jewel, a treasure, in the heart of the city.

The Stranger: And it should stay like that forever?

City-dwellers: It should stay like that and become much more like that. The monuments here are Dresden.

The Stranger: And thus you are dead, for you cannot renew yourselves. And a city can only live when it renews itself. And so I say: The Old Town itself must be renewed.

City-dwellers (*dismayed*): You want to destroy our city all over again?

The Stranger: No, I want it to be vital. The city is not a stage! A stage is where a theater piece is played. It tells of life, but is not itself life. But the city is life—down to the last degree.

Tourists and City-dwellers (*together*): What are you trying to say to us, Stranger?

The Stranger: You divide those who live here from those who come here. Actors and audience. Yet this division does not exist, for we are all the city's players. Those who only consume, or only prepare things to be consumed, destroy. The city grows, after all, through all our diversity, exchange, aptitude, and fortune. Encounters bring us surprises in places that no one yet knows.

The Players: Then what should we do?

The Stranger: Descend from the stage into the city and live.

Exeunt omnes.

I remember the postcard displays and the photographs of the war-ravaged city. I ask myself whether it would not be best to take all these cards—wherever they still can be found—and carefully set them aside. For I believe that every glimpse of these cards further strengthens the power of the Dresden stage.

ESCAPING FROM 'WORK ON THE COMMUNITY'
Gerald Raunig

German Text Page 208

The title above refers intentionally to an essay considered a classic in an advanced and excessive debate in the art world of the late 1990s. Nearly ten years ago,

the Viennese art critic Christian Kravagna published *Arbeit an der Gemeinschaft. Modelle partizipatorischer Praxis* [*Work on the Community: Models of Participatory Practices*] (Kravagna 1998), in which he once again vehemently unfurled criticism of trends in the art world of the 1990s existing between the labels 're-lational aesthetics' and 'community arts.'

His theoretical premise was primarily to consider the question as "to what extent 'social activity' can be considered political, or to what degree social interest replaces political interest." Kravagna's criticism was aimed primarily at the 'heal the world' rhetoric of so-called *New Genre Public Art*, which since the late 1980s no longer considered public space to be a neutral container to be filled with autonomous or contextualizing artworks, but rather aimed to initiate social processes. These, in turn, were to contribute to 'the creation of communities,' but often were mired in problematic aspects of the patriarchal attitude of artists and curators, in 'Othering,' or in identitarian logics of gender roles.

In addition, Kravagna protests the "extreme lack of political analysis, while so much is being said about social change." These forms of depoliticization are coupled with the artists' acquisition of symbolic and concrete cognitive and affective capital, and with an exaggerated emphasis on dialog and participation: "The [artistic] work is to derive its relevance for a specific community through the 'dialogical structure' of its integration in this community."

The idea that art could solve social problems, or that a collective identity could be created through artistic impulses, is seen not only by Christian Kravagna as having potentially depoliticizing effects. Indeed, art criticism in the second half of the 1990s treated this topic extensively.[1] The concept did not come from the political right as the demand for apolitical art; instead it came from the left as an attack primarily on Anglo-American communitarian art, and on the new instrumentalization of art as a means of social integration, which could be found in the tool kit of neo-liberal (cultural) politics.

To return to this discourse in 2007 would be an uninteresting repetition without difference. Yet I choose this starting point nonetheless, because I have had the impression at recent conferences that this debate from the not-so-distant past has not yet been digested by younger generations, or by closely related fields in the visual arts, such as architecture and city planning. These types of discussions in the 1990s—which often went too far, damning participatory, interventionist, or activist art as identitarian—should not simply be relegated to oblivion ten years later, nor should they be blindly repeated. Because there is a risk of simply spinning our prayer-wheels and repeating old arguments, as appropriate as they might be, without considering the specific discrepancy between them and the current state of the art field.

In addition, fundamentally anti-activist art criticism enforces the tactical conflation by blurring the boundaries between community art, participatory art, relational aesthetics, interventionist art, guerrilla communications, and activist art, which are all decidedly different practices. This refers not just to the cultural pages of the *Frankfurter Allgemeine Zeitung*, but also to the sophisticated art magazines like *October* or *Texte zur Kunst*. The labels 'activist,' 'interventionist,' 'participatory,' or 'relational' are often grouped together, coarsely devaluated and—depending on their position—juxtaposed with modernist or romantic paradigms.

With this complex background of differentiating—but also of muddying—the discourse, it would serve little merely to repeat the old anti-communitarian arguments. This is particularly true in light of the massive changes in recent years in art production and cultural work in general, due to increasing economization, the withdrawal of government funding, and the increased influence of neo-liberal governmentality. The questions surrounding 'community work' need to adapt to these circumstances. What, for example, do the effects of contemporary, post-Ford work and lifestyles, of the increased precariousness in society, of heteronomous mobility, or the extreme flexibility of the new, more 'repressive' phase of neo-liberal capitalism go together with the more 'smooth' requirements of community building and social integration?

So instead of lamenting oblivion in the cultural field, I would prefer to further differentiate the arguments from the 1990s, while considering alternative theoretical models. In a certain way, this past discourse can simply be repeated, so long as the specific differentiation is taken into consideration. For example, one can bring the knowledge from inquiry into the visual arts into contact with that of other fields, such as architecture or city planning (in which cases one must examine the greater willingness in these fields to accept a functional approach). One can also go beyond the generalized criticism of communitarianism to consider specific projects and their involvement and participation as governmental (policing) function, citizen participation as a function of exercising control in the inclusion or exclusion of others, as a component of governing through community building.

In order to avoid the unsatisfactory dichotomy between political and autonomous art, or more generally, between community identity and the autonomy of the individual, I would like to propose a form

of differentiation on the theoretical level. This differentiation does not consider the nature of each form of art production (or, for that matter, forms of city-planning strategy), nor does it consider their separation or division from one another, or their self-heteronomization. It also does not consider their utility for the community, or their ability to increase individual freedoms. Rather, it seeks to differentiate in each case the relation between the social and the spatial.

One end of the spectrum is concerned with the inclusionary-exclusionary participation, integration, and control over the spatial and social aspects of what has conventionally been referred to as the audience. Art (or architecture or city planning) should help here to transform the various, disparate multitudes into a self-controlling people that can more easily be measured. While at this end identitarian and communitarian strategies are effectively being forced by means of dividing, counting and measuring space, the other end of the spectrum functions differently. There we would divide ourselves within the space, without fixing space as a hierarchical quantity.

So, on the one hand, we have the application of an abstract notion of community, which involves the concept of prevailing power structures: groupings based on insider and outsider, solid contacts between individuals, striating and hierarchy. On the other hand, we have transversal distributions in space—in a space whose form will constantly shift and change, in which the becoming and the interweaving of concatenations will emerge to the same extent that the different is exchanged with the different.

With the analysis of participatory art and city planning projects, we can determine in this context two separate types of division that will become clearly apparent here, with their transitional areas, overlaps, and interferences. One is participation as a paternalistic form of assistance, in the context of an already divided space; the other is participation as an orgiastic, boundless distribution in space.[2]

The Abstract Machine Theory as an Escape from Community

The problem lies deeper than in the production of art, city planning or architecture. It is the problem of escaping the concept and the desire for community. Escaping the community is a necessary condition for the possibility of self-determined distribution in space. It does not help much to attempt to save the concept of community by radically redefining it, as Giorgio Agamben, Jacques Rancière, or Roberto Esposito have recently attempted. With these contemporary philosophies of a messianic, coming community, we nonetheless still have the basic question of how to conceive a concatenation of singularities which thwarts all identitarian and communitarian logics.

In the 1970s, Gilles Deleuze and Félix Guattari reinvented the concept of the abstract machine (most conspicuously in their comprehensive book *A Thousand Plateaus*). This was reminiscent of the technical and linguistic discourse of Alan Turing, Norbert Wiener, and Noam Chomsky, and yet was a radical departure from the concept's original, restricted context, which would even include the connection of man and machine in the various cyber-theories. One could say this radical expansion of the machine concept into the social realm corresponds exactly to the problems inherent in our question regarding the concatenation of singularities is conceptualised without a community. The abstract machine according to Deleuze and Guattari delineates lines of flight which are primary: not resistance, reaction, or counterattack. Here abstraction does not signify isolation, misappropriation, or distance from reality. The separation of the technical from the social machine, or of the general from the specific, does not define the abstractness of the abstract machine. Quite the contrary: the abstract machine, with its indeterminate form, is the necessary condition for precisely the container we are considering—i.e., the one which does not tend to structure or close off the community. In its abstractness, the machine is neither universal nor ideal; it is singular and virtually real: "The virtual possesses absolute reality, as something virtual." (Deleuze, 1992, 264).

The abstract machine is the machine of possibility, the faculty of recomposition: abstract machines preexist the separation of signs, statements, and assemblages of expression on the one hand, and assemblages of bodies, forms of content on the other. They manifest themselves in concrete concatenations, interweaving together with them, and measuring their machinic consistency as if surveying new territory. Concrete machines are picked up and employed by abstract machines, organized and fused together. Abstract machines become effective through concrete machines, which create forms of expression and content. The abstract machine represents the relationship between forms of expression and content. The abstract machine has no form itself; concrete machines give the abstract machine form. This lack of form is not a lacking, but is rather the condition of invention and of the becoming of concrete machines. Abstraction, therefore, is really distraction, the differentiation of the different, the bifurcation of possible worlds. The abstract machine, therefore, can be understood in this sense as the anti-identitarian non-form, and as potentiality, which ultimately does not unify the many, but rather allows the becoming of multiplicities.

Concrete Machines and the Orgiastic Distribution in Space

If abstract machines are the machines of possibility for differentiation of differences, and for an orgiastic distribution in space, then by way of conclusion we should consider an example of concrete machines which resist the striation, stratification, and division of space. To this end we jump into the world of anti-globalization, most specifically the protests against the G8 summit in Heiligendamm in June 2007.

First we consider the example of striating space, always conscious that the duality in representing the two, opposite poles—community and machine, division 'of space,' and distribution 'in space'—is not pure, but that they flow together seamlessly. Frequent claims that art functions as an opposition for social movements seem to be a grotesque exaggeration of the division of space into rigidly separated societal sectors and disciplines. The idea of adding a 'cultural component' to the 'political realm' emanates from a completely representationist approach, which misunderstands both art and politics as pure representation, thereby initiating a mechanism of mutual distancing and denunciation. The 'cultural programs' within social forums are a misunderstanding of this kind; even more so was Adrienne Goehler's project *Art Goes Heiligendamm* (www.heiligendamm.net), in which interesting art practices were misused as a buffer zone with conciliatory and de-escalating power. The conspicuously self-promotional project created by the former senator and curator for Berlin's capital city cultural fund (*Hauptstadtkulturfonds*) was, according to her, to give the art an "expanded societal resonance," and, above all, to be capable of "conciliation" and "de-escalation."

Conciliation and de-escalation are, in any case, terms which come from the policing side of the distribution of space. Where on the other hand art production constitutes itself as a machine, it works toward establishing zones of the political where space is not divided into simple opposites such as escalation and conciliation, chaos and reason, colored or black, or for that matter culture vs. politics. At least temporarily, the striation, stratification, or rigid division of space should be subverted without losing the specificity of various forms of protest. In this line of thought we cannot create enough space for artistic critique which does not take the position of an outside of society, and which does not seek to eliminate the political by means of 'conciliation and de-escalation,' but which gathers specific competencies within social movements and micro-political action.

An example of this is the project *HOLY DAMN IT.* 50,000 Posters Against the G8'[3], in which artists before Heiligendamm used their competence to refresh an old genre: poster design. *HOLY DAMN IT.* was a poster series for which ten artists and artist collectives from four continents each designed a poster. The poster themes ranged from classic disinformation to post-colonial criticism of the G8, and from the demand for an international organization to calls for a blockade of the summit. Beyond that, performative practices were used in Rostock and Heiligendamm, thwarting the dualistic logic of separation, of fences, and striated space, and distributing themselves in space as concrete machines. These included the intervention by the *Superhelden* from the Hamburg Euro-May-Day, the interplanetary Clowns Army, whose cohorts in an asymmetrical mode 'took care of security,' and of course the many micro-political interventions which could be found at the fence around Heiligendamm.[4]

1 cf. Höller 1995 et al.
2 cf. Deleuze 1992, 264. The closing panel discussion of the conference *Urban Potentials*, which led to this publication, could be considered an analogy of this relational structure of social versus spatial. Here art was considered in its function as 'counter-sites or social glue'.
3 See holy-damn-it.org
4 See transform.eipcp.net

References:
Babias, Marius, ed. (1995): *Im Zentrum der Peripherie. Kunstvermittlung und Vermittlungskunst in den 90er Jahren.* Dresden/Basel: Verlag der Kunst
Creischer, Alice and Siekmann, Andreas (1997) "Reformmodelle." *springer* 2, 17-23.
Deleuze, Gilles (1992). *Differenz und Wiederholung.* Munich: Fink
Höller, Christian (1995): 'Fortbestand durch Auflösung. Aussichten interventionistischer Kunst.' *Texte zur Kunst* 20, 109–117
Kravagna, Christian (1998). 'Arbeit an der Gemeinschaft. Modelle partizipatorischer Praxis.' In *Die Kunst des Öffentlichen, Projekte/ Ideen/Stadtplanungsprozesse im politischen/sozialen/öffentlichen Raum,* eds. Babias, Marius and Könneke, Achim. Dresden: Verlag der Kunst, 28–47, http://eipcp.net/transversal/1204/kravagna/en
Miwon Kwon, 'Public Art und städtische Identitäten,' http://eipcp.net/transversal/0102/kwon/en
Raunig, Gerald (1999). *Charon. Eine Ästhetik der Grenzüberschreitung.* Vienna: Passagen
Raunig, Gerald (2002): '*Spacing the Lines.* Konflikt statt Harmonie. Differenz statt Identität. Struktur statt Hilfe.' In *Dürfen die das? Kunst als sozialer Raum,* eds. Sturm, Eva and Rollig, Stella. Vienna: Turia+Kant, 118–127
Rollig, Stella (1998): "Das wahre Leben. Projektorientierte Kunst in den neunziger Jahren." In *Die Kunst des Öffentlichen. Projekte/Ideen/Stadtplanungsprozesse im politischen/sozialen/öffentlichen Raum,* eds. Babias, Marius and Könneke, Achim. Dresden: Verlag der Kunst, 12–27.
http://www.art-goes-heiligendamm.net/de
http://www.holy-damn-it.org/; see also the criticism of *Art Goes Heiligendamm* on the part of *HOLY DAMN IT*: http://www.holy-damn-it.org/stellung.html.
http://transform.eipcp.net/ with texts by Alex Foti
http://transform.eipcp.net/correspondence/1182944688, Tadzio Mueller & Kriss Sol
http://transform.eipcp.net/correspondence/1183042751, Ben Trott
http://transform.eipcp.net/correspondence/1183458348, Martin Krenn
http://transform.eipcp.net/correspondence/1183635966 and Gini Müller
http://transform.eipcp.net/correspondence/1183808175?lid=1184160383

'NEGATIVE' SPACES IN A POSITIVE LIGHT
Péter Gauder

———

German Text Page 222

I am an architect. But as you will see, my main activity is being a moderator, a moderator between the partners who shape urban life in Budapest and in Hungary's medium-sized cities in general.

My work attempts to find answers to the following problem: when planning cities, how can we take social interests into account and maintain them, instead of just planning the use of pieces of land? What goes on in Hungary today is architecture in the narrower sense. People build buildings. Between the buildings are vacant lots and interim spaces—public spaces are not really examined closely. I would like to present several theses on the approaches taken by city planning to date and why these problems are occurring now. I want to show how one can organize oneself and work together with others (which we actually enjoy doing) in order to bring everything we think into one direction, and what kinds of problems are posed by modern city planning and why it does not work properly.

With increasing individualization—people have transformed the idea of home into purely private property—the interest in empty spaces has waned appreciably, and cities are not dealing with this problem. Communities cannot form here, although that was possible earlier and could also be possible today. But these spaces do not function properly, and in this sense, they are negative spaces.

In recent years, city planning has focused on buildings—not on spaces, squares, small streets, or large avenues. What we try to do, on the contrary, is to use the latter as a forum so that urban life can be rediscovered. Perhaps many beautiful buildings were built, but no beautiful squares, no beautiful spaces have been designed. The 2006 master plan for the city center involves only those public spaces that already exist, focusing on how we could use them or how we could design them to be new and more human. One can see that the main square of Budapest,

Heroes' Square, is quite dreary—but the other squares present a similar picture.

The problem with today's planning is that it fails to devote any attention to the mezzo level, to the medium scale or to medium-sized units, firstly in a purely physical sense. It is always about getting an investor to erect a building on some piece of land. And this sort of city development, concentrating on objects or projects, makes it harder to construct small or medium-sized communities. When we ask ourselves about the roots of this situation, we find that they lead back to the Bauhaus, to Le Corbusier. This is the origin of many ideas that do not work, or no longer work, in city planning, because people were supposed to live in these communities according to a plan, or after a housing estate had already been built.

What we want to do as planners, on the contrary, is to be moderators who plan the community communally. Participatory planning means discussing various models together and bringing them onto a piece of paper as scenarios. And the biggest problem in doing this is that we usually do not know exactly what people want.

A planner arrives on the scene and thinks the way he thinks. We can look at our own resumes and then realize where these ideas originate. I myself used to build beautiful buildings like that. For me they were beautiful, but not all the users shared my opinion. Some of them understood what I had designed, because they came from a similar milieu—a similar origin or culture. But others had entirely different cultures. In various cities, for example, when I made plans there or built apartment buildings, people could not use them, because I did not understand what their interests were or where they came from.

For this reason, it is important to understand at the outset whether people are still interested in public space. And this has changed in recent years in Hungary—or, rather, it is beginning to change. In the years immediately following 1990, business was very important and everyone was worried primarily about themselves. Now, gradually, we have come far enough along that people are interested in communal life again and are turning once more to life in their city. They want a beautiful city that works better.

It is here that these negative spaces, these empty spaces which lie not in the buildings but between them, play a decisive role. They allow identification with the city, and the inhabitants are very interested in taking part in this identity and in helping to shape it.

For the physical reality of a city—the infrastructure, the various urban functions—all this together makes up a large part of our way of life and quality of life. Our life is mirrored by the environment and influenced by its design. We should not leave all of this up to city planners or other professionals, but instead form coalitions in these discussions and look for a way to create all of this together. For this is how the 'symbolism' of a city comes into being—of any city, whether it be Dresden, Budapest, or a town in any other part of the world. When we are there, these cities or individual places have a symbolism, something we do or do not like. And in every place we find ourselves, there is this meaning: something that catches our heart, and then we love it or we do not. And this quality is too important to be left to the architects or the city planners. We have to include the people who live there or can perhaps help in carrying it out.

In order to show what our endeavours along these lines actually look like, I would like to discuss projects for two medium-sized spaces in Budapest in which we worked together with the residents and various shop owners on one hand, and on the other hand with Zaha Hadid, a world-famous architect.

The starting point was not just to make these spaces a bit prettier. That would not have been enough—they had to be shaped. In my opinion, assuming a shape is important not just for public spaces, but for a whole city, because that is the source of the symbolism I mentioned above. How do we do that? Through self-organization. Self-organization forms a common thread through the whole project: the participants, who want to reshape these empty spaces or negative spaces, as we call them, bring their own symbols along with them—their experiences of other spaces, experiences from their own lived environment. Thus we have to regard them as experts. So the first step is to bring everyone who lives there, and everyone who can help us to understand how they want to live and how they want to use these spaces, together and create a community. This is particularly important for the city center, where not all, but many of the residents are old people who have withdrawn in their apartments.

Not only was the plan worked out communally, but it was carried out communally, as well. Here, it is interesting to observe that people are keen to come and act out within a space how they want this space to be. So we have to begin not with the plan or the reshaping, but by acting out or role-playing or practicing the way the design should happen. Only afterwards, if this is successful, can we perhaps begin with construction.

Self-organization is thus something entirely different to sitting together at a table and planning. Many interests come together, a mutual learning process begins, starting with small group sessions, then in larger circles, first getting clear on the status quo and then asking what can be changed. People want to see change, and our primary task is to bring them together, leading to suggestions that are quite different from those of the city administration.

Cities officially are interested mostly in creating more order, which entails drafting plans with regulations. It is a very slow process, and people lose interest. These regulations do not work. They can see that. This is why a new plan with regulations is produced every few years. We propose creating a new reality first and only after that a new set of regulations.

Thus self-organization often runs counter to the status quo. A head architect in the fifth district, for example, does not regard participation as helpful, but rather as a threat—at least when it requires that he give up his own authority, or prevents him from carrying out a new design by himself. When he talks to people and makes suggestions, but the people do not want the same thing, this leads to conflicts. Of course, every discussion, every coalition contains conflicts, because things have to be discussed and then people can agree. But you can also have small meetings first, then invite the architect, and subsequently have another meeting during which you get closer to concrete planning activities. This makes it possible to observe how involved people want to be. Then the politicians take notice and the head architect realizes that he can actually create a new order by working together on his design with the local residents. The only problem is that we have not learned this yet. I have not learned it, and neither has society as a whole—particularly not in the countries of southeast Europe. There, in particular, people have not yet realized how many sides it takes to change the status quo.

What is the weakness of city planning in our countries? It has not learned what it means to associate with other elements of the city, what it means when the financing is private, nor what it means to include these soft methods of participation or self-organization—that is, to include the users, the inhabitants, etc. We also have problems in dealing with open spaces, negative spaces, and empty spaces, because we have yet to learn their design or grammar.

The architectural theorist Bruno Zevi once said the same thing about architectural planning. Architects can only draw walls, he asserted, not space. Zevi suggested developing other possibilities of thinking about space and, in the process, developing a grammar in the sense of possibilities for graphic representation. But for cities we lack anything like this, just as we lack subtle ways of perceiving the syntax of how a city functions and how it can be properly divided and structured. And we cannot work with something we do not see.

We have to think physically. If we talk about symbolism, it is not always important whether a building is beautiful or not. How we perceive this symbolism, and the meaning things assume in our 'mental map,' are much more significant. In our project, we did not begin by having discussions with professionals, but with normal people—local residents. In the second project we worked together with Zaha Hadid, a big name with whom one can obviously get things accomplished. She started out by designing a building, very rectilinear and severe, but with no connection to the space itself. Hadid understood that people were not interested in what sort of building would be there, but in how the space would be organized. And then there were discussions about passageways in the lower stories, about 'slashing' it open, even about making the space bigger. So Zaha Hadid went back to the drawing board, thought for a while, and incorporated all of this. And, indeed, the idea of the building and space has turned into something cohesive. The project is not yet finished—nothing has been decided—but the discussion is progressing in a good direction.

Why have we done things this way? Because participation, self-organization, planning, and administration have to come together. This is why we suggest always starting with smaller spaces where people really show their interest. The two examples described above show how this has worked in Budapest for the first time. The participants met, had discussions, and in the end they were able to exert pressure on city administration. Finally, we think the bureaucrats and politicians have an interest in taking the cue and pursuing the same strategy in other locations—not just in the city center.

*INTERNATIONAL
INFORMAL STYLE?*
Based on a talk given in
the Motorenhalle, Dresden
Jochen Becker / metroZones

———

German Text Page 226

What is the city beyond the civitas, the city beyond what we call the European city? Is not Istanbul a part of Europe just as much as Belfast or Belgrade? And what exactly do we understand by a European city? After the fall of the Berlin wall, the 'European city' was instrumentalized in the service of reactionary 'reconstruction.' This provoked enormous protest, especially when the first examples of East German architectural modernism were supposed to be torn down, beginning with the former foreign ministry—a symbol of the GDR's attempt to be a sovereign state. Yet eclipsed by the more recent discussions surrounding the demolition of the Palace of the Republic in Berlin—the former seat of the East German parliament—these debates have fallen into obscurity.

The Senate Building Committee in Berlin did not want socialist urban development any more than it wanted a 'Japanese' or an 'American' city. Nonetheless, many projects, most notably Potsdamer Platz in its new incarnation, have been heavily influenced by the American model, both visually and in terms of terms of capital investment. If we recall that Potsdamer Platz was, until recently, home to the so-called 'Polish market,' an informal market that offered many people the opportunity to sell things, while at the same time being a place for people in Berlin to buy things at low prices, we see that this story has also been erased from public memory.

As the former capital of Belgian Congo, isn't Léopoldville—known today as Kinshasa—also a European city? And on the flip-side, is it not true that Leopold II was only able to finance building the famous boulevards or the monstrous Palace of Justice in Brussels with wealth siphoned out of this African country? The tropical wood of the world-famous art deco buildings is from Africa. This European city, indeed Europe's capital, can be described as the effect of the Europeanization of the African colonies.

I have begun with this challenge so that it may act as a backdrop to my thoughts on International Informal Style. The title refers to the exhibition *International Style*, which took place in 1932 at the Museum of Modern Art in New York, a point to which I will return later.

'Placed Overnight'

The Turkish word *gecekondu* means 'placed (i.e., built) over night.' *Gecekondu* is the basis of the informal urbanization of Istanbul. Though European-inspired districts do exist there, what distinguishes large parts of the city is that they have been created by the brute muscle of migrants from the countryside, resulting in increasing population density. With their move to the city, the newcomers profited from Ottoman law, which allows people to keep the land they find if they build a roof overnight. In most cases, the land in question is public land. And in this way, the slums, formerly called *gecekondus*, have turned into a metropolis.

I mirrored a photograph by the Turkish artists of the Oda Projesi group, and this self-built house refers to a famous icon of architectural photography: the *Case Study House #22* above downtown Los Angeles, designed by Pierre Koenig and photographed by Julius Shulman. The '*Case Study Houses*,' with their pioneering design, were originally connected to the social idea of modernism. Today, these houses are highly sought after—often by such names as the publisher Taschen, who, in addition to releasing several *Case Study* books on the market, has been able to secure one such home for himself.

This classical photograph has also been re-staged by Dorit Margreiter; here we see the artist speaking with the owner. If we juxtapose the *gecekondu* according to Oda Projesi and the *Case Study House* according to Dorit Margreiter, doubts arise as to what is not modern here, or even what modernism might represent. Can we negotiate this formally, or has the negotiation perhaps already been reduced to aesthetics long ago?

Modernism as the International Style

This brings us to Philip Johnson and the *International Style*. During his trip to Germany in the 1930s, Johnson saw not only exemplary buildings of European modernism. He also flirted with German fascism. With the 1932 exhibition at MOMA, along with Henry-Russell Hitchcock, he brought central European architectural modernism to the East Coast of the U.S., establishing with his selection a canon of modernist architectural classics and promoting their reception as a style with particular, characteristic formal themes. A few years later, Johnson began to arrange building contracts for select clientele, bolstering the careers of many friends, including Mies van der Rohe.

The short films of the artist Ella Bergmann-Michel offer a strong contrast to this development. Up until the rise of fascism, Bergmann-Michel had filmed the new face of Frankfurt. Her footage helps us realize what was lost with the end of 'official' German modernism. In films such as *Erwerbslose helfen Erwerbslosen,* or even in a nursing home designed by Mart Stam, the new Frankfurt is represented in its effort to put an end to social and architectural misery. This social strand of modernism, the attempt to improve (living) conditions, was severed with the presentation of the *International Style* and revamped as a kind of lifestyle- or business-modernism in accordance with the Hilton philosophy of producing the same product throughout the world so that the business traveler feels at home.

The American architect Louis Kahn was commissioned by the East Pakistani government in the early 1960s to build a government building. The civil war of 1971-73 resulted in the creation of Bangladesh from East Pakistan and transferred the seat of government to the parliament in Dhaka. The parliament building was only fully completed after Kahn's death in 1983. In one hemisphere, Kahn advanced the development of the modern building industry. On the other side of the globe, he employed primarily local workers on construction sites; income was created using local techniques and muscle instead of construction machinery, which also served to keep down construction costs. Kahn developed entirely new forms on the ground in order to be able to construct his buildings under the local conditions. The Parliament is still impressive, even if laundry is hung up there today.

It is astonishing that the decolonized countries have insisted on building the most modern of architecture. As one rumor has it, this is in emulation of the Le Corbusier-inspired headquarters of the United Nations in New York; only with the UN did these countries finally feel internationally represented.[1] Yet modernism has not managed to take hold beyond the centers of the capital cities, or in other cases it has failed due to the countries' lack of money. There the cities are shaped more by forms of informal settlements, in other words forms of self-empowerment.

Ali from Kesan
Back to Turkey and Istanbul's exceptional urban development following the Second World War; as a result of mass social upward mobility in wide sectors of the population, the early slums developed into middle-class housing estates—a model of success that is, however, difficult to generalize. There were no state housing programs for the migrants from the countryside who sought work in the late-industrial environment of a rapidly growing Istanbul. They were thus left to their own devices and often relocated their villages and settlements from the countryside to the edge of the city. The closest comparison in Germany are the *Ruhrpolen* (Ruhr Poles), who eked out a living gardening and keeping small animals in the Ruhr Area. There, as in Istanbul, the subsistence economy from the rural regions clashed with the disciplined training of industrial workers. The squats and informal settlements of Istanbul did not arise without conflict; plans at the time of the Turkish military dictatorship to raze the informal settlements failed when urban youth revolts and the middle class declared their opposition to the communal and state will, and their solidarity with the rural homesteaders living in Istanbul's slums.

The play *Keşanlı Ali Destanı* (*Kesanli Ali's Epic,* 1964), later filmed for television by the Brecht-school author Haldun Taner, is notable for its clear description of social relations. Taner's central figures are Kippen-Nuri, a writer of petitions, a scissor sharpener, a carrier, a wet-nurse, and the lavatory attendant Şerif: "All kinds of people live here: / thieves, strong-arm men, bums, / day laborers / they came from everywhere. / From Maraş, from faraway Van, / from Kemah or Erzincan / Laz, Kurds, and Pomaks / who were united here by fate." The apartments are constructed of a roof made of canisters and walls of cracking plywood. They rest atop piles of rubbish next to the stench of ammonia and sewers. Nobody here is working in a traditional industry job: "Sometimes I sell newspapers / then shine shoes until they're spick and span, / I'm there when drains clog / when the faucet stubbornly leaks / I can wash and polish cars / and walk dogs. / I can babysit or even make babies—if required."[2]

What Taner's play makes clear are the possibilities for upward mobility within this system. Careers were a definite possibility, and the *gecekondus* offered a sort of social insurance in this pursuit: as soon as the occupied land was made legal, one could tear down the huts on the periphery and erect a block of flats on the property, which squatters and contractors usually split. In a country without social security and with horrendous inflation, this offered security to the different players within an economy of patronage and graft. This system, however, has now come to an end, and the new migrants from beyond the nation's borders no longer profit from it.

Planet of Slums
Approaching Vienna from the west, one passes by the station Hütteldorf. The squalid neighborhoods there—which we would now call slums—are, from a historical and visual perspective, not very different from the so-called Bidonvilles of Algiers or even the housing projects in Venezuela's capital, Caracas. Caracas is home to an interesting mixture of hardcore modernism and informal settlements nestled among its rows of skyscrapers. People have moved into the gaps between these superblocks of apartment buildings. According to the research by the artist-duo Sabine Bitter and Helmut Weber, the inhabitants are slowly trickling into the modern flats themselves, many of which are not yet entirely finished, thus enabling numerous forms of appropriation, informal use, and squatting. Many of the residents have joined to form a strong protest movement, which has been egged on by the government of Hugo Chavez. Out of these informal structures, the residents have organized a sort of countervailing force. This curious weave of architectural modernism and informal squats has also borne interesting socio-po-

litical fruit, which serves as a contrast to the otherwise important publication *Planet of Slums* by the American urban researcher Mike Davis. Davis looks at these slums with a curious detachment from their users and producers.

In the center of Algiers, the so-called Bidonville settlements are located next to European-inspired blocks. And yet the Bidonvilles are no purely extra-European phenomenon. With the jump across the Mediterranean into the urban centers of France, poor Algerians did not escape their squalor, for new Bidonvilles have risen around the French metropolises. As construction workers on the quickly built mega-settlements in the *banlieues*, the immigrants from the former colonies themselves soon profited from the new buildings. But what happens to the new immigrants who do not even make it to Europe, who are stranded in the white city of Casablanca in Morocco or in the forests near Ceuta, left to construct informal settlements there?

Learning from …

If we believe the studies by the Dutch star architect Rem Koolhaas on 'informality' in Nigeria's mega-metropolis Lagos, there is a growing interest in self-empowerment beyond the welfare state. Yet one can not shake the feeling that, in the wake of a radical neo-liberalism, this is also a study on the future of European cities. Thus, when Koolhaas flies over the markets of Lagos with the presidential helicopter, I have the suspicion that we are looking at a modernized form of urban development in the north, which—due to an alleged lack of state welfare resources—depends more and more on self-empowerment, subsistence, and volunteer work.

This fits with the Berlin Senate's current shift in urban development policies away from the master plan of an unreal boom town and towards something called 'temporary use,' i.e., city-sponsored initiatives brokering leases for the temporary use of unoccupied land and buildings. The creative forces, presided over by a bankrupt state, have relinquished a lasting claim to these buildings. This informalization of urban planning and social policies recalls the foreign-aid philosophy of 'helping people help themselves.' In the context of 'temporary use,' this means that so-called 'neighborhood management' offices preside over the dominant players, helping themselves in the process to funding offered not by the city, but rather by the EU or private foundations.

This creeping informalization arrived at my own doorstep when, following a hefty rent hike, I saw a family walking down the street collecting plastic bottles and newspapers. Such images, usually ascribed to the 'South' or the 'East' are no longer far away. They have already infiltrated the rhetoric of SPD Labor Minister Müntefering, who stepped down from office. Commenting on the precarious situation of retirement benefits, he recently explained to the *FAZ* in a tone as ironic as it was cynical: 'There are many different methods: the Riester pension plans, Balalaika games, or the lottery.'

People who have immigrated to Germany and are forced into illegality have long written off guaranteed living conditions. Yet there are differences to study, for example with the metroZone project *City of COOP* at the *Volksbühne* in Berlin. For this, we invited projects from Buenos Aires and Rio de Janeiro. While the Argentine capital has always been viewed as the European city of Latin America, the *favelas* of Rio have become urban reality over the course of decades. With the 2001 economic crisis in Argentina, there were suddenly tendencies towards poverty all the way up into the middle classes, though through skilled debt restructuring and the boom in raw materials the country has since managed to shake off the effects of the crisis. At the time, however, it seemed as though Buenos Aires had finally arrived in Latin America.

A discussion between Buenos Aires and Rio showed discrepancies, even though both cities were in the midst of a crisis. While Argentines, who still remembered the welfare state, were now fighting to guarantee their living conditions, there were no memories of welfare state guarantees in Rio. On the other hand, people living in the Brazilian city had a diverse repertoire at hand for surviving during such (constant) crises—something the Argentine projects lacked.

It is not unimportant to maintain elements of the welfare state. In Germany, the future of the *Künstlersozialkasse* (KSK), a special social security and health insurance plan for artists, was and still is being debated. The state guarantees KSK by accepting the financial burden of the employer, thus allowing self-employed artists to afford social and health insurance. KSK is an instrument of the good old Social Democratic era and a practicable model for enabling a better life despite increasing informalization.

---

1   The leader of the Congolese liberation movement, president Patrice Lumumba, paid with his life for this fatal mistake.

2   Here, we also see the job descriptions often filled by the generation of guest workers who left Turkey for West Germany. One motive for recruiting them was the assumption that fewer migrant workers from Turkey would be represented in the trade unions, thus providing a means of keeping wages down. This assumption proved to be false, however, as could be seen in events like the Ford strike of 1973.

BIOGRAFIEN
BIOGRAPHIES

7. Stock
Gegründet im November 2003 von Studierenden der Hochschule für Bildende Künste Dresden – Lesungen, Konzerte, Vorträge, Filme, Videos, Partys im 7. Stock eines leer stehenden Gebäudes im Stadtzentrum von Dresden – schöner Ausblick – perfekte Atmosphäre zur Entwicklung neuer Ideen / *founded in November 2003 by students of the Art Academy Dresden—readings, lectures, concerts, films, videos, parties in the 7th floor of an abandoned building in the city center of Dresden—beautiful view—perfect atmosphere to open up new perspectives* __www.stock7.de

anschlaege.de
(Axel Watzke – Christian Lagé – Steffen Schuhmann) – Studium an der Kunsthochschule Berlin-Weißensee – seit 2002 Veranstaltungen, Gestaltungen, Bücher – zuletzt: Gestaltungskonzept für die Kampnagel-Fabrik Hamburg, Herausgeber *Kulturwirtschaft in Berlin*, 2007 / *studies at Art Academy in Berlin-Weißensee—since 2002 programmes, design, publications—recent projects: design concept for kampnagel-Fabrik in Hamburg, Ed.* Kulturwirtschaft in Berlin *(Cultural Economy in Berlin) 2007*

Tomasz Bajer
lebt und arbeitet in Wrocław – Die Projekte *YAPPER* und *ART CAPSULE* erkunden unterschiedliche Erfahrungen von und gewalttätige Reaktionen auf Traumata ebenso wie die umgestaltenden Kräfte der Heilung durch eine öffentliche künstlerische Praxis. Diese Praxis bindet sozialen Aktivismus, um fortschrittliche Methoden zur Bildung von Gemeinschaft zu erkunden, ebenso ein wie den Prozess, individuelle und soziale Traumata zu bewältigen. Tomasz Bajers ungewöhnliche Uniformen und Aktionen begründen eine soziale Botschaft. Wenn die Interpretation des Betrachters am ‚gesendeten Code' vorbeigeht, führt dies zu Missverständnissen. / *The projects* YAPPER *and* ART CAPSULE *explore different experiences of trauma and violence responses to trauma, as well as the transformative forces of healing, accessible through public artistic practice. This practice integrates social activism, explored as progressive ways of creating community, and the process of coming to terms with individual and social trauma. Bajer's special uniforms and actions constitute a social message. If the 'code of interpretation' applied by the receiver differs from the 'sending code', this may lead to misinterpretations* __www.bajer_tomasz.free.art.pl

Mónika Bálint und das ‚Film-Picknick'-Team
Mónika Bálint arbeitet als Soziologin und Kulturwissenschaftlerin in den Arbeitsfeldern ‚Cultural Studies' und Visuelle Kommunikation – seit 2001 beteiligt sie sich an Projekten zur sozial engagierten Kunst im öffentlichen Raum – sie untersucht Möglichkeiten der Partizipation als Methode in Kunstprojekten und Sozialwissenschaften – als lokale Aktivistin Beteiligung an verschiedenen Projekten im 8. Bezirk von Budapest (Jószefváros) – Zusammenarbeit mit dem Maler und Anthropologen Kata Soós – weitere Projektbeteiligte: Balázs Horváth, Video- und Grafikdesigner, Umweltaktivist – László Strausz, Filmemacher, Filmtheoretiker – Csaba Vándor, Bildender Künstler – András Vince, Post-Produktion – Dávid Dunai, Fotograf – Rebeka Pál, Künstlerin / *Mónika Bálint is a so-*

ciologist and cultural worker, whose fields of interest are cultural studies and visual communication—She has been taking part in public art and socially engaged art projects since 2001—Her field of research is participation as a method in art projects and in social sciences—As a local activist she has been involved in different projects in the Józsefváros, VIII. district of Budapest—Kata Soós is a painter and visual anthropologist, who has been working together with Mónika Bálint on several projects—Other participants in the production are: Balázs Horváth, digital media designer (video and graphic design), green activist—László Strausz, filmmaker, film theorist—Csaba Vándor, visual artist—András Vince, post production —Dávid Dunai, photographer—Rebeka Pál, artist

Thomas Beck
geboren in Liechtenstein – Ausbildung an der Scuola Teatro Dimitri (CH) – zahlreiche Engagements als Clown, Schauspieler und Tänzer in Liechtenstein, Schweiz, Italien und Österreich – von 2002 bis 2007 Mitglied des Toihaus-Ensembles/Salzburg – Mitbegründer von *ohne titel* (Plattform + Netzwerk für Theater- und Kunstprojekte) / *born in Liechtenstein—education at Scuola Teatro Dimitri (CH)—numerous engagements as clown, actor and dancer in Liechtenstein, Switzerland, Italy and Austria—2002–2007 member of Toihaus-Company/Salzburg—Co-Founder of* ohne titel *(platform & network für theater- and artprojects)*

Jochen Becker
Kritiker, Dozent, Kurator – Mitherausgeber der Buchreihe *metroZones* – lebt und arbeitet in Berlin / *critic, lecturer and curator—co-editor of the publication series* metroZones, *lives and works in Berlin* ___www.metroZones.info

Stefan Bendiks
Architekt – Dozent an der TU Delft – Mitbegründer des interdisziplinären Büros *Artgineering*, Rotterdam / *architect—lecturer at Technical University Delft, Netherlands—co-founder of the interdisciplinary office* Artgineering, *Rotterdam* __www.artgineering.nl

Jolanta Bielańska
geboren in Wrocław, Polen – Studium der Kunst, Architektur und Malerei an der dortigen Kunsthochschule – Kuratorin für junge zeitgenössische Kunst aus Polen (Ausstellungen u.a. in Frankreich, Finnland und Rumänien/Radio Features, Zeitschriftenartikel) – Kuratorin des polnischen Beitrags zu *Urban Potentials* / *born in Wrocław, Poland—studied art, architecture and painting at the Art Academy in Wrocław—curator for young contemporary Polish art (exhibitions in France, Finland and Romania, radio features, articles)—curator of the Polish contribution of* Urban Potentials

Torsten Birne
*1964 – Kunsthistoriker, Architekturkritiker und Kurator – zahlreiche Artikel zur Architektur der Moderne und zur Stadtentwicklung in Ostdeutschland (u.a. für *Baumeister, Der Architekt BDA, Deutsche Bauzei-*

tung) – seit 2000 Kurator für Projekte zur Kunst und Stadtentwicklung (u.a. *DresdenPOSTPLATZ* und *Modern Islands* 2003, *Wildes Kapital* 2006, *On Call* – Temporäre Räume in Dresden und Budapest 2007) – lebt und arbeitet in Dresden / *art historian, critic and curator—numerous articles on modern architecture and city development in East Germany (e.g.,* Baumeister, Der Architekt BDA, Deutsche Bauzeitung)—*curator of public art projects (e.g.,* DRESDENPostplatz *2003,* Modern Islands *2003,* Wild Capital *2006,* On Call. *Temporarily used spaces in Dresden and Budapest 2007)* __t.birne@gmx.net

Regina Bittner

*1962 – Kulturwissenschaftlerin und Kuratorin – Leiterin des Internationalen Bauhauskollegs an der Stiftung Bauhaus Dessau – zahlreiche Publikationen zu städtischen Transformationsprozessen in Osteuropa, urbaner Kultur in postindustriellen Städten und zur Kulturgeschichte der Moderne / *cultural scientist and curator—director of courses of lectures at Foundation Bauhaus Dessau—numerous publications about urban transformation in Eastern Europe, urban culture in post-industrial cities and the cultural history of the modern era* __bittner@bauhaus-dessau.de

Sándor Bodó Nagy

„Die Kunst kann die Realität nicht übertreffen", sagt Sándor Bodó Nagy immer wieder. Unter diesem Motto sammelt und ordnet er mit einer besonders spielerischen Leichtigkeit poetische Realitätsfragmente: Fotos, Zeitungsartikel und Objekte, die er anhand von Fotos nachbaut. Bodó Nagy möchte nichts Neues entdecken, sondern versucht in seinen oft spannungsgeladenen und rätselhaften Installationen schon bestehendes Wissen ans Tageslicht zu bringen. Seine konzeptuellen Arbeiten bewegen sich an der Grenze von Rationalität, Präzision und Poesie. / ,*Art cannot top reality,' Sándor Bodó Nagy always says. According to this principle he collects and arranges poetic fragments of reality with a specific playfully easiness: photographs, newspaper articles and objects replicated after photographs. Bodó Nagy does not want to discover something new, but tries to uncover yet existing knowledge in his mysterious installations full of suspense. His conceptual works are situated on the borderline between rationality, accuracy and poetry.* __sbodo@freemail.hu

Yvonne P. Doderer

Freie Architektin – Stadt- und Geschlechterforscherin – Professorin GenderMediaDesign FH Düsseldorf – Betreiberin des *Büro für transdisziplinäre Forschung und Kulturproduktion*, Stuttgart / *Freelance architect —urban and gender researcher—professor of GenderMediaDesign University of Applied Sciences, Düsseldorf—Head of the* Office for Transdisciplinary Research and Cultural Production, *Stuttgart* __ypdoderer@transdisciplinary.net

Andrzej Dudek-Dürer

„Für mich ist Kunst ein Weg, eine Lebensoption, eine besondere Form der Verwirklichung, Kommunikation und die Möglichkeit, zusammenzuarbeiten. Mein Leben ist Kunst". ADD – 1969 (im Jahr des tragischen Todes seines Vaters) glaubte Andrzej Dudek-Dürer die Reinkarnation von Albrecht Dürer zu sein und begann mit seiner ,Lebens-Performance': Kunst der Schuhe, Kunst der Hose, lebende Skulptur, Kunst von Andrzej Dudek-Dürer – bis 1978 lebte er isoliert, anschließend begann er eine Reise durch zahlreiche Länder – Komponist, Video-Künstler, Bild-Dichter, Instrumentenbauer – lebt und arbeitet in Wrocław, Polen / *"For me art is a way, a life option, particular self realization, communication and the opportunity to collaborate. My life is art ."* ADD In 1969 (year of tragic death of his father) he believed in being the incarnation of Albrecht Dürer and started his life performance: art of shoes, art of trousers, living sculpture, art of Andrzej Dudek-Dürer—former living in isolation he started an art journey visiting many countries in 1979 — composer, performer, video artist, visual poet, instrument maker—lives and works in Wrocław __www.gnutella.pl/adudurer

Frank Eckhardt

Künstler, Kurator, Kulturmanager – lebt und arbeitet in Dresden –

1990 Mitbegründer des Kulturzentrums *riesa efau* – Meisterschüler an der Akademie der Künste Berlin-Brandenburg – Projekte (Auswahl): *Ökonomie der Kunst* 2003, *Citybrache* 2004, *ZukunftsWerk Stadt Dresden* 2006 – künstlerischer und kaufmännischer Direktor *riesa efau* und *Motorenhalle*. Projektzentrum für zeitgenössische Kunst Dresden / *artist, curator, cultural manager—lives and works in Dresden—1990 cofounder of cultural center riesa efau—postgraduate student ('Meisterschüler') at Academy for Fine Arts Berlin-Brandenburg—selected projects:* Ökonomie der Kunst *(Economy of Art) 2003,* Citybrache *2004,* ZukunftsWerk Stadt Dresden *2006—director of* riesa efau *and* Motorenhalle. *Center for contemporary art Dresden*

Dorit Ehlers

gebürtige Hamburgerin – Ausbildung an der Scuola Teatro Dimitri (CH) – seit 1997 freischaffende künstlerische Tätigkeit im Bereich Schauspiel und Tanz – von 2000 bis 2007 Ensemblemitglied des Toihaus/Salzburg, Mitbegründerin von *ohne titel* (Plattform + Netzwerk für Theater- und Kunstprojekte) / *born in Hamburg—education at the Scuola Teatro Dimitri (CH)—since 1997 freelancing artistic activity in theater and dance—2002-2007 member of Toihaus Company/Salzburg—co-founder of* ohne titel *(platform & network for theater- and art projects)*

Marc Floßmann

*1975 in Detmold – 1997–2002 Studium an der Hochschule für Bildende Künste Dresden – 2002–2005 Meisterschüler bei Eberhard Bosslet und Martin Honert – seitdem freiberuflich als bildender Künstler in Dresden mit dem Unternehmen *MEDIALE FÜRSORGE*, diverse Projekte und Ausstellungen im In- und Ausland. Mitglied der Projektgruppe *OPTISCHER VERKEHR* / *born 1975 in Detmold /Germany—1997–2002 studies at the Art Academy Dresden—2002–2005 postgradutae studies /'Meisterschüler' (Prof. Eberhard Bosslet / Prof. Martin Honert)—freelancing visual artist based in Dresden with the project* MEDIALE FÜRSORGE *('media care')—numerous projects and exhibitions home and abroad—member of the group* OPTISCHER VERKEHR *(optical traffic)* __www.mediale-fuersorge.de

Hildegard Fraueneder

Kunsthistorikerin – Lehrbeauftragte an der Universität Salzburg, der Universität Mozarteum und am Lehrgang MultiMediaArt der FH Salzburg – Autorin und Kuratorin – Leiterin der *galerie5020*, Salzburg / *art historian—assistant professor at Salzburg University, at Mozarteum University and the MultiMediaArt Course at the University of Applied Sciences Salzburg—author and curator—director of* galerie5020, *Salzburg*

Katja Friedrich

*1971 – Architektin – Studium in Dresden und Lissabon – Tätigkeit in Architekturbüros in Brasilien und Dresden – Forschungen am Leibniz-Institut für ökologische Raumentwicklung in Dresden; Arbeitsschwerpunkte: grenzüberschreitende, nachhaltige und schrumpfungsbedingte Stadtentwicklung – Lehrauftrag an der Hochschule Zittau/Görlitz im Fach Städtebau – Promotion: *Geplante Unbestimmtheit* (Arbeitstitel) an der TU Dresden – 2006 Mitbegründerin der Büros *buero.fm* (mit Stefan Meißner) / *architect—studies in Dresden and Lisboa—practice in architecture offices in Dresden and Brazil—research at Leibniz-Institute of Ecological Space Development: focus on transboundary, sustainable city development and ,shrinking cities'—lecturer for city development at University of Applied Sciences Zittau/Görlitz—Ph.D.* Planned Indefinitness *(working title)—2006 co-founder of office buero.fm (with Stefan Meißner)* __www.buero.fm.de

Péter Gauder

Urbanist – tätig bei Studio Metropolitana, Budapest / *urbanist – working at Studio Metropolitana, Budapest* __www.studiometropolitana.hu

Ulrike Gollesch

*1983 in Graz – seit 2003 Studium an der Universität Mozarteum, Salz-

burg – Grafik und Neue Medien bei Prof. Herbert Stejskal und Textiles Gestalten bei Mag. Christa Pichler-Satzger / *1983 in Graz (Austria)—since 2003 studies at the University Mozarteum Salzburg—graphic arts and new media (Professor Herbert Stejskal) and textile design (Mag. Christa Pichler-Satzger)

Andi Greiml

lebt und arbeitet als Künstler, Bühnenbildner und Lichttechniker in Salzburg / artist, stage designer and lighting engineer in Salzburg

Peter Haas

Studium an der Universität Mozarteum, Salzburg, arbeitet seit Mitte der 80er Jahre als Künsrler und Kunsterzieher in Salzburg / studies at University Mozarteum Salzburg—since middle of the 1980s works as artist and art teacher in Salzburg

Erik Hable

*1968 in Linz – lebt in Salzburg – Studium an der Universität Mozarteum, Salzburg – Auslandsstipendien in Chicago, Melbourne, Paris, Frankfurt und Budapest – Gründungsmitglied der Künstlergruppe The Video Sisters – seit 2000 vielfältige kuratorische und kollaborative Projekte / *1968 in Linz (Austria)—lives in Salzburg—studies at University Mozarteum Salzburg—foreign exchange scholarship in Chicago, Melbourne, Paris, Frankfurt and Budapest—founding member of artist group The Video Sisters—since 2000 numerous curatorial and collaborative projects

Ed Hauswirth

Regisseur am Theater im Bahnhof Graz, zuvor 15 Jahre lang Berater für Amateurtheater beim Landesjugendreferat Graz / director at the Theater am Bahnhof (Theater at the Station) Graz—15 years advisor for amateur theater in Graz

Florian Haydn

*1967 – Architekt in Wien – Projektpartner des EU-Forschungsprojekts Urban Catalyst zu temporären Strategien in der Stadtplanung – Ausstellungen, Wien – Herausgeber (mit Robert Temel) Temporäre Räume. Strategien zur Stadtnutzung 2006 / *1967—architect in Vienna—partner of EU-research project Urban Catalyst (Temporay Strategies in City Planning)—exhibitions Vienna—co-editor (with Robert Temel) of Temporäre Räume. Strategien zur Stadtnutzung 2006 (Temporary Used Spaces. Strategies for using the city) __www.000y0@at

Eva Heitzinger

*1970 in Wien – Studium der Darstellenden Geometrie, Mathematik und Kunsterziehung in Wien, Berlin und Salzburg – zwei Kinder – lebt und arbeitet in Salzburg und Mondsee / *1970 in Vienna—studies of descriptive geometry, mathematics and art in Vienna, Berlin and Salzburg—two children—lives and works in Salzburg and Mondsee

Mathias Heyden

*1965 – Tischler, Architekt – Mitbegründer des Wohn- und Kulturprojektes K77 in Berlin-Prenzlauer Berg – Veranstalter politischer und/oder kultureller Projekte – Vermittler, Lehrender und Publizist – Herausgeber von HIER ENTSTEHT. Strategien partizipativer Architektur und räumlicher Aneignung (mit Jesko Fezer) 2004 / *1965—carpenter, architect—co-founder of residential community and cultural project K77 in Berlin—organizer of political and/or cultural projects—mediator, lecturer and publisher—editor (with Jesko Fezer) of HIER ENTSTEHT. Strategien partizipativer Architektur und räumlicher Aneignung (Under construction. Strategies of participative architecture and spatial appropiation)

Ralf Hoedt

Fotograf – lebt und arbeitet in Berlin – Ausstellungen (Auswahl): Festival der Regionen Exits and Deadends, 2007 Camera Austria, First the artist defines meaning, Kunsthaus Graz, 2006 / photographer—lives and

works in Berlin—selected exhibitions: festival of regions Exits and Deadends 2007 Camera Austria / First the artist defines meaning, Kunsthaus Graz 2006 __www.kamalhoedt.com

Robert Jelinek

arbeitet seit 1990 in den Bereichen Bildende Kunst, Olfaktorik und Elektronische Musik – unter dem Namen Sabotage wurden in den 1990er Jahren öffentliche Aktionen und Projekte realisiert – 2003 Gründung von State of Sabotage (SoS) / since 1990 working in the fields visual arts, olfactoric and electronic music—realizes numerous public actions and projects under the name of Sabotage—2003 founded State of Sabotage (SOS)

Sabine Jenichl

geboren in Oberösterreich – Studium der Politikwissenschaft und Publizistik – Journalistische Tätigkeit bei diversen Zeitungen und Zeitschriften (Der Standard, Kunstfehler, Salzburger Fenster …) – Pressearbeit für Filmfestivals – von 2000 bis 2007 am Toihaus/Salzburg für Pressearbeit und Produktionsleitung zuständig – Mitbegründerin von ohne titel (Plattform + Netzwerk für Theater- und Kunstprojekte) / born in Upper Austria—studies of political science, media and communication (Publizistik)—journalist work for several newspapers and magazines (Der Standard, Kunstfehler, Salzburger Fenster ...)—public relations for film festivals—2000–2007 public relations and artistic line-production for Toihaus-Company, Salzburg—co-founder of ohne titel (platform & network for theater- and art projects)

Rita Kálmán

Kunsthistorikerin, freie Kuratorin, Kulturmanagerin – zwischen 2004 und 2006 Geschäftsführerin von Studio Junger Bildender Künstler (FKSE, Budapest) – Mitbegründerin und Teilhaberin der unabhängigen Kulturinitiative IMPEX – Contemporary Art Provider (Budapest) – seit 2004 zahlreiche kuratorische Projekte in der freien Kunstszene / art historian, curator, cultural manager—2004-2006 Executive Director of Studio of Young Artists' Association (FKSE, Budapest)—co-founder and associate of the independent cultural initiative IMPEX–Contemporary Art Provider (Budapest)—since 2004 numerous freelance curatorial projects __www.impex-info.org

Gábor Kerekes

Gábor Kerekes gehört zu jener Generation junger Künstler, die den kreativen Schaffensprozess als Gemeinschaftsaktivität definieren. Kerekes versteht Ausstellungsräume als Gemeinschaftsorte, deshalb untersucht er in seinen Arbeiten zunächst die lokalen Konditionen und Bedürfnisse, um dann aus der Position eines Moderators oder Vermittlers möglichst zahlreiche Adressaten zu erreichen. Er baut riesige ortsspezifische Rauminstallationen, in denen es sich neben der Auseinandersetzung mit bestimmten Themen um die Gestaltung einer spezifischen Atmosphäre handelt / Gábor Kerekes belongs to a generation of young artists who define the creative process of production as a collaborative activity. Kerekes understands exhibition spaces as sites of community, therefore he examines in his works the local conditions and needs to address as many recipients as possible. He constructs huge, site-specific installations to create a special kind of atmosphere besides the examination of defined motifs __gaborkerekes75@gmail.com

Andrea Knobloch

Künstlerin – Studium / Meisterschülerin Kunstakademie Düsseldorf – seit 2006 Zusammenarbeit mit Silke Riechert: rundkino_modell, Dresden (2006), Institut für Stadtentwicklung und künstlerische Forschung / salon des Belles Utopistes (seit 2007), Workshop Alleine planen ist kriminell im Labor für Kunst und Stadtentwicklung, IBA – Hamburg Wilhelmsburg (2007), Schöne neue Welt, ifa galerie Berlin / Stuttgart (2008) – Solo-Projekte: Tolerant in München im Rahmen der Ausstellung Gefährliche Kreuzungen. Die Grammatik der Toleranz, München 2006; Landschaftspark Gropiusstadt (Pilotprojekt Gropiusstadt), Berlin 2007; Zürich on the move, Shedhalle, Zürich 2007/08 / artist—post-graduate („Meisterschülerin') Art Academy Dusseldorf—since 2006 collaboration with Silke Riechert: rundkino_model, Dresden 2006, Institute for Artistic Research and City Development—Salon des Belles Utopistes 2007ff, workshop Exclusive Planning is criminal at laboratory for art and city development, International Building Exhibition (IBA) Hamburg 2007, Brave New World, ifa gallery Berlin / Stuttgart 2008—solo exhibitions: Tolerant in Munich as part of the exhibition Gefährliche Kreuzungen. Die Grammatik der Toleranz (Dangerous Crossings. The Grammar of Tolerance) 2006, Public Park (Landschaftspark) Gropiusstadt, pilot scheme Gropiusstadt, Berlin 2007, Zurich on the move, Shedhalle Zurich 2007/2008

Jerzy Kosałka

Mitbegründer der legendären Künstlergruppe LUXUS – Mit der Ausstellung Modestly, no luxury begann Kosałka 1995 seine Karriere. Seine Objekte, Installationen und Aktionen beinhalten ironische Kommentare zur aktuellen Realität in Polen. Durch den Gebrauch seines Logos, das auf den ersten Blick wie das von Coca Cola erscheint, tatsächlich aber eine Variation des eigenen Namens ist (CosalCa), sabotiert der Künstler die Position eines der weltweit mächtigsten Konzerne. Lebt und arbeitet in Wrocław / co-founder of legendary artistic group LUXUS. With the exhibition Modestly, no luxury in 1995 he started his individual career. Kosałka's objects, installations and actions always include ironic commentaries to real life in Poland. By using his special logo, that at first glance appears as Coca-Cola but in fact looks like Kosałka's own name: CosalCa, the artist thus sabotages the position of one of the most powerful companies in the world—lives and works in Wrocław
__www.kosałka.art.pl

Roland Kretzl

lebt in Salzburg und ist in der Sozialarbeit tätig – entwickelte in Zusammenarbeit mit Fritz Rücker künstlerische Projekte und Theateraufführungen / lives in Salzburg—social work—developing artistic projects and performances in collaboration with Fritz Rücker

Marianne Lang

*1979 in Graz – Studium an der Universität Mozarteum Salzburg / Klasse für Malerei und Neue Medien bei Prof. Dieter Kleinpeter – Beteiligung an Ausstellungen und Projekten in Österreich, Deutschland und Frankreich – Stipendien und Preise: Jahresstipendium für bildende Kunst, Emanuel und Sofie Fohnstip, Atelierstipendien in Paris, Budapest, Virginia, Montrouge – Mitbegründung des Vereins white club / *1979 in Graz—studies at University Mozarteum Salzburg / painting and new media Professor Dieter Kleinpeter—exhibitions and projects in Austria, Germany and France—scholarships and awards: annual scholarship for Visual Arts, Emanuel and Sophie Fohnstip, studio scholarships in Paris, Budapest, Virginia and Montrouge (France)—co-founding of white club __www.whiteclub.at __www.mariannelang.at

Gregor Langenbrinck

*1965 – Dipl.-Ing. Architektur – Tutorien in internationalen Workshops in Rom, Rotterdam und Ljubljana – 2001 bis 2003 Wissenschaftlicher Mitarbeiter an der Stiftung Bauhaus Dessau – 2004 Gründung von Urbanizers_Büro für städtische Konzepte – seit 2006 wissenschaftlicher Mitarbeiter am Görlitz Kompetenzzentrum Revitalisierender Städtebau der TU Dresden – Arbeitsschwerpunkte architektur- und raumbezogene Forschung, Architektur und Neue Medien, Stadt und Bildung, Reurbanisierung von Innenstädten – lebt und arbeitet in Berlin und Görlitz / *1965—architect (Dipl.-Ing.)—workshop tutorials in Rome, Rotterdam and Ljubljana—2001–2003 scientific assistant at Stiftung Bauhaus Dessau—2004 founder of Urbanizers_Büro für städtische Konzepte (bureau for urban concepts)—since 2006 scientific assistant at Görlitz Kompetenzzentrum Revitalisierender Städtebau der TU Dresden (center of competence for revitalizing urban planning) at Technical University Dresden)—focus on architecture and new media, city and education, re-urbanization of city centers—lives and works in Berlin and Görlitz

Martina Löw

*1965 – Soziologin, Erziehungswissenschaftlerin – Professorin für Soziologie, TU Darmstadt – Gastprofessuren in Paris, Wien und Berlin, Publikationen (Auswahl): Raumsoziologie 2001, Einführung in die Stadt- und Raumsoziologie (zusammen mit Silke Steets und Sergej Stoetzer) 2007 / *1965—sociologist and educationist—professor for sociology at Technical University Darmstadt—visiting professor in Paris, Vienna and Berlin—selected publications: Raumsoziologie (Sociology of Space) 2001, Einführung in die Stadt- und Raumsoziologie (Introduction to Urban Sociology and Sociology of Space), with Silke Steets and Sergej Stoetzer 2007 __www.raumsoziologie.de

Miklós Mécs

Mécs ist ein junger Künstler, der 2006 das Studium auf der Universität der Bildenden Künste abgeschlossen hat. Mit seiner teils witzigen, teils ironischen Herangehensweise an allgemeine Themen wie ‚katholische Religion' werden die traditionellen Werte der bürgerlichen Gesellschaft in Frage gestellt. Seine Arbeitsweise ist das ständige Festhalten und Sammeln seiner Ideen und Pläne für mögliche Kunstwerke, die immer wieder aufs Neue sorgfältig strukturiert und kombiniert werden. Mécs´ provozierende, aber scheinbar sinnlose künstlerische Arbeiten kratzen an der Oberfläche alteingesessener oder verdrängter Themen, die in der Auseinandersetzung mit dem Kunstwerk wieder an die Oberfläche befördert werden. / Mécs is a young artist who finished his studies at the Art Academy in 2006. He questions the traditional values of bourgeois society with his witty and ironic approach to common topics like catholicism. Permanently he retains and collects ideas and concepts for feasible art works, which are restructured and rearranged again and again. Mécs' provocative, at first glance, senseless works scratch the surface of long-established or repressed issues which reemerge by the dispute with his art.
__http://mecsmiki.blogspot.com/

Stefan Meißner

M.A. – geboren in Dresden – Studium der Soziologie, Geschichte und Kommunikationswissenschaft in Dresden und Trento (Italien) – Abschlussarbeit: Leben und Bauen. Eine Diskursanalyse deutscher Architekturzeitschriften von 1924 bis 1929 im Grenzbereich von Baugeschichte und Soziologie – seit 2001 Beschäftigung mit Architektur- und Stadtsoziologie – Organisation und Gestaltung von Tagungen, Workshops und Kolloquien (RAUM-STADT-UTOPIE, Festspielhaus Hellerau / Stadt als Bühne, Bauhaus Dessau / Die Architektur der Gesellschaft, TU Dresden – 2006 Mitbegründer des Büro fm (mit Katja Friedrich) / Born in Dresden—studies in sociology, history and communication science in Dresden and Trento (Italy)—MA Thesis: Living and Building. An analysis of German architectural magazines 1924–1929 between architectural history and sociology—since 2001 engaged in urban sociology and sociology of architecture—organisation of conferences and workshops (Space-City-Utopia Dresden, City as a stage Bauhaus Dessau, The Architecture of Society Dresden)—2006 co-founder of Bürofm (with Katja Friedrich)
__www.stadtutopie.de __www.architektur-soziologie.de __www.buero.fm.de

Christiane Mennicke

*1969 Hamburg – Kunsthistorikerin, Kuratorin – Studium der Kunstgeschichte, Geschichte und Philosophie an der Freien Universität Berlin und am Goldsmiths College London – freischaffende Kuratorin – seit 2003 Leiterin des Kunsthaus Dresden – Projekte und Ausstellungen (Auswahl): Werkleitz Biennale 2000, Info Offspring Kiosk Dresden 2002, Unlikely Encounters in Urban Space Hamburg 2003, Wildes Kapital/Wild Capital Dresden 2005/2006 / *1969 Hamburg—art historian and curator—studies in art history, history and philosophy at Free University Berlin and Goldsmiths College London—freelance curator—since 2003 director of Kunsthaus Dresden. Municipal Gallery for Contemporary Art—selected exhibitions and projects: Werkleitz Biennial 2000, Info Offspring Kiosk Dresden 2002, Unlikely Encounters in Urban Space Hamburg 2003, Wildes Kapital/Wild Capital Dresden 2005/2006

Thomas Meijer zu Schlochtern

Kurator – Studium der Geschichte und Kunstgeschichte in Löwen – Arbeit für das Van Abbe Museum Eindhoven – Leitung des Künstlerklubs *Arti et Amicitiae* in Amsterdam – Direktor am *Tent*. Centrum Beeldende Kunst in Rotterdam / *curator—studies in history and art history in Leuven—working for Van Abbe Museum Eindhoven—director of artists club Arti et Amicitiae in Amsterdam—director of* TENT. *Center for Visual Art, Rotterdam*

David Moises

*1973 – Künstler – 1995–2002 Universität für Gestaltung, Linz – 1998/99 Humboldt Universität zu Berlin – Ausstellungen: *Vom Funken zum Pixel*, Gropius-Bau Berlin 2007 / *Situation & Spektakel*, Zentrum Paul Klee, Bern/CH 2007 / *Kempelen – Man in the Machine*, ZKM Karlsruhe, 2007 / **1973—artist—1995-2002 University for Design, Linz—1998/99 Humboldt University Berlin—Exhibitions:* Vom Funken zum Pixel, *Berlin 2007 /* Situation & Spektakel, *Zentrum Paul Klee, Bern/CH 2007 /* Kempelen—Man in the Machine, *ZKM (Center for Art and Media Technology) Karlsruhe, 2007*

Didi Neidhart

Chefredakteur von *skug-Journal für Musik*, Wien – Musiker & DJ (disk*a, Munich Rumble/München, Discozma/Wien) – diverse Radiosendungen, Katalogbeiträge und Ausstellungsbeteiligungen sowie Lectures mit Schwerpunkt Film, Pop, Avantgarde, Gender & elektronische Musik im In- und Ausland – seit 2007 Geschäftsführer des Instituts für Kunst & Technologie (Schiltern), lebt in Salzburg / *chief editor of* skug-Journal für Musik, *Vienna—Musician and DJ (*disk*a, Munich Rumble/Munich, Discozma/Vienna)—numerous radio features, essays and exhibitions with a focus on film, pop, avantgarde, gender & electronic music home and abroad—since 2007 director of* Institute for Art & Technology *(Schiltern)—lives in Salzburg*

periscope. Initiative für Kunst und Zeitgenossen

2006 als off-space von den Künstlern/-innen Stefan Heizinger, Elisabeth Schmirl und Bernhard Lochmann gegründet – Plattform und Projektraum für zeitgenössische Kunstprojekte / *founded 2006 as an off-space by the artists Stefan Heizinger, Elisabeth Schmirl and Bernhard Lochmann—platform and project space for contemporary art*
__www.periscope.at

Petra Polli

*1976 in Bozen/Italien – Künstlerin – 2001–2003 Universität Salzburg Fachbereich Kommunikationswissenschaft (Bakkalaureat) – 2002–2007 Universität Mozarteum Salzburg (Malerei bei Prof. Dieter Kleinpeter) – seit 2007 Studium der Malerei und Grafik an der Hochschule für Grafik und Buchkunst Leipzig, Fachklasse Prof. Annette Schröter / *artist—*1976 in Bolzano/Italy—2001–2003 University Salzburg Department Communication Sciences (Baccalaureate)—2002–2007 University Mozarteum Salzburg (painting-professor Dieter Kleinpeter)—since 2007 Academy of Visual Arts Leipzig (professor Annette Schröter)*

The Randomroutines

Die Künstlergruppe *The Randomroutines* schafft narrative Arbeiten, die in Form von komplexen Rauminstallationen erzählt werden. In ihren Arbeiten kann man immer wiederkehrende Themen entdecken, so wie die Untersuchung der linearen Narrativität oder die empfindsame Auseinandersetzung mit gesellschaftlichen und politischen Themen. Die ursprünglich 2003 von Tamás Kaszás und Krisztián Kristóf gegründete Gruppe arbeitet in einer flexiblen Form. In die Gruppenarbeit werden regelmäßig außenstehende Künstler eingeladen, mit denen immer eine inspirierende und abwechslungsreiche Kooperation entsteht. / The Randomroutines *create narrative works told in intricate space installations. One can discover recurring topics, e.g., the examination of linear narrativity or the delicate dealing with social or political issues.* Tamás Kaszás and Krisztián Kristóf founded the group in 2003. Other artists are invited periodically to create an inspiring and varied cooperation __www.randomroutine.net

Gerald Raunig

Philosoph – Co-Direktor des European Institute for Progressive Cultural Policies (EIPCP) – Dozent an der Universität Klagenfurt – Mitherausgeber der Buchreihen *republicart. Kunst und Öffentlichkeit* und *es kommt darauf an. Texte zur Theorie der politischen Praxis*, zuletzt: *Tausend Maschinen. Eine kleine Philosophie der Maschine als sozialer Bewegung*, Wien 2008, lebt und arbeitet in Wien / *philosopher—co-director of European Institute for Progressive Cultural Policies (EIPCP)—Lecturer at University of Klagenfurt, Austria—Co-Editor of* republicart. Kunst und Öffentlichkeit *and* es kommt darauf an. Texte zur Theorie der politischen Praxis—*recent publication:* Art and Revolution. Transversal Activism in the Long Twentieth Century, *Semiotext(e) / MIT Press Los Angeles / New York 2007, lives and works in Vienna.* __www.eipcp.net

Silke Riechert

Künstlerin – Studium an der Hochschule für Bildende Künste Dresden bei Professor Ralf Kerbach – Meisterschülerin bei Professor Martin Honert – seit 2006 Zusammenarbeit mit Andrea Knobloch: *rundkino modell* (2006), Dresden / *Institut für Stadtentwicklung und künstlerische Forschung* / Salon des Belles Utopistes (2007), *On Call –Temporäre Räume*, Dresden/ Budapest (2007), *Workshop Alleine planen ist kriminell* im Labor für Kunst und Stadtentwicklung, IBA –Hamburg (2007), *Schöne neue Welt*, ifa galerie Berlin/Stuttgart (2008) – Ausstellungen (Auswahl): Kuratorin von *Modern Islands. Zur De-Konstruktion von Zukunft* (mit Torsten Birne) Dresden (2003), *Re:Modern*, Künstlerhaus, Wien (2005), Luckenwalde/ Hutfabrik, *Skulptur im öffentlichen Raum* (2005) *Industriestadt-Futurismus* 100 Jahre Wolfsburg-Nowa Huta/Polen (2006) / *artist—studies at Art Academy Dresden (Professor Ralf Kerbach)—postgraduate studies—'Meisterschülerin' (Professor Martin Honert)—since 2006 collaboration with Andrea Knobloch:* rundkino_model, *Dresden 2006, Institute for Artistic Research and City Development / Salon des Belles Utopistes (2007),* On Call—*Temporarily used Spaces,* Dresden/Budapest 2007, Workshop Exclusive Planning is criminal *at laboratory of art and city development, International Building Exhibition (IBA) Hamburg 2007,* Brave New World, *ifa gallery Berlin / Stuttgart 2008—selected exhibitions: curator of* Modern Islands. The De-Construction of Future *(with Torsten Birne) Dresden 2003,* Re:Modern, *Künstlerhaus, Wien, 2005, Luckenwalde/ Hutfabrik,* Sculpture in Public Space *2005, Industrial City-Futurism: 100 Years Wolfsburg-Nowa Huta/Poland 2006*

Max Rieder

*1957 – Architekt in Wien und Salzburg – Gründungsmitglied der *Architektur Initiative Salzburg* (1994) und der interdisziplinären Forschungsgruppe *www.slowfuture.com* (2004) – Lehrbeauftragter für Städtebau und Architektur an mehreren österreichischen Universitäten – Gastprofessuren in der Ukraine, Norwegen und China – zahlreiche Ausstellungen, Publikationen und Architekturpreise / **1957–architect in Vienna and Salzburg—founding member of* Architektur Initiative Salzburg *(1994) and of the transdisciplinary research group* www.slowfuture.com *(2004)—lecturer at several universities in Austria—visiting professor in the Ukraine, Norway and China—numerous exhibitions, publications and awards*

Gisela Ruby

geboren in Salzburg – machte ihren Abschluss an der Salzburger Experimental Academy of Dance (SEAD) – Gründungsmitglied des Tanz-Ton-Ensembles Madoka (Salzburg) – seit 1998 freischaffende Künstlerin im Bereich Tanz und Theater – von 1999 bis 2007 am Toihaus/Salzburg engagiert – Mitbegründerin von *ohne titel* (Plattform + Netzwerk für Theater- und Kunstprojekte) / *born in Salzburg—degree from Salzburg Experimental Academy of Dance (SEAD)—founding member of Dance-Sound-Company Madoka Salzburg—since 1998 freelance dancer and actor—1999–2007 member of Toihaus Company Salzburg—co-founder of* ohne titel *(platform & network for theater and art projects)*

Fritz Rücker

Studium an der Kunstuniversität Linz – lebt und arbeitet in Salzburg – in seiner künstlerischen Praxis beschäftigt er sich mit medialen Formaten und archivalischen Kontexten / *studies at Art University Linz—lives and works in Salzburg—in his artistic practice he is dealing with media formats and archival contexts*

Birgit Sattlecker

*1965 – lebt und arbeitet in Salzburg – seit Anfang der 1980er Jahre experimentelle Theater- und Filmarbeit – seit 1999 Galerie- und Verlagstätigkeit im Fotohof, Salzburg – Beteiligung an diversen Kunstprojekten – Mitglied bei *Para Theater* / *1965—lives and works in Salzburg—since the 1980s experimental theater- and film projects—since 1999 working for gallery and publisher at Fotohof Salzburg—took part in several art projects—member of* Para Theater

Melanie Schiefer

Studium der Bildnerischen Erziehung am Mozarteum Salzburg – lebt und arbeitet in Salzburg / *studies in Visual Education at Mozarteum Salzburg—lives and works in Salzburg*

Marcin Szczelina

Architekt und Kurator – Mitbegründer von *SpaceUnusual_Society design* – Konzeption und Organisation von Vortragsreihen, Bildungsprojekten und Architekturfestivals – zahlreiche Artikel über Kunst und Architektur (*Czas Kultury, Bunkier Sztuki, Architektura-Murator*) – lebt und arbeitet in Wrocław / *architect and curator—co-founder of* SpaceUnusual_Society design—*conception and organization of lecture series, educational projects and architecture festivals—numerous articles about art and architecture (*Czas Kultury, Bunkier Sztuki, Architektura-Murator*)—lives and works in Wrocław* __cafe.szczelina@gmail.com

Severin Weiser

*1974 in Salzburg – Studium der Bildnerischen Erziehung und Werkerziehung am Mozarteum Salzburg – lebt und arbeitet in Salzburg / *1974 in Salzburg—studies in Visual and Handicraft Education at Mozarteum Salzburg—lives and works in Salzburg*

white club. verein für junge kunst

Ein Projekt der Künstler/-innen Johannes Kubin, Marianne Lang, Birgit Pleschberger und Gerald Schicker – positioniert sich im Spannungsfeld zwischen experimenteller Offkultur und dogmatischem Kunstbetrieb als ein Konglomerat aus Treffpunkt, Arbeitsgemeinschaft und Non-profit-Präsentationsplattform – Zur Umsetzung seiner Ziele bedient sich der *white club* einer Homepage sowie der temporären Anmietung und Umwandlung leer stehender Gewerbeflächen. / *initiative of artists Johannes Kubin, Marianne Lang, Birgit Pleschberger and Gerald Schicker—positions itself in the area of conflict between experimental off-culture and dogmatic art business ('Kunstbetrieb') as a mixture of hang-out, teamwork and non-profit-platform—white club avails itelf of a homepage and temporarily adapts and reconfigures empty commercial and industrial spaces to achieve its goals* __www.whiteclub.at

Arthur Zgubic

*1962 in Linz – 1980–1987 Studium der Germanistik und Philosophie an der Universität Salzburg – 1987–1991 Studium der Bildhauerei an der Kunsthochschule Mozarteum Salzburg – seit 1990 Bühnenbildner sowie Kurator der Performancereihen *Ghetto Art Salon* und *Soundbox: akustische Kunst* (gemeinsam mit Michael Lentz) am Toihaus, Theater am Mirabellplatz – Theaterperformances sowie Initiator von Kunstprojekten in Galerien und im öffentlichen Raum – zahlreiche journalistische Arbeiten zur zeitgenössischen Kunst – Mitbegründer von *ohne titel* (Plattform + Netzwerk für Theater- und Kunstprojekte) / *1962 in Linz (Austria)—1980–1987 studies in German language and literature and philosophy at the University Salz-*burg—1987-1991 studies in sculpture at University Mozarteum Salzburg—since 1990 stage designer and curator of performance series Ghetto Art Salon *and* Soundbox: acoustic art *(with Michael Lentz) Toihaus, Theater am Mirabellplatz—theater performances—initiated exhibitions in galleries and public art projects—numerous articles about contemporary art—co-founder of* ohne titel *(Platform & Network for Theater and Art Projects)*

Michael Zinganel

Wien/Graz – Kurator und Kulturtheoretiker – internationale Publikations- und Lehrtätigkeit – Ausstellungs- und Forschungsprojekte u. a. über Stadt und Verbrechen und zur Touristifizierung des Alltags – zuletzt: *Saison Opening. Kulturtransfer über ostdeutsch-tirolerische Migrationsrouten* (mit Hans Albers, Marusa Sagadin, Michael Hieslmair), Wien 2006 / *Vienna/Graz—curator and cultural theorist—publications and lectures home and abroad—exhibition and research projects (e.g., Stadt und Verbrechen [City and crime] / touristification of the everyday)—recent publication:* Saison Opening. Kulturtransfer über ostdeutsch-tirolerische Migrationsrouten *(with Hans Albers, Marusa Sagadin, Michael Hieslmair), Vienna 2006* __www.zinganel.mur.at

Moira Zoitl

Künstlerin – lebt und arbeitet in Berlin – in ihrer künstlerischen Praxis beschäftigt sich Moira Zoitl hauptsächlich mit Themen wie Migration, Stadtentwicklung, Gender und (Auto-)Biografie – Einzelausstellungen (Auswahl): Kunsthalle Exergasse Wien 2007, Kunstverein Wolfsburg 2001 / *artist—lives and works in Berlin—Moira Zoitl deals in her practice with migration, city development, gender and (auto-) biography—selected solo exhibitions: Kunstverein Wolfsburg 2001, Kunsthalle Exergasse Wien 2007* __www.moirazoitl.com

Projektimpressum / *Project Imprint*

Diese Publikation entstand im Rahmen des Projekts *Urban Potentials. Perspektiven europäischer Stadträume in gegenwärtiger Kunst* (2005–2007). Ein Projekt des Veranstaltungsbüros Stadtjubiläum 2006 in Kooperation mit dem Amt für Kultur und Denkmalschutz der Landeshauptstadt Dresden. / The present volume was published to accompany *Urban Potentials. Perspectives of European urban spaces by contemporary art* (2005–2007). A project of the Event Office 2006 of the City of Dresden in cooperation with the Department for Culture and Heritage.

Projektträger / *Project Executing Organization*:
Landeshauptstadt Dresden, Amt für Kultur und Denkmalschutz
PF 120020, 01001 Dresden

Projektbüro / *Project Bureau:* Urban Potentials
c/o Kultur Forum riesa efau, Adlergasse 14, 01067 Dresden
fon: ++49 351 86 62 02 42, fax: ++49 351 86 62 02 12
info@urban-potentials.org, www.urban-potentials.org

Projektleiter / *Project Manager*: Frank Eckhardt, Dresden
Partner / *Partners*: galerie5020, Salzburg; Centrum Beeldende Kunst, Rotterdam; BWA, Galeria Awangarda, Wrocław; Fiatal Képzőművészek Stúdiója Egyesület, Budapest; Kunsthaus Dresden – Städtische Galerie für Gegenwartskunst, Dresden
Kuratorisches Team / *Curatorial Team*: Jolanta Bielańska, Wrocław; Hildegard Fraueneder, Salzburg; Rita Kálmán, Budapest; Thomas Meijer zu Schlochtern, Rotterdam; Christiane Mennicke, Torsten Birne, Dresden

Urban Potentials Dresden

Organisation / *Organization*: Cornelia Schupp, Nicole Schneider, Sandro Reppe
Öffentlichkeitsarbeit / *Public Relations*: Katja Müller
Finanzen / *Finances*: Heidi Hagist
Grafik / *Graphic Design*: Marcel Brode
up-Logo / *up logo design*: Erik Hable, Bärbel Miklautz
Mitarbeit / *Assistance*: Gisela Arnold
Technik / *Technical Support*: Steffen Weber, Daniel Helbich
Dokumentation / *Documentation*: Andreas Seeliger, Regine Hempel
Künstler/-innen / *Artists*: 7. Stock (David Buob, Stefanie Busch, Svea Duwe, Dirk Lange, Grit Ruhland), anschlaege.de, Marc Floßmann, Erik Hable, Ralf Hoedt, Andrea Knobloch, Miklós Mécs, Sándor Bodó Nagy, Silke Riechert, Fritz Rücker, V 3 (Tomasz Bajer, Andrzej Dudek-Dürer, Jerzy Kosałka), Dré Wapenaar, Moira Zoitl

Konferenz *Urban Potentials*, 7.–9. Juni 2007
Teilnehmer/-innen / *participants*: Jochen Becker, Stefan Bendiks, Regina Bittner, Yvonne P. Doderer, Péter Gauder, Florian Haydn, Martina Löw, Christiane Mennicke, Gerald Raunig, Marcin Szczelina, Moira Zoitl
Konzeption / *Concept:* Hildegard Fraueneder, Salzburg

Workshop – Ein Haus der Arbeit in Zukunft, 8.–9. Juni 2007
Teilnehmer/-innen / *participants*: Torsten Birne, Katja Friedrich, Mathias Heyden, Andrea Knobloch, Stefan Meißner, Silke Riechert und Max Rieder
Konzeption / *concept*: Torsten Birne

Urban Potentials Salzburg

Projektträger / *Project Executing Organization*: galerie5020.
IG bildender KünstlerInnen Salzburg
Sigmund Haffner Gasse 12/1, 5020 Salzburg

fon: ++43 662 84 88 17, mobil: ++43 660 8 48 81 70
office@galerie5020.at, www.galerie5020.at

Projektleiterin / *Project Director*: Hildegard Fraueneder
Kuratorisches Team / *Curatorial Team*: Erik Hable, Marianne Lang, Bärbel Miklautz, Manuela Mitterhuber und Fritz Rücker
Mitarbeit / *Assistance*: Stefanie Grünangerl
Öffentlichkeitsarbeit / *Public Relations*: Michaela Schörflinger
Grafik / *Graphic Design*: Erik Hable
Projekt-Logo: Erik Hable, Bärbel Miklautz
Technik / *Technical support*: Fritz Rücker, Katrin Huber
Dokumentation / *Documentation*: Johannes Kubin, Severin Weiser
Künstler/-innen / *Artists*: Thomas Beck, Dorit Ehlers, Ulrike Gollesch, Andi Greiml, Peter Haas, Erik Hable, Ed Hauswirth, Eva Heitzinger, Ralf Hoedt, Robert Jelinek, Sabine Jenichl, Stephan Köperl, Roland Kretzl, Marianne Lang, David Moises, Didi Neidhart, Petra Polli, Gisela Ruby, Fritz Rücker, Birgit Sattlecker, Melanie Schiefer, Severin Weiser, Sylvia Winkler, Arthur Zgubic, Michael Zinganel und Moira Zoitl
Künstler/-innen Ausstellung / *Artists Exhibition:*
Budapest: Mónika Bálint/Balázs Horváth/Rebeka Pál/Kata Soós, Sándor Bodó Nagy, Gábor Kerekes, Miklós Mécs, the Randomroutines
Dresden: 7. Stock, anschlaege.de, Marc Floßmann, Andrea Knobloch, Silke Riechert
Rotterdam: Dré Wapenaar
Salzburg: Erik Hable, Ralf Hoedt, Fritz Rücker und Moira Zoitl
Wrocław: V3 (Tomasz Bajer, Andrzej Dudek-Dürer, Jerzy Kosałka)

Urban Potentials Budapest

Projektträger / *Project Executing Organization*:
Fiatal Képzőművészek Stúdiója Egyesület
H-1077 Budapest, Rottenbiller u. 35.
fon/fax: ++36 1 342 53 80, studio@c3.hu, http://studio.c3.hu

Kuratorin / *Curator*: Rita Kálmán
Künstler/-innen / *Artists*: Mónika Bálint/Balázs Horváth/Rebeka Pál/Kata Soós, Sándor Bodó Nagy, Gábor Kerekes, Miklós Mécs, the Randomroutines
Grafik / *Graphic design*: Rebeka Pál
Webdesign / *Webdesign*: Júlia Vécsei
Dokumentation / *Documentation*: Csaba Vándor
Kinderprogramme / *Special programmes for children*: Zita Majoros, Katarina Ševič, Kata Soós
Öffentliche Diskussionen / *Public discussions*:
Konzeption / *Concept*: Rita Kálmán, Samu Szemerey
Gäste / *Guests*: Gábor Bakos, Eszter Bircsák, Edit Blaumann, Géza Boros, Brigitta Iványi, Little Warsaw, Attila Zsigmond
Moderation / *Moderated by*: Samu Szemerey

In-between Zones Workshop
Kooperationspartner / *Cooperation partner*: IMPEX – Kortárs Művészeti Szolgáltató, www.impex-info.org
Konzeption / *Concept*: Sophie Dodelin, Tamás Kaszás, Rita Kálmán, Katarina Ševič
Tutoren / *Tutors*: Mónika Bálint, Sophie Dodelin, Tamás Kaszás, Bálint Kádár, Levente Polyák, Katarina Ševič, Samu Szemerey
Teilnehmer / *Participants*: Gabó Bartha, Vitor Cesar, Milica Cizmić, Pedro Campos Costa, Saim Demircan, Ágnes Dénes, Péter Fuchs, Jan Hatt-Olsen, Mladen Hrvanović, Jovanka Katašić, Levent Kunt, Viktor Kotun, Léna Kútvölgyi, Boglárka Mittich, Nada Peševa, Dragana Romić, Karl Inger Roys, Bernadette Ruis, Andreas Schendel, Patrícia Szabó, Veronika Terpó, Adrien Török, Péter Varga, Tibor Varga, Vania Valkova, Iuliana Varodi, Tereza Vohryzkova
Vortragende / *Lecturers*: Katalin Károlyi, Attila Nemes, Szabolcs Somlay-Fischer, Hanna Szemző, Gábor Varró
Mitarbeit / *Assistance*: Dániel Ongjerth

Gefördert durch / *Supported by*: Budapest Főváros Önkormányzata, Nemzeti Kulturális Alap, Belváros-Lipótváros Önkormányzata, VII. kerület Erzsébetváros Önkormányzata, HUNGART, Fore Villamos-mérnöki Kft., Mahart PassNave Személyhajózási Kft., Budapesti Turisztikai Hivatal, West-Balkán, Budapest Film, Inforg Stúdió, Pesti Est

Urban Potentials Wrocław

BWA, Galeria Awangarda, Wrocław
Sztuki Współczesnej ul. Wita Stwosza 32, PL 50-149 Wrocław
info@bwa.wroc.pl, www.yapper.go.pl

Kuratorin / *Curator*: Jolanta Bielańska
Künstler / *Artists*: Tomasz Bajer, Andrzej Dudek-Dürer, Jerzy Kosałka
Gäste der mobilen Galerie YAPPER / *Guests of mobile gallery YAPPER*:
Anna Płotnicka, Marek Ranis i Maja Godlewska, Anna Adamczyk, Dziecięca Wytwórnia Filmowa Alicji Jodko, Andrzej Dudek-Dürer, Aki Nskazawa, Jan Verbeek, Regine Hempel, Tomasz Domański, Kathrin Maria Wolkowicz, Kalina Wińska, Małgorzata Kazimierczak, Rafał Piekarz, Wojciech Wilczyk, Jacek Zachodny, Children of Aurora, Agnieszka Paszkiwicz, Tadeusz Złotorzycki, Przemysław Chodań, Maria Zuba, Adam Stefaniak, Monika Golisz, Kamil Kuskowski, Dorota Zyguła
Dokumentation / *Documentation*: Anna Adamczyk, Jolanta Bielańska, Andrzej Dudek-Dürer
Film / *Film by*: Jola Bielańska & Andrzej Dudek-Dürer
Gefördert durch / *Supported by*: Gallery Entropia, Paweł Jarodzki, Anna Mituś, Festival Wrocław Non Stop, OFF Festival Mysłowice, Liliana Chromińska, Marcin Szczelina, Izabela Zerek

Danksagung / *Acknowledgement*

Ein Projekt der
Landeshauptstadt Dresden.
Amt für Kultur und
Denkmalschutz

Buchimpressum / *Publication imprint*:

Herausgeber / *Editors*: Jolanta Bielańska, Torsten Birne, Frank Eckhardt, Hildegard Fraueneder, Rita Kálmán, Christiane Mennicke, Thomas Meijer zu Schlochtern
Redaktion / *Editing*: Torsten Birne, Sandro Reppe
Gestaltung / *Graphic Design*: Manuela Mitterhuber und Harald Pridgar, Frankfurt am Main
Lektorat / *Proofreading*: Evelyn Badaljan, Dresden (deutsch – *German*)
Matthew Gaskins, Global Translation Network Berlin (englisch – *English*)
Übersetzung / *Translation*: Matthew Gaskins, Global Translation Network Berlin, Adam Manthey, Marzena Trela (aus dem Polnischen / *Polish translations*), Adam Page (7. Stock / *7th Floor*), Torsten Birne, Künstler / -innen / *Artists* (Biografien / *Biographies*)
Druck und Bindung / *Printing and binding*: Brandenburgische Universitätsdruckerei und Verlagsgesellschaft Potsdam mbH, www.bud-potsdam.de
Bildrechte / *Picture rights*: 7. Stock (Svea Duwe): 214-217; Artgineering: 146-147; Jochen Becker: 227 oben, 229; Archiv Jochen Becker: 228; Marina Belobrovaja: 243; Jolanta Bielańska: 34, 126, 128, 129, 186, 188, 189; Torsten Birne: 206-207, 232, 234-235; Bitter Weber: 230; Andrzej Dudek-Dürer: 190, 192, 193; Stefan Eichhorn: 48; galerie5020/ Stefanie Grünangerl: 132, 133; galerie5020/ Peter Haas: 138, 144-145; galerie5020/ Erik Hable: 26, 82, 84-85, 140-141, 142, 178, 180-181, 220-221, 236, 238-239; galerie5020/ Ralf Hoedt, Erik Hable: 218, 219; galerie5020/ Fritz Rücker: 92, 130; galerie5020/ bearbeiteter Scan: 90; galerie5020/ Transformer: 182, 184, 185; galerie5020/ Severin Weiser: 178, 180, 181; galerie5020/ Severin Weiser, Johannes Kubin: 134, 136, 137; Ralf Hoedt: 250, 252, 253; Gábor Kerekes: 160, 162-163; Dorit Margreiter, Markus Wailand: 227 unten rechts; Thomas Meijer zu Schlochtern: 20; Archiv metroZones: 231; David Moises: 198, 200; Silke Riechert, Andrea Knobloch: 246-249; Andreas Seeliger: 86, 89, 118, 120-121, 170, 172-173, 174, 176-177, 194, 196-197, 244; Miklós Surányi: 68, 71, 122; Csaba Vándor: 70, 88, 124-125, 254; Tereza Vohryzkova: 18-19; Vania Valkova: Cover, 42, 56-57, 94-95; white club: 240, 242; Seçil Yersel, Oda Projesi: 227 unten links
Auflage / *Edition*: 800 Exemplare / copies

© 2008 by jovis Verlag GmbH

Diese Publikation erscheint im Rahmen des Projekts urban potentials / *The present volume is published to accompany the project urban potentials* (2005–2007), www.urbanpotentials.org

Bibliografische Information der Deutschen Bibliothek
Die Deutsche Bibliothek verzeichnet diese Publikation in der Deutschen Nationalbibliografie; detaillierte bibliografische Daten sind im Internet über http://dnb.ddb.de abrufbar. /
Bibliographic information published by Die Deutsche Bibliothek
Die Deutsche Bibliothek lists this publication in the Deutsche Nationalbibliografie; detailed bibliographic data are available on the Internet at http:// dnb.ddb.de

jovis Verlag GmbH, Kurfürstenstraße 15/16, 10785 Berlin, www.jovis.de

ISBN: 978-3-939633-81-5